Der Autor

Wolfgang Klietz wurde 1963 in Neumünster geboren und ist dort aufgewachsen. Seit 1989 arbeitet er als Redakteur beim *Hamburger Abendblatt*. Klietz hat Bücher und Aufsätze zur maritimen Geschichte der DDR geschrieben. Außerdem ist im Kohlhammer-Verlag sein Buch *Oben scheint das Licht – ein Weg aus dem Trauma* erschienen. Er ist verheiratet, Vater von zwei erwachsenen Kindern und lebt in Hamburg.

Wolfgang Klietz

Waffenhändler in Uniform

Geheime Im- und Exporte der DDR

Verlag W. Kohlhammer

Für Ruth, Rose und Luisa

Dieses Werk einschließlich aller seiner Teile ist urheberrechtlich geschützt. Jede Verwendung außerhalb der engen Grenzen des Urheberrechts ist ohne Zustimmung des Verlags unzulässig und strafbar. Das gilt insbesondere für Vervielfältigungen, Übersetzungen, Mikroverfilmungen und für die Einspeicherung und Verarbeitung in elektronischen Systemen.

Es konnten nicht alle Rechtsinhaber von Abbildungen ermittelt werden. Sollte dem Verlag gegenüber der Nachweis der Rechtsinhaberschaft geführt werden, wird das branchenübliche Honorar nachträglich gezahlt.

Dieses Werk enthält Hinweise/Links zu externen Websites Dritter, auf deren Inhalt der Verlag keinen Einfluss hat und die der Haftung der jeweiligen Seitenanbieter oder -betreiber unterliegen. Zum Zeitpunkt der Verlinkung wurden die externen Websites auf mögliche Rechtsverstöße überprüft und dabei keine Rechtsverletzung festgestellt. Ohne konkrete Hinweise auf eine solche Rechtsverletzung ist eine permanente inhaltliche Kontrolle der verlinkten Seiten nicht zumutbar. Sollten jedoch Rechtsverletzungen bekannt werden, werden die betroffenen externen Links soweit möglich unverzüglich entfernt.

Umschlagabbildung: Tobias Merkle mit Vorlagen von Adobe Stock.

Zusatzmaterial online: https://dl.kohlhammer.de/978-3-17-043460-8

1. Auflage 2024

Alle Rechte vorbehalten
© W. Kohlhammer GmbH, Stuttgart
Gesamtherstellung: W. Kohlhammer GmbH, Stuttgart

Print:
ISBN 978-3-17-043460-8

E-Book-Formate:
pdf: ISBN 978-3-17-043461-5
epub: ISBN 978-3-17-043462-2

Inhalt

Einleitung 11

Teil I
ITA – ein Instrument im Kalten Krieg

1 Die Anfänge 20

2 Der Kontext – ITA und IMES: Partner und
Konkurrenten 36

3 Der ITA und die Entwicklungsländer 55
»Solidarität im Kampf gegen Imperialismus,
Kolonialismus und Rassismus« 55
Der erste Golfkrieg: Ein Doppelspiel für Devisen 86
Libyen: Gaddafi und die DDR 106
Der Nahost-Konflikt: Ein deutscher Staat hilft den
Feinden Israels 115
Waffen für Afrika 126
Waffen für Asien 137
Waffen für Mittel- und Südamerika 140
Ärger mit Moskau und »ungesunde Konkurrenz« 142
Exkurs: Bargeld für Entwicklungsländer 149

4 Transporte über See 160

5	**Der ITA im Fokus der Staatssicherheit**	**177**
	Unter der Kontrolle der Stasi	177
	Ein Spion für den Westen in der Spitze des ITA	190
	Operative Personenkontrollen im ITA	199
6	**Der ITA und die westlichen Geheimdienste**	**204**
7	**Wende und Abwicklung**	**213**

**Teil II
Strukturen und Personen**

8	**Auf Ortsbesuch**	**252**
	Der Sitz des ITA und Außenstellen	252
	Das Ausstellungsgelände Horstwalde	254
	Treffpunkt Leipziger Messe	264
	Der Überseehafen in Rostock	265
	Der Hafen Mukran	266
9	**Personal**	**270**
	Die Mitarbeiter	270
	Die Leitung: Ein Offizier als Generaldirektor	276
10	**Der ITA, Planhandel und Beschaffung**	**282**
	Der Prozess der Beschaffung: Alles hängt am Fünfjahresplan	284
	Importe: Lücken in den Akten	286
	Exporte: Lieferungen ohne gesetzliche Grundlage	293
	Lager und Transporte: Postfach 231 in 1100 Berlin	298
11	**Die militärische Zusammenarbeit der Bruderstaaten**	**305**
12	**Die Rüstungsindustrie der DDR**	**315**

Teil III
Fazit und Anhang

Fazit **332**

Danksagungen **335**

Literatur und Quellen **337**
    Quellenverzeichnis 337
    Literaturverzeichnis 339

Abkürzungsverzeichnis **347**

Abbildungsverzeichnis **352**

Register **354**
    Ortsregister 354
    Personenregister 359

Anmerkungen **363**

Verfassung der Deutschen Demokratischen Republik vom 6. April 1968 in der Fassung vom 7. Oktober 1974

Artikel 23

(1) Der Schutz des Friedens und des sozialistischen Vaterlandes und seiner Errungenschaften ist Recht und Ehrenpflicht der Bürger der Deutschen Demokratischen Republik. Jeder Bürger ist zum Dienst und zu Leistungen für die Verteidigung der Deutschen Demokratischen Republik entsprechend den Gesetzen verpflichtet.
(2) Kein Bürger darf an kriegerischen Handlungen und ihrer Vorbereitung teilnehmen, die der Unterdrückung eines Volkes dienen.

Strafgesetzbuch der DDR
5. Abschnitt: Mißbrauch von Waffen und Sprengmitteln

§ 206. Unbefugter Waffen- und Sprengmittelbesitz.

(1) Wer ohne staatliche Erlaubnis Schußwaffen, wesentliche Teile von Schußwaffen, Munition oder Sprengmittel herstellt, im Besitz hat, sich oder einem anderen verschafft, wird mit Freiheitsstrafe bis zu fünf Jahren oder mit Verurteilung auf Bewährung bestraft.
(2) Wer ohne staatliche Erlaubnis Schußwaffen, wesentliche Teile von Schußwaffen, Munition oder Sprengmittel in bedeutendem Umfang oder solche mit hoher Feuer- oder Sprengkraft herstellt, lagert, sich oder einem anderen verschafft, wird mit Freiheitsstrafe nicht unter zwei Jahren bestraft.
(3) Der Versuch ist strafbar.

Durch Gesetz vom 14. Dezember 1988 wurden im § 206 Abs. 1 vor dem Wort »bestraft« die Worte »oder mit Geldstrafe« eingefügt, das Wort »oder« wurde gestrichen und vor den Worten »mit Verurteilung auf Bewährung« wurde ein Komma eingefügt.

Einleitung

Am 2. Dezember 1989, also einen knappen Monat nach dem Fall der Mauer, ging der Name des kleinen Dorfes Kavelstorf um die Welt. Journalisten aus vielen Ländern berichteten über eine Sensation mit enormer politischer Brisanz: Empörte Kavelstorfer hatten ein Zwischenlager mit Waffen und Munition entdeckt, die über den nahegelegenen Überseehafen in Rostock exportiert werden sollten. In der bis dahin streng abgeschirmten Halle der Waffenexportfirma Internationale Meßtechnik Import-Export GmbH (IMES) lagerten Millionen Schuss Munition, Maschinengewehre, Handgranaten und andere militärische Ausrüstung. Damit hatten die mutigen Kavelstorfer Bürger enthüllt, dass die DDR im Geheimen für staatliche Waffenschiebereien verantwortlich war – ein Vorgang von historischer Bedeutung.

Diese Enthüllungen beschleunigten den Untergang der DDR und ramponierten das Vertrauen in die herrschenden Eliten ein weiteres Mal. Vielen Bürgern wurde klar, dass die DDR nicht der friedliebende Staat war, den die Propaganda so blumig beschrieb. Schnell waren auch die Drahtzieher bekannt, die wochenlang die Nachrichten bestimmten: Sie arbeiteten für die IMES, eine Firma aus der von Alexander Schalck-Golodkowski geleiteten Abteilung Kommerzielle Koordinierung (KoKo) des DDR-Außenhandelsministeriums. Schalck-Golodkowski selbst wurde am Tag nach der Entdeckung des Kavelstorfer Lagers aus dem Zentralkomitee (ZK) und der Sozialistischen Einheitspartei Deutschlands (SED) ausgeschlossen und flüchtete tags darauf in den Westen. Damit waren offenbar die Schuldigen gefunden, die im Auftrag der Staatsführung mit Waffen gehandelt hatten, um Devisen für die finanziell klamme DDR zu beschaffen.

Kaum beachtet wurde dagegen eine andere Organisation, die bereits viel länger und in größerem Rahmen im Auftrag des SED-Regimes Waffen ge- und verkauft hatte: der Ingenieur-Technische Außenhandel (ITA). Der Außenhandelsbetrieb (AHB) bestand – seine Vorläuferorganisationen eingerechnet – bereits seit 1956. Die IMES und das geheime Lager in Kavelstorf entstanden erst Anfang der 80er-Jahre. Auch der ITA war offiziell dem Ministerium für Außenhandel unterstellt. Auf Führungsebene bestand er jedoch aus Offizieren der Nationalen Volksarmee (NVA) – Waffenhändlern in Uniform. Die Aktivitäten dieses Außenhandelsbetriebs darzustellen, ist die Absicht dieses Buchs.

In erster Linie waren die ITA-Waffenhändler für den so genannten Planhandel mit Rüstungsgütern verantwortlich. Die Organisation mit Hauptsitz in Berlin-Pankow importierte also Material für die NVA, Polizei und Staatssicherheit und andere »bewaffnete Organe« der DDR aus den anderen Staaten des Warschauer Pakts – im offiziellen Sprachgebrauch: der Warschauer Vertragsorganisation (WVO) – und exportierte eigene Güter dorthin. Zu den militärischen Gütern zählten nicht nur Waffen und Munition, sondern auch Ausrüstung wie Uniformen, Nachrichtentechnik, Küchen oder Feuerlöschgeräte. So weit, so unspektakulär.

Doch von Anfang an übernahmen der ITA und seine Vorgängerorganisationen auch Exporte in Länder außerhalb des Warschauer Pakts und in den sogenannten nichtsozialistischen Wirtschaftsraum. In den ersten Jahren ging es meistens darum, politische Beziehungen zu pflegen und dem jungen ostdeutschen Staat Anerkennung zu verschaffen. Oft wurden Waffen dabei kostenfrei als »Solidaritätsgüter« exportiert. Später, besonders im letzten Jahrzehnt ihres Bestehens, dominierten wirtschaftliche Interessen und das Streben nach den dringend benötigten Devisen das Handeln der DDR. Die Exporte wurden deutlich ausgeweitet. Laut einem Dokument aus dem Archiv von Werner E. Ablaß, dem letzten Staatssekretär im DDR-Ministerium für Abrüstung und Verteidigung, standen Vietnam, Syrien und Äthiopien gefolgt von Kambodscha, Mosambik und Ägypten ganz oben auf der Liste der importierenden Staaten, die nicht zum Warschauer Vertrag gehörten.[1] Später standen auf der Kundenliste auch Staaten wie der Irak und Iran, die in den 80er-Jahren den ersten Golfkrieg gegeneinander führten. Der ITA exportierte Rüstungsgüter in den Irak, die IMES belieferte parallel den Iran.

Neben Staaten belieferte die DDR auch sogenannte Befreiungsbewegungen und Terrororganisationen. Zu den Empfängern gehörten auch Diktatoren und Länder, die Terroristen unterstützen. Es ist davon auszugehen und oft auch belegt, dass viele Empfänger die gelieferte militärische Ausrüstung gegen oppositionelle Kräfte im eigenen Land einsetzten. Bei vielen Empfängern von Rüstungsgütern handelte es sich um Staaten, in denen die Menschenrechte massiv verletzt wurden – ein klarer Verstoß gegen Artikel 23 der Verfassung, der jegliche Handlungen verbietet, »die der Unterdrückung eines Volkes dienen«.

Das Selbstverständnis des ITA beschrieb der Außenhandelsbetrieb nach der Wende folgendermaßen:

> Der ITA war ein reines Handelshaus. Er besaß keine Lager und war nie Besitzer von Waffen und militärischer Ausrüstung und übte demnach auch keine tatsächliche Gewalt über Kriegswaffen aus.[2]

Das mag stimmen und ist doch verharmlosend. Die DDR als Staat entbindet es jedenfalls nicht von ihrer Verantwortung. Der Politikwissenschaftler Matthias Bengtson-Krallert bezeichnet die DDR sogar als »Drehscheibe des weltweiten Waffenhandels«.[3]

> Einst von der DDR in die Welt gestreute Bekenntnisse für Frieden, Abrüstung und Terrorismusbekämpfung wirken heute scheinheilig, werden diesen die ostdeutschen Waffenlieferungen in Kriegsgebiete, terroristische Gruppen oder Länder des arabischen Raums gegenübergestellt. Wer solche Unterstützung gewährt, trägt Mitverantwortung für den Einsatz von Waffen.[4]

Die Spitze von Staat und Partei war stets frühzeitig und bestens informiert über die Waffenexporte und die Anfragen. Die Verteidigungsminister unterrichteten den Generalsekretär ausführlich über die Kaufwünsche, die ausländische Delegationen bei ihren Besuchen in Ost-Berlin geäußert hatten, noch bevor die Gäste den Generalsekretär trafen. Erich Honecker entschied oft selbst, ein formeller Beschluss des Politbüros wurde gegebenenfalls nachgereicht. Ähnlich detailliert berichtete die NVA-Führung über ihre Gespräche bei Auslandsreisen. Honeckers Vorgänger, Walter Ulbricht, der bis 1971 im Amt gewesen war, hatte hingegen zumeist dem Politbüro und dem Sekretariat des Zentralkomitees der SED die Entscheidungen überlassen. Doch schon zu dieser Zeit war Honecker einer der wichtigsten Akteure – als ZK-Sekretär für Sicherheitsfragen und Sekretär des Nationalen Verteidigungsrats.[5]

Dass die IMES als Waffenhändlerorganisation der DDR im Gedächtnis der meisten Menschen haften blieb und nicht der ITA, hat mehrere Gründe. Neben dem lückenhaften Quellenmaterial dürfte ein Faktor die große mediale Aufmerksamkeit sein, die die IMES wegen der spektakulären Vorgänge in Kavelstorf erhielt. Offenbar entstand der öffentliche Eindruck, die einzig verantwortliche Organisation für diese Art von Geschäften demaskiert zu haben. Weitere Nachforschungen unterblieben. So kam dem ums Überleben kämpfenden Regime in Ost-Berlin Kavelstorf möglicherweise sogar gelegen: Zwar waren IMES, KoKo und Schalck-Golodkowski entlarvt, aber die Aufmerksamkeit blieb auf sie gerichtet, während Organisationen wie der ITA öffentlich kaum bekannt waren. Auch die Zusammenarbeit von IMES und ITA wurde in den Wendejahren und danach kaum thematisiert: Bei allen Geschäften der IMES war der ITA direkt beteiligt. Als Dienstleister stellte er die Abwicklung sicher – von der Anlieferung und dem Transport bis zum Kontakt mit Schiffsmaklern und der Rechnungsstellung. Ohne den ITA, so viel ist klar, hätte die IMES nicht funktionieren können.

Falls alle Dokumente innerhalb des ITA trugen den Geheimhaltungsvermerk »Geheime Verschlusssache« (GVS) oder »Vertrauliche Verschlusssache« (VVS) und wurden in Koffern oder Schließfächern gelagert, die der jeweilige Mitarbeiter bei Dienstbeginn in der sogenannten VS-Stelle, also dem Aufbewahrungsort für Geheimdokumente, abholen musste. In den Pausen verstauten sie die geheimen Unterlagen wieder in den Panzerschränken.[6] Aus den Unterlagen im Bundesarchiv ist ersichtlich, dass zumindest ein Teil der ITA-Akten im Militärarchiv der DDR in Potsdam gelagert wurde. Dieser Bestand mit der Signatur DVW 14-5 umfasste etwa 16 laufende Meter in 519 Akteneinheiten und gelangte nach der Wiedervereinigung vom Militärarchiv in das Bundesarchiv, Abteilung Militärarchiv, in Freiburg im Breisgau. Diese Akten sind gebunden, paginiert und verfügen jeweils über ein ausführliches Inhaltsverzeichnis.[7] Die Bezeichnung »ITA-Bestand« war allerdings irreführend, da es sich bei den weitaus meisten Dokumenten um Material der Vorläuferorganisationen handelt.

Auch unter Publizisten, Wissenschaftlern und Archivaren war bis vor wenigen Jahren unbekannt, dass bis weit in die 2000er-Jahre hinein ein weiterer Bestand von ITA-Akten unerschlossen und in Kartons verpackt in Speditionslagern in Großbeeren und an anderen Standorten lag. Diese Akten waren nach der Wende zunächst an die Treuhandanstalt gelangt und danach in diese Lager. Erst 2015 übergab die Nachfolgeorganisation der Treuhand, die Bundesanstalt für vereinigungsbedingte Sonderaufgaben (BvS), die Akten dem Bundesarchiv in Freiburg. Mitarbeiter des Bundesarchivs sprachen damals von einem sehr schlechten Bearbeitungszustand der neu hinzugekommenen Unterlagen. Dabei ging es u. a. um den Zustand des Schriftgutes sowie Qualität und Aussagekraft der Abgabeverzeichnisse. Diese Situation führte dazu, dass das Bundesarchiv die neuen Dokumente nicht vorab bewertet hat, sondern den Bestand aus den Lagern vollständig übernahm. Inzwischen, nach der Bewertung, steht fest, dass der größte Teil der Archivalien für die Forschung nutzlos ist. »Simple Buchhaltung«, nannte sie ein Mitarbeiter des Bundesarchivs, der Dutzende sortierte Aktenmeter mit kaum aussagekräftigen Rechnungen für Büromaterial, Gehaltsabrechnungen, Telefonrechnungen und Reisekostenunterlagen fand.[8] Für die Fachleute im Bundesarchiv liegt die Vermutung nahe, dass die Treuhand bei der Übernahme der Unterlagen an den Finanzakten, nicht aber an den Sachakten interessiert war. Nach dem Aussortieren von belanglosem Material sind eine Reihe von Dokumenten übrig geblieben, die einen Einblick in die Arbeit und die Geschichte des ITA bieten. Sie werden seit 2018 zusammen mit den anderen ITA-Akten am Standort Berlin-Lichterfelde verwahrt und liegen erst seit 2020 erschlossen zur Einsicht vor. Außerdem hat das Bundesarchiv seit 2018 neue Akten über die IMES freigegeben, die ebenfalls interessante Einblicke in die Organisation des ITA liefern.[9]

Allerdings ist der Bestand so lückenhaft, dass zu vermuten ist, dass während der Friedlichen Revolution oder möglicherweise auch davor Dokumente vernichtet wurden. Einen Gesamtüberblick über die Aktivitäten des ITA zu erstellen, ist angesichts dieser Lücken nicht mehr möglich. Besonders für die 80er-Jahre liegt eine Reihe von Archivalien vor, unter anderem auch Dokumente der IMES. Umfangreiches Material über die Geschäfte des ITA, zum Beispiel Packlisten und Speditionsunterlagen, sind erst für den Zeitraum ab Mitte 1990 vorhanden.[10] Für die Jahrzehnte davor sind viele Informationen unwiderruflich verloren. Die Dokumente gewähren Einblicke, wie der Handel ablief. Die Größenordnungen lassen sich allenfalls erahnen – klar ist aber, dass sie gewaltig waren. Darauf deutet auch das Zahlenmaterial anderer Institutionen hin, zum Beispiel des Ministeriums für Verteidigung oder des Stasi-Unterlagenarchivs, das ich immer wieder herangezogen habe, um Rückschlüsse auf die finanziellen Dimensionen des ITA-Handels zu ziehen. Angesichts der Lücken in der Überlieferung kommt den Dokumenten des Stasi-Unterlagenarchivs im Fall des ITA eine besondere Bedeutung zu. Hier waren diverse Informationen zu finden, die von hoher Relevanz für die Beschreibung der Organisation und ihrer Aktivitäten sind. Zwar darf bei der Lektüre dieser Dokumente nicht übersehen werden, dass sie nicht der Dokumentation für die Nachwelt dienen sollten, sondern im Repressionsapparat einer Diktatur entstanden. Dennoch haben Stasi-Unterlagen nach der Prüfung von Plausibilität wichtige Rechercheergebnisse für dieses Buch geliefert. Doch wie die Unterlagen des Bundesarchivs in Berlin-Lichterfelde sind auch die Dokumente im Stasi-Unterlagenarchiv nur teilweise erhalten. Viele Bestände wurden mutmaßlich vernichtet. Außerdem vermuten Experten, dass sie gezielt in Unordnung gebracht wurden, um Konfusion zu schaffen.

So ist die Geschichte des ITA bis heute weitgehend unerforscht und wird es vielen Bereichen wohl auch für immer bleiben. Ausdrücklich bezeichnete der Präsident des Bundesarchivs, Michael Hollmann, 2020 den »speziellen Außenhandel«, also den Außenhandel mit Rüstungsgütern, als Desiderat, als Forschungsthema, das noch nicht erschlossen sei.[11] Dass der Außenhandel der DDR bei weitem noch nicht so intensiv beleuchtet worden ist wie beispielsweise die Außen- oder die Verteidigungspolitik, mag daran liegen, dass dem offiziellen Zahlenmaterial stets mit Misstrauen begegnet werden muss. Bereits für den Außenhandel allgemein wurden Statistiken der DDR zuweilen aus politischen Erwägungen manipuliert.[12] Umso misstrauischer sollte man bei den Kennziffern für den sogenannten speziellen Außenhandel sein. Insofern stellt dieses Buch ein Wagnis dar. Auch unter Berücksichtigung des neuen Aktenmaterials kann es nur begrenzt Strukturen, Umfang von Im- und Exporten sowie die Geschäfte des ITA außerhalb des Warschauer Paktes beleuchten. Das Thema trotz des Quellenmangels recherchiert und publiziert zu haben, ist ein Risiko, das ich als Autor eingehe, um die Diskussion über eine Organisation der DDR anzustoßen, die auch Jahrzehnte nach der Wiedervereinigung kaum Gegenstand eines Diskurses ist.

Dieses Buch ist in zwei Teile untergliedert. Im ersten liegt der Schwerpunkt auf den Exporten der ITA an Entwicklungsländer und ihrem politischen Umfeld sowie auf der Zusammenarbeit mit der IMES. Außerdem liegt der Fokus auf der Rolle der Staatssicherheit und westlicher Geheimdienste. Im zweiten Teil habe ich vertiefend die Strukturen des ITA mit seinem Personal, den regulären Planhandel zur Beschaffung von Militärgütern in der DDR sowie die Rüstungsindustrie beschrieben. Die Transporte des ITA wurden – wie die der IMES – zumeist im Überseehafen Rostock umgeschlagen. Entsprechend liegt ein Fokus dieses Buchs auch bei den Schiffen der DDR-Staatsreederei, der Deutschen Seereederei (DSR).

Um zu demonstrieren, dass die DDR oft Staaten mit Waffen versorgte, die massiv die Menschenrechte missachteten, habe ich Jahresberichte von Amnesty International ausgewertet und die wichtigsten Informationen den einzelnen Empfängerstaaten zugeordnet. Amnesty International listet in den Jahresberichten einzelne Länder ausführlich erst seit 1980 auf. Den meisten der genannten Länder werden aber auch bereits in den 60er-Jahren Verletzungen der Menschenrechte vorgeworfen.

Die in den Dokumenten enthaltenen unterschiedlichen Schreibweise der Ingenieur-Technischen Verwaltung, der Ingenieur-Technischen Hauptverwaltung und des Ingenieur-Technischen Außenhandels habe ich vereinheitlicht. Bei Zitaten wurde die Schreibweise der Originaldokumente erhalten.

Unter https://dl.kohlhammer.de/978-3-17-043460-8 steht Zusatzmaterial für dieses Buch zur Verfügung. Dazu zählen der sogenannte ITA-Katalog und ein Video über Horstwalde (▶ Kap. 8).

 Zusatzmaterial online

Hamburg, den 24. Januar 2024   Wolfgang Klietz

Teil I
ITA – ein Instrument im Kalten Krieg

1   Die Anfänge

»Es macht wieder Spaß einzukaufen«, sagt der Sprecher aus dem Off. Zu sehen sind Schwarz-Weiß-Aufnahmen von gut gefüllten Geschäften, in denen DDR-Bürger sich über die Auslagen freuen und gern zulangen. »Die Geschäfte haben auch geschmackvolle Importwaren anzubieten.« Zu sehen sind die schönsten Stoffe aus den Nachbarländern, die »mit unseren Erzeugnissen wetteifern«. Der Verkäufer trägt einen eleganten Anzug, die attraktive Kundin sucht geblümte Textilien für ein leichtes Sommerkleid. Zwei Kundinnen sind jedoch mit den Ballen, Farben und dem Design nicht zufrieden. »Der Verkaufsstellenleiter verspricht, der Sache nachzugehen«, sagt der Sprecher. Schnitt: Es folgt ein Blick in die Büros des Ministeriums für Außenhandel und innerdeutschen Handel und der kluge Spruch: »Import und Export müssen sich die Waage halten.« Nur wenn »unsere Betriebe« die Wünsche aus dem Ausland erfüllen können, kann auch importiert werden. So schlicht kann es zugehen, wenn ein Staat den Mangel an geblümten Kleidern erklären will.

Die Szenen stammen aus dem DDR-Film *Unser Aussenhandel*, der den Zuschauern Nachhilfe in Sachen Im- und Export vermitteln sollte und gleichzeitig die Bedeutung der DDR als Wirtschaftsnation betont. Dazu passen, untermalt von mal seichter, mal dramatischer Streichermusik, Zitate wie diese: »Unsere Erzeugnisse sind in aller Welt geachtet« und »Der Außenhandel als ein entscheidender Bestandteil unserer friedliebenden Außenpolitik und zugleich als Brücke zur Völkerverständigung gibt uns die Möglichkeit, im Rahmen der Export- und Importmöglichkeiten den Lebensstandard entscheidend zu verbessern.«[13] Doch der Außenhandel gehörte im Selbstverständnis der DDR auch zu den wichtigsten Instrumenten der Außenpolitik im Kalten Krieg. Und dabei ging es bereits zu

1 Die Anfänge

Beginn der Geschichte des ostdeutschen Staates nicht nur um Blümchenkleider, sondern auch um Waffen, Munition und weitere Militärgüter.

Außenhandel im Realsozialismus

Doch zunächst ein paar Worte zum Außenhandel im Realsozialismus. Heutigen Lesern mag es schwer fallen, sich eine Vorstellung der Wirtschaft der DDR zu machen. Die DDR war eine zentral verwaltete Planwirtschaft, die von einer Staatlichen Plankommission durch Fünfjahrespläne gesteuert wurde. Privatwirtschaft gab es spätestens nach der Enteignungswelle von 1972 nur noch im Kleinbetrieben mit bis zu zehn Beschäftigten. Größere Betriebe waren als Volkeigene Betriebe (VEB) Staatseigentum. Teils waren mehrere VEBs in Kombinaten bzw. bis Ende der 60er-Jahre in deren Vorläufern, den Vereinigungen Volkseigener Betriebe (VVB), integriert. Auch den Außenhandel wickelten staatliche Betriebe ab – die Außenhandelsbetriebe (AHB). Diese produzierten keine eigenen Produkte, sondern waren rein auf den Handel spezialisiert. Um keine Konkurrenz aufkommen zu lassen, deckte jeder AHB zudem ein festgelegtes Wirtschaftssegment ab.

Weitere Besonderheiten für den Außenhandel – und für die ökonomischen Zwänge, die die DDR besonders in späteren Jahren bestimmten – ergaben sich aus der Währungspolitik: Die Mark der DDR war eine reine Binnenwährung und durfte das Land nicht verlassen. Man konnte sie nicht in andere Währungen umtauschen. Für den Handel zwischen den Ostblock-Staaten nutzte man deshalb Verrechnungseinheiten: Bei Geschäften mit Ländern des Rats für gegenseitige Wirtschaftshilfe (RGW) wurde seit 1963 in der Regel der sogenannte Transferrubel genutzt. Im Grunde hatte dieser keine »Kaufkraft«, sondern diente dazu, die vertraglich vereinbarten und in den jeweiligen Wirtschaftsplänen der Staaten fixierten Tauschgeschäfte vergleichbar zu machen. Für den Handel mit Staaten außerhalb des Ostblocks aber mussten frei konvertierbare, zumeist westliche Währungen genutzt werden (Devisen, »Valuta«). Wieder brauchte man Verrechnungseinheiten, diesmal um die Außenhandelsumsätze sozusagen in die Binnenwährung zu »übersetzen«. In der DDR war die entsprechende Verrechnungseinheit die Valutamark (VM).

Um planen und abrechnen zu können, wurden die Verrechnungseinheiten jährlich umgerechnet und festgelegt: Im Mai 1970 etwa wurde das Verhältnis von einem Transferrubel mit 5,50 DDR-Mark festgelegt.[14] Später, seit den 80er-Jahren, lag der Transferrubel stabil bei 4,67 Mark. Die Valutamark orientierte sich an der D-Mark, übernahm also die Wechselkurse anderer Währungen, etwa des Dollars, gegenüber der D-Mark.[15] Der offizielle Kurs der Valutamark zur D-Mark lag bei 1 : 1, inoffiziell gab es jedoch einen sogenannten »Richtungskoeffizienten«, um den tatsächlichen Verhältnissen Rechnung zu tragen – zuletzt, 1989, lag er bei 4,4.

Da die eigene Währung nicht umtauschbar war, war die DDR gezwungen, die Devisen oder »Valuta«, mit denen Importe aus dem westlichen Ausland bezahlt werden konnten, zunächst zu erwirtschaften oder sich zu verschulden. Die Devisennot verschärfte sich im Laufe ihres Bestehens mehr und mehr. Entsprechend groß war der Anreiz, weltmarktfähige Waren gegen »harte Währung« ins nichtsozialistische Ausland zu exportieren, statt an die Bruderstaaten. Neben dem Außenhandel hatte die DDR noch eine Reihe weiterer Strategien, um insbesondere an D-Mark zu gelangen: Einreisende Bundesbürger mussten ab 1964 eine Mindestmenge an D-Mark umtauschen, politische Häftlinge ließ man durch die BRD freikaufen und ab den 70er-Jahren gab es die Intershops, in denen Reisende, ab 1974 aber auch DDR-Bürger mit Devisen Waren aus dem Westen erwerben konnten (▶ Kap. 2).

Aufrüstung für eine neue Armee

Nachdem die UdSSR in den ersten Jahren nach dem Zweiten Weltkrieg nahezu jedes Gerät, das militärisch nutzbar war, als Reparationsleistung beansprucht hatte, kam am 1. April 1952 die Wende: Die DDR sollte aufrüsten. Vermutlich unter dem Eindruck des Korea-Kriegs gab Stalin DDR-Präsident Wilhelm Pieck bei einem Treffen in Moskau entsprechende Anweisungen. Die Ansage des großen Führers in Moskau war unmissverständlich: Die DDR solle – so der überlieferte Wortlaut – »ohne Geschrei« eine Armee aufbauen. Ein weiterer Anlass für den Aufbau von Streitkräften in der DDR dürfte das Scheitern der sogenannten Stalin-Note gewesen sein, die der Diktator im März 1952 vorgelegt hatte. Darin schlug

1 Die Anfänge

Stalin die Wiedervereinigung Deutschlands als neutraler Staat mit eigener Armee vor. Ob das lediglich ein Mittel der Propaganda war, um die Einbindung der BRD ins westliche Bündnis zu verzögern oder zu verhindern, ist unter Historikern umstritten. Zeitlich liegen die ablehnenden Reaktionen im Westen, das Treffen mit Pieck in Moskau und der Beschluss, eine DDR-Armee aufzubauen, jedenfalls auffällig eng beieinander. Die Vertreter der DDR betonten bei den Gesprächen, dass die Bewaffnung der Polizei mangelhaft sei und dass eine Volksarmee eine ausreichende Ausrüstung benötige. Einem streng geheimen Protokoll der Gespräche ist zu entnehmen, dass Walter Ulbricht darauf hinwies, dass der »Kern einer Armee in Gestalt von 24 Abteilungen der Kasernierten Volkspolizei« (KVP) bereits bestehe. Diese Abteilungen ließen sich zu Divisionen erweitern. Stalin reagierte darauf mit den Worten, »wirkliche Divisionen« sollten entstehen und auf den Einsatz im Schlachtfeld vorbereitet werden. Schon am 7. April erfuhr Ulbricht dann in Moskau, dass die UdSSR die DDR mit Waffen »vom Revolver bis zum Maschinengewehr« ausrüsten werde. Außerdem solle die KVP Artillerie und Panzer erhalten. Aber auch die industriellen Kapazitäten der DDR sollten für die Erfordernisse der Aufrüstung umgestellt werden.[16]

Es sollte bis 1956 dauern, dass aus der militärisch organisierten KVP offiziell die Nationale Volksarmee (NVA) entstand. Doch bereits die KVP, die Deutsche Volkspolizei (DVP) und die Staatssicherheit brauchten militärische Ausrüstung – von der Dienstmütze bis zum gepanzerten Fahrzeug. In den ersten Jahren der DDR waren die DVP wie die KVP, die Abteilungen Grenze der Stasi und die Bereitschaften noch mit Waffen ausgerüstet, die die UdSSR von der Wehrmacht erbeutet hatte. Es mangelte an Munition. Schnell stand fest, dass diese Ausrüstung ersetzt werden musste. Doch schon 1954 klagte die KVP über Probleme bei der Realisierung militärischer Importe und bei der Materialplanung. Und so gehörten noch 1956, bei Gründung der NVA, 1.000 Geschütze und Granatwerfer aus der Zeit vor 1945 zur wichtigsten Ausrüstung bei den entscheidenden Waffenarten. In allen Teilstreitkräften war das Soll an großen Systemen – Panzern, Flugzeugen, Schiffen – noch nicht erreicht. Es fehlte außerdem an Bekleidung, Proviant und Funkausrüstung.[17]

Die DDR stand vor einer enormen Herausforderung: Einerseits war sie durch Kriegsfolgen, Reparationen und die Teilung wirtschaftlich schwach.

Andererseits sollte sie militärisch für einen Krieg gegen den »Klassenfeind« aufrüsten und sich im Inneren stabilisieren. Staat und Wirtschaft mussten sich auf die Aufrüstung einstellen. Nach dem Vorbild der UdSSR räumte die DDR dem Sicherheitsapparat ab sofort Priorität in der Volkswirtschaft ein. Die Planwirtschaft erlaubte den direkten Zugriff, um kriegswirtschaftlich benötigte Reserven zu mobilisieren. Diese Strategie wurde von der Sowjetunion quasi auf die junge DDR übertragen. Sie war die Konsequenz aus den historischen Erfahrungen des Zweiten Weltkriegs, als die UdSSR erst nach schweren Anfangsniederlagen ihre Wirtschaft erfolgreich auf militärische Erfordernisse ausgerichtet hatte. Nach und nach baute die DDR so eine eigene Rüstungsindustrie auf (▶ Kap. 12).

Rüstung via Außenhandel: Die Ingenieur-Technische Verwaltung

Schnell wurde jedoch deutlich, dass die eigene Produktion nicht für die Aufrüstungspläne und Bündnispflichten des selbsternannten Arbeiter- und Bauernstaats genügte. Er brauchte eine Organisation, die den Bedarf an Waffen und Ausrüstung mithilfe des Außenhandels deckte – vor allem mit Importen aus der Sowjetunion, die als einziges Land im Ostblock alle Waffenarten selbst herstellte und zum großen Teil die Armeen der Bruderstaaten ausrüstete. So einigte sich das Verteidigungsministerium am 25. April 1956 mit dem Außenhandelsministerium über Regularien von Im- und Exporten.[18] Die operative Arbeit wurde der neugegründeten Ingenieur-Technischen Verwaltung (ITV) übertragen, einer Vorgängerorganisation des ITA. Damit war ein zentrales Organ von großer Bedeutung entstanden – ein DDR-Pendant der sowjetischen Ingenieur-Hauptverwaltung des Staatlichen Komitees für außenwirtschaftliche Verbindungen beim Ministerrat der UdSSR (GKES), des wichtigsten Lieferanten der bewaffneten Organe im Osten Deutschlands. Die ITV ähnelte bis in die Struktur seinem sowjetischen Vorbild. Zu ihren Aufgaben gehörte die Beschaffung von Waffen und Technik sowie von Ersatzteilen aus dem Ausland. Auch Aufträge für spezielle Exporte wickelte die ITV ab: Sie nahm Bestellungen an und erledigte die Planung für die Lieferungen. Beim Import musste das Militär seine Wünsche melden; die ITV schloss dann die Lieferverträge ab und war für die Abwicklung zuständig. Jede

Waffe, jedes militärische Gerät für den Im- und Export ging durch die Bücher der ITV. Daneben übernahm die ITV auch die wissenschaftlich-technische Zusammenarbeit wie den Austausch von Spezialisten, Lizenzen und Dokumenten.

Der Chef der ITV, Oberst Erwin Freyer, unterstand direkt dem Verteidigungsminister, die ITV dessen Stellvertreter für Technik und Bewaffnung. In einer als geheime Verschlusssache eingestuften Akte über »Funktionelle Pflichten des Chefs der Ingenieur-Technischen Verwaltung« vom 17. März 1960 heißt es:

> Der Chef der Ingenieur-Technischen Verwaltung hat auf der Grundlage von Befehlen, Anordnungen und Direktiven des Ministers für nationale Verteidigung und der Weisungen der Stellvertreter des Ministers für Technik und Bewaffnung die Arbeit der Verwaltung zu organisieren, zu leiten und die Unterstellten bei der Durchführung der Arbeiten anzuleiten und zu kontrollieren.[19]

Im Rahmen bestätigter Pläne war er befugt, Verträge abzuschließen. Damit war der Rüstungssektor Teil der Planwirtschaft geworden.

Die ITV war vor allem mit Importen aus der UdSSR beschäftigt; rasch wurde sowjetisches Material eingeführt. »Die wesentlichen Teile der Bewaffnung und Ausrüstung der bewaffneten Organe der DDR wurden [...] über den speziellen Außenhandel sichergestellt«, schreiben die Historiker Torsten Diedrich und Rüdiger Wenzke.[20] Um den Aufbau bei der Bewaffnung zu unterstützen, gewährte die UdSSR in den Anfangsjahren günstige Kredite und überließ der DDR gebrauchte Technik. 1955 lag das Importvolumen bereits bei 150 Millionen Mark. Zwischen 1954 und 1956 erhielten KVP und später die NVA vorrangig Panzer, Artilleriesysteme und Jagdflugzeuge aus der UdSSR. 1954 begann der Rüstungshandel mit der ČSSR, 1956 folgten Verträge mit Polen. »Der spezielle Außenhandel begann 1955/56 eine multilaterale Größenordnung anzunehmen.«[21] Die kreditfinanzierten Ausgaben für Rüstung in den 50er-Jahren belasteten die DDR bis ins nächste Jahrzehnt.[22] Spezielle Importe wurden 1955 aus einem Fonds der Verwaltung für Industriebedarf finanziert.

Anfang der 50er-Jahre residierte die ITV an der Schnellerstraße 1–5 in Berlin-Niederschöneweide: im selben Gebäude wie das Zentrale Entwurfs- und Konstruktionsbüro des Ministeriums für Nationale Verteidigung, das vormalige Projektierungsbüro Berlin. Das geht aus Unterlagen des Bundesnachrichtendienstes (BND) hervor, der gut über die Institutionen an diesem Standort informiert war. Als Zweck des ITV-Büros nennen die besagten Unterlagen die »Erstellung von Projekten für die Rüstungsindustrie vom VEB KBA [Konstruktionsbüro für Anlagen], Berlin, Köpenick«.[23] Damit arbeiteten zwei wichtige Institutionen mit direktem Bezug zum Militär Tür an Tür.

Interessant ist die angebliche Terminierung der Beobachtung: Genannt wird das Jahr 1954, doch zu diesem Zeitpunkt existierte das Ministerium – und übrigens auch der BND – noch gar nicht. Beide wurden erst 1956 gegründet. Ebenso widersprüchlich erscheint ein weiterer Bericht aus dem Jahr 1954, der den Schluss zulässt, dass die Organisation Gehlen, der Vorläufer des BND, früh über die Existenz der ITV, ihrer Nachfolgeorganisationen und ihrer Funktion informiert war. In einem Observationsbericht über das Gebäude an der Schnellerstraße ist zu lesen: »ITA koordiniert sämtliche Rüstungsaufträge des WP [Warschauer Pakt] für die DDR«.[24] Fest steht, dass in jenem Jahr weder der Warschauer Pakt noch der ITA existierten. Offenbar wurden Einträge nachträglich und fehlerhaft vorgenommen. Informantin war eine Technische Zeichnerin, die bis 1960 im Konstruktionsbüro für Anlagen gearbeitet und sich dann illegal nach West-Berlin abgesetzt hatte.

Weitere Nachbarn der ITV an der Schnellerstraße waren diverse metall- und chemieverarbeitende Betriebe. Ebenfalls an der Schnellerstraße mit der Hausnummer 139 war die VVB UNIMAK beheimatet, unter deren Dach alle Rüstungsbetriebe der DDR zeitweise integriert waren und die 1960 hier ein Zeichenbüro und eine Kfz-Werkstatt für das Militär und die Volkspolizei betrieb.[25] Unweit von der Schnellerstraße produzierten an der Sedanstraße zudem die Pertrix-Werke Plattenbatterien für sowjetische U-Boote und Flugzeuge. Das Werk wurde nach Unterlagen des BND bereits Ende der 40er-Jahre beobachtet.[26]

Aus der ITV-Zeit sind heute nur wenige Dokumente erhalten. Zu den frühesten Aktivitäten gehört ein Vertrag vom 4. Juli 1956 mit der China National Technical Import and Export Cooperation mit Sitz in Peking. Darin ging es um Pläne für ein Institut zur Optimierung von Waffen und Munition der Landstreitkräfte, das mehrere hundert Mitarbeiter haben sollte, sowie für den Bau eines Schießplatzes für Flugabwehrgeschütze. Zu den vom ITV übernommenen Aufgaben gehörte die Definition der Aufgaben und Ziele, Ausrüstung und Personalbedarf. Den Unterlagen des Bundesarchivs ist zu entnehmen, dass die ITV zu diesem Zeitpunkt kaum Erfahrung mit derartigen Geschäften hatte. Zum Zeitpunkt der Vertragsunterzeichnung waren sich die Mitarbeiter noch nicht schlüssig, welche Kosten die DDR dafür in Rechnung stellen wollte. Bis zum 1. September sollte das nachgeholt werden. Die Volksrepublik China sollte in Rubel bezahlen. Die Rechnung über 257.000 Rubel folgte am 15. Oktober 1956.[27] Warum gerade dieses Dokument erhalten blieb und andere aus jener Zeit, die im großen Umfang vorhanden gewesen sein müssen, verschwanden, wird möglicherweise für immer unklar bleiben.

Dem Geschäft vorausgegangen war ein sechswöchiger Besuch einer dreiköpfigen Militärdelegation aus Peking in der DDR im Sommer 1956. Die Gäste besuchten 25 Betriebe sowie Einrichtungen der Armee und informierten sich über Elektrotechnik, Hochfrequenztechnik, Feinmechanik und Optik für militärische Zwecke sowie für Spezialfahrzeuge. Danach übergaben die Chinesen ihren Gastgebern eine Liste mit Wünschen.[28] Die Gäste erhielten außerdem technische Dokumentationen für Hunderte militärische Produkte – vom schweren Lastwagen über Feldfernkabel bis zu Schiffsdieseln.[29] Bei diesem Besuch wurde auch ein zweites großes Geschäft zwischen der ITV und China angebahnt: der Export eines Hochgeschwindigkeitswindkanals für Triebwerktests von Kampfflugzeugen vom Typ MiG-15. Das Geschäft hatte ein Volumen von 1,9 Millionen Rubel. Geliefert wurde in den Jahren 1959 und 1960.[30] Über die Jahre lieferte die ITV auch optische Geräte sowie elektronische Ausrüstung nach China.[31]

Zu den ersten Exporten der ITV innerhalb des Ostblocks zählten Großschneepflüge für Polen. Das Geschäft war kein besonderer Erfolg: Weil die Kunden mit der Technik unzufrieden waren, kam es zu Reklamationen – noch bis 1959 wurden Maschinen in die DDR zurückgesendet. Ein weiteres frühes Geschäft war die Lieferung von Hochseeschleppern an Bulgarien. Auch das lief nicht reibungslos: Wegen technischer Probleme, insbesondere bei den Dieselmotoren, verzögerte sich die Lieferung.[32]

Auf internationaler Ebene weitaus bedeutender als die Geschäfte mit China war 1956 die Gründung eines Gremiums, das die Zusammenarbeit der Verteidigungsindustrien in der Sowjetunion und ihren Satellitenstaaten koordinieren sollte. Der Vorsitzende der Staatlichen Plankommission der DDR, Bruno Leuschner, berichtete im Januar 1956 dem Politbüro von der geplanten Einsetzung einer »Kommission für die Fragen der Produktion der Verteidigungsindustrie« im Rat für gegenseitige Wirtschaftshilfe (RGW). Die Existenz der Kommission blieb geheim, nicht einmal Leuschners Stellvertreter wusste davon. Die ostdeutsche Delegation wurde vom Leiter des Amtes für Technik angeführt. Ab 1958 wurde die Delegation ausschließlich durch Militärs besetzt. Welche Waffen und andere Ausrüstungen die NVA einsetzte – und zu großen Teilen über die ITV importieren musste –, war durch die Militärökonomische Integration (MöI) im Wesentlichen festgelegt, die ein einheitliches System der Bewaffnung und Ausrüstung des Warschauer Vertrags zum Ziel hatte.[33] Vorrangig handelte es sich dabei um sowjetische Produkte, Doppelentwicklungen wurden somit weitgehend vermieden. Standards definierten das Technische Komitee der Vereinten Streitkräfte und der Militärwissenschaftlich-Technische Rat.

Ein Schlaglicht auf den wenig brüderlichen Umgang der Vertragsstaaten untereinander bietet die regelmäßige »Berichterstattung über die Erfüllung der Aufgaben«. Daraus geht beispielsweise für das zweite Quartal 1962 hervor, dass manche Staaten ihren Zahlungsverpflichtungen eher widerwillig nachkamen: Die Sowjetunion stand beim speziellen Außenhandel mit 800.000 Rubeln in der Kreide und hatte damit gerade einmal 64 Prozent ihrer Zahlungsverpflichtungen erfüllt. Die Bulgaren lagen mit zwei Millionen Rubeln im Soll und hatten erst 184.000 gezahlt. Lediglich Polen und Rumänien hatten komplett gezahlt.[34]

Wechsel ins Außenhandelsministerium: Die Ingenieur-Technische Hauptverwaltung

Einem Beschluss des Nationalen Verteidigungsrates folgend, wechselte am 1. Juli 1961 die Ingenieur-Technische Verwaltung vom Verteidigungs- ins Außenhandelsministerium und firmierte dort mit erweitertem Namen als Ingenieur-Technische Hauptverwaltung (ITHV). Grund dafür dürfte die Einschätzung des Verteidigungsministers gewesen sein, er sei nicht für die Abwicklung internationaler Lieferungen verantwortlich, die Güter für das Innenministerium und die Staatssicherheit einschließen.[35] Die Neuorganisation sollte außerdem der »Verbesserung der materiell-technischen

Versorgung« der NVA dienen.[36] Die Aufgabe der ITHV war eindeutig definiert:

> Die Ingenieur-Technische Hauptverwaltung hat die gesamte Beschaffung von Militärtechnik, Komplettierungs- und Ersatzteilen aus Importen nach den Forderungen der bewaffneten Organe so zu organisieren, dass die operativen Forderungen mit der materiell-technischen Versorgung übereinstimmt.[37]

Wichtig dabei seien vertragliche Bindungen und die hohe Qualität der Güter. Das Außenhandelsministerium war damit formell zuständig für den kompletten Im- und Export militärischer Güter und der »speziellen Ausrüstung« der Stasi, der Polizei und der Gesellschaft für Sport und Technik (GST). Verteidigungsministerium und Armee mussten sich nicht länger selbst um Rüstungsimporte kümmern; aus dem Außenhandelsministerium wurde ein Dienstleister fürs Militär. Mit der ITHV war in der DDR – wie in allen Staaten des Warschauer Pakts – nach sowjetischem Vorbild eine Außenhandelsverwaltung für militärische Produkte in einem zivilen Ministerium entstanden.

In der Folge der Neuorganisation zogen Militärs der vormaligen ITV in das zivile Außenhandelsministerium ein, das diesen gegenüber auch weisungsbefugt war.[38] Es musste einen eigenen Haushaltstitel für den Betrieb schaffen und den zivilen ITHV-Mitarbeitern Reisen und andere Ausgaben finanzieren. Die ITHV arbeitete im sogenannten Objekt BIII an der Regattastraße 12 in Berlin-Grünau, das von der NVA gesichert wurde. Dort standen den Mitarbeitern die obere Etage des Hauses 4 vollständig und im Erdgeschoss sieben Zimmer zur Verfügung. Wer in dem scheinbar zivil genutzten Gebäude des Außenhandelsministeriums das Sagen hat, war auch nach dem Wechsel von der ITV zur ITHV unmissverständlich klar: Solange der Minister für nationale Verteidigung nicht anders entscheide, bleibe es bei der Nutzung der Räume im Objekt BIII, hieß es in den »Maßnahmen zur Überleitung« vom 28. Juni 1961. Der Chef der ITHV (und später auch der des ITA) unterstand zwar dem zivilen Außenhandelsminister. In militärischen Fragen und disziplinarisch blieb jedoch der Verteidigungsminister sein Vorgesetzter.[39] In Zweifelsfällen sollten sich beide Minister einigen und gemeinsam eine Entscheidung treffen. Strukturveränderungen bei der ITHV waren nur mit Zustimmung des Militärs möglich. Beide Ministerien sicherten sich eine enge Zusammenarbeit zu.

Das Verteidigungsministerium wurde verpflichtet, dem Außenhandel Informationen über die genutzte Technik zur Verfügung zu stellen. Ausnahmen waren nur bei Systemen mit besonderer Geheimhaltungsstufe zulässig. Für den Transport importierter Güter war ab Grenzübergang das Militär zuständig.

Die ITHV war – wie der Name sagt – eine Verwaltung, kein Betrieb und daher auch personell anders strukturiert als gewöhnliche Außenhandelsbetriebe. Die Leitung setzte sich aus dem Chef der Hauptverwaltung – einem Offizier im Rang eines Generalmajors –, seinem Stellvertreter – einem Oberst –, den Leitern der Hauptabteilungen und »Gehilfen des Chefs für Kaderfragen« zusammen. Stets behielten die Offiziere das Sagen. Auch der Vertreter des Außenhandelsministers war zumeist ein hochrangiger Offizier. Den militärischen Charakter nahm man auch auf anderer Ebene sehr ernst: Jeder Soldat war mit einer Dienstwaffe ausgerüstet. Außerdem lagen Schutzmasken und -kleidung zur Abwehr chemischer Gefahren bereit, ab 1963 auch Entgiftungsausrüstungen.

Die personelle Besetzung in den ersten Jahren war überschaubar. 1962 zum Beispiel wies der Stellenplan 21 Offiziere, einen Stabsfeldwebel und 22 zivile Beschäftigte aus.[40] 1963 war der Personalbestand gegenüber dem Vorjahr deutlich, um 79 Prozent, angewachsen. Erstmals aufgelistet werden nun auch Außenstellen im Ausland: In Warschau und Prag war jeweils ein Offizier als Attaché beim Leiter der Handelspolitischen Abteilung angesiedelt.[41] Um ihre Aufgaben auch im Fall eines Krieges zu gewährleisten, war eine personelle Aufstockung der ITHV im Krisenfall geplant.[42] Beim Umstrukturieren innerhalb der ITHV in den 60er-Jahren hatte man die Organisation nicht wie einen nach unterschiedlichen Funktionen differenzierten Betrieb aufgebaut, sondern schlicht nach den im- und exportierten Gütern aufgeteilt.[43]

Die Arbeit der ITHV beschränkte sich weitgehend auf den Handel mit den sozialistischen Ländern. Dabei ging es beispielsweise im Jahr 1962 um Fahrzeuge, Hauben für Piloten, aber auch Halbleiter- und Mikrowellenbauelemente. Die Abgesandten der beteiligten Staaten trafen sich in bilateralen Kommissionen, um die Lieferungen und den Wissensaustausch abzustimmen. Wie schon bei der ITV gehörten daneben die »technisch-wissenschaftliche Zusammenarbeit zu speziellen Themen« und der Austausch von Spezialisten zu den Aufgaben der ITHV. Den wachsenden

Handel mit Rüstungsgütern belegen Dokumente über die Lieferabsprachen innerhalb des Ostblocks. So schraubte die DDR ihre Importwünsche gegenüber Ungarn von 1963 bis 1965 von 10,1 Millionen auf 23,2 Millionen Rubel hoch. Die Anfragen an Rumänien hatten sich knapp vervierfacht. Die Importe aus der UdSSR dagegen lagen in diesem Zeitraum stabil bei etwa 40 Millionen Rubel.[44] Auch wenn das Interesse umgekehrt über Jahre teils deutlich geringer war – Rumänien etwa bestellte 1965 für gerade mal 100.000 Rubel bei der ITHV –, verzeichnete auch der Export Steigerungsraten im Siebenjahresplan von 180 Prozent.[45] Die Vielfalt der Import- und Exportwaren war enorm: 1961 waren im Importplan 10.000 unterschiedliche Erzeugnisse verzeichnet, 1963 waren es 21.000. Hinzu kamen noch einmal 24.000 Positionen für handelsübliche Erzeugnisse. Die ITHV-Liste von 1963 über handelsübliche Artikel aus zivilen Betrieben, die für den Export an befreundete Armeen infrage kamen, umfasste 39 Seiten.[46]

Zu den immer wiederkehrenden Problemen gehörte die Ersatzteilbeschaffung, insbesondere aus der Sowjetunion. »Hier ist die Lage weitaus komplizierter als beim zivilen Außenhandel«, hieß es 1962 in einem Bericht an das Ministerium für Außenhandel.[47] Ursache hierfür sei eine rasante Entwicklung in der Militärtechnik, die nur noch für zwei oder drei Jahre produziert werde, bis ein neues Produkt komme. Auch die Preisabsprachen würfen Probleme auf, schrieb der ITHV-Chef. Militärtechnik wurde in der UdSSR zu günstigen Preisen produziert. Baute ein Land die Technik mit sowjetischer Lizenz nach, lagen die Produktionskosten höher. Daher sei das Interesse an Exporten vielfach gering, beklagte der ITHV.

Schon damals waren auch Importe aus dem kapitalistischen Ausland nicht tabu, zumindest sofern das Verteidigungsministerium bestellte und die Genehmigung des stellvertretenden Verteidigungsministers vorlag. Andere bewaffnete Organe wie die Staatssicherheit, das Innenministerium und die GST durften dagegen nur Produkte aus dem sozialistischen Wirtschaftsraum anfordern. Ab Planjahr 1963 war die ITHV auch verantwortlich für den Import »handelsüblicher Erzeugnisse aus allen Wirtschaftsgebieten«, also nicht-spezieller Güter. Außerdem übernahm die ITHV den Import ziviler Hubschrauber und Flugzeuge.

Die Befugnisse der ITHV reichten weit. Als der VEB Industriewerke Ludwigsfelde beispielsweise 1962 beim Außenhandelsbetrieb Technocommerz komplette Ersatzteilsätze für die Wartung von MiG-21-Triebwerken im Wert von 3,5 Millionen Rubel orderte und damit gegen die Geheimhaltungsvorschriften verstieß, zog der ITHV die Bestelllisten ein. Die Begründung: Durch sie würden zivile Stellen über die Stärke des MiG-21-Bestands erfahren. Die ITHV pochte darauf, dass Bestellungen bei ihr aufzugeben seien.[48]

Zur Umorganisation bei der Ausrüstung der Armee und anderer bewaffneter Organe gehörte neben der Gründung der ITHV die Bildung eines Amts für Beschaffung, die der Nationale Verteidigungsrat im Juni 1963 beschlossen hatte. Das Amt wurde dem Verteidigungsminister unterstellt. Es löste die unterschiedlichen Beschaffungsverwaltungen der NVA, des Innenministeriums, der Staatssicherheit und des Zolls ab.[49]

Abhängig von Rüstungsimporten – Verlustreiche Exporte

Anfragen des Hauptstabes des Verteidigungsministeriums für Lieferungen aus der Sowjetunion nahmen ihren Weg über die ITHV und ihr Büro in Moskau. Wenn es dem Stab dringend erschien, konnte es sich auch um kleine Lieferungen handeln. So bestellte die ITHV im Februar 1962 neben Großlieferungen wie 24 Mehrfachraketenwerfern vom Typ BM-24 inklusive Munition auch Kleinstposten wie drei Tonbandmaschinen oder einen Funksender. Ab 1962 wurden Anfragen aus Berlin in Moskau dann auf einer höheren Ebene behandelt und beschieden. Anträge auf Lizenzübernahmen, technische Dokumentationen, technische Hilfe durch Spezialisten und sämtliche Anfragen zur wissenschaftlich-technischen Zusammenarbeit seien künftig auf Regierungsebene einzureichen, schrieben die Ingenieur-Techniker aus Moskau am 16. Februar 1962 nach Ost-Berlin.[50] Anlass für dieses neue Vorgehen sei die wachsende Zahl der Anfragen.

Die große Abhängigkeit der DDR von Rüstungsimporten belegt beispielhaft der Perspektivplan für die Jahre 1964 und 1965, der 52 Seiten lang ist und detailliert von der MP-Munition bis zur Schiffsbewaffnung auflistet, welche Waren eingeführt werden mussten. Größte Posten waren die Panzer- und die Nachrichtentechnik.[51] Die ITHV beschränkte sich bei ihren Anfragen nicht allein auf den Rüstungsbereich, sondern fragte auch nach anderen Materialien, die in der Volkswirtschaft gebraucht wurden. Dazu zählten beispielsweise Ausrüstungen für Bergwerke und Geräte für die Gesteinszertrümmerung beim Braunkohleabbau. Ein Magnetron sollte mit Mikrowellen große Steine zerstören und somit Sprengungen überflüssig machen, die teuer waren und Schäden im Umfeld anrichteten.[52]

Dass die noch junge Volksarmee der DDR und ihre Waffenbeschaffer noch nicht über alle Details des Rüstungskomplexes des Ostblocks Bescheid wussten, offenbart ein Vorgang aus dem Februar 1962. Die ITHV hatte in der UdSSR nach 50 Triebwerken vom Typ WK-1 nachgefragt und erfuhr in Moskau, dass diese dort gar nicht hergestellt wurden. Man möge sich an die Ingenieur-Technische Hauptverwaltung in Polen wenden. Auch in anderen Bereich lief die Zusammenarbeit in den frühen Jahren nicht rund. Zwar konnte die DDR ihre aus der Sowjetunion gelieferten Panzer selbst warten und reparieren. Doch wichtige technische Dokumentationen lagen nicht vor. Ob Moskau die Sorge um die Geheimhaltung der Dokumente umtrieb oder die Weitergabe schlicht vergessen worden war, bleibt offen. Im Februar 1962 schickte das Ministerium jedenfalls eine umfangreiche Liste nach Moskau und bat um die technischen Unterlagen für die Motoren von Schwimmpanzern, Nachtsichtgeräten, Panzerkanonen und Vereisungswarnern für Hubschrauber.[53]

Gegen die weitverbreitete Einschätzung, die DDR habe nur leichte Waffen, Munition und Schiffe hergestellt, sprechen Dokumente aus dem Jahr 1963. So wurden in jedem Jahr im VEB Maschinenfabrik und Eisengießerei Dessau 175 Getriebe für den Panzer T-34 produziert. Den Auftrag hatte die ITHV erteilt, die bei den Bruderländern die gewünschte Stückzahl erfragt hatte. Die Produktion erfolgte jährlich in Serie. Groß war die Enttäuschung jedoch im Jahr 1963, als die ITHV die Getriebe anbot und verbindliche Anfragen einholen wollte. Offenbar bestand das zuvor bekundete Interesse nicht mehr. Lediglich Bulgarien bestellte 30 Stück. Nicht einmal Polen, das zu den Stammkunden zählte, erteilte einen Auftrag. Vermutlich war das Interesse gering, weil der bis 1958 gebaute Weltkriegspanzer T-34 in absehbarer Zeit ausgemustert werden sollte und der Bedarf an Ersatzteilen bis dahin gedeckt war.[54] Dieses Vorgehen belegt ein weiteres Mal die Unerfahrenheit der Außenhändler.

Unter betriebswirtschaftlichen Gesichtspunkten betrachtet, war der Exporthandel, den die ITHV zu dieser Zeit trieb, ein teures Zuschussgeschäft. 81 Millionen Mark zahlte der spezielle Außenhandel 1963 für den Einkauf der für den Export bestimmten Waren im Inland und erzielte dafür nur Einnahmen in Fremdwährung (»Valuta«) im Gegenwert von 35 Millionen Mark. Besser lief das Geschäft hingegen beim Import: 405 Millionen Mark wurden bei den Planträgern – also bei der NVA und anderen – für die Lieferung der im Ausland bestellten Waren eingenommen: ein Überschuss von 8,7 Millionen Mark. Größter Handelspartner war die Sowjetunion, die für 16 Millionen einkaufte und für 206 Millionen an die DDR verkaufte. Insgesamt hatte die DDR 1963 Rüstungsgüter im Wert von 310 Millionen Mark importiert und für 35 Millionen exportiert. Bei den In- und Exporten ging es letztlich jedoch nicht um betriebswirtschaftliche Aspekte wie Rentabilität, sondern um die Sicherstellung der Ausrüstung für die Armeen.

An den Grenzübergangsstellen herrschte somit reger Verkehr. So meldeten die Außenstellen der Transportgruppe der ITHV für das erste Halbjahr 1965 aus den Grenzübergängen Bad Schandau und Frankfurt/Oder 179 Import-Transporte mit 814 Bahn-Waggons und einem Gesamtgewicht von 10.500 Tonnen. Hinzu kamen Tausende weitere Sendungen per Post, über Straßentransporte oder in Rostock als Schiffladung an.[55]

Erste Lieferungen an nichtsozialistische Länder

Eine Zäsur bei der ITHV folgte nach einer Besprechung über einen neuen »Funktionsverteilungsplan« am 7. Januar 1965. Überschüssige militärische Erzeugnisse aus DDR-Produktion sollten künftig nicht mehr ausschließlich an die bisherigen Vertragspartner wie die Staaten des Warschauer Pakts und China, »sondern auch in solche sozialistischen Länder wie Kuba, Jugoslawien oder junge Nationalstaaten wie die VAR [Vereinigte Arabische Republik][56] o. a.« geliefert werden.[57] Außerdem wies der Außenhandelsminister die ITHV an, zwei Mitarbeiter für Sondierungen in die Länder zu entsenden, mit denen man künftig handeln wolle. Sie sollten Sprachkurse besuchen, um künftig ohne Dolmetscher arbeiten zu können. Die Abwicklung sollte der AHB Technocommerz übernehmen, weil das Unternehmen – im Gegensatz zur ITHV – bereits über die entsprechenden Verbindungen in diese Länder verfüge.

Außer den Hilfen für afrikanische und lateinamerikanische Staaten nahm die DDR 1965 auch Kontakte zu einem potenziellen Handelspartner im hohen Norden auf. Anfang 1965 hatten Politbüro und Ministerrat beschlossen, den Handel mit Finnland zu intensivieren und auch militärische Güter aus eigener Produktion zu liefern. Eine Anfrage aus Helsinki hatte das Außenhandelsministerium an die ITHV weitergeleitet.[58] Die ITHV stellte Prospektmaterial mit Angeboten zusammen. Dazu zählten Munition, Stahlhelme und Fallschirme sowie optische Geräte und Fernmeldeausrüstung. Einzelheiten wurden auf der Leipziger Messe besprochen.[59]

Fokussierung auf Vertragsabschlüsse und Lieferungen: Der Ingenieur-Technische Außenhandel

Am 1. Januar 1966 ging die ITHV in zwei Organisationen auf: Den Bereich Spezieller Außenhandel (BSA) und den Ingenieur-Technischen Außenhandel (ITA).[60] Sowohl ITA als auch BSA gehörten zum Außenhandelsministerium, wurden aber von Offizieren der NVA geleitet. Der BSA wurde als übergeordneter Bereich im Ministerium für Außenhandel konzipiert und hatte die Aufgabe, in Bezug auf den Handel mit Rüstungsgütern zwischenstaatliche Vereinbarungen zu treffen, Grundsatzfragen zu klären und Importbedarfe abzustimmen. Der ihm unterstellte ITA war zuständig für Verhandlungen, den Abschluss von Verträgen und die Realisierung von Im- und Exporten.[61] Dabei wurde festgelegt, den ITA selbstständig im Rahmen der vom BSA und den bewaffneten Organen festgelegten Aufgaben arbeiten zu lassen. Dafür maßgeblich waren stets die im Ostblock vereinbarten Fünfjahrespläne für Lieferungen, die für jedes Jahr noch einmal präzisiert wurden.

»Für den Aufbau und die weitere Entwicklung der Streitkräfte der DDR stellten Importe von Bewaffnung und Ausrüstung, vorwiegend aus der UdSSR, den Grundpfeiler dar«, schreibt NVA-Generalleutnant a. D. und Chef des Militärbereichs der Plankommission, Wolfgang Neidhardt. »Damit ergaben sich für die Einrichtungen des speziellen Außenhandels verantwortungsvolle Aufgaben.«[62]

2   Der Kontext – ITA und IMES: Partner und Konkurrenten

Band 17, Blatt-Nr. 813, Abteilung C im Register der volkseigenen Wirtschaft des Magistrats von Groß-Berlin, Abteilung Finanzen – dort ist die Geschichte des Ingenieur-Technischen Außenhandels seit 1966 bis zur Auflösung verzeichnet. Eine der geheimsten und am besten abgeschotteten Organisationen der DDR musste sich registrieren lassen wie jeder andere Betrieb auch. Als übergeordnetes Verwaltungsorgan wird durchgehend der Ministerrat der DDR mit dem Ministerium für Außenhandel mit seinen wechselnden Bezeichnungen (bis 1967: für Außenhandel und innerdeutschen Handel, bis 1973: für Außenwirtschaft) angegeben. Als Zusatz folgt stets der Hinweis auf den Bereich Spezieller Außenhandel (BSA), dem der ITA zugeordnet war. Der ITA wurde aus dem Staatshaushalt finanziert und führte auch seine Einnahmen dorthin ab. Handelssprache war Russisch.

Das zivile Führungsorgan des ITA, das Ministerium für Außenhandel mit seinen wechselnden Bezeichnungen, hat nur spärliche Einzelheiten über die Aktivitäten des ITA hinterlassen. Mutmaßlich aus Gründen der Geheimhaltung waren die Informationen in den Dokumenten des Ministeriums knapp und zuweilen für den zivilen Laien undurchsichtig. Als zum Beispiel das Ministerium am 18. April 1975 einen »Marktbearbeitungsplan« der Außenhandelsbetriebe für die sozialistischen Bruderstaaten vorlegte, stand der ITA zwischen dem »AHB Limex – Leichtmetallhallen« und dem »AHB Transportmaschinen – Zweiräder, Melkanlagen, Mühlen« mit dem spärlichen Vermerk »Ausrüstungen«. Sogar den Zusatz »speziell«, in der DDR der verschleiernde Hinweis für einen Rüstungsbezug, hatte man weggelassen. Selbst innerhalb des Ministeriums waren Kontakte zwischen den Mitarbeitern des ITA und Kollegen anderer Betriebe offenbar unerwünscht. Bei Reisen von Wirtschaftsdelegationen sucht man den ITA auf den Teilnehmerlisten in der Regel vergebens.[63] Grundsätzlich waren alle Vorgänge des ITA als geheim zu bewerten. In der Arbeitsordnung hieß es unter dem Punkt »Pflichten der Mitarbeiter«: »Alle Mitarbeiter sind zur strengsten Verschwiegenheit über betriebliche Angelegenheiten verpflichtet. Diese Verpflichtung besteht auch nach Beendigung des Arbeitsrechtsverhältnisses.« Auch die Auskünfte an Gerichte, Ämter und andere staatliche Organe war streng geregelt. In solchen Fällen war grundsätzlich die Genehmigung des ITA-Chefs erforderlich.[64]

ITA und KoKo – Arbeit innerhalb und außerhalb des Plans

Auch nach der Wende blieben der ITA und seine Aufgaben weitgehend unbekannt. Nicht zuletzt durch die Ereignisse in Kavelstorf stand ein anderer Betrieb stärker im Fokus der Öffentlichkeit: die IMES. Der erst 1982 gegründete Waffenhandelsbetrieb gehörte zum Bereich Kommerzielle Koordinierung des Außenhandelsministeriums, besser bekannt unter der Abkürzung KoKo. Die KoKo nahm innerhalb der Wirtschaft der DDR eine inhaltliche und rechtliche Sonderstellung ein: Während andere Betriebe im Rahmen der Planvorgaben arbeiten mussten, wurden die Grundsätze des Bereichs KoKo bereits bei der Gründung im Jahr 1966 eindeutig definiert: »Maximale Devisenerwirtschaftung außerhalb des Plans«.[65] Die KoKo residierte in Ost-Berlin im Internationalen Handelszentrum (IHZ) an der Friedrichstraße, einem Gebäude, das vom Ministerium für Staatssicherheit (MfS) und vom KGB abgesichert wurde. Im IHZ waren 1980 rund 100 Firmen aus 25 kapitalistischen Ländern untergebracht. Dort arbeiteten Firmen aus Ost und West also unter einem Dach.

Den Anstoß hatte Alexander Schalck-Golodkowski gegeben, der seit 1955 im Außenhandelsministerium arbeitete und im Dezember 1965 in einem Schreiben an Politbüromitglied Hermann Matern darauf hinwies, er könne nur mit »mehr oder weniger unseriösen Methoden« Gewinnanteile für die Devisenerwirtschaftung abzweigen. So etwas sei bei staatlichen Außenhandelsbetrieben »im Prinzip« nicht möglich – man sollte zu diesem Zweck einen eigenen Bereich gründen.[66] Eben dies wurde die Aufgabe der 1966 ins Leben gerufenen KoKo. In einer Phase der außenpolitischen Isolation der DDR gegründet, sollten ihre Firmen in erster Linie die Devisen erwirtschaften, die per Kredit oder durch die schwierige außenwirtschaftliche Lage sonst nicht zu bekommen waren. »Mit der Schaffung des Bereichs KoKo im Jahre 1966 war offensichtlich beabsichtigt, die Leistungsfähigkeit der starren DDR-Planwirtschaft zu verbessern«, schreibt der Historiker Jürgen Borchert. Auch andere sozialistische Staaten gründeten vergleichbare Firmen für ihre Auslandsgeschäfte.[67] Neben der Erwirtschaftung von Devisen wurde KoKo auch für nachrichtendienstlichen Zwecke der Hauptverwaltung A (HVA) eingesetzt, des Auslandsnachrichtendiensts der Staatssicherheit.[68] Zu den Aufgaben der KoKo gehörte außerdem die Beschaffung von Hochtechnologie. Damit wollte die DDR das Embargo des 1948 gegründeten Koordinationsausschuss für multilaterale Ausfuhrkontrollen (*Coordinating Committee on Multilateral Export Controls*, CoCom) der westlichen Staaten umgehen, der festlegte, welche Güter für den Export aus dem Westen in sozialistische Staaten gesperrt waren. Die BRD wandte diese Liste auch für den innerdeutschen Handel an.[69] Ende der 80er-Jahre versuchte die DDR verstärkt, Muster westlicher Militärtechnik beschaffen.

Die KoKo-Betriebe waren gegenüber den Betrieben des planwirtschaftlichen Außenhandels, zu dem der ITA gehörte, im Wirtschafts- und Rechtssystem privilegiert. Sie waren von vielen Kontrollinstanzen befreit, hatten sogar Einfluss auf die Zollbestimmungen. Die begrenzte Zahl der beteiligten Personen garantierte ein hohes Maß an Vertraulichkeit für ihre Geschäfte. Auch konnten sie vergleichsweise selbstbestimmt wirtschaften: Die regulären Außenhandelsbetriebe mussten ihre Geschäfte auf ein spezielles Segment konzentrieren. Manche waren einzelnen Kombinaten zugeordnet oder bereits durch ihren Namen auf bestimmte Produkte festgelegt. KoKo dagegen hatte kein festgelegtes Wirtschaftsgebiet und konnte daher effektiver Geschäfte betreiben: Die Betriebe handelten beispielsweise im Westen mit Ölerzeugnissen, erwirtschafteten Devisen mit Müllimporten oder in den Intershops. Außerdem fädelte KoKo den Freikauf von DDR-Häftlingen durch die Bundesrepublik ein, handelte sogar mit Wurst und übernahm später auch Waffengeschäfte. Die KoKo-Betriebe erhielten lediglich eingeschränkte Planvorgaben, die sich in der Regel nur auf die Devisenbeträge bezogen, die sie jährlich zu erwirtschaften hatten, nicht aber auf die Methode, wie dies zu geschehen habe.[70] Die Betriebe überwiesen diese Summe nicht direkt, sondern über die KoKo an den Staatshaushalt. Blieb über die festgelegte Summe hinaus Geld übrig, stand es der

KoKo für ihre Aktivitäten zur Verfügung und verschaffte ihr einen deutlich größeren Handlungsspielraum als den anderen Außenhandelsbetrieben.[71] Der Staat erlaubte den Betrieben der KoKo – im Unterschied zu anderen Außenhandelsfirmen – die Einrichtung von Konten im Ausland und den Zugriff auf Produktionskapazitäten.

Damit war der staatliche Außenhandel der DDR gespalten: Planwirtschaftliche Außenhandelsbetriebe standen der KoKo gegenüber, die flexibel und relativ marktwirtschaftlich agieren konnte.

KoKo und der Handel mit Rüstungsgütern: Gründung der IMES

Der ITA war über Jahrzehnte alleiniger Ex- und Importeur militärischer Güter gewesen. Das änderte sich nach dem 1. April 1979, als Dieter Uhlig bei der KoKo die Verantwortung für den Bereich »Spezielle Technik« und den Handel mit Äthiopien, Mosambik und Angola übernahm – drei Jahre vor der Gründung der IMES. KoKo stieg nun intensiver in den Handel mit Rüstungsgütern ein. Die Waffengeschäfte begannen mit dem Iran und wurden zunächst vom AHB Transinter abgewickelt, der ursprünglich dazu dienen sollte, »die Marktchancen westlicher Firmen in der DDR zu erkunden und interessierte Betriebe in Deutsch-Ost zu vertreten«.[72] Schalck-Golodkowski berichtet, im Arbeitskreis »Spezieller NSW-Export«, der beim stellvertretenden Außenhandelsminister angesiedelt war, sei regelrecht gefeilscht worden, ob die Export-Kontingente dem offiziellen oder inoffiziellen Handel zur Verfügung stünden.[73]

Zu Beginn der 80er-Jahre hatten die Schulden der DDR bedrohliche Ausmaße erreicht, zugleich schränkte die UdSSR ihre Ölexporte ein. Die DDR reagierte: Der planwirtschaftliche Außenhandel musste seine Export-Anstrengungen erhöhen. Gleichzeitig wurden die Importe reduziert.[74] Doch die Geschäfte mit Rüstungsgütern liefen immer schlechter. Gerade bei den einfachen Waffen, die die DDR anzubieten hatte, war die Konkurrenz groß, die Zahlungsfähigkeit der Handelspartner begrenzt. Als Hindernis erwies sich darüber hinaus die restriktive Linie der UdSSR beim Verkauf von Militärgütern, die in Lizenz in der DDR produziert wurden, wie die Kalaschnikow mit Munition sowie Handgranaten, Minen, Panzerabwehrwaffen und Flugabwehrgeschosse. Nur mit Genehmigung aus

Moskau durfte Ost-Berlin diese Produkte ausführen. Wo eine Ausfuhrgenehmigung vorlag, unternahm die DDR entsprechend enorme Anstrengungen, die Produktion zu erhöhen.[75]

Im April 1981 legte Schalck-Golodkowski Günter Mittag ein Papier mit dem Titel »Die Zentrale Aufgabenstellung und Unterstellung des Bereichs Kommerzielle Koordinierung« vor. Eine dieser Aufgaben solle künftig sein:

> Wahrnehmung außenwirtschaftlicher Aufgaben in Zusammenhang mit der Sicherung und Produktion spezieller Erzeugnisse, einschließlich militärischer Ausrüstungen und Waffen und deren Export im Zusammenwirken mit den entsprechenden Ministerien und zuständigen Organen.[76]

Noch im selben Jahr fällten Honecker und Mittag die Grundsatzentscheidung, neben dem ITA eine zweite schlagkräftige Institution zu schaffen, die in der Lage wäre, kurzfristig mit Waffen die dringend benötigten Devisen zu erwirtschaften. Einer neuen Organisation unter dem Dach der KoKo wurden schnelle Verkäufe eher zugetraut als dem an Planvorgaben gebundenen ITA. Bei den Waffenexporten zweigleisig vorzugehen, erlaubte der DDR außerdem, direkte Kriegsgegner zu beliefern – wie Iran und Irak im Fall des ersten Golfkriegs oder Nord- und Südjemen (▶ Kap. 3).[77] Auch bot eine Organisation jenseits des Plans die Chance, Waffen zu exportieren, ohne vorher das Okay der Führungsmacht UdSSR einzuholen.[78]

Am 23. November 1981 wies Schalck-Golodkowski den Generaldirektor von Transinter, Helmut Schindler, an, mit Wirkung zum 1. Januar 1982 die IMES GmbH zu gründen. Die Abkürzung stand für den nur selten benutzten Firmennamen »Internationale Messtechnik Import-Export«. Als GmbH befand sich IMES formal im Besitz von Privatpersonen, die aber nur als Strohmänner fungierten und Abtretungserklärungen an die KoKo abgegeben hatten.[79] Bereits am 4. Januar 1982 begann IMES mit ihren Geschäften. Die Vorgaben waren klar beschrieben. »Die Firma IMES ist zu einem leistungsfähigen internationalen Waffenhandelsunternehmen zu entwickeln«, hieß es am 14. September 1983 in einem Aktenvermerk.[80]

IMES handelte auch mit Ländern, mit denen es nach offizieller Doktrin gar keine Geschäfte geben konnte. »Das bedeutet aber nicht, dass die Staatsführung nicht ihr Okay gegeben hatte«, schreibt Harald Möller und fährt fort: »Alle bisher bekannt gewordenen Waffengeschäfte sind durch Günter Mittag und Erich Honecker persönlich abgezeichnet worden.«[81] Dieser Handel sollte einer internationalen Öffentlichkeit, aber auch der eigenen Bevölkerung möglichst verborgen bleiben.[82]

Die Geschäfte der IMES: Durchwachsene Bilanz

Trotz der Gründung von IMES flossen die Devisen nicht wie erhofft. Als die IMES 1982 mit ihren Geschäften begonnen hatte, waren die Erlöse zunächst hoch, sanken aber in den folgenden Jahren deutlich ab. Zum Schluss betrugen die abgeführten Gewinne nur noch zehn bis 20 Millionen Valutamark. Am Anfang konnte das Unternehmen große Mengen an Handfeuerwaffen aus der Staatsreserve an den Iran liefern, danach fehlten attraktive Güter. Die Einnahmen des ITA lagen zumeist um ein Mehrfaches darüber. KoKo zog Konsequenzen wie ein klassisches kapitalistisches Unternehmen: In der Abteilung Handelspolitik wurde Personal abgebaut.[83] Zur IMES gehörten 1989 noch 32 Planstellen.[84] Um trotz der Probleme an Devisen zu gelangen, schlug KoKo 1987 vor, verstärkt Ersatzteile in der DDR herzustellen, bei Instandsetzungen für Auftraggeber aus dem NSW einzusetzen und zu exportieren.[85]

In der zweiten Hälfte der 80er-Jahre wollte sich die DDR – ähnlich wie in den 70er-Jahren – verstärkt auf die Modernisierung ihrer Wirtschaft konzentrieren, war aber nur zahlungsfähig, weil unerwartete Hilfe aus dem Westen kam. Zwei vom bayerischen Ministerpräsidenten Franz Josef Strauß (CSU) eingefädelte Milliardenkredite bei westdeutschen Großbanken, das damit geschaffene Vertrauen in die DDR-Finanzkraft und die gesteigerten Exporte hatten den ostdeutschen Staat vorläufig finanziell gerettet. Jetzt konzentrierte sich die DDR verstärkt auf Kompensationsgeschäfte: Die DDR »bezahlte« mit Mineralölerzeugnissen oder mit Produkten, die in westlichen Ländern entwickelt und in der DDR produziert worden waren. Importiert wurden Anlagen, die die DDR-Industrie auf einen modernen Stand bringen sollten. KoKo war federführend, diese Geschäfte einzufädeln. Umgesetzt wurden sie in der Regel von den Außenhandelsfirmen, mit denen KoKo eng zusammenarbeitete.[86]

Mit Blick auf die Aktivitäten der IMES und die erhofften Devisen schreibt Reinhard Buthmann: »Der Waffenexport stellte eher eine Misserfolgs-, denn eine Erfolgsgeschichte dar.« Und weiter: »Eine Vielzahl von ›Geschäftsoperationen‹ des 1982 gegründeten Außenhandelsbetriebes IMES misslang oder war ökonomisch ineffizient.«[87] Viele Geschäftspartner seien unseriös gewesen. Außerdem scheiterten mehrere Geschäfte an Indiskretionen.

Um eine weitere Expansion im nichtsozialistischen Wirtschaftsraum zu erreichen, war die Gründung eines weiteren Außenhandelsbetriebs neben ITA und IMES geplant, der für den Export der Produkte aus dem VEB Kombinat Spezialtechnik Dresden (KSD) verantwortlich sein sollte.[88] Schalck-Golodkowski beauftrage den IMES-Generaldirektor, zum 16. Februar 1987 eine neue Firma zu gründen: Witra. Auch Witra entstand zum Zweck, Devisen im nichtsozialistischen Wirtschaftsraum zu erwirtschaften, und sollte – so soll die offizielle und verschleiernde Darstellung – vorrangig mit Produkten »aus den Gebieten der metallverarbeitenden Industrie und des Gerätebaus für Meß- und Regeltechnik« handeln.[89] Tatsächlich übernahm sie dem Import von Embargowaren und Waffen aus dem westlichen Ausland. Sie beschaffte die Güter, die dann von der IMES exportiert wurden.[90] Die Beschaffungsaufträge kamen vom KoKo-Chef.

Auch die Witra agierte außerhalb der Planvorgaben. Geschäftsführer des Waffenbeschaffungsunternehmens war stets ein MfS-Mann.[91] Zahlen über die Einkäufe der Witra lagen dem Untersuchungsausschuss des Bundestags und seinen Gutachtern nicht vor, sodass unklar bleibt, wie hoch der Anteil der Witra an den Waffenverkäufen der DDR war.[92] Die Treuhandanstalt wies der Witra im September 1991 eine unbedeutende Rolle zu.[93]

Ein weiteres Unternehmen in diesem Spektrum war Camet. Es handelte sich um eine Staatsfirma, die dem HVA-Oberst Gerhard Franke zugeordnet war und auf seine Anweisungen handelte. Die Leitung der Camet hatte Werner Weber. Durch eine Regelung vom 1. September 1980 wurde Camet dem Bereich KoKo »zur ökonomischen Anleitung« unterstellt. Die Abkürzung Camet steht für »Industrievertretungen und Beratungen für Chemie, Agrar und Metallurgie Export/Import«. Camet beschaffte ebenfalls Embargowaren und stand unter Beobachtung der Hauptabteilung I (NVA und Grenztruppen) der Staatssicherheit. Auch über diese Waffenhandelsorganisation der DDR ist nur wenig bekannt und überliefert. Der

HVA gelang es, die meisten Akten darüber zu vernichten. Fest steht, dass der Staatsbetrieb direkt von der Stasi geführt wurde. »Einsatz und Anleitung der Kader erfolgten durch das MfS«, hieß es in der zweiten Beschlussempfehlung und im zweiten Teilbericht des Bundestagsuntersuchungsausschusses zu KoKo und Schalck-Golodkowski. Weiter heißt es dort: »Innerhalb der HA I war Camet Dr. Alexander Schalck-Golodkowski direkt unterstellt.« Bargeldabführungen erfolgten persönlich an ihn.[94]

Camet und Witra beschafften Muster für das eigene technische Knowhow in der Rüstungsproduktion. »In geringem Umfang vermittelte Camet auch Waffengeschäfte für IMES/Witra«, heißt es im Bericht des Untersuchungsausschusses. Die Organisation arbeitete völlig abgeschottet, die Kontakte zur IMES beschränkten sich auf ein Minimum.[95]

IMES und Witra haben zwischen 1982 und 1989 Rüstungsmaterial und militärische Dienstleistungen im Wert von 1,1 Milliarden Valutamark exportiert. Bei 80 Prozent der zumeist für Entwicklungsländer bestimmten Exporte handelte es sich um ausgemustertes NVA-Material und Produkte aus DDR-Betrieben.[96] Schalck-Golodkowski ging davon aus, dass KoKo insgesamt 25 Milliarden DM erwirtschaftet hat.[97] Andere Berechnungen gehen von etwa 28 Milliarden aus.[98] IMES soll während des Bestehens 581 Millionen Valutamark Gewinn aus Rüstungsgeschäften an den Staatshaushalt abgeführt haben.[99]

Dass die KoKo mit ihren Betrieben bei weitem nicht für das Gros des militärischen Exporte in den nichtsozialistischen Wirtschaftsraum verantwortlich war, belegen Dokumente, die der Bundestagsuntersuchungsausschuss »Der Bereich Kommerzielle Koordinierung und Alexander Schalck-Golodkowski – Werkzeuge des SED-Regimes« ausgewertet hat. Insgesamt lagen die Erlöse der DDR in diesem Segment zwischen 1980 und 1989 bei 2,9 Milliarden Valutamark, der Anteil der IMES lag also nur bei knapp 38 Prozent.[100] So waren etwa für 1984 bei den geplanten Lieferungen des speziellen Außenhandels Erlöse von 172,4 Millionen und für 1985 von 180 Millionen Valutamark vorgesehen. Davon entfielen jedoch nur 21,9 bzw. 19,4 Millionen auf den Bereich KoKo. Die Gesamtexporte ins sozialistische Wirtschaftsgebiet lagen mehr als achtmal so hoch.[101]

Der öffentliche Fokus nach der Wende auf die Waffengeschäfte innerhalb des KoKo-Konzerns überrascht auch deshalb, weil sie nur einen kleinen Teil seiner Aktivitäten ausmachten. Das meiste Geld habe KoKo in der Honecker-Ära eingenommen. Ganz überwiegend habe es sich dabei, so behauptet zumindest Alexander Schalck-Golodkowski in seinen Memoiren, um »normale« Geschäfte gehandelt. Die »ökonomisch weniger bedeutsamen Geschäftsfelder« hätten nach der Wende den meisten Staub aufgewirbelt.[102]

Die Aufgabenteilung zwischen ITA und IMES

Mit der Gründung der IMES standen die neue Firma und der ITA vor der Aufgabe, ihre Arbeit zu koordinieren. Als 1982 IMES gegründet wurde, vereinbarten ITA-Händler und IMES-Devisenbeschaffer eine umfangreiche Zusammenarbeit, die bis in die kleinen Details reichte. Die Koordinierung erfolgte auf der Grundlage der »Regelung für die Durchführung von Exporten spezieller Technik in das NSW« vom 26. November 1982 und der »Vereinbarung über Transportfragen« vom 19. Juli 1982. In diesen Dokumenten wurde ausdrücklich definiert, dass der ITA auch weiterhin im Rahmen der Planvorgaben die Exporte übernahm und IMES außerhalb des Plans agierte. Außerdem konnte IMES innerhalb des Planes des ITA handeln, wenn es sich bei den Geschäftspartnern bzw. den Waren um »nicht bestätigte Länder bzw. genehmigte Erzeugnisse handelt«.[103] Die Organisationen gingen also arbeitsteilig vor.[104] Um die Zusammenarbeit so effektiv wie möglich zu gestalten und den Geheimschutz zu gewährleisten, ordnete der Chef des BSA im August 1982 die Gründung eines Arbeitsstabes an, der aus Führungskräften des ITA und der IMES bestand.[105]

Dennoch kam es in der Folge zunächst zu Aufgabenüberschneidungen und Interessenkonflikten. Die Autoren eines Gutachtens für den Bundestagsuntersuchungsausschuss zu KoKo und Schalck-Golodkowski beschreiben ein »problembehaftete[s] Grundverhältnis zwischen dem Planbereich des ITA und dem Bereich KoKo«.[106] Es habe faktisch ein Konkurrenzverhältnis bestanden, das keinen ökonomischen, sondern administrativen Bedingungen folgte, wie zum Beispiel bei der Frage, welche Organisation welches Land beliefert (s. u.).

Der ITA war vorrangig für Transport und Logistik verantwortlich und verfügte über sämtliche Regularien, die bei der IMES noch nicht etabliert waren. Auch innerhalb der DDR übernahm der ITA Transport- und Logistikaufgaben für die IMES bzw. diese nutzte die Strukturen des ITA. »Bei Geschäften der IMES hat der Spezielle Außenhandel zu beraten, Kader und Dienstleistungen bereitzustellen und die Transporte in der DDR sowie den Transit ins Ausland sicherzustellen«.[107] Vermutlich wäre die IMES ohne die Unterstützung des bestehenden Außenhandelsbetriebs sehr eingeschränkt oder gar nicht arbeitsfähig gewesen – ein Umstand, der in der vorliegenden Literatur kaum beleuchtet wird. Am 12. September 1983 beschrieb Schalck-Golodkowski die Gründe für die Zusammenarbeit mit dem ITA so:

> Die Abwicklung erfolgt im Rahmen üblicher, mehrfach praktizierter Verfahren und ist auch aus diesem Grund weniger auffällig. Falls künftig alle derartigen Transporte durch IMES in eigener Verantwortung organisiert werden müssten, erfordert dies eine Doppelung aller Transportfunktionen, die ITA ohnehin wahrnimmt, durch IMES.[108]

Die Transportaufgaben des ITA waren klar definiert, wie aus einem Dokument aus dem Jahre 1984 hervorgeht:

- Transporte für spezielle Im- und Export in den Außenstellen,
- Transporte für spezielle Exporte ab Flughafen Schönefeld in den Nichtsozialistischen Wirtschaftsraum,
- Transporte der Sonder-Postkuriere in die UdSSR auf dem Ostbahnhof Berlin,
- Transporte von vertraulichen und geheimen Dokumenten bei Auslandsdienstreisen.[109]

Die Situation im Rostocker Überseehafen, wo der ITA seit 1982 zusätzlich die Exporte der IMES abwickeln musste, veranschaulicht, mit welchen extremen Steigerungen der Gütermengen der ITA zu kämpfen hatte. Hatte der ITA 1981 noch 7.600 Tonnen per Schiff ausgeführt, so waren es ein Jahr später, nach Gründung der IMES, 18.100. Die Zahl der Schiffsabfertigungen verdoppelte sich nahezu auf 104.[110] 1982, als die Aufgaben des ITA stetig erweitert wurden, vereinbarten der AHB und der Bereich »Beschaffung und Instandsetzung« des Verteidigungsministeriums eine engere Zusammenarbeit. Die Militärs sagten zu, den ITA bei der »Realisierung des Bestellbedarfs« zu unterstützen. Beide Seiten sicherten einander zu, sich über den »aktuellen Versorgungsstand« zu informieren. Außerdem kamen die Vertragspartner überein, sich enger mit den Binnenhandelsbetrieben abzustimmen. Der ITA hatte in den Jahren zuvor Vereinbarungen über eine engere Zusammenarbeit mit einzelnen Bereichen der NVA abgeschlossen, zum Beispiel mit der Panzerabteilung und dem Pionierwesen sowie dem Kfz-Dienst. Ziel war jeweils die Sicherstellung der Beschaffung.[111]

Abb. 1: In seinem Katalog (hier die französische und spanische Version) präsentierte der ITA Planen für Lastwagen vom Typ Robur (oben) und W-50 aus DDR-Produktion. Der W-50 zählte zu den Exportschlagern der DDR.

In der Regel beschaffte IMES die Ware, die ITA dann verschiffte. Einige Beispiele dieser Zusammenarbeit seien hier vorgestellt: IMES beschaffte 1983 von dem polnischen Waffenhandelsunternehmen Cenzin und dem bulgarischen Waffenhandel Kintex Material im Wert von 950.000 Dollar für den ITA, der die Ware nicht selbst beschaffen konnte. Der ITA übernahm die Ware und lieferte sie an die palästinensische Fatah, eine Fraktion der Palästinensischen Befreiungsorganisation (PLO). 1985 folgte ein ähnliches Geschäfte mit der Fatah, die über ihren Botschafter und Militärattaché kurz zuvor beim stellvertretenden ITA-Chef Anders um Waffen gebeten hatte. Da der ITA die Wünsche nur zum Teil erfüllen konnte, informierte Anders daraufhin den Bereich KoKo, woraufhin IMES Verträge mit der ČSSR, Polen und Bulgarien abschloss und von dort Werfergranaten, RPG-17- und PG-7–14,5-mm-Granaten importierte. Der ITA lieferte Handfeuerwaffen, Handgranaten und Munition und kümmerte sich um Zusammenstellung, Verpackung und Verschiffung mit der »Köthen« (▶ Kap. 4).[112]

Auch als die IMES zum Jahreswechsel 1986/87 Container über Rostock in den Irak mit der »Beerberg« verschiffen wollte, übernahm der ITA den Charter des Schiffes. Bereits die Übernahme und Weiterleitung der Container aus dem Rüstungsbetrieb Omnipol der ČSSR im Bahnhof Bad Schandau mit dem Ziel Rostock hatte in der Verantwortung des ITA gelegen. Die Ladung bestand aus sieben Holzkisten mit Ersatzteilen, 21 Zwanzig-Fuß-Containern mit Munition und zwölf unverpackten bewaffneten Fahrzeugen. Die Ladung wog 861 Tonnen und hatte einen Wert von 256.000 Dollar. Empfänger war das Verteidigungsministerium in Bagdad.[113] Kleinere Ladungen erledigte IMES dagegen häufig selbst.[114]

Wenn Schalck-Golodkowski Geschäfte machte, kam ein Teil der Einnahmen auch dem ITA zugute – weil der AHB die Abwicklung übernahm. Dies war auch bei den Iran-Geschäften der Firmen aus dem KoKo-Komplex über »spezielle Lieferungen« und zivile Produkte im Jahr 1981 der Fall. Dabei flossen regelmäßig Beträge in sechs- bis siebenstelliger Höhe.[115] Zahlungen verliefen auch umgekehrt: Bei Geschäften mit dem Iran kassierte die IMES vom ITA Provisionen von 16 Prozent auf den Gesamterlös. Dabei ging es um den Weiterverkauf von Teilen des Panzers T-55, die die DDR 1989 in Polen kaufte und an Teheran weiterverkaufte.[116]

KoKo musste bei der Beschaffung von Waffen auf die Hilfe des ITA zurückgreifen – allerdings zuweilen mit Problemen. Am 23. Mai 1984 wies der Chef des Bereichs Spezieller Außenhandel, Gerhard Schönherr, den »werten Genossen Dr. Schalck« darauf hin, dass die erbetene Beschaffung von acht 130-Milimeter-Kanonen M-46 gegen Rubel an die Jemenitische Arabische Republik (JAR) nicht so einfach zu bewerkstelligen sei. Dieses »wichtige kampfkraftbestimmende Erzeugnis« werde von der UdSSR produziert und gemäß Abkommen in bestimmten Stückzahlen an andere Staaten herausgegeben. Ohne offizielle Anfrage der DDR-Regierung werde die UdSSR erfahrungsgemäß keine weiteren Waffen für den Re-Export zur

Verfügung stellen. Die bislang zugesagten Exemplare seien für die »bewaffneten Organe« der DDR bestimmt.[117]

Zur Menschenrechtslage

Die Jemenitische Arabische Republik hielt politische Gefangene ohne Gerichtsverfahren fest. Einige wurden mit Ketten gefesselt. Außerdem kam es zu politisch motivierten Tötungen durch Regierungsstellen.[118]

Neben Waffen und Munition umfasste das Angebot der Außenhandelsbetriebe:

- Instandsetzung von (bereits exportierten) Panzern, Flugzeugen, Triebwerken, Funkmessstationen,
- Transfer von Instandsetzungstechnologie,
- Ersatzteile und Zielgeräte für Panzer,
- Nachrichten- und Werkstatttechnik,
- Medizin- und Labortechnik,
- Zelte und persönliche Ausrüstung.

»In diesem Leistungsspektrum sind auch in Einzelgeschäften die Berührungspunkte zwischen ITA und IMES offenkundig«, schrieb der Militäroberstaatsanwalt, dessen Bericht dem Bundestagsuntersuchungsausschuss vorlag.[119]

Bei der Abwicklung zeigten sich IMES und ITA sehr flexibel und vereinbarten auch das Prozedere für Exporte aus den Kontingenten des jeweils anderen Betriebes. Wenn es um den Weiterverkauf von Produkten an Dritte ging, war grundsätzlich IMES für den Import zuständig. Beide Seiten sollten sich stets über ihre jeweiligen Geschäfte auf dem Laufenden halten und quasi eine Win-Win-Situation schaffen. IMES konnte sich bei den Kontingenten aus DDR-Produktion bedienen, für die der ITA Verträge mit den Betrieben geschlossen hatte. Voraussetzung war eine schriftliche Abstimmung.[120]

Die Flexibilität reichte so weit, dass die IMES sogar Länder des Warschauer Pakts belieferte, die bislang Domäne des ITA waren:[121] In einer

2 Der Kontext – ITA und IMES: Partner und Konkurrenten

»Betriebsorganisationsanweisung« vom 22. November 1984 wird ausdrücklich darauf hingewiesen, dass IMES-Geschäfte mit Polen und Bulgarien »prinzipiell genehmigt« seien. Im Bundesarchiv sind zahlreiche Dokumente erhalten, die belegen, dass IMES Rüstungsgüter wie Munition oder Pulver im Ausland, zum Beispiel in Ungarn und Polen, bestellte und als Käufer auftrat. Als Empfänger der Lieferungen per Eisenbahn wurde der ITA im Grenzbahnhof Bad Schandau genannt. Bezahlt wurden die Exporteure vielfach in US-Dollar.[122]

Die Zusammenarbeit des ITA mit dem neuen Unternehmen führte zu engeren persönlichen Kontakten: Vertreter von IMES und ITA reisten in denselben Delegationen, zum Beispiel beim Besuch einer internationalen Militärausstellung in Kairo im Herbst 1984.[123] Außerdem saßen beide Unternehmen in einem gemeinsamen »Arbeitsstab Spezieller NSW-Export«, der von dem übergeordneten Bereich Spezieller Außenhandel (BSA) im Außenhandelsministerium geleitet wurde.[124] Dem Arbeitsstab gehörten Vertreter des ITA, der KoKo, Verteidigungsminister Heinz Hoffmann und Mitarbeiter des Außenhandelsministeriums an. Der BSA war bestrebt, die Industrie zu beeinflussen, um die Produkte in NSW absetzen zu können. Als sich der Arbeitsstab am 19. März 1985 unter der Leitung von ITA-Chef Schönherr zum ersten Mal traf, sagte er laut Protokoll: »Die Entwicklungsrichtung in der Industrie ist stärker als bisher durch Forderungen des Außenhandels aufgrund der vorhandenen Marktkenntnisse zu beeinflussen. Dabei wird davon ausgegangen, daß Grundlage hierfür die spezielle Exportnomenklatur des ITA ist.« Im Klartext: Die Industrie sollte mehr Produkte herstellen, die im Ausland zu verkaufen sind. Um die Produkte präsentieren zu können, war ein Ausstellungszentrum geplant (▶ Kap. 8).[125]

Während der Sitzung hatte Schönherr auch die »Problematik der Exportfreigaben durch die UdSSR« angesprochen. Tatsächlich setzte sich die DDR zuweilen bei ihren Waffenexporten über die Vereinbarungen mit den sowjetischen Herstellern hinweg, die Lizenzen für die Rüstungsproduktion in der DDR vergab. Aufschlussreich ist hierzu ein Dokument aus der Hauptabteilung XVIII (Volkswirtschaft) der Staatssicherheit über ein Treffen der IMS »Wolfgang Wagner« mit IMK (Inoffizieller Mitarbeiter zur Sicherung der Konspiration und des Verbindungswesens) »Adler« am 30. Mai 1984. Darin geht es um das Dresdner Kombinat Spezialtechnik, das mit der Lizenz aus Moskau AKM-Maschinenpistolen, Munition und Panzerabwehrgranaten vom Typ RPG-18 herstellte. Die Produkte wurden von der IMES und dem ITA exportiert. ITA lieferte in die Länder, für die Genehmigungen vorlagen. IMES beliefert die anderen Staaten. Für die RPG-18 lag jedoch gar keine Exporterlaubnis vor.

Aufteilung des Marktes

Zu den Aufgaben des ITA im Arbeitsstab gehörte 1985 die Untersuchung der Außenmärkte. Mit diesen Informationen sollte für den Zeitraum 1986 bis 1990 ein Exportplan für militärische Güter ins nichtsozialistische Ausland entstehen. Der AHB wurde angewiesen, Vorschläge für die Verbesserung der Auslandsarbeit, des strukturellen Ausbaus und der Personalverstärkung beim ITA vorlegen. BSA-Chef Schönherr gab ein klares Ziel vor: die Ausweitung der Exporte.[126]

Am 31. Dezember 1986 vereinbarten die »Organe des speziellen Außenhandels« und der Bereich KoKo eine weitere Regelung, wie sie sich beim Export in den nichtsozialistischen Wirtschaftsraum abstimmen wollten. Ziel der geplanten Arbeitsteilung war laut Protokoll nochmals eine Erhöhung der Effektivität. Dabei ging es wiederum um die Frage, welche Länder in die Zuständigkeit von ITA und IMES fielen. Festgelegt wurde, dass »im Prinzip« in einem Land nur eine Organisation auftreten solle.[127] Eine starre Länderaufteilung sei jedoch nicht beabsichtigt. Sollten »eine differenzierte Bearbeitung des Marktes« oder Verhandlungen mit mehreren Partnern erforderlich sein, könnten nach einer Abstimmung untereinander auch IMES und ITA gleichzeitig verhandeln. Zu diesem Zweck wurde eine weitere Arbeitsgruppe gebildet. Das Protokoll unterschrieben ITA-Chef Schönherr und Dieter Uhlig, Direktor bei der IMES.[128]

Wann die Aufteilung des Marktes praktisch erfolgen sollte, war allerdings nicht festgelegt worden. Bei Beratungen darüber war es zu Konflikten gekommen: Der ITA vertrat den Standpunkt, bei der Arbeit nach Planvorgaben grundsätzlich für alle Länder zuständig zu sein, IMES sei nur für die Geschäfte außerhalb des Plans verantwortlich; für IMES stand dagegen fest, dass der ITA nicht über die Mittel und das Personal verfügt, alle Märkte zu bearbeiten. Dennoch wurde schließlich eine klare Aufteilung

2 Der Kontext – ITA und IMES: Partner und Konkurrenten

fixiert. Fortan trat grundsätzlich nur eine der beiden Firmen in einem Land auf. Angola, Mosambik, Nicaragua, Irak, Algerien, Indien und Äthiopien blieben beim ITA.[129] IMES übernahm die alleinige Verantwortung für Ägypten, Iran, Jordanien, Uganda, Vereinigte Arabische Emirate, Pakistan, Peru sowie Sudan. IMES signalisierte außerdem Interesse an Brasilien und Argentinien. Für die Palästinenser war aufgrund der Rivalitäten untereinander eine Aufteilung in unterschiedliche Gruppen notwendig geworden. Mit der »PLO 1« war der ITA verantwortlich für den Waffenhandel mit Jassir Arafat und der Fatah. IMES übernahm die beiden anderen PLO-Splittergruppen (»PLO 2 und 3«).[130] Wer welche Länder beliefern durfte, wurde schriftlich in den »Festlegungen zur Kooperation der Marktarbeit beim NSW-Export von Erzeugnissen der speziellen Nomenklatura zwischen den Organen des speziellen Außenhandels und dem Bereich Kommerzielle Koordinierung« bestimmt.

Der ITA achtete darauf, die Aufgabengebiete einzuhalten und der IMES nicht in die Quere zu kommen. Als sich etwa im März 1988 ein Mann namens Azabi Mohammed Hussein aus dem Iran – der in den Zuständigkeitsbereich der IMES fiel – bei der DDR-Botschaft in Prag meldete und ankündigte, auf der Leipziger Frühjahrsmesse mit dem ITA verhandeln zu wollen, schaltete der ITA die IMES ein. IMES übernahm die Gespräche mit dem Mann, der behauptete, für die iranische Verteidigungsindustrie zu arbeiten.[131]

Die Abstimmung folgte jedoch weiterhin nicht immer nach den vereinbarten Regeln. So belieferten beide Unternehmen zuweilen dieselben Länder. Dazu zählten Nord- und Südjemen, Argentinien, Botswana, Äthiopien und Uganda.[132] Auch in Mosambik übernahm IMES die Geschäfte des ITA. Nach der Unabhängigkeit im Jahr 1975 zahlte das Land seine Importe hauptsächlich mit Kaffee und Bodenschätzen. Bis 1985 war Mosambik einer der wichtigsten Kunden der ITA.[133] Auch bei den Kriegsparteien Iran und Irak, die die Hauptkunden blieben, war die Aufteilung der Märkte nicht grundsätzlich starr (▶ Kap. 3). Der Untersuchungsausschuss des Bundestages zitierte den Militäroberstaatsanwalt: »Ungeachtet der marktorientierten Länderaufteilung war im Bedarfsfall eine abweichende Praxis – infolge von Präzisierungen durch den gemeinsame Arbeitsstab oder durch zentrale Entscheidungen – nicht unüblich.« Gegenüber den Kunden traten beide Organisationen selbstständig auf.[134]

Die wirtschaftliche Not der DDR führte Mitte der 80er-Jahre beim ITA zu einer teilweisen Abkehr von der Planarbeit – eine bemerkenswerte Änderung von Jahrzehnte alten Verfahren. Der AHB übernahm nun alle NSW-Aktivitäten, die im Warschauer Pakt abgestimmt waren und durch Lizenzgeber, zumeist aus der UdSSR, genehmigt waren. Für alle anderen Aktivitäten war weiterhin IMES verantwortlich, das offiziell als nichtstaatliches internationales Handelsunternehmen definiert wurde.[135]

Gemeinsame Geschäfte

ITA und IMES standen stets in Kontakt und besprachen, wer welche Wünsche von Kunden erfüllen konnte. Als 1987 der westdeutsche Geschäftsmann B. anbot, Geschäfte mit der nigerianischen Luftwaffe und der Polizei zu vermitteln, sprachen sowohl Vertreter des ITA als auch der IMES mit ihm. B. wollte den Export von Material, darunter Schusswaffen und Munition, vermitteln. Außerdem interessiere sich Nigeria für MiG-21-Triebwerke und Reifen. B. brachte auch andere afrikanische Länder wie Zaire ins Gespräch. Der ITA lehnte jedoch mehrfach ab, weil die Organisation keine Geschäfte mit Drittländern abwickeln konnte. Auch die Verhandlungen mit IMES zogen sich über Jahre hin.[136]

Zur Menschenrechtslage

Die Regierung Nigerias hatte sich 1979 selbst ermächtigt, Inhaftierungen ohne Gerichtsverfahren vorzunehmen. Amnesty International geht von vielen Hinrichtungen seitdem aus, verfügt aber über keine genauen Zahlen.[137]

IMES und ITA stimmten sich auch eng darüber ab, wie sie Verhandlungen mit potenziellen Kunden führen wollten. Als beispielsweise das Kombinat für Nutzkraftwagen (NKW) in Ludwigsfelde und das PKW-Kombinat Barkas Karl-Marx-Stadt im Juni 1988 nach einer Reklamation Ersatzteile für Werkstattwagen liefern konnte, bat IMES den ITA-Oberst Anders darum, das Verhandlungskonzept zu bestätigen. IMES führte demnach die Verhandlungen und trat als Agent des VEB Reparaturwerk Neubrandenburg auf. Der Wert der Lieferung für das Land mit der konspirativen Bezeichnung »Land 83« (es handelte sich um den Iran) betrug 419.000 Dollar. Die Ersatzteillieferungen waren Bestandteile eines Geschäfts, das der ITA-Mitarbeiter Wilfried Litvan eingefädelt hatte.[138]

Ebenfalls gemeinsam gingen beide Betriebe vor, als Vertreter von ITA und IMES am 29. April 1988 eine Vereinbarung über die Zusammenarbeit bei Instandsetzung von 50 Panzern des Irans in den Motorenwerken Wurzen und im Reparaturwerk Neubrandenburg unterzeichneten. Damit war der ITA nicht nur an Lieferungen an den Irak direkt beteiligt, sondern auch an den Kriegsgegner Iran. Ähnliche Vereinbarungen sind auch für den Export von Werkstattwagen und Ambulanzen an Uganda überliefert. Da die Akten nur bruchstückhaft vorliegen, ist von einer hohen Zahl weiterer Vereinbarungen dieser Art auszugehen.[139]

Die gemeinsamen Exporte von ITA und IMES und ihre Erlöse wurden zum Teil handschriftlich dokumentiert. Für die Geschäfte über IMES hatte der ITA bei der DDR-Staatsbank ein Konto eingerichtet, das in US-Dollar geführt wurde. Verantwortlich war der ITA-Hauptbuchhalter. Hier landeten die Erlöse aus den Exportgeschäften.[140]

Doch nicht immer funktionierte die Zusammenarbeit. Vollständig waren das Konkurrenzdenken und der Wunsch nach erfolgreichen Abschlüssen auf Kosten der anderen Organisation auch 1989 noch nicht gewichen. Ein Beispiel: Anfang Januar reiste eine Delegation von der IMES und vom VEB Gerätewerk Wiesa in die zerstrittenen Länder Nord- und Südjemen, die auch vom ITA bearbeitet wurden. Im Südjemen führten die Gäste neue Produkte aus Wiesa vor und kehrten zuversichtlich zurück, dass Spezialeinheiten und Beduinen die Waffen kaufen werden. Außerdem erfuhren die Gäste aus der DDR, dass sich die Gesprächspartner für sowjetische T-72-Panzer und schwere Maschinengewehre aus Polen interessierten.

IMES habe die Chance, unabhängig vom ITA pro Jahr Gewinne in Höhe von zwei bis fünf Millionen Valutamark zu erwirtschaften, schrieb Stasi-Zuträger IM »Hüsing« nach der Reise. In seinem Bericht ging der IMES-Vertreter auch auf die Geschäfte des ITA ein und kritisierte den Außenhandelsbetrieb, der inzwischen ebenfalls in Drittlandsgeschäfte eingestiegen sei und IMES »ausgetrickst« habe. Eine gemeinsame Kommission beider Firmen sollte laut »Hüsing« die Bearbeitung des nordjeminitischen Marktes übernehmen. Doch ITA habe Geschäfte abgewickelt, ohne den Konkurrenten zu informieren. »Hüsing« vermutete, dass der ITA mit dem Export von Munition und von 60 schwimmfähigen Schützenpanzern aus sowjetischer Entwicklung (BMP-1) einen Gewinn von bis zu 15 Millionen Dollar gemacht habe.[141]

Zur Menschenrechtslage

Die Demokratische Volksrepublik Jemen (Südjemen) gehörte zu den Staaten, die Menschenrechte erheblich verletzten. Seit den 60er-Jahren kam es immer wieder zu willkürlichen Inhaftierungen und Exekutionen politischer Gefangener.[142]

Auch den Unterlagen aus den KoKo-Beständen ist zu entnehmen, dass IMES und ITA auch im letzten Jahr der DDR nicht nur eng zusammengearbeitet haben, sondern gleichzeitig als Konkurrenten auf dem Markt tätig waren. So erhielt im April 1989 die IMES 10.000 Handfeuerwaffen aus dem Werk in Wiesa für Uganda. Eigentlich sollte die Ware dem ITA angeboten werden, doch dann fiel die Entscheidung für den IMES. Dort hatte man zunächst große Mühe, genügend Waffen für Uganda zu beschaffen. Die Entscheidung traf laut Akten der Mitarbeiter eines Herstellungsbetriebs: »Genosse Zscharnack« vom Kombinat Spezialtechnik Dresden. Horst Zscharnack war leitender Mitarbeiter des Kombinats.

3 Der ITA und die Entwicklungsländer

»Solidarität im Kampf gegen Imperialismus, Kolonialismus und Rassismus«

Die ideologische Grundlage für ein DDR-Engagement in Entwicklungsländern hatte die Kommunistische Partei der Sowjetunion (KPdSU) auf ihrem XX. Parteitag im Februar 1956 gelegt, auf dem sie außenpolitische Aktivitäten in nichtsozialistischen Staaten außerhalb Europas legitimierte. Die sozialistischen Staaten betonten stets ihre Solidarität im Kampf gegen Imperialismus, Kolonialismus und Rassismus. Man wollte im Einklang mit den postulierten historischen Gesetzmäßigkeiten auf der richtigen Seite dieses Kampfes stehen.[143] »Antiimperialistische Solidarität« war die Konsequenz einer Ideologie und Bestandteil eines Prozesses in Richtung Weltrevolution mit dem einenden Feindbild des Imperialismus.

In den frühen Jahren der DDR galten die Entwicklungsländer als koloniale Gebilde in Abhängigkeit imperialistischer Staaten. Mit der zunehmenden Dekolonisierung kam die Rede von unabhängigen jungen Nationalstaaten auf. Auch der Begriff »Entwicklungsländer« kam hinzu, wobei stets zwischen denen mit »sozialistischer Orientierung« und mit einem »kapitalistischen Entwicklungsweg« unterschieden wurde.[144] Nichtsdestotrotz kann man feststellen, dass sich Ost und West in der Wahrnehmung dieser Länder »weitgehend einig« waren: »Nahezu jeder regionale Konflikt wurde primär durch die Brille des Ost-West-Konflikts betrachtet und bewertet«, bilanziert der Militärhistoriker Klaus Storkmann. »Regionale oder lokale Konflikte wurden somit zum Austragungsort des Kampfes der Supermächte.«[145] So unterschied man auch im

Osten zwischen dem eigenen, vermeintlich friedlichen Lager und dem kapitalistischen mit Bindung an den Westen. Mit der Unterstützung befreundeter Staaten und Organisationen instrumentalisierten beide Blöcke ihre Partner in Entwicklungsländern. Es galt, Einflusssphären zu sichern, den Gegner zu schwächen und die eigene Verlässlichkeit und eigenen Fähigkeiten unter Beweis zu stellen. Gewalt als Mittel zur Durchsetzung der Politik wurde akzeptiert und überall dort unterstützt, wo es den eigenen Prinzipien nützte.

Moskau setzte seinen Schwerpunkt im Nahen Osten und begann sogleich mit dem Handel von Waffen. Während der Suezkrise etwa fragten Ägypten und Syrien bei der Regierung der Sowjetunion nach Waffen. Auch die DDR hoffte, von Moskaus Beziehungen mit den arabischen Staaten zu profitieren.[146] Außerdem orientierten sich die UdSSR und die DDR außenpolitisch in Länder Afrikas, um dort im Verlauf der Entkolonialisierung Bündnispartner zu finden. Dafür war auch Waffenhandel ein probates Mittel. In der Frühphase kam der Schiffbauindustrie dabei eine besondere Bedeutung zu. Als die UdSSR Mitte der 50er-Jahre begann, ihre Flotte mit Atomraketen auszurüsten, war die Folge ein radikaler Umschwung der Marinedoktrin und der Schiffbauphilosophie. Viele Schiffe der ersten Nachkriegsgeneration waren überflüssig und wurden an Verbündete oder an Staaten abgegeben, die im Ost-West-Konflikt als neutral galten. »Kommerzielle Motive der UdSSR sind zu jener Zeit nicht zu erkennen«, meint der ehemalige Kapitän zur See der Bundesmarine, Walter Jablonsky. Die Kriegsschiffexporte an Indonesien und Ägypten in den 50er- und 60er-Jahren sollten ebenfalls dazu dienen, Neutrale als Verbündete zu gewinnen und konzeptionell nutzlos gewordene und personell aufwendige Schiffe loszuwerden.[147]

Der Politologe und Historiker Harald Möller unterscheidet drei Phasen der Unterstützung »antiimperialistischer« Kräfte durch die DDR:[148] In der *ersten Phase*, von 1949 bis 1961, lag der Schwerpunkt in Ostasien, wo Ost-Berlin Aufbauhilfe leistete, Parteien und Befreiungsbewegungen unterstützte. Das Engagement ging jedoch rapide zurück, als China mit massiver Kritik auf Konfrontationskurs zur UdSSR ging. In Afrika unterstützte Ost-Berlin Mitte der 50er-Jahre zunächst Algerien, Ghana und Guinea – Staaten, in denen sich auch die Sowjetunion engagierte. In der *zweiten Phase*, die bis etwa 1971 dauerte, konzentrierte sich Ost-Berlin auf Indochina und den Nahen Osten. Für den Kampf gegen die USA erhielten Nordvietnam und seine Verbündeten umfangreiche militärische Hilfe. Im arabischen Raum waren der Irak, Syrien, Libyen, Algerien und Südjemen geschätzte Geschäftspartner. Das umfangreiche Engagement in Afrika von 1974 bis zum Ende der DDR kennzeichnet die *dritte Phase*. In dieser Zeit unterstützte die DDR vor allem Befreiungsbewegungen und ihre Truppen in den einstigen Kolonien Angola, Mosambik und Äthiopien. »An der Wende von den siebziger zu den achtziger Jahren befand sich die DDR auf dem Höhepunkt ihres Einflusses in der Dritten Welt«, schreibt der Historiker Hermann Wentker. »Sie hatte sich als Juniorpartner der Sowjetunion profiliert, hatte im Einklang, aber nicht erst auf Geheiß die Initiative ergriffen und damit zu den Erfolgen des Ostblocks vor allem in Afrika wesentlich beigetragen.«[149]

Der ITA unterschied bei seinen Lieferungen von Waffen und Ausrüstung in Entwicklungsländer drei Kategorien:

- Exporte aus heimischer Produktion und Instandsetzungsleistungen,
- Verkauf von Beständen der NVA und des Innenministeriums,
- kostenlose »Hilfslieferungen« bzw. Solidaritätslieferungen von Beständen der NVA und des Innenministeriums.[150]

Letztere hatten in den frühen Jahren nur geringen Umfang. Auch Verkäufe von NVA-Beständen gab es kaum, da die Armee sich selbst noch im Aufbau befand. Dennoch erkannte die DDR, dass für den Handel mit Rüstungsgütern mit den Entwicklungsländern ab 1960 ein neuer Markt entstanden war. Fast 50 ehemalige Kolonien gingen binnen weniger Jahre den Weg in die Unabhängigkeit und traten als selbstständige Staaten den Vereinten Nationen bei. Die Hälfte dieser Länder befand sich in Afrika. »Sie suchten nach einer eigenen Position in einer gewandelten Welt«, schreibt Harald Möller. »Gleichzeitig engagierten sich die neuen Supermächte USA und UdSSR zunehmend in der 3. Welt und nahmen direkt oder indirekt Einfluß.«[151] Damit gewannen Entwicklungsländer eine neue Bedeutung in der internationalen Politik.

Außenhandel als Waffe im Kampf um Anerkennung

Am 23. September 1955 hatte Bundeskanzler Konrad Adenauer einen Alleinvertretungsanspruch der BRD für Deutschland erhoben und die Aufnahme diplomatischer Beziehungen dritter Staaten zur DDR als »unfreundlichen Akt« bezeichnet, der die Spaltung Deutschlands vertiefen würde. Folge dieser Festlegung war die »Hallstein-Doktrin«, deren Name auf den Staatssekretär im Bonner Außenministerium, Walter Hallstein, zurückgeht. Sie besagte, dass die BRD mit Sanktionen bis zum Abbruch der diplomatischen Beziehung reagieren werde, wenn ein Staat diplomatische Beziehungen mit Ost-Berlin aufnähme oder Verträge abschlösse, die auf eine Anerkennung der DDR hinauslaufen. Erst im Rahmen der »neuen Ostpolitik« unter Willy Brandt wurde die Hallstein-Doktrin ab 1969 nach und nach abgebaut und schließlich aufgegeben.

Die Hallstein-Doktrin führte zunächst zu einer außenpolitischen Isolierung der DDR. Bis 1969 hatten lediglich 13 Staaten diplomatische Beziehungen mit Ost-Berlin aufgenommen, ausnahmslos enge Verbündete der UdSSR. Da die Hallstein-Doktrin viele Staaten von diplomatischen Kontakten zur DDR abschreckte, versuchte der ostdeutsche Staat in den 50er- und 60er-Jahren mit Handelsvertretungen in anderen Ländern Fuß zu fassen, statt mit Botschaften und Konsulaten. Eines der langfristigen Ziele war die politische und damit auch die diplomatische Anerkennung der DDR.[152] Neben dem Außenministerium bildete das Ministerium für Außenhandel der DDR mit seinen wechselnden Namen somit das zweite Standbein der DDR-Außenpolitik. Der Außenhandel sollte als »stärkste Waffe« im »Kampf um die Anerkennung der DDR« dienen, hieß es 1956.[153] Dafür intensivierte die Regierung der DDR Handelsbeziehungen und militärische Hilfen.[154] Die »Entwicklungshilfe« auf den Gebieten Militär, Polizei und Nachrichtendienst wurde zum Instrument, um Abhängigkeiten zu schaffen. Bis zum Ende der 60er-Jahre sollten die intensiven Kontakte der DDR zu vielen Ländern Afrikas, Arabiens und Asiens dabei helfen, die von der BRD ausgehende Blockade der diplomatischen Beziehungen zu durchbrechen.[155] Daher ist es kein Zufall, dass Libyen, Irak, Syrien und Südjemen zu den ersten Ländern zählten, die die DDR völkerrechtlich anerkannten.[156]

Die Entkolonialisierung und das Auslaufen der Hallstein-Doktrin führten dann zu einem sprunghaften Anstieg der Staaten, die mit der DDR diplomatische Beziehungen pflegten. Allein zwischen 1969 und 1972 kamen 40 hinzu, ausnahmslos Entwicklungsländer. Internationale Beziehungen in einer angemessenen Größenordnung konnte die DDR jedoch erst nach Abschluss des Grundlagenvertrages mit der Bundesrepublik im Dezember 1972 pflegen. Bis 1978 wuchs die Zahl der Staaten, die offizielle Beziehungen mit der DDR unterhielten, auf 123.[157]

Mit der Aufnahme diplomatischer Beziehungen vieler Staaten zur DDR und der Aufnahme in die UNO 1973 sank die Bereitschaft, kostenlose Militärhilfen zur Verfügung zu stellen. Der kommerzielle Handel gewann stattdessen zunehmend an Bedeutung.[158]

Grundsatzbeschlüsse und Anordnungen in der DDR

Die DDR hat die Befreiungsbewegungen Afrikas als wichtige Bündnispartner im »weltrevolutionären Prozess« betrachtet und unterstützt. Bereits 1960, als sich 17 Staaten Afrikas für unabhängig erklärten, fasste das Politbüro einen Grundsatzbeschluss über die künftige Zusammenarbeit mit den neuen Staaten. Für die Regierung in Ost-Berlin war klar erkennbar, dass sie so der außenpolitischen Isolation entkommen und neue Freundschaften im sozialistischen Block schließen konnte.

Entscheidungen über Lieferungen ging stets ein Abstimmungsprozess zwischen dem Verteidigungsminister und dem Oberkommandierenden der Vereinten Streitkräfte des Warschauer Vertrages voraus.[159] 1965 legt Außenminister Otto Winzer einen Entwurf für einen »grundsätzlichen Beschluss« über die »Unterstützung des Befreiungskampfes der afrikanischen und arabischen Völker in Form nichtziviler Materialien« vor. Bis dahin war die DDR-Führung nur in Ausnahmefällen bereit gewesen, »Partisanenaktivitäten« in Entwicklungsländern zu unterstützen. Die Haltung änderte sich grundsätzlich 1967:[160] Am 10. Januar beschloss das Politbüro erstmals, Winzers Entwurf umzusetzen und nicht-zivile Güter an Befreiungsbewegungen zu liefern.[161] Der Militärhistoriker Storkmann spricht von einem »richtungsweisenden Grundsatzbeschluss«. Die DDR gab ihre Zurückhaltung auf und entschloss sich zur »tätigen Solidarität«.

Von nun an sollten Waffen und Munition aus Beständen der eigenen Sicherheitsorgane wie der Armee, der Polizei und der Staatssicherheit geliefert werden. Vermutlich geschah dieser Richtungswechsel nicht ohne Rücksprache mit der UdSSR oder er wurde sogar von dort angewiesen.[162]

1969 folgte ein weiterer Schritt, um Organisation und Abläufe der Rüstungsexporte festzulegen: Nachdem auf unterschiedlichen Wegen Anfragen an die Institutionen der DDR gerichtet worden waren, die ihre Liefermöglichkeiten bei weitem überschritten, sollten das Verteidigungsministerium und der ITA eine langfristige Konzeption ausarbeiten. Ziel war es, detaillierte Informationen zu erhalten, welche Waffen ausgesondert werden und welche aus eigener Produktion zur Verfügung stehen, ohne die eigene Einsatzfähigkeit einzuschränken. Daraus entstand ein Plan über die jährlich zur Verfügung stehenden Waffen und Ausrüstungsgegenstände. Zwar hatte die NVA-Führung Devisenbeschaffung als Ziel akzeptiert, doch sobald die militärischen Fähigkeiten der DDR Gefahr liefen, eingeschränkt zu werden, lehnte das Ministerium Waffenlieferungen ab. So entstanden konkrete Listen mit Anfragen, Liefermöglichkeiten und Ländern, in die exportiert werden sollte. Dabei wurde nicht zwischen kommerziellen Exporten und Solidaritätslieferungen unterschieden. Gerhard Weiß, stellvertretender Außenhandelsminister, koordinierte die Waffenhilfen und erstellte auf dieser Grundlage im Juni 1969 im Auftrag von SED-Generalsekretär Walter Ulbricht eine Konzeption für Liefermöglichkeiten. Weiß war in diesem Bereich weisungsbefugt, auch gegenüber dem Ministerium für Nationale Verteidigung (MfNV). Der SED-Chef und Staatsratsvorsitzende genehmigte in der Regel die Entscheidungen.[163] Weiß wurde später abgelöst von Werner Lamberz.

Bis 1974 existierten in der DDR bis auf den erwähnten Grundsatzbeschluss für die militärischen Leistungen keine formalisierten Regeln. Erst am 3. Januar 1975 erließ der Verteidigungsminister seinen Befehl 2/75 über die »Unterstützung des antiimperialistischen Kampfes in Asien, Afrika und Latein-Amerika«, der nur einem eng begrenzten Personenkreis bekannt war. Bei der Hilfeleistung sei ein »hoher politischer Nutzeffekt zur Stärkung des Ansehens der DDR und der Nationalen Volksarmee zu sichern«, befahl der Minister. Der Schwerpunkt solle auf »Erziehung und Ausbildung« liegen. Die Lieferung von Bewaffnung und Ausrüstung sei mit Ausnahme kostenloser Hilfssendungen über den BSA zu realisieren. Ein gesetzliches Regelwerk hingegen gab es in der DDR nicht. Grundlage waren allein Anordnungen des Ministerrats. Auch das Völkerrecht war nicht berührt, da der Handel sich auf konventionelle Rüstungsgüter beschränkte und nicht auf Waffen wie Dum-Dum-Geschosse, deren Export nach internationalem Recht untersagt war.[164] Der nächste Schritt, die Exporte weiter auszubauen, folgte 1977: Der Nationale Verteidigungsrat beauftragte den Vorsitzenden des Ministerrats, sich über Maßnahmen zur Steigerung des Rüstungsexports Gedanken zu machen. Künftig entfiel die zentrale Rolle des stellvertretenden Außenhandelsministers. Der Minister selbst, Horst Sölle, war verantwortlich für das operative Geschäft, das Verteidigungsministerium übernahm die Organisation und traf Entscheidungen. Jedoch blieb es weiterhin dabei, dass der Export erst genehmigt war, wenn der Generalsekretär – nach Ulbrichts Entmachtung inzwischen Erich Honecker – den Dokumenten den Vermerk »Einverstanden E.H.« beifügte.

Ebenfalls 1977 erließ der Ministerrat eine Anordnung über Waffenexporte und Hilfslieferungen an befreundete Entwicklungsländer und Befreiungsorganisationen. Diese »Spezielle Exportordnung« wurde als vertrauliche Verschlusssache eingestuft und ersetzte eine Anordnung aus dem Jahr 1969. Das Dokument war zwischen dem Außenhandelsminister, der Staatlichen Plankommission und dem Verteidigungsminister abgestimmt worden. Darin wurde unter anderem ein Prüfverfahren des Verteidigungsministers festgelegt, der Exporte und Hilfslieferungen bestätigen musste. Der Minister für Außenhandel war verantwortlich für »Leitung und Durchführung« der Exporte und musste Pläne über die Produkte vorlegen, die geliefert werden konnten.[165] Auch musste das Außenhandelsministerium einen jährlichen Bedarfsplan vorlegen. Beide Listen unterschieden zwischen kommerziellen Lieferungen und Hilfsgütern. Die Liste der »Liefermöglichkeiten« musste fortan vom Verteidigungsminister, dem Chef der Staatlichen Plankommission und dem Außenminister gegengezeichnet werden. Die Transporte selbst fielen in die Zuständigkeit des Verkehrsministers. Weiter hieß es in der Anordnung: »Die transportseitige Realisierung hat ausschließlich über den Ingenieur-Technischen Außenhandel im Zusammenwirken mit den Transportorganen des Ministeriums für Verkehrswesen zu erfolgen.« In der Anordnung werden ausdrücklich der BSA und ITA genannt, die bei Reisen offizieller Delegation einbezogen werden konnten.[166]

Als Hemmnis beim Ausbau des Exports erwies sich stets die Abhängigkeit von der UdSSR. Das betraf den Import von Rohstoffen und einzelner Bauelemente. Aber auch was die Exporte selbst betraf, fürchtete man in der UdSSR die »ungesunde Konkurrenz«. Dabei war die Ausgangslage höchst unterschiedlich: Die UdSSR war als Exporteur in den Entwicklungsländern wegen der Qualität ihrer Produkte und deren einfacher Handhabung sehr beliebt – die DDR hingegen hatte als Waffenentwickler keinen großen Namen. Eigene komplexe Systeme zu entwickeln und zu vermarkten, hätte enorme Anstrengungen bedeutet. Gleichzeitig hätte die DDR diese Waffen wegen der Standardisierung im Warschauer Pakt womöglich selbst gar nicht verwenden können.[167] Entsprechend überschaubar war die Zahl eigener Entwicklungen zu diesem Zeitpunkt. Wollte die DDR aber Material aus sowjetischer Produktion wie die MiG-21 oder die Panzerbüchse RPG-18 weiterverkaufen oder für Dritte instandsetzen, musste sie die UdSSR um Genehmigung bitten. Doch Moskau verhielt sich bei der Vergabe von Exportlizenzen restriktiv.[168] Auch lehnte die UdSSR die meisten angefragten Instandsetzungsleistungen von sowjetischer Technik ab, die in der DDR für Staaten des nichtsozialistischen Wirtschaftsraums erfolgen sollten.

Erste Lieferungen

Empfänger erster Waffenlieferungen war 1958 die algerische Befreiungsbewegung FLN (*Front de Libération Nationale*), die gegen die Kolonialmacht Frankreich kämpfte. Doch Rüstungsexporte und humanitäre Hilfe führten nicht zum gewünschten Ziel, die FLN an die DDR zu binden. Eine Delegation der neuen provisorischen Regierung Algeriens weigerte sich, diplomatische Beziehungen aufzunehmen, um die BRD mit ihrer Hallstein-Doktrin nicht zu brüskieren.[169]

Eine weitere frühe Lieferung inklusive Ausbildungshilfe ging 1959 nach Guinea. Den Auftrag übernahm die NVA. Für Guinea sollte die Armee entbehrliche Waffen und Munition sowie Geräte für den Straßen- und Brückenbau, Fernmeldetechnik und medizinische Hilfe bereitstellen. Die

Lieferung im Wert von 700.000 DDR-Mark wurde unter strenger Geheimhaltung zusammengestellt und transportiert. Hinweise auf die Herkunft der Güter mussten entfernt werden, über den Verwendungszweck erfuhren andere Behörden nichts. Zivil gekleidete Transportpolizisten sicherten die Lieferung bis in den Abgangshafen.[170] Mit dieser Lieferung erfolgte auch der vermutlich erste Auslandseinsatz der NVA. Als das Schiff mit den Gütern in Guinea eintraf, standen Fernmeldeexperten aus der DDR bereit. Ihre Aufgabe war es, die Technik zu installieren und Soldaten daran auszubilden.

Hinzu kamen Anfang der 60er-Jahre Lieferungen von Booten und Technik der Seestreitkräfte an Sansibar und Pemba (Tansania).[171] Mehrere Schiffe der Deutschen Seereederei (DSR) waren für die Transporte erforderlich.[172] Die Boote für Sansibar, die auf der »Ernst Schneller« transportiert wurden, waren offiziell als Fischereischiffe ausgewiesen. Weitere zwei Boote für Sansibar aus Beständen der Volksmarine folgten im Juni und Oktober 1973. Kurz zuvor hatte die Staatsführung den Wunsch des Inselstaates abgelehnt, »Kader der Volksarmee« für einen Auslandseinsatz zu entsenden.[173] In diesen wie auch in anderen Fällen weigerte sich das SED-Regime, der Bitte um Entsendung von Truppen in Kampfgebiete im Ausland nachzukommen.

Auch mit dem Apartheidsregime in Südafrika, das wegen seiner Rassenpolitik weitgehend geächtet wurde, aber mit vielen Ländern regen Handel trieb, machte die DDR Geschäfte. Ende 1963 wurde bekannt, dass die DDR Waffen und Munition exportiert hatte, die der ostdeutsche Staat selbst herstellen konnte. Die DDR stellte diese Lieferungen nach Kritik und wegen der Sorge um das eigene Ansehen ein – nicht aus Solidarität mit der unterdrückten schwarzen Bevölkerung. Gleichzeitig suchte Ost-Berlin nach Wegen, die Exporte unbemerkt über Drittstaaten fortzusetzen.[174] Zur selben Zeit pflegte die DDR Kontakte mit den Befreiungsbewegungen in Südafrika, Rhodesien und Südwestafrika sowie in den portugiesischen Kolonien Angola, Mosambik und Guinea-Bissau/Kapverden. Der *African National Congress* (ANC), der gegen das Apartheidsregime in Südafrika kämpfte, und die südwestafrikanische *South-West Africa People's Organisation* (SWAPO) gehörten jedoch zunächst nicht zu den Empfängern von Waffen und Munition.[175]

Unabhängige Außenpolitik?

Um ihren Einfluss in Entwicklungsländern zu sichern, betrieben die Ostblockstaaten eine koordinierte, arbeitsteilige Außenpolitik unter der Führung der Kommunistische Partei der Sowjetunion (KPdSU). Schwerpunkt waren der Nahe und Mittlere Osten: Dort setzte man sich wegen der Ölvorkommen und der geostrategischen Lage ganz für den Kampf gegen den Imperialismus ein. Dabei engagierte sich keiner der Bruderstaaten so stark und war derart in Waffenhandel und internationaler Terrorismus verstrickt wie die DDR.[176]

In diesem Kontext stellt sich die Frage, inwieweit die DDR und die anderen Ostblock-Staaten unabhängig von Moskau agieren konnten oder von der östlichen Führungsmacht für ihre geostrategischen Ziele instrumentalisiert wurden. Die Einschätzungen dazu unterscheiden sich deutlich:

> Die Bewertungsskala reicht von einer reinen Stellvertreterfunktion der DDR über »Interessenagent« und »Einflussagent« bis zur Einschätzung als aktiver Juniorpartner der UdSSR in deren »Windschatten«.[177]

Klar ist: Bis weit in die 70er-Jahre hinein waren Rüstungsexporte an nichtsozialistische Länder ohne Abstimmung mit dem Vereinten Kommando der Warschauer Vertragsstaaten möglich. Entsprechend war die DDR oftmals nicht im Bilde über die militärische Hilfe der Partner, insbesondere der Sowjetunion. Erst durch die wenigen DDR-Generalkonsulate in den arabischen Ländern erfuhr Ost-Berlin 1967 beispielsweise von Militärberatern und »beachtlichen« Waffenlieferungen der Sowjetunion an Ägypten, Syrien und den Irak. Auf demselben Weg gelangten 1972 Informationen über Panzerlieferungen aus der UdSSR und der ČSSR nach Ägypten in die DDR.[178] Ost-Berlin reagierte: 1973 bat das SED-Regime Moskau um periodische Mitteilung über die Lieferung sowjetischer Militärtechnik an andere Länder.[179] Bei den bevorstehenden Gesprächen mit Libyen im Jahr 1977 waren die Informationen dann transparenter: Politbüromitglied Werner Lamberz ließ sich vor seinem Abflug zu Gaddafi von der ZK-Abteilung Internationale Verbindungen die Liste der umfangreichen Militärhilfe der Warschauer-Vertragsstaaten vorlegen. 1980/81 meldete das Büro Schalck-Golodkowski im Kontext des ersten Golfkrigs

Waffenlieferungen aus Ungarn, Rumänien und der ČSSR an den Iran. Nordkorea soll sogar Ausrüstung im Wert von einer Milliarde Dollar geliefert haben.[180] In umgekehrte Richtung funktionierten die Informationskanäle besser: Wenn es um Hilfen ging, informierte Ost-Berlin stets den Generalstab in Moskau. Weitere Abstimmungen erfolgten mit Warschau und Prag, zuweilen mit Budapest und Sofia, kaum mit Bukarest.

Erst 1979 einigten sich die Warschauer Vertragsstaaten auf gemeinsame »Grundsätze über die Koordinierung der Handlungen der Teilnehmerstaaten des Warschauer Vertrages bei der Verwirklichung der militärischen Zusammenarbeit mit den Entwicklungsländern«. Bis zu diesem Zeitpunkt hatte die DDR Einzelabkommen mit den Empfängerländern und -organisationen abgeschlossen.[181] In den neuen Grundsätzen wurde festgelegt, dass Lieferungen nicht eigenständig erfolgen durften, sondern die Zustimmung der anderen Vertragspartner erforderlich war. Die UdSSR hatte sich damit auch ein Instrument geschaffen, um ihre Verbündeten bei künftigen Vertragsabweichungen zu disziplinieren.[182]

Ideologische und wirtschaftliche Interessen

»Internationale Solidarität mit den Befreiungsbewegungen im Kampf gegen Kolonialismus und Rassismus war ein Verfassungsgrundsatz in der DDR und wurde mit den Prinzipien sozialistischer Ideologie und Politik begründet sowie auf Traditionen der Arbeiterbewegung zurückgeführt«, schreibt der Diplomat Hans-Georg Schleicher, der in den Vertretungen der DDR in Sambia, Simbabwe und Namibia gearbeitet hat. »Solidarität war in der Praxis auch ein außenpolitisches Instrument, die Befreiungsbewegungen waren außenpolitische Partner und Zielgruppe der DDR-Außenpolitik.« Durch ihre aktiven Beziehungen zu den Befreiungsbewegungen habe die DDR Ansehen unter den Bündnispartnern, insbesondere bei den afrikanischen Entwicklungsländern, aber auch bei den Gegenspielern im Ost-West-Konflikt genossen, so Schleicher weiter.[183] Die UdSSR hatte die Strategie vorgegeben: »Die Kreml-Führung hatte in den Siebziger- und Achtzigerjahren die Lieferung von Waffen und anderer Militärtechnik an ausgewählte Befreiungsorganisationen und Entwicklungsländer zu einem wesentlichen Bestandteil ihrer Außenpolitik gemacht«, so Matthias

Bengtson-Krallert. »Neben den angestrebten Deviseneinnahmen hofften die Sowjets, damit im Kalten Krieg vor allem ihren politischen Einfluss auf die belieferten Länder und Organisationen zu stärken und ihre strategische Position in der Region nachhaltig auszubauen.«[184] Welche Überzeugungen die DDR-Führung geleitet haben, hat Henning von Löwis of Menar zusammengestellt: »Nach Einschätzung der DDR [war] fast jeder bewaffnete Konflikt in der Welt direkt oder indirekt mit der internationalen Klassenauseinandersetzung zwischen Kapitalismus und Sozialismus verbunden.« Und weiter: »Gewaltanwendung zur Unterminierung und Zerstörung nicht-sozialistischer Systeme in der Dritten Welt [wurde] von der DDR prinzipiell befürwortet und bei günstigen Erfolgschancen – nicht allein propagandistisch – unterstützt.«[185] Entsprechend habe es seit Mitte der 70er-Jahre keinen größeren militärischen Konflikt in Afrika gegeben, in den die DDR nicht indirekt verstrickt gewesen sei.

In den Entwicklungsländern trafen die UdSSR, die DDR und andere sozialistische Staaten jedoch auf ein buntes Spektrum von Organisationen und Staaten, die nicht immer der reinen Ideologie der Unterstützerländer entsprachen; oft siegte Realpolitik über die Ideologie. Die DDR habe sich nicht gescheut, auch »blutrünstige Diktatoren« und Terroristen zu unterstützen. Dieses Spannungsfeld lieferte einen wichtigen Grund für die Geheimhaltung der Waffenlieferungen in der DDR. Keinesfalls wollte der vermeintlich friedliebende Staat als Waffenlieferant für brutale und korrupte Entwicklungsländer und Milizen am internationalen Pranger stehen. Vielmehr sollte das internationale Engagement, das man der Welt präsentierte, auch dazu dienen, sich als Streiter für das Gute darzustellen.[186]

Auch in den Verhandlungen mit den Partnern in Entwicklungsländern betonten die Vertreter aus Ost-Berlin stets, ihnen gehe es um die Unterstützung im Kampf gegen den Imperialismus. In den Empfehlungen des Außenministeriums für die Gespräche Erich Honeckers mit dem Präsidenten der Afrikanischen Volksunion, Joshua Nkomo, im März 1977 hieß es beispielsweise:

> In den Darlegungen des Genossen Erich Honecker sollten folgende Probleme behandelt werden: Unterstreichung der vom IX. Parteitag der SED erneuten bekräftigten Unterstützung aller afrikanischen Völker, die ihr Recht auf nationale Souveränität und sozialen Fortschritt, gegen Rassismus und Neokolonialismus und imperialistische Aggression verteidigen.[187]

Auch bei den Bezeichnungen der Länder spiegelte sich die Funktion der Entwicklungsländer wider: In einer Vorlage für das ZK des Politbüros für den Besuch einer Delegation in Ost-Berlin werden Sambia, Simbabwe, Angola, Mosambik, Tansania und Botswana als »Frontstaaten« bezeichnet. Dass die DDR bei ihrer solidarischen und kommerziellen Hilfe für afrikanische Staaten ideologische und wirtschaftliche Interessen gleichzeitig im Blick hatte, belegen Äußerungen von Verteidigungsminister Heinz Hoffmann nach einer Afrika-Reise im Jahr 1979, die nicht für die Öffentlichkeit bestimmt waren. Über einen Besuch in einem Ausbildungslager äthiopischer Volksmilizen berichtete der Minister, dort habe er »tausende Söhne ehemaliger Sklaven und landloser Bauern mit der Maschinenpistole und dem Stahlhelm aus der DDR den Sturmangriff üben« gesehen. Zugleich wies er auf den langfristigen Nutzen der Hilfen hin, die sich nach seiner Auffassung in zehn bis 15 Jahren auszahlen würden. Dabei erwähnte Hoffmann ausdrücklich die reichen Vorkommen an Bodenschätzen in den Empfängerländern.[188]

Tatsächlich ist davon auszugehen, dass Honecker und das für internationale Beziehungen zuständige Politbüromitglied, Hermann Axen, zu dieser Zeit an einen Sieg des Sozialismus in Afrika glaubten.[189] Dieser Optimismus verflog jedoch wenige Jahre später. Die Entwicklung in den Ländern des Südens hatte gezeigt, dass sich der Sozialismus dort nicht nachhaltig etablieren konnte. Außerdem schrumpften die ökonomischen Möglichkeiten der DDR, während gleichzeitig die zunehmende Verarmung der Entwicklungsländer dazu führte, dass von der DDR gewährte Kredite nicht mehr bezahlt werden konnten. Außenpolitisch bestimmten im letzten Jahrzehnt der DDR ohnehin andere Themen die Tagesordnung: der Ost-West-Konflikt, der Einmarsch der Sowjetunion in Afghanistan und die Polen-Krise sowie der Streit über die Mittelstreckenraketen in Europa. Grundsätzlich ist auch für diesen Zeitraum festzuhalten, dass die DDR bei nichtkommerziellen Lieferungen eher zurückhaltend war und Exporte im großen Umfang lieber der UdSSR überließ.[190]

Außerdem nutzte die DDR die Kontakte mit Entwicklungsländern für die Selbstdarstellung im eigenen Land: Man präsentierte sich als Unterstützer sozialistischer Staaten und Organisationen im Kampf gegen den Imperialismus des Westens, in der Hoffnung, die Identifikation der DDR-Bürger mit dem SED-Regime zu fördern.[191] DDR-Zeitungen wie das *Neue*

Deutschland berichteten regelmäßig von Besuchen von NVA-Militärs in Entwicklungsländern und den Gegenbesuchen. Die konkreten militärischen Aspekte der Gespräche und der Umfang von Ex- und Importen blieben jedoch streng geheim. In den staatlich gelenkten Medien war floskelhaft immer wieder von »freundschaftlichen Gesprächen« und dem »gemeinsamen Kampf gegen Imperialismus, für Frieden, Entspannung und sozialen Fortschritt« sowie der »festen Verbundenheit im Geiste des Marxismus-Leninismus« die Rede. Allenfalls »Solidaritätsspenden« wurden ohne Einzelheiten genannt.

In internen Übersichten und Meldungen wurde der Wert der Exporte extrem niedrig angesetzt. Vermutlich sollten keine Rückschlüsse auf den tatsächlichen Umfang der Lieferungen möglich sein, falls die Zahlen bekannt werden sollten. So soll 1967/68 der Wert von 50 Jagdflugzeugen MiG-17 mit Ersatztriebwerken, 103 Geschützen und Panzerabwehrkanonen, 20.000 Handfeuerwaffen inklusive Munition, 150.000 Schützenminen und 3.500 Handgranaten an die Vereinigte Arabische Republik (Syrien und Ägypten) nur 44 Millionen Mark betragen haben. Ähnlich abgespeckte Zahlen gehen aus einem Waffendeal mit Mosambik hervor, das 1977 angeblich 30 Panzer T-34/85 inklusive vier Kampfsätze Munition für nur 2,5 Millionen Mark erhielt. Möglicherweise führte die DDR in ihren Dokumenten den jeweiligen Zeitwert der Güter an.

Stellvertreter- und andere Kriege

Die Außen-, Entwicklungs- und Militärpolitik beider deutscher Staaten bewegte sich in den engen Grenzen, die die jeweiligen Machtblöcke des Kalten Krieges ihnen auferlegten. Inzwischen ist in der Geschichtswissenschaft unstrittig, dass der Kalte Krieg nicht allein auf Europa und den nordatlantischen Raum begrenzt war. Es handelte sich vielmehr um einen »Global cold war«,[192] der außerhalb dieses geografischen Raums und bei begrenzten Konflikten auch militärisch ausgetragen wurde: Der heiße Teil des Systemkonflikts fand in Entwicklungsländern statt. Und die DDR war über die Waffenlieferungen des ITA zumindest indirekt daran beteiligt. Mit den Importen von modernen Waffen und Ausrüstung erhöhten die Gegner ihre Kampf- und damit auch ihre Zerstörungskraft. Immer mehr und modernere Waffen gelangten in Entwicklungsländer – von der Handfeuerwaffe bis zu Panzern, Artillerie und Flugzeugen.

Die lokalen und regionalen Konflikte in den Entwicklungsländern wurden erst seit Beginn der 80er-Jahren intensiv von der Forschung wahrgenommen und analysiert. Die Wissenschaftler waren zuvor fixiert auf den drohenden Welt- und Atomkrieg auf der nördlichen Halbkugel; die realen bewaffneten Konflikte wurden nur am Rande wahrgenommen. Trotz der Bedeutung in der Region und des Leids der Menschen gelangten sie nur selten ins Bewusstsein der Weltöffentlichkeit und wurden häufig als »unwichtig« oder »irrelevant« bewertet. Nur in »einigen Fällen trugen derartige Kriege deutliche Elemente von west-östlichen ›Stellvertreterkriegen‹ in sich, das heißt, sie wiesen eine hochgradige Einmischung und Beteiligung von Seiten der Supermächte USA und UdSSR auf«, schreiben Rolf Hofmeier und Volker Matthies in ihrem Buch *Vergessene Kriege in Afrika*. Lediglich diese Stellvertreterkriege wurden außerhalb des Konfliktgebiets aufmerksam wahrgenommen.[193]

Dabei gab es zwischen dem Zweiten Weltkrieg und dem Ende des Kalten Krieges 150 bis 200 Kriege in Entwicklungsländern mit 25 bis 30 Millionen Toten. Bei den Auseinandersetzungen handelte es sich in der Regel nicht um »klassische Kriege« zwischen Staaten, sondern um Bürgerkriege ohne klare Fronten. Manche dauerten Jahrzehnte. Dazu zählen beispielsweise die Konflikte in Angola, Äthiopien, Eritrea, Birma und Kolumbien.[194] Besonders in Afrika war eine vergleichsweise große Zahl langwieriger Kriege mit verheerenden Folgen für die Bevölkerung festzustellen. Die Konsequenzen waren Flucht, Hunger und Leid. Mehrere Kriege in Afrika waren als Folge der Entkolonialisierung ausgebrochen: 1966 begann in Namibia der Kampf gegen die laut UNO-Beschluss illegale Besatzung durch Südafrika. Von 1966 bis 1979 kämpften unterschiedliche Gruppen gegen das weiße Siedlerregime in Rhodesien. Portugal beispielsweise war unter seinem Diktator Salazar nicht bereit, die Kolonien friedlich in die Unabhängigkeit zu entlassen. In Angola setzte der Befreiungskrieg 1961 ein, Guinea-Bissau folgte 1963. Ab 1964 wurde in Mosambik gekämpft. In Angola und Mosambik gingen die Kriege auch nach der Unabhängigkeit im Jahr 1975 weiter. Bei einem Militärputsch in Äthiopien wurde 1974 Kaiser Haile Selassie gestürzt; 1975 brach der inneräthiopische Bürgerkrieg aus, der das Land nach dem ersten Eritrea-

Konflikt zusätzlich belastete und 1991 mit der Flucht des Diktators Mengistu endete. »Klassische Kriege« zwischen Staaten bildeten in Afrika in der zweiten Hälfte des 20. Jahrhunderts die Ausnahme. Im ersten und zweiten Ogaden-Krieg standen sich 1963/64 und 1977/78 Äthiopien und Somalia gegenüber. 1978/79 kämpften Uganda und Tansania gegeneinander. Hinzu kamen die Konflikte Ägyptens mit Israel.

Nach einem nur wenig durchgeplanten Vorgehen in den 60er-Jahren ist für die 70er-Jahre ein deutlicher Anstieg der Aktivitäten der DDR zur Unterstützung junger Nationalstaaten und der Befreiungsbewegungen zu erkennen.[195] Die Entwicklung in Afrika Mitte der 70er-Jahre lieferte gleich mehrere Anlässe für die DDR, sich dort zu engagieren. In Angola und Mosambik kamen Bewegungen an die Macht, die die DDR schon Jahre zuvor unterstützt hatte – auch mit militärischen Mitteln. »Die Unabhängigkeit Angolas und Mosambiks gab dem Befreiungskampf in Simbabwe, Namibia und Südafrika neue Impulse und war für die DDR Anlass, die Unterstützung der dortigen Befreiungsbewegungen ZAPU, SWAPO und ANC deutlich zu verstärken«, bilanziert Benno-Eide Siebs.[196] Besonders die Zusammenarbeit zwischen Mosambik und der DDR war außergewöhnlich: Von den Staaten Afrikas, mit denen die DDR Verträge über Freundschaft und Zusammenarbeit abgeschlossen hat, ist Mosambik der einzige, mit dem ausdrücklich auch eine militärische Zusammenarbeit festgeschrieben wurde.[197]

Zur Menschenrechtslage

Seit 1975 saßen in Mosambik Langzeithäftlinge in den Gefängnissen ohne Gerichtsverfahren ein. Außerdem ordnete das Regime Auspeitschungen und andere schwere Misshandlungen an. Mosambik führte 1979 die Todesstrafe ein. Daraufhin kam es zu mehreren Exekutionen. Regime-Gegner und Mitglieder der Zeugen Jehovas wurden in sogenannten Umerziehungslager inhaftiert und gefoltert. 1985 kam es immer wieder zu Kämpfen zwischen Regierungstruppen und nationalen Widerstandsgruppen, bei denen beide Seiten Gefangene verstümmelten.[198]

Die Unterstützung junger Nationalstaaten und der Befreiungsbewegungen entwickelte sich zu einer kontinuierlichen Aufgabe für die Staaten des Warschauer Vertrages. Manche Organisationen und Regierungen konnten sich nur mit der Hilfe des sozialistischen Lagers am Leben erhalten. Ab 1973 verstärkte die DDR neben den materiellen Lieferungen den Export des militärischen Knowhows.[199] Auch auf nachrichtendienstlicher Ebene sollten die Hilfen ausgeweitet werden. Am 6. Dezember 1973 unterzeichneten der DDR-Minister für Staatssicherheit, Erich Mielke, und KGB-Chef Juri Andropov die »Vereinbarung über die Zusammenarbeit zwischen dem Ministerium für Staatssicherheit der Deutschen Demokratischen Republik und dem Komitee für Staatssicherheit beim Ministerrat der UdSSR«. Bestandteil der Grundsatzvereinbarung war die »enge koordinierte Zusammenarbeit in der Unterstützung nationaler Sicherheitsorgane befreundeter Entwicklungsländer«.[200] Damit half die DDR dem Sicherheitsapparat der Entwicklungsländer nicht nur militärisch, sondern auch mit geheimdienstlichem Knowhow. In befreundeten und verbündeten Staaten wie Äthiopien, Angola und Mosambik unterstützte die Staatssicherheit den Aufbau nationaler Sicherheitsdienste und der Polizei. »Das MfS [= Ministerium für Staatssicherheit] war in Absprache mit dem KGB aktiv an der Ausbildung von äthiopischen Sicherheitskräften und von Kadern der nationalen Befreiungsbewegungen im Süden Afrikas und im Nahe Osten beteiligt«, schreibt Jürgen Borchert.[201]

Ökonomisierung der Entwicklungspolitik

Die zunehmende Ökonomisierung der gesamten DDR-Entwicklungspolitik begann Ende der 70er-Jahre mit den wachsenden wirtschaftlichen Schwierigkeiten der DDR und den zunehmend unzuverlässigen Lieferungen von Rohstoffen und Getreide aus der UdSSR. Immer lauter wurden die Forderungen nach größerer Effektivität und Rentabilität.[202] Eine Folge war 1977 die Gründung der sogenannten Mittag-Kommission. Dieses Gremium unter dem Vorsitz von Günter Mittag, ZK-Sekretär der SED für Wirtschaftsfragen, war beim Politbüro angesiedelt. Dort sollten die Projekte und das Engagement der Institutionen koordiniert werden. Zur Kommission gehörten die Politbüromitglieder Werner Lamberz,

Hermann Axen und Werner Jarowinsky sowie Alexander Schalck-Golodkowski und ein Vertreter des Verteidigungsministeriums.[203] Offiziell hieß das vom Politbüro am 20. Dezember 1977 gegründete Gremium »Kommission zur Koordinierung der ökonomischen, kulturellen, wissenschaftlich-technischen Beziehungen und der Tätigkeit im nichtzivilen Bereich in den Ländern Asiens, Afrikas und im arabischen Raum«. An den Sitzungen nahm regelmäßig der stellvertretende Außenhandelsminister und BSA-Chef, Generalmajor Gerhard Schönherr, teil, der für den speziellen Außenhandel zuständig war. »Für den Vertreter des Außenhandelsministeriums hatten kommerzielle Interessen Vorrang vor Hilfsleistungen«, so Storkmann. »Dominierendes Ziel war die Erwirtschaftung von Gelderlösen, möglichst in Form von harten Devisen.«[204] Dabei war der DDR offenbar fast jeder Kunde recht, egal wie brutal er agierte.

Die DDR-Führung hatte sich zu diesem Zeitpunkt zum Ziel gesetzt, die Importe zu stabilisieren und die Exporte auszuweiten. Bestandteil dieser Konzeption war unter anderem, für DDR-Waren Erdöl zu erhalten.[205] So herrschte zum einen ein Tauschhandel, der die Abhängigkeit und ökonomische Schwäche beider Handelspartner offenbarte. Zum anderen forderte die DDR für zahlreiche Waren – insbesondere für die militärischen Güter – Devisen, die in den Entwicklungsländern selbst dringend gebraucht wurden oder die per Kredit beschafft werden mussten. Militärhilfen waren nicht länger allein ein Akt der kostenlosen Solidarität oder ein Beitrag im Kampf gegen den Imperialismus, sondern darüber hinaus eine günstige Möglichkeit, per Gegengeschäft dringend benötigte Importe zu realisieren. Zum Beispiel finanzierte Äthiopien die Lieferung von 500 Militärlastwagen zum Teil mit Kaffee. Auch Angola war ein bedeutender Kaffeeproduzent.[206] Diese Importe sollten zur Linderung der sogenannten Kaffeekrise in der DDR dienen. Auf dem Weltmarkt stiegen die Preise. Engpässe bei der Versorgung hatten 1977 zu großer Unruhe in der Bevölkerung geführt. Der Versuch der Regierung, darauf mit billigen Mischungen im Angebot zu reagieren, führte zu Unzufriedenheit der DDR-Bürger mit der Qualität.[207] Auch die Stasi beschäftigte sich mit dem Thema. Die DDR könne nicht länger enorme Mengen Valuta für den Kauf von Kaffee einsetzen, hieß es. Es gelte, die Bevölkerung über die Situation auf dem Weltmarkt aufzuklären, um Verständnis zu wecken.[208]

Die im Folgenden aufgeführten Beispiele zeigen, wie bedeutsam der ITA im Handel mit Militärgütern war und dass die DDR sich oft weniger von politischen Grundsätzen als von ökonomischer Opportunität leiten ließ. Viele Geschäftspartner waren bekannt als autoritäre und brutale »Befreiungsorganisationen« oder Staaten, die von Despoten regiert wurden. Zwar bekundeten sie im Kalten Krieg ihre Nähe zum sozialistischen Lager – in vielen Fällen jedoch sicherlich ebenfalls nur aus Opportunität.

Transporte der DDR in den westlichen Medien

Der Spiegel war auffällig gut über die Aktivitäten des ITA in den Entwicklungsländern informiert, auch wenn er die Abkürzung »ITA« nicht exakt entschlüsselte. Das Nachrichtenmagazin schrieb 1976 in seinem Artikel »DDR: Kalaschnikows für die Dritte Welt«:[209]

> Kostspielig für die DDR sind vor allem die Materiallieferungen, denn nicht alle Adressaten verfügen über ausreichende Mengen libyscher Öl-Dollar. Export-Koordinator ist das staatliche Büro »Industrietechnischer Außenhandel« in Berlin-Pankow, das für die notwendige Schiffstonnage und für Tarnung sorgt: Militärisches Gerät soll die Abnehmer nach Möglichkeit direkt, ohne Zwischenaufenthalt in westlichen Häfen, erreichen. Die Pankower Spediteure bevorzugen deshalb für ihre Lieferungen Charter-Schiffe.

Und weiter hieß es:

> Die Transporteure des Pankower Büros »Industrietechnischer Außenhandel« bringen jedoch nicht nur DDR-Kampfausrüstung auf den Weg zu den Bedürftigen in Nahost und Schwarzafrika. Ihr Versandkatalog umfaßt neben Sanitäts-, Polizei- und Feuerwehr-Equipment aus ostdeutscher Herstellung auch von der NVA ausgemustertes Sowjetgerät und neue Waffen anderer Ostblock-Lieferanten, darunter vor allem tschechoslowakische Erzeugnisse.

Damit war die westdeutsche Öffentlichkeit war bereits in den 70er-Jahren über die Waffenlieferungen der DDR an befreundete Staaten und Organisationen in Entwicklungsländern informiert. Die jährliche »militärische Entwicklungshilfe« der DDR habe einen Wert von 200 Millionen Mark. Als Empfängerländer nennt *Der Spiegel* 23 afrikanische und arabische Staaten mit Schwerpunkt in Mosambik und Angola. »Im Vergleich zu den afrikanischen und nahöstlichen NVA-Beziehungen sind die zum nichtkommunistischen Asien und zu Lateinamerika bislang über Sondierungen nicht hinausgekommen«, hieß es. Besonders groß sei das Interesse an Indien gewesen, das sich damals verstärkt der UdSSR zugewandt habe. Auch die Bedeutung der Schiffe der DDR-Staatsreederei DSR für die Waffentransporte in Entwicklungsländer war in der BRD bekannt. »DDR bringt Panzer nach Afrika«, berichtete die *Bild* am 29. Juli 1980 und bezog sich dabei auf Informationen des ehemaligen DSR-Kapitäns Peter Rüffer, der mit seinem Sohn in den Westen geflüchtet war. Er berichtete der *Bild*, wie er selbst mit der »Albin Köbis« Panzer und andere Waffen nach Äthiopien, Tansania und Mosambik transportiert hatte.[210]

Auch andere Medien waren gut über die Exporte der DDR nach Afrika informiert. So schrieb beispielsweise die *Hannoversche Allgemeine* am 1. März 1979: »DDR verstärkt Militärhilfe in Afrika: Ausgewählte Staaten werden unterstützt/Ausgemusterte Waffen weitergegeben«. Ausdrücklich werden in dem Artikel die Lieferungen an die PLO, die SWAPO und die »Patriotische Front Simbabwe« sowie an Mosambik, Angola, Äthiopien, Südjemen und Sambia genannt. Auch die *Hannoversche Allgemeine* nennt die Zahl von 200 Millionen Mark, auf die sich der Wert der militärischen Exporte nach Afrika pro Jahr belaufe, und bezog sich dabei auf die Untersuchungen des Instituts für politische Wissenschaften der Universität Köln.[211] Die Stasi beobachtete westliche Presseveröffentlichung genau und archivierte sämtliche Meldungen.[212]

Intensivierung des Handels in den 80er-Jahren

1982 erstellte der ITA eine Studie über seine Exporte in Entwicklungsländer, die als geheime Verschlusssache eingestuft wurde. Darin war von ersten »kommerziellen Kontakten« die Rede, die in den 60er-Jahren zu Syrien und Ägypten hergestellt worden seien. Hinzu kamen »Hilfslieferungen« an Befreiungsbewegungen, insbesondere nach Mosambik und Angola. Später seien »kommerzielle Verbindungen« in folgende Länder entstanden: Irak, Libyen, Äthiopien, Mosambik, Tansania, Sambia, Angola, Uganda, Nigeria, Jemenitische Arabische Republik (JAR), Guyana und Nicaragua. Das Exportvolumen belief sich laut dieser Studie zwischen 1970 und 1975 auf 110 Millionen Valutamark. Im darauffolgenden Fünf-

Jahres-Zeitraum waren es 205 Millionen. Allein im Jahr 1982 waren 180 Millionen und 1985 400 Millionen erreicht worden. »Auf Grund zentraler Entscheidungen erfolgte im Jahre 1982 eine umfassende Erweiterung des Umfangs der Exportbeziehungen und der Kontaktaufnahme zu weiteren Ländern«, hieß es in der Studie. Die rasante Ausweitung der Exporte bereitete den Autoren der Studie auch Sorgen: Wachsendes Arbeitsvolumen und die steigende Zahl der involvierten Mitarbeiter gefährdeten die Geheimhaltung. Die Autoren empfahlen, den speziellen Export in Entwicklungsländer des nichtsozialistischen Wirtschaftsraums von einem neuen selbstständigen Außenhandelsbetrieb abwickeln zu lassen, der neben kommerziellen auch die Hilfs- und Solidaritätslieferungen übernehmen sollte. Der ITA wäre bei dieser Variante nur noch für die Rüstungsimporte und die Exporte in den Warschauer Pakt verantwortlich geblieben. Unterzeichnet wurde die Studie von BSA-Chef Schönherr.[213]

Auch Honecker persönlich forcierte Anfang der 80er-Jahre den Verkauf von Rüstungsgütern. Am 9. März 1982 forderte er Hoffmann zu einer Prüfung auf, ob die NVA »spezielle Ausrüstung« für den Export in den nichtsozialistischen Wirtschaftsraum bereitstellen könne und welche Lieferungen aus der laufenden volkswirtschaftlichen Produktion möglich wären. Der Minister antwortete, es könnten Produkte und Leistungen im Wert von 450 Millionen Mark zur Verfügung gestellt werden – von Panzern und MiGs bis zu Handfeuerwaffen und Munition. Auch seine Kollegen aus den Ministerien für Inneres und Staatssicherheit könnten, so Hoffmann, Lieferungen im Wert von 30 Millionen Mark bereitstellen.[214] Dass die DDR in den Beständen der bewaffneten Einheiten nach Waffen für den devisenbringenden Export suchen musste, stieß auf den Widerstand der Militärs. Die Militärs betrachteten, wie Alexander Schalck-Golodkowski später dem Bundestagsuntersuchungsausschuss berichtete, diesen Ausverkauf als eine potenzielle Gefährdung der nationalen Sicherheit.[215] Tatsächlich dürfte es zu den historischen Besonderheiten der DDR gehören, dass ein Staat aus wirtschaftlicher Not mit Waffen handeln wollte, die laut der eigenen Doktrin der Verteidigung dienen sollten.

Die geplante Ausweitung des NSW-Handels war eine Reaktion auf die wirtschaftlichen Probleme und die Devisenknappheit der DDR. In seinem letzten Jahrzehnt stand der ostdeutsche Staat unter Druck. »Noch im Sommer 1980 musste die DDR aufgrund sowjetischer Forderungen beschließen, ihre Devisenverschuldung bis 1985 zu halbieren«, schreibt Jürgen Borchert.[216] Die Not war groß: Einerseits musste die Verschuldung deutlich heruntergefahren werden, andererseits war man auf die Devisen angewiesen. Wie dringend, zeigt der vom bayerischen Ministerpräsidenten Franz Josef Strauß (CSU) eingefädelte Milliardenkredit: Am 29. Juni 1983 wurde der Kredit westdeutscher Banken an die SED-Diktatur mit Bürgschaft der Bundesregierung bekannt.

Zur selben Zeit fiel es der DDR zunehmend schwer, eigene Produkte aller Art in den NSW zu verkaufen. Als Gründe führte die 1982 gegründete IMES des Bereichs KoKo von Alexander Schalck-Golodkowski ein Überangebot, wachsende Lagerbestände und Preisverfall an.[217] Um gegenzusteuern, setzte die DDR auch auf modernes Marketing. In der Bibliothek der Bundeswehrfachinformationsstelle in Strausberg liegen als Loseblattausgabe drei Kataloge des ITA, die ab 1984 im Militärverlag der DDR erschienen. Farbig, auf hochwertigem Papier und mit Fotos illustriert ist darin eine große Angebotspalette für militärische Ausrüstungen erhalten. Die kurzen Beschreibungen sind mehrsprachig, unter anderem auf Arabisch. Zu den Produkten zählen beispielsweise Startanlagen für Flugabwehrraketen, Antipersonenminen, Fallschirme und mobile Küchen. Auch Brückenlegepanzer, Messgeräte für radioaktive Strahlung und Radaranlagen sind darin zu finden.[218]

Außerdem wurde der Minister für Außenhandel, Horst Sölle, 1985 angewiesen, mit der UdSSR über die Erlaubnis für Waffenlieferungen an »progressive Nationalstaaten« des NSW zu verhandeln. Die Sowjets sollten auf Wunsch der Regierung in Ost-Berlin folgende Produkte für den Export freigeben: Maschinenpistole AK-74 und zugehörige Munition M-74, leichtes Maschinengewehr RPK-74, Panzerbüchse RPG-18 und Störraketenwerfer PK-16. Als weiteres Ziel der Verhandlungen definierte das ZK ein gemeinsames Auftreten beider Staaten in Drittländern bei Exportvorhaben. Damit sollte der Versuch bekräftigt werden, Waffen und Ausrüstung aus der Warschauer-Pakt-Staaten künftig koordiniert zu liefern.[219]

Eine weitere Konzeption für eine Intensivierung des NSW-Handels war auf höchster Regierungsebene abgesegnet worden. In Punkt 3a des Beschlusses des Ministerrats »Zur Leitung und Führung des NSW-Exports militärischer Erzeugnisse« vom 9. Dezember 1985 hieß es:

3 Der ITA und die Entwicklungsländer

Abb. 2: Der ITA-Katalog enthält Produktbeschreibungen für Handgranaten und Handfeuerwaffen – hier in der Version für Arabisch sprechende Interessenten.

Der Minister für Außenhandel hat [...] Maßnahmen zur Verbesserung der Auslandsmarktarbeit, des innerstaatlichen Zusammenwirkens und der personellen Verstärkung des AHB Ingenieur-Technischer Außenhandel so festzulegen und durchzuführen, daß die mit den speziellen Staatsauflagen gestellten NSW-Exportaufgaben durch den AHB ITA umfassend realisiert werden können.

Als Termin wird der 30. Juni 1986 genannt.[220] Damit bescherte die Regierung der ITA-Leitung jede Menge Arbeit. Dazu zählten:

- Bereitstellung von mehr und besseren Erzeugnissen, insbesondere bei Bewaffnung und Munition,
- straffe Leitung und Führung,
- intensivierte Marktarbeit,
- Vorführungen und Ausstellungen für Kunden in der DDR und im Ausland,
- stärkeres Eingehen auf Kundenwünsche und deren Durchsetzung in der Produktion,
- langfristige Absatzkonditionen,

- Absprachen mit den Partnern der Warschauer Vertragsstaaten über Zusammenarbeit auf Drittmärkten.[221]

Die DDR pflegte 1987 militärpolitische Beziehungen zu 42 Staaten, in 20 Entwicklungsländern arbeiteten Militärattachés aus Ost-Berlin. Doch bereits 1989 hatte die DDR die meisten Posten wieder geräumt.[222] Ursache waren zum einen die Finanz- und Wirtschaftskrise des Staates, zum anderen die Erkenntnis, dass Aufwand und Nutzen nicht immer im vernünftigen Verhältnis zueinanderstanden. In vielen Ländern seien »Sozialismusexperimente« gescheitert, hieß es. Außerdem konnten viele der armen Länder Afrikas ihre Kredite nicht mehr zahlen. Zu den auffälligen Kurskorrekturen zählte außerdem die neue Betonung einer Friedenspolitik mit dem Ziel, Konflikte in Entwicklungsländern friedlich zu lösen. Andererseits steigerte die DDR ihre Militärhilfen für bestimmte befreundete Organisationen und Staaten. Dabei standen insbesondere beim Krieg zwischen dem Iran und Irak ökonomische Interessen im Vordergrund – die DDR brauchte Öl und Devisen.[223]

Insgesamt ergibt die Bilanz des DDR-Außenhandels mit den Entwicklungsländern in der ersten Hälfte der 80er-Jahre ein ernüchterndes Bild. Die politische und militärische Unterstützung führte nicht zum gewünschten darauffolgenden zivilen Handel mit Gütern. Die Exporte betrugen im Schnitt etwa drei Milliarden Valutamark pro Jahr und lagen 1984 und 1985 unter den Werten von 1982 und 1983. Die Importe stiegen hingegen langsam an und legten von etwa einer Milliarde auf 1,4 Milliarden Valutamark im Jahre 1985 zu.[224] Die Bilanz ist jedoch unvollständig und uneinheitlich.[225] Andere Quellen sprechen von deutlich höheren Zahlen.

Storkmanns Bewertung: Die Militärhilfe der DDR für Entwicklungsländer war »nicht gänzlich erfolglos«. Die Unterstützung der Befreiungsbewegungen war ein Baustein der Entkolonialisierung und sicherte die Macht der Regierungen in Luanda (Angola) und Maputo (Mosambik). Die Waffenlieferungen an Äthiopien trugen hingegen nur dazu bei, einen blutigen Krieg zu verlängern. Die Erfolge im Nahen Osten hielten sich ebenfalls in Grenzen.[226]

Zu den Lieferungen von militärischen Gütern kamen weitere Hilfen der DDR. Sie bildete 3.000 Militärs aus und trug 86 Prozent der Ausbildungskosten.[227] 19 Staaten und drei Organisationen (KP Chile, PLO und die Sozialistische Fortschrittspartei Libanons) schickten Militärs zur Ausbildung bei den DDR-Streitkräften.[228] Hinzu kam die medizinische Versorgung verwundeter ausländischer Soldaten. Jedoch verzichtete die DDR stets darauf, eigene Soldaten in Kampfeinsätze zu schicken.[229]

In der Wendezeit legte der ITA am 23. Juli 1990 eine Liste über kommerzielle Lieferungen an afrikanische Länder seit 1981 vor.[230] Warum der ITA keine älteren Lieferungen nannte und sich nur auf afrikanische Länder bezog, bleibt offen. Ebenfalls ungenannt blieben die umfangreichen Unterstützungsleistungen der IMES. Auffällig kurz fassen sich die Autoren im Kapitel »Wichtige kommerzielle Lieferungen von Betrieben der DDR an Armeen in Entwicklungsländer«. Aufgelistet werden zunächst die Lieferungen von Lastwagen der Typen W-50 und L-60. Unter Punkt 2 hieß es knapp: »Instandsetzung von Flugzeugen und Triebwerken für Flugzeuge der MiG-Serie«. Als letzter Punkt wird die die Instandsetzung von Funkmesstechnik genannt. Tatsächlich waren die Lieferungen jedoch deutlich umfangreicher. Die Informationen in dem Dokument legen den Verdacht nahe, dass die Autoren bewusst unvollständige Angaben gemacht haben, um die Brisanz des gelieferten Materials zu verschleiern.

Die politische Führung: »Honecker hatte ein offenes Ohr«

Wer wann was geliefert bekam, war bei den Rüstungslieferungen der DDR Chefsache. Die Spitze von Staat und Partei war stets bestens informiert über die Wünsche der Geschäftspartner aus Entwicklungsländern. Ab 1969 lagen dem Generalsekretär jährliche Pläne für »nichtzivile« Hilfslieferungen an befreundete Staaten und Organisation vor, die in der Regel ohne Änderungen akzeptiert wurden. Daneben gab es Einzelfallentscheidungen. Während Walter Ulbricht, Generalsekretär bis 1971, Entscheidungen in der Regel dem Politbüro und dem Sekretariat des ZK der SED überlassen hatte, pflegte sein Nachfolger, Erich Honecker, einen anderen Stil: Er ließ sich persönlich informieren und entschied meist selbst. Schon zu Ulbrichts Zeiten war Honecker als ZK-Sekretär für Sicherheitsfragen und Sekretär des Nationalen Verteidigungsrats einer der wichtigsten Akteure, wenn es um Entscheidungen über Waffenlieferungen ging. Bereits in den 60ern entschied er »vielfach und aktenkundig mit dem später alles beherrschenden ›Einverstanden EH‹«.²³¹ Storkmann spricht von einem »umfangreichen Berichtswesen«:²³² So erstatteten die Verteidigungsminister »Heinz Hoffmann und, nach dessen Tod, 1985, Heinz Keßler [...] dem Generalsekretär, beziehungsweise bis 1971 dem ersten Sekretär des ZK der SED ständig Berichte über nahezu alle Angelegenheiten, Fragen und Vorgänge in der NVA, auch über scheinbare Kleinigkeiten.« Die Verteidigungsminister unterrichtete den Generalsekretär, wie erwähnt, auch ausführlich über die Wünsche, die ausländische Delegationen bei ihren Besuchen in Ost-Berlin geäußert hatten, noch bevor diese Delegationen den Generalsekretär trafen. Ähnlich detailliert berichtete die NVA-Führung über ihre Gespräche bei Auslandsreisen. Storkmanns Fazit: Damit unterstrich Honecker, dass er auch bei Fragen der militärischen Auslandskontakte die entscheidende Instanz war.²³³ Manche Anfragen erreichten Honecker sogar noch, nachdem Hoffmann oder andere bereits abgelehnt hatten. Er kannte sich gut in der Materie aus – 1982 etwa wusste er PLO-Chef Jassir Arafat zu berichten, dass panzerbrechende Waffen aus der DDR geeignet wären, israelische Panzer zu zerstören –, verhandelte oft selbst über die Details, traf schnelle Entscheidungen – manchmal binnen 24 Stunden – und machte große Versprechungen, die dann die Verhandlungsspielräume der Delegationen einschränkten: »Die Festlegungen des Generalsekretärs ließen der NVA-Führung bei deren Gesprächen und Verhandlungen vor Ort kaum Spielraum für eigene Schritte; die DDR-Militärs waren durch das Wort des SED-Chefs gebunden.«²³⁴

Storkmann: »Honecker hatte ein offenes Ohr für afrikanische und andere ausländische Wünsche, die, wenn möglich, auch erfüllt wurden.«²³⁵ Dabei spielten persönliche Kontakte eine große Rolle. Besonders enge Beziehungen pflegte Honecker zu Mengistu Haile Mariam (Äthiopien), Samora Machel (Mosambik), Agostinho Neto (Angola) und zu Sam Nujoma (Namibia/SWAPO). Kamen Anfragen von diesen Männern, entschied der Generalsekretär schnell und allein. Ein formeller Politbürobeschluss wurde nachgereicht.²³⁶ 1979 wandte sich beispielsweise der Führer der namibischen SWAPO direkt an Honecker und bat um Uniformen und andere Ausrüstungsgegenstände.²³⁷

Ein echtes Konzept für die Arbeit in Entwicklungsländern lag nicht vor, sodass die Politik stets einem Provisorium glich und stark von den beteiligten Personen abhing. Eine Zusammenarbeit zwischen den bis zu 60 Akteuren erfolgte nur punktuell und projektbezogen.[238] Seit dem Amtsantritt von Honecker, 1971, wurden die internationalen Militärbeziehungen deutlich ausgebaut.[239] Die ZK-Abteilung für internationale Verbindungen (AIV) unter der Leitung von Paul Markowski – und nach seinem Tod bei einem Hubschrauberabsturz 1978 in Libyen unter Egon Winkelmann – engagierte sich in den 70er-Jahren besonders bei Rüstungslieferungen für Afrika. »Die Abteilung bereitete nicht nur Entscheidungen der Parteiführung vor, sie koordinierte, organisierte und übergab auch einige besonders dringliche Waffensendungen direkt an den afrikanischen Partner.«[240]

1984 übernahm Egon Krenz das Amt des Sekretärs für Sicherheitsfragen und erhielt alle Akten aus dem Verteidigungsministerium zur Kenntnis. Damit war er ebenfalls umfassend über militärische Lieferungen informiert und übernahm zunehmend die Aufgaben eines Koordinators. Außerdem wurde die Abteilung für Sicherheitsfragen des ZK informiert.[241] In der zweiten Hälfte der 80er-Jahre arbeitete außerdem ZK-Mitglied Hermann Axen als Koordinator der Militärhilfen für Afrika, insbesondere für Angola und Mosambik, galt aber in der Führung des Machtapparats als »Leichtgewicht«.[242]

Die DDR-Führung versuchte, in der eigenen Presse mit ihren Auslandskontakten zu glänzen, und ließ auch umfangreich über die Besuche des Verteidigungsministers in anderen Staaten berichten. Damit sollte der Bevölkerung vermittelt werden, das DDR-Regime werde international akzeptiert. Dass auch praktische Hilfe für die Kriegsführung geleistet wurde und welche Rolle führende Politiker dabei spielten, verschwiegen die zentral kontrollierten Medien. Es blieb beim stets wiederholt publizierten gemeinsamen »Kampf gegen den Imperialismus« und der Betonung der Unterstützung durch die DDR.

Wichtige Schaltstelle im Verteidigungsministerium für die Exporte war von 1964 bis zu seinem Tod im Jahr 1985 der stellvertretende Verteidigungsminister Werner Fleißner, der eng mit dem stellvertretenden Ministerratsvorsitzenden Gerhard Weiß zusammenarbeitete. Ihm schreibt Storkmann eine »entscheidende Koordinierungsfunktion« bei Militärhilfen zu.[243]

Teil I: ITA – ein Instrument im Kalten Krieg

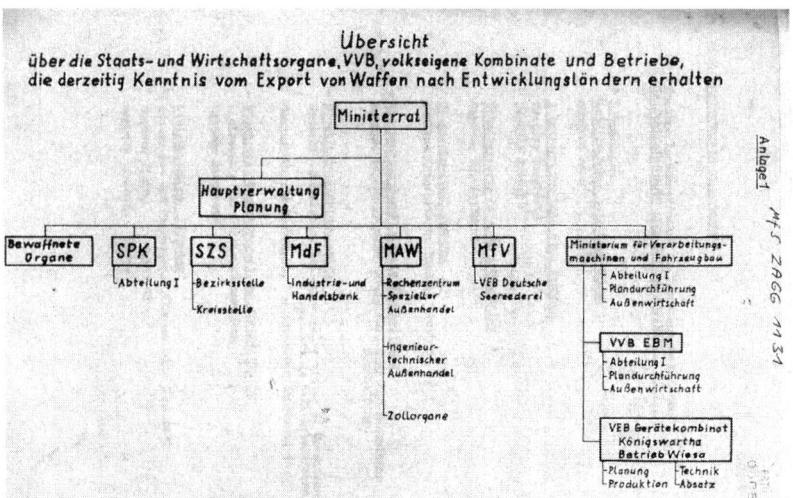

Abb. 3: Die Zentrale Arbeitsgruppe Geheimnisschutz (ZAGG) der Stasi listete in einem Organigramm die Institutionen in der DDR auf, die mit dem Waffenexport in Entwicklungsländer befasst waren.

Auch in allen Fragen der Außenpolitik war Erich Honecker die höchste und letzte Instanz, bei wirtschaftlichen Angelegenheiten erreichte außerdem Günter Mittag, Politbüromitglied und langjähriger ZK-Sekretär für Wirtschaftsfragen, eine ähnliche Position.

Solidaritätslieferungen

Mit der Einführung neuer Technik in der NVA boten sich immer wieder Möglichkeiten für Lieferungen von militärischem Material an Entwicklungsländer: Sobald die alte Technik ersetzt und ausgemustert war, stand sie – zumindest teilweise – für Solidaritätslieferungen zur Verfügung.[244] Die DDR spendete somit militärisches Material.

Eine Übersicht über die kostenlosen Lieferungen und Dienstleistungen militärischer Art hat zum Ende der DDR das Ministerium für Abrüstung und Verteidigung erstellt. In dem undatierten Dokument in einer Akte des Militärarchivs des Bundesarchivs finden sich die »Grundsätze der Unterstützungsarbeit mit Entwicklungsländern«. Darin definierte die DDR noch kurz vor der Wiedervereinigung die von der NVA realisierte Unterstützung als Bestandteil der Außen- und Militärpolitik. Unterstützung werde auf folgenden Gebieten gewährt:

- Aus- und Weiterbildung von ausländischen Militärangehörigen,
- medizinische Behandlung von Geschädigten,
- materiell-technische Lieferungen und Leistungen,
- Zusammenarbeit von Armeesportorganisationen,
- Konsultationen zu Problemen des militärischen Lebens.[245]

Frühe kostenlose Exporte erfolgten mit dem stetig eskalierenden Vietnam-Krieg in den 60er-Jahren: Ost-Berlin lieferte Rüstungsgüter an die nordvietnamesische Armee, ohne sie in Rechnung zu stellen. Die NVA stellte hauptsächlich Ausrüstung aus ihren eingelagerten Mobilmachungsreserven zur Verfügung und vermittelte außerdem Waffen und Munition aus dem Innenministerium und von der Staatssicherheit.[246]

Im Laufe der ersten Jahre, in denen die DDR Solidaritätslieferungen bereitstellte, erlaubte die wirtschaftliche Situation jedoch nur eingeschränkt kostenlose Hilfslieferungen. Zunehmend war die Rede von »Entwicklung der Zusammenarbeit auf kommerzieller Basis«. Auch die NVA war weitgehend gehalten, Gegenleistungen in frei konvertierbarer Währung zu erwirtschaften.[247] Ab November 1977 wurde zwischen dem »speziellen Export« aus der DDR-Industrie und den »Hilfs- und Solidaritätslieferungen« aus Beständen der »bewaffneten Organe« unterschieden. Allerdings waren auch künftig kommerzielle Exporte als »Hilfs- und Solidaritätslieferungen« erlaubt.

»Für die Vertragsabschlüsse und die Durchführung der ›speziellen Exporte‹ wie auch der kostenlosen Hilfslieferungen zeichnete der Außenhandelsbetrieb (AHB) ITA verantwortlich«, schreibt Storkmann. Die Finanzierung der Hilfslieferungen übernahm das Finanzministerium. Am Ende eines jeden Jahres legte das Außenhandelsministerium eine Bilanz vor.[248] Wolfgang Neidhardt war in der NVA-Führung für die Lieferungen nach Vietnam zuständig und schildert die Abläufe so: Zunächst gingen bei ihm schriftlich die Wünsche der Vietnamesen ein. Einmal pro Jahr traf eine Delegation in der DDR zu Verhandlungen mit der NVA-Führung und dem Ministerium für nationale Verteidigung ein. IMES habe bei seiner Arbeit nie eine Rolle gespielt, sagte Neidhardt. »Ich kannte die damals gar nicht.«[249]

Grundlage der Lieferungen bildeten grundsätzlich zwischenstaatliche Abkommen. Die Staatsführung entschied, wann Hilfe kostenlos geliefert oder in Rechnung gestellt wurde. »Dabei handelt es sich um Erzeugnisse, die infolge von Strukturänderungen freigesetzt werden bzw. um nicht mehr benötigte Bestände. Für importierte bzw. in Lizenz hergestellte Erzeugnisse sind vom Lieferer oder Lizenzgeber die Zustimmung zur Weitergabe einzuholen.«[250] Beauftragte des Ministers oder Militärattachés sollten die Ware jeweils in dem Hafen übergeben, in dem entladen wurde. Die Parteiführung verlangte Kostenaufstellungen über kostenlose Hilfslieferungen, die erstmals 1977 und erneut 1982 umfassend vom Verteidigungsministerium vorgelegt wurden.

Ende der 80er-Jahre waren die wirtschaftlichen und finanziellen Probleme der DDR auch bei den militärischen Hilfen spürbar. Der Chef des Hauptstabes der NVA, Fritz Streletz, forderte, künftig nur noch bestimmte Entwicklungsländer zielgerichtet zu unterstützen. Die Spitze der NVA selbst bezeichnete ihre Mittel als begrenzt. 1988 stiegen die Hilfen dennoch weiter an – allerdings mit großen Mengen von Alt- und Lagermaterial. Im Oktober 1989, nach der Ablösung Honeckers, war ausdrücklich von einer Reduzierung der unentgeltlichen Hilfen die Rede.[251] In einer Studie des BSA vom Mai 1990 beziffern die Autoren das Exportvolumen des ITA in Entwicklungsländer seit 1980 mit 1,3 Milliarden Valutamark (VM).[252] Von 1991 bis 1995 sollte das gemeinsame Exportvolumen von ITA und IMES auf 123,8 Millionen VM sinken.[253] Dazu sollte es durch die Wiedervereinigung nicht mehr kommen.

Zwischen 1965 und 1989 hatte die NVA laut dem Dokument aus dem Ablaß-Archiv Unterstützung an Entwicklungsländer im Wert von 950 Millionen Mark geleistet. 800 Millionen entfielen demnach auf unentgeltliche »Lieferungen und Leistungen auf materiell-technischem Gebiet« – davon 80 Prozent auf Waffen und Munition, 20 Prozent auf sonstige Ausrüstung wie Fahrzeuge und Zelte, medizinische Hilfe, Lebensmittel und Sportkleidung –, die restlichen 150 Millionen entfielen auf Ausbildung und medizinische Unterstützung. Als sonstige Hilfeleistungen wurden außerdem humanitäre Einsätze aufgeführt. Die Lieferungen gingen an 34 Länder. Die wichtigsten Empfänger waren Vietnam (270,9 Mio.), Syrien (110,2 Mio.) und Äthiopien (75,5 Mio.). Für die letzten beiden Jahre des Bestehens der DDR liegen außerdem Zahlen beim Stasi-Unterlagenarchiv vor. 1988 exportierte die DDR kostenlose Solidaritätsgüter im Wert von 485 Millionen DDR-Mark. Damit sind weitgehend zivile Lieferungen zusammengefasst. 1989 beliefen sich die »materiellen Unterstützungsmaßnahmen« für Sicherheitsorgane auf 11,5 Millionen Mark.[254] Dabei handelte es sich um kommerzielle Lieferungen und kostenlose »Solidaritätsgüter«. So betrug beispielsweise der Anteile der kostenpflichtigen Exporte nach Mosambik Ende der 80er-Jahre zwischen 25 und 50 Prozent.[255] Die militärischen Hilfen für die Entwicklungsländer machten etwa ein Prozent des Verteidigungsetats der DDR aus.[256]

Dass die DDR über kostenlose Solidaritätslieferungen und kommerzielle Exporte parallel verhandelte, zeigt das Beispiel Äthiopiens. Im Auftrag der Parteiführung reiste ITA-Chef Möller vom 1. bis 10. März 1978 in das afrikanische Land und übergab eine Solidaritätslieferung im Wert von zehn Millionen Mark. Danach handelte Möller Lieferungen im Wert von 14 Millionen Dollar aus, die Äthiopien per Kredit finanzieren musste.[257]

Für das Jahr 1990 war nur eine Hilfslieferung geplant. Die Sozialistische Republik Vietnam sollte Ausrüstung und Material für die Technische Offizierschule im Wert von 500.000 Mark erhalten.[258] Weitere Bitten um Hilfe lagen dem Ministerium vor, wurden aber abgelehnt: Tansania plante den Aufbau einer Polizeistation, um den Schmuggel zu bekämpfen. Sansibar fragte nach Booten, Vietnam wollte die Technische Offizierschule noch weiter ausbauen. Unter »Sonstige Hilfeleistungen« wurden der Einsatz von NVA-Transportflugzeugen vom Typ AN-26 für die Fortsetzung der Äthiopienhilfe nach der Dürrekatastrophe Mitte der 80er-Jahre sowie medizinische Hilfen für die PLO, für Angola und Äthiopien genannt.[259]

Auch der DDR-Auslandsgeheimdienst, die Hauptverwaltung A (HVA) des Ministeriums für Staatssicherheit (MfS), spendete Waffen und Munition. »Freundschaft« nannte das MfS eine Solidaritätsaktion für sozialistische Waffenbrüder in den Entwicklungsländern im August 1978. Die HVA stellte 300 Maschinenpistolen, 150.000 Patronen und 3.000 Granaten zur Verfügung. Die Lieferung hatte einen Gesamtwert von 1,16 Millionen Mark. Auch andere Dienststellen der Stasi lieferten Material. Der Gesamtumfang der Aktion »Freundschaft« war enorm. Insgesamt lieferte die

DDR 1.400 Kisten mit »Solidaritätsspenden« mit einem Gesamtgewicht von 54 Tonnen. »Freundschaft« wurde auch in den Jahren danach fortgesetzt. In der Korrespondenz zwischen der HVA und der Abteilung Bewaffnung und Chemischer Dienst (BCD) des MfS wurden die Empfängerländer so gut wie nie mit Namen genannt. Man begnügte sich mit einem Code, der aus einem Buchstaben bestand. Offenbar schätzte man sogar innerhalb des Geheimdienstes die Lieferungen als so brisant ein, dass strikte Geheimhaltung oberstes Ziel war.[260]

In jedem Jahr erstellte der stellvertretende HVA-Leiter eine Liste mit Rüstungsprodukten, die als Solidaritätsspende oder als kommerzielle Lieferung für mehrere Länder bereitgestellt werden sollten. Offenbar wussten die Auslandsaufklärer genau über die Wünsche ihrer ausländischen Partner Bescheid, die Tausende Maschinenpistolen mit Munition, Granaten und Ferngläser erhalten sollten.[261]

Auch bei spontanen Anfragen zeigte sich die DDR hilfsbereit. Als der Leiter der Kommunistischen Partei El Salvadors im Dezember 1981 beim ZK darum bat, 50 kleine Maschinenpistolen vom Typ Skorpion für Personenschützer zu erhalten, erfolgte sofort eine Lieferung aus der Reserve des MfS im Wert von 20.000 Mark.[262] 1985 folgten weitere Bitten um Waffenlieferungen aus El Salvador, nachdem im Jahr zuvor Waffen und militärische Ausrüstung im Wert von 760.000 Mark aus der DDR geliefert worden waren. Auch diese Exporte wurden als Solidaritätslieferungen abgewickelt.[263] Auch der Leiter der »PLO-Sicherheit« meldete kurzfristig Wünsche an, die sofort erfüllt wurden: Die Abteilung BCD des MfS stellte 1983 kurzfristig aus MfS-Beständen kostenlos zehn Makarow-Pistolen inklusive Munition bereit.[264]

Der erste Golfkrieg: Ein Doppelspiel für Devisen

Der irakische Diktator Saddam Hussein hatte am 22. September 1980 dem regionalen Rivalen Iran den Krieg erklärt. Formal wurden als Auslöser Grenzstreitigkeiten um den Grenzfluss Schatt al-Arab und die erdölreiche,

3 Der ITA und die Entwicklungsländer

mehrheitlich von Arabern bewohnte iranische Provinz Khuzestan genannt. Doch bei dem Konflikt handelte es sich um einen Kampf um die Vormacht in der Region zwischen Saddam Hussein und dem Mullah-Regime in Teheran. Saddam Hussein hoffte, das durch die islamische Revolution geschwächte Nachbarland schnell niederringen zu können, doch der verheerende Konflikt endete erst nach acht Jahren. Für beide Seiten entwickelte sich dieser »erste« Golfkrieg zu einer verheerenden Auseinandersetzung mit bis zu einer Million Opfern – und viele davon wurden mit importierten Waffen aus der DDR getötet.[265]

Offiziell hatte sich die DDR bei Ausbruch des Krieges 1980 für neutral erklärt. Doch ihr Engagement in diesem Krieg belegt mit besonders grausigen Folgen, dass ihre Politik nicht durchweg von den propagierten Grundsätzen geleitet wurde, sondern von der Opportunität – in diesem Fall der ökonomischen: Der ostdeutsche Staat belieferte beide Kriegsparteien mit Militärgütern, um an die in den 80er-Jahren immer knapper werdenden Devisen zu kommen. Dabei gingen ITA und IMES weitgehend arbeitsteilig vor. Der ITA lieferte an den Irak, den Iran übernahm die IMES. Zeitweise erhielten beide Staaten die gleichen Systeme. So lieferte die DDR an den Irak und den Iran mehrere 10.000 Panzerbüchsen, darunter vor allem RPG-7 und RPG-18. Von diesen Waffen werden Granaten abgefeuert, die auch Panzerungen durchbrechen können.[266]

Um dieses Doppelspiel, seine Hintergründe und Folgen darstellen zu können, wird an dieser Stelle ausführlich auch auf das Engagement der IMES eingegangen. Der Krieg und die ökonomischen Vorteile, die der SED-Staat aus den Lieferungen schlug, führten in letzter Konsequenz erst zum Entstehen der IMES. Formal war der ITA im Rahmen der Planvorgaben für den Waffenhandel zuständig. »Die Aufnahme von Beziehungen zum Iran führte dann zum Aufbau eines eigenen Organisationskomplexes (der Arbeitsgruppe 10), aus dem 1982 die Firma IMES GmbH entstand, die Waffen außerhalb der DDR-Planvorgaben auch an Nicht-Mitglieder des Warschauer Paktes, sonstige interessierte Personen sowie terroristische Gruppen lieferte«, erläutert Harald Möller (▶ Kap. 2).[267]

Mit den Rüstungsexporten an den Irak und den Iran gelang es der DDR auch, ihre Importmöglichkeiten für Erdöl zu erweitern. Zu Beginn der 80er-Jahre hatte der wichtigste Lieferant, die Sowjetunion, seine Lieferungen heruntergefahren und die Preise erhöht. Gleichzeitig war die DDR

Teil I: ITA – ein Instrument im Kalten Krieg

Abb. 4: Zu den Exportschlagern im ITA-Katalog zählten die Anti-Panzerwaffen vom Typ RPG-7, die in der UdSSR produziert wurden.

aufgrund der Devisenknappheit nur begrenzt in der Lage, andere Quellen zu nutzen. Der Iran und der Irak sprangen ein und deckten bis zu fünf Prozent des Bedarfs. »Im Gegenzug erhielten diese vor allem Waffen«, so Möller.[268] Zudem konnte die DDR an beide Staaten gegen Devisen Waren liefern, die in anderen Staaten nicht konkurrenzfähig waren.[269]

Der Krieg zwischen dem Irak und dem Iran, von dem die DDR mit ihren Exporten profitierte, führte allerdings zu einer konkreten Gefahr für die eigenen Bürger. Als die Kämpfe im April 1985 immer stärker wurden und die Anschlagsdrohungen zunahmen, begann die DDR, Angehörige des eigenen Personals aus dem Irak auszufliegen. Dabei handelt es sich um 50 Frauen und Kinder. Außerdem zog die DDR ihr Personal aus der besonders umkämpften Region Basra zurück und flog sie nach Bagdad.

Lieferungen an den Iran

Auch im Verhältnis zum Iran wurde die Außenpolitik Ost-Berlins von dem Ziel geleitet, mit dem Engagement in der Region Einfluss zu gewinnen.

3 Der ITA und die Entwicklungsländer

Bereits vor dem Krieg war die DDR an einer langfristigen Bindung zum Iran, damals noch unter dem brutal herrschenden Schah Mohammad Reza Pahlavi, interessiert, der Ende der 70er-Jahre innenpolitisch zunehmend unter Druck stand. Am 29. August 1978 schlug Honecker eine »langfristige Wirtschaftskooperation« vor. Der Schah reagierte positiv. Beide Staaten unterzeichneten ein »Protokoll über die Erweiterung der ökonomischen, technischen und wissenschaftlichen Zusammenarbeit« sowie ein »langfristiges Handelsabkommen und langfristiges Zahlungsabkommen für den Zeitraum 1979–1983«. Schon zu diesem Zeitpunkt demonstrierten Hunderttausende gegen den Schah. Mitte Januar 1979 beugte er sich dann dem steigenden Druck und verließ das Land.

Die sozialistischen Staaten versuchten, die Lücke zu füllen, die der Abbruch der Beziehungen zu den USA nach dem Ende des Schah-Regimes im Iran und der Machtübernahme der Mullahs hinterlassen hatte. Ideologisch bewertete der östliche Block den iranischen Umsturz als antiimperialistische Revolution.[270] Die Revolution im Jahr 1979 hatte zunächst zu einem abrupten Abbruch der Beziehungen mit der DDR geführt. Kurz darauf bat jedoch das neu installierte Mullah-Regime des Irans in Ost-Berlin um militärische Berater, Ersatzteile und technische Dokumentationen. Außerdem war die Regierung in Teheran an der Ausbildung iranischer Kader interessiert. Die KoKo war nach Einschätzung Harald Möllers eine »treibende Kraft« bei den Geschäften. Erste Schritte wurden schnell umgesetzt: DDR-Spezialisten berieten die iranische Militärindustrie, Iraner besichtigten Betriebe in der DDR.[271]

Die bei der Stasi für den Außenhandel zuständige Abteilung 7 der HA XVIII erkundete bei einem Besuch im Dezember 1979 – nach der islamischen Revolution – die Situation im Iran. Dabei trafen zwei Inoffizielle Mitarbeiter (IM) auf Vertreter des iranischen Verteidigungsministeriums, die Ersatzteile für Militärflugzeuge und die dazu gehörigen Bodenstationen bestellen wollten. Die Liste umfasst 1.500 Positionen.[272] Zuvor hatte das Ministerium deshalb Kontakt mit der DDR-Botschaft in Teheran aufgenommen. Der IM nahm die Unterlagen entgegen und sprach sich für eine zügige Umsetzung aus, um die Marktposition in der DDR zu festigen.

Der Handel wurde am 10. Januar 1980 mit einem Geheimabkommen zwischen dem DDR-Außenhandelsministerium und dem iranischen Verteidigungsministerium auf eine rechtliche Grundlage gestellt. Zu den ersten großen Projekten dieser Zusammenarbeit gehörte Anfang 1980 die Ersatzteilbeschaffung für Hubschrauber, Flugzeuge, die Marine und für Informationssysteme. Der Spezielle Außenhandel und die KoKo lieferten noch im selben Jahr per Flugzeug 20.000 Maschinenpistolen vom Typ AKM, zehn Millionen Schuss M-43 und 2.500 Granaten aus der Staatsreserve und Armeebeständen an den Iran.[273] Außerdem unterstützte die DDR im April 1980 mit drei Spezialisten den Aufbau eines Sprengstoffwerks in Isfahan durch den schwedischen Bofors-Konzern.[274]

Das Interesse der DDR am Öl aus dem Iran blieb auch bei Ausbruch des Krieges groß. Außerdem kamen Erze als Zahlungsmittel dazu.[275] Im Februar 1981, noch vor der Gründung der IMES, lieferte die Abteilung Bewaffnung und Chemischer Dienst der Staatssicherheit über den ITA dem Iran Panzerbüchsen, Granaten und Patronen im Wert von 1,7 Millionen Mark.[276]

Mit dem Kriegsausbruch wuchs der Bedarf Irans an militärischer Ausrüstung und Knowhow schlagartig. Teheran forderte Munition aller Art, komplette Waffensysteme für die Panzer- und Flugabwehr, Nachrichten- und Funktechnik sowie weitere Ausrüstungen. Doch die DDR konnte die Wünsche des Irans nur ansatzweise erfüllen und musste bei Anfragen nach schweren Waffen passen. Weder wurden diese in der DDR hergestellt noch war die Volksarmee bereit, sie aus ihren Beständen abzugeben.[277] »Die DDR-Seite konnte diese sehr weitreichenden iranischen Wünsche, die die DDR-Möglichkeiten offensichtlich total überschätzten, nicht erfüllen«, schreibt Möller.[278] Was geliefert wurde, ging nicht nur ans Militär, sondern auch an die Revolutionsgarden.[279]

Am 18. März 1981 erhielt Erich Honecker eine Mitteilung aus dem Büro von Günter Mittag über den Abschluss weiterer Geschäfte mit dem Iran: Gegen Vorauskasse in konvertierbarer Währung sollte die DDR 1.485 Lastwagen vom Typ W-50 und 150 Anhänger an das Verteidigungsministerium in Teheran liefern. Der Wert betrug 69,7 Millionen Valutamark (VM). Doch blieb es nicht beim Export von Lastwagen: »Erstmals wurde mit den revolutionären Garden ein Vertrag über die Lieferung von 22.000 Maschinenpistolen, Typ Kalaschnikow, und 5,0 Mio Stück Munition, Typ M 43, im Wert von 5,9 Mio VM ebenfalls gegen Vorauskasse, und die Lieferung von 300 Lkw W 50 im Werte von 12,4 Mio VM zu gleichen

3 Der ITA und die Entwicklungsländer

Zahlungsbedingungen vereinbart«, hieß es in dem Schreiben an Honecker.[280] Hinzu kam die Lieferung von Lkw-Ersatzteilen im Wert von 25 Millionen VM.

Mit der Lieferung von mehreren 100.000 Maschinenpistolen und mehreren 100 Millionen Schuss Munition an den Iran stellte die Revolutionsgarde ihre erste Grundausrüstung zusammen.[281] Mit den Waffen und der Munition, die aus dem Kombinat Spezialtechnik Dresden kam, stabilisierte die DDR das Mullah-Regime, das die Macht im eigenen Land festigen musste und später im Krieg mit dem Irak stand. Und weitere Lieferungen sollten folgen. Iran meldete Interesse an zusätzlichen 1.045 Lastwagen für das Militär und 600 für die Revolutionsgarden an. Das Zustandekommen des Geschäfts machte Teheran jedoch von der Lieferung von weiteren 30.000 Kalaschnikows inklusive Munition abhängig. Auch anderes Material wie Minen und Sanitätsmaterial stand auf dem Wunschzettel.[282]

Beim Besuch einer Delegation der DDR im Iran hatte Teheran außerdem den Wunsch geäußert, den W-50 und Kalaschnikows in eigenen Fabriken herzustellen. Die Besucher aus Ost-Berlin mussten jedoch darauf hinweisen, dass nicht sie die Lizenz für die Maschinengewehre vergeben können, sondern nur die UdSSR.[283] Dennoch beauftragte Honecker den Minister für Allgemeinen Maschinen-, Landmaschinen- und Fahrzeugbau, Günther Kleiber, eine »Grobstudie« für eine Kalaschnikow-Fabrik erarbeiten lassen. Die Idee der Iraner: 60.000 bis 90.000 Stück und die dazu gehörige Munition sollten das Werk verlassen. Außerdem standen Verhandlungen über Produktionsanlagen für Panzerbüchsen, Lastwagen und Mikroelektronik mit Teheran an. Die Detailverhandlungen wurden unter der Regie der KoKo geführt.[284] Einen Monat nach diesem bemerkenswerten Schreiben Honeckers an Kleiber traf in Ost-Berlin eine Delegation aus dem Iran ein, die unter anderem die Kalaschnikow-Herstellung beim VEB Gerätewerk Wiesa und die Munitionsproduktion im VEB Spreewerk Lübben besichtigte. Beide Seiten sprachen über den Bau kompletter Industrieanlagen im Wert von einer Milliarde Valutamark, doch in Asien lauerte Konkurrenz: Zuvor hatten sich die Gäste ähnliche Produktionsstätten in der koreanischen Volksrepublik angesehen.[285]

Bei den Iran-Geschäften kam es im Juni 1981 zu einem filmreifen Fall von Spionage im Bereich des ITA. Die Abteilung M (Postkontrolle) des

MfS hatte einen anonymen Brief abgefangen, der an den Journalisten Hans von Przychowski des West-Berliner *Tagesspiegels* adressiert war. Das Schreiben enthielt brisante Informationen über »den Kauf und Abtransport von Waffenmaterial durch iranische Frachtflugzeuge vom Flughafen Berlin-Schönefeld nach dem Iran« und »Flugrouten der Interflug, die ständig durch Mitarbeiter des MfS abgesichert werden«. Das MfS leitete den operativen Vorgang »Terrasse« ein. Es dauerte nicht lange, bis ein Mann aus Berlin-Schönefeld als Absender identifiziert wurde. Er arbeitete in der Leitung der DDR-Fluggesellschaft Interflug und gestand die Tat.[286]

Welche Motive bei den Gesprächen mit den Iranern im Vordergrund standen, wird bei den Vorbereitungen eines Besuchs des iranischen Verteidigungsministers im Juni 1981 deutlich. Schalck-Golodkowski gab für die Verhandlungen folgende Devise aus: »Der Aufenthalt der Delegation ist zu nutzen, möglichst hohe Exportanbahnungen und konkrete Ansprachen gegen konvertierbare Devisen zu günstigen Zahlungsbedingungen zu erreichen.« Und weiter: »Dabei sind alle Möglichkeiten des normalen Exportprogramms der DDR, die auch im militärischen Bereich Anwendung finden können, anzubieten sowie die begrenzten Möglichkeiten im Bereich der militärischen Produktion der DDR maximal zu nutzen.«[287] Doch die Verhandlungen verliefen problematisch: Teheran wollte Lastwagen nur bestellen, wenn auch Waffen folgten. Die DDR musste dagegen immer wieder klarstellen, dass sie keine Panzer, Raketen und schwere Artillerie selbst herstellte.[288]

Und dennoch: Allein 1982 lieferte die DDR Rüstungsgüter im Wert von fast 400 Millionen Valutamark an den Iran, Empfänger waren etwa zu gleichen Teilen die Armee und die Revolutionsgarde. 38 Prozent machten Waffen und Munition aus, der Rest waren Lastwagen und Ersatzteile. Auch 1983 sollte dieser Handel fortgesetzt werden. Allerdings wiederholte Teheran seine Forderungen nach Waffen, denen die DDR erneut nur zum Teil nachkommen konnte. Um die Wünsche halbwegs zu erfüllen, sollten Waffen aus der Staatsreserve und von den »bewaffneten Organen« sowie 30.000 Hohlladungsgranaten verkauft werden. Beim DDR-Verteidigungsministerium lehnte man diese Bitte jedoch ab. Verkäufe aus NVA-Beständen und der Staatsreserve seien derzeit nicht möglich, schrieb der Chef Technik und Bewaffnung, Generaloberst Werner Fleißner, an Schalck-Golodkowski.[289]

Außerdem fädelte die IMES Transporte von Sprengstoffen eines europäischen Kartells an den Iran ein, die über Rostock verschifft wurden. Betrieben in der DDR fehlte das Knowhow für die Herstellung von Explosivstoffen dieser Art, daher wurde die Ware importiert.[290] Zwischen 1981 und 1984 wurden 350 Tonnen aus Schweden geliefert. Die IMES verdiente daran Provisionen in Höhe von 1,3 Millionen schwedischen Kronen.[291]

Ähnliche hochexplosive Ware beschaffte die IMES in Schweden und Finnland über Salzburg (Österreich) und lieferte sie mithilfe des ITA weiter in den Iran. Zur Zwischenlagerung von Hunderten Fässern Nitropenta in der DDR wurde eine Liegenschaft der Volksarmee genutzt. Diese Transporte des ITA erfolgten über den Eisenbahngrenzübergang Gutenfürst auf der Strecke Hof–Leipzig. Auf diesem Weg wurden in den 80er-Jahren Tausende Fässer mit Sprengstoffen der schwedischen Firma Bofors Nobel Kemi und der Sevico (Turku) für den Weiterverkauf und die eigenen Rüstungswerke transportiert.[292] Der Export erfolgte dann per Schiff ab Rostock. Wie bei anderen Transporten auch wurde die Ware der Gefahrgutklasse 1 als »Industriechemikalie« deklariert.[293] 1984 verließen beispielsweise über die DDR 150.000 Tonnen Sprengstoff in Richtung Iran.[294] Glaubt man den lebhaften Schilderungen eines Zeitzeugen, wollte die DDR den Iran auch mit Artillerie-Munition aus Südkorea beliefern (▶ Kap. 4).

Um den maximalen Nutzen zu erzielen, wollte Schalck-Golodkowski die zivilen und militärischen Handelsbereiche vernetzen. Ziel war es, über die Waffengeschäfte und die daraus resultierenden Kontakte zu den Wirtschafts- und Staatsorganen in eine langfristige wirtschaftliche Zusammenarbeit auf zivilem Gebiet einzusteigen, schreibt der Historiker Benno-Eide Siebs. Honecker und Mittag segneten dieses Vorgehen ausdrücklich ab. Im zivilen Bereich war nicht nur der Export von Waren, sondern auch von Dienstleitungen geplant. Dazu zählte beispielsweise Reparatur, Ausbildung und Beratung.

Diese Strategie war offensichtlich erfolgversprechender als der bloße Export von Waffen, die die DDR ohnehin nur in begrenztem Maß liefern konnte.[295] An diesem Punkt zeigt sich ein wesentlicher Unterschied zwischen der Arbeit des ITA, der auf militärische Exporte beschränkt war, und der Kommerziellen Koordinierung (KoKo) mit der IMES, die bei der Anbahnung der Geschäfte frei von Planvorgaben und Beschränkungen agieren und den Kunden deshalb ein größeres Angebot bieten konnte. Die Strategie zahlte sich im Fall des Irans aus: 1984 waren die Geschäfte mit dem Iran erstmals größer als die mit seinem Kriegsgegner Irak, wo der ITA operierte. 1989 gehörte der Iran zu den zehn größten DDR-Handelspartnern unter den Entwicklungsländern.

Dabei wurde das bei Kriegsausbruch in der DDR postulierte Neutralitätsprinzip dem wirtschaftlichen Vorteil geopfert. Zwar war es dem Außenministerium in Einzelfällen aus politischen Gründen gelungen, Waffenexporte zu verhindern. Doch zumeist wurde das Veto ignoriert, um Devisen zu generieren. Daran änderte sich auch nichts, als der Iran die kommunistische Tudeh-Partei brutal zerschlug.[296]

Ende Januar 1984 besuchte eine Delegation der DDR den Iran und verhandelte über die Fortsetzung des Handels. Der stellvertretende Verteidigungsminister und der stellvertretende Minister für die Revolutionsgarden bewerteten die Lieferung von 9.000 Lastwagen des DDR-Typs W-50 »als gute Grundlage für die Fortführung der Geschäftsbeziehungen«. Vollständig zufrieden waren die Empfänger jedoch nicht: Sie beklagten Probleme mit der Ersatzteilversorgung und dem Kundendienst. Erst wenn diese Schwierigkeiten auf Dauer gelöst würden, folge die nächste Bestellung. Der Iran stellte den Import von weiteren 4.000 bis 6.000 Lastwagen vom Typ W-50 in Aussicht.[297]

Dass die DDR im großen Umfang Lastwagen lieferte, blieb nicht unbeobachtet. Mitarbeiter der westlichen Militärverbindungsmissionen dokumentierten den Transport der in Wüsten-Tarnfarbe gespritzten Fahrzeuge vom Lkw-Werk Ludwigsfelde zum Überseehafen nach Rostock. Dort wurden die Waffenlieferungen an den Liegeplätzen 46 und 36 an der Spitze des Pier 2 abgewickelt.[298]

Im selben Zeitraum lieferte der Iran Öl im Wert von knapp einer Milliarde Dollar an die DDR.[299] Der Militärhistoriker Heiner Möller geht davon aus, dass die 260.000 Kalaschnikows die »Grundbewaffnung« der iranischen Armee darstellten. Bis 1984 kam die Lieferung von 11.000 Lastwagen vom Typ W-50 hinzu. Danach zeigte der Iran jedoch kein Interesse mehr an diesen Fahrzeugen und begann, in Lizenz Lastwagen von Mercedes-Benz zu bauen.

Im September 1987 lieferte IMES für 100 Millionen Valutamark 40.000 122-mm-Geschosse und 24 Geschützrohre. Die Ladung wurde mit diversen

Eisenbahnzügen aus der ČSSR über Bad Schandau zur Verschiffung nach Rostock gefahren.[300] 1988 kam ein weiterer Großauftrag hinzu. Der Iran bestellte 16 Militärflugzeuge vom Typ MiG-21 inklusive Ausbildung des Personals. Zwei Maschinen wurden ausgeliefert, die Wiedervereinigung Deutschlands beendete das Geschäft.

Nicht immer wurde die strikte Trennung Iran–Irak zwischen IMES und ITA eingehalten. So lieferte auch der ITA an Teheran. Der ITA legte am 6. Juni 1985 der KoKo ein Angebot über die Modernisierung und Lieferung von Brückenlegepanzern mit einem Wert von 300.000 Dollar pro Stück vor. In dem Schreiben wird als Empfängerstaat das »Land X« genannt, dieses Angebot befindet sich in den Akten des Bundesarchivs zu den Iran-Geschäften der IMES.[301] Im Februar 1987 hatte der ITA diverse Transporte von Bremsringen aus der ČSSR für den Iran über Rostock übernommen. Die Lieferung hatte einen Wert von immerhin 35 Millionen Dollar.[302]

Zur Menschenrechtslage

In den 70er-Jahren wies Amnesty International wiederholt auf Verhaftungen, Folter und Todesurteile unter dem Regime des Schahs hin. Die Folterung politischer Gefangener sei systematisch erfolgt. Tausende sollen bei der Unterdrückung von Demonstrationen ums Leben gekommen sein.

Auch das Regime der Mullahs war und ist berüchtigt für seine Menschenrechtsverletzungen. Allein im Jahresbericht 1989 schreibt Amnesty International von mindestens 1.200, zum Teil öffentlich hingerichteten Häftlingen und Tausenden willkürlich Inhaftierten im Iran. Folter, darunter Amputationen, wurde nahezu überall angewendet. Die Zahl der Hinrichtungen politischer Gefangener stieg nach dem Ende des Krieges mit dem Irak.[303]

Lieferungen an den Irak

Zur DDR hatte der Irak bereits 1958 Beziehungen aufgenommen. Stets war von einer »uneingeschränkten Solidarität« die Rede.[304] Nach dem

Putsch der Baath-Partei im Jahr 1968, die zumindest ursprünglich für einen panarabischen Sozialismus stand, intensivierten sich die Kontakte noch einmal.[305] Im August 1969 begannen Verhandlungen der DDR mit dem Irak über eine wissenschaftlich-technische Zusammenarbeit bis zum Jahr 1971.[306] Der Vertrag darüber wurde schließlich am 29. November 1969 unterzeichnet.[307] Bereits am 11. April 1968 hatten die Universität von Bagdad und die Martin-Luther-Universität Halle-Wittenberg eine Kooperationsvereinbarung unterzeichnet.[308] In den 70er-Jahren kühlten sich die Beziehungen jedoch zunächst ab: zum einen, weil die DDR das Regime nicht in dem Umfang unterstützte, den Bagdad sich vorgestellt hatte. Zum anderen sorgte das brutale Vorgehen des Iraks gegen einheimische Kommunisten nach dem Einmarsch der Sowjetunion in Afghanistan für Unmut in Ost-Berlin.[309] Dort sorgte man sich, dass die Machthaber im Irak ihren Staat pro-westlich ausrichten könnten. Der Irak seinerseits war zunehmend über die engen Kontakte der DDR zu den Revolutionären des Erzfeinds Iran irritiert.

In den Jahren nach 1969 entwickelte sich der Irak dennoch zum wichtigsten Kunden der DDR-Waffenhändler im nichtsozialistischen Ausland. Die Lieferungen an die Staaten des Warschauer Vertrags nicht eingerechnet, gingen bis zu 74 Prozent der ITA-Exporte in das Zweistromland,[310] das nicht nur 1980 den brutalen Krieg mit dem Nachbarn angezettelt hatte, sondern auch seine Bürger massiv unterdrückte. Auch die UdSSR unterstützte das Regime wegen seiner strategischen Bedeutung. Der Irak galt als stabiler Partner im arabischen Raum und wichtig zur Sicherung der eigenen Grenzen. So lieferten die Sowjets 1973 beispielsweise Raketenschnellboote und Raketen vom Typ R-15. Mit der DDR verhandelt der Irak über Torpedoschnellboote und Raketenverladeeinrichtungen. Die UdSSR hatte die Vorgabe erteilt, den Irak beim Aufbau einer Marine zu unterstützen.

Bei gemeinsamen Konsultationen folgte der Hinweis an die DDR, Warenlieferungen und die Unterstützung durch Spezialisten nicht kostenlos abzuwickeln, sondern auf kommerzieller Basis. Sowohl die UdSSR als auch die ČSSR hätten den Wunsch nach unentgeltlicher Hilfe bereits abgelehnt.[311]

Bei einer ITA-Dienstreise in den Irak vom 20. März bis zum 2. April 1974 kam auch die Instandsetzung von zwei havarierten irakischen MiG-

21 MF zur Sprache. Grundsätzlich erklärten die Gäste aus der DDR, dass beim Kombinat Spezialtechnik (KSD) in Dresden Instandsetzungen möglich seien, dass aber keine Genehmigung dafür vorliege. Nach Rücksprache mit einem sowjetischen Kapitän zur See stellte sich heraus, dass die Flugzeuge bereits durch Spezialisten der UdSSR begutachtet wurden. Außerdem stellten die Sowjets unmissverständlich klar, dass nur ihre Instandsetzungsbetriebe die Arbeiten übernehmen würden und damit nicht die DDR.[312]

Bei einem Besuch einer DDR-Delegation im Irak im November 1975 zeigte sich erneut, dass den Bruderstaaten im Warschauer Pakt nicht an Absprachen, sondern an guten Geschäften gelegen war. »Durch Zufall« habe man erfahren, dass der Irak in der ČSSR und in Ungarn nach 100.000 Waffen vom Typ AK-47 gefragt hatte, hieß es in der IM-Akte eines hochrangigen ITA-Offiziers. Daraufhin ergriffen die Männer aus Ost-Berlin ihrerseits die Initiative und boten dem Irak 5.000 Maschinenpistolen vom Typ AKM-S2 und 15.000 AKMK an. Diese Waffen sollten unter anderem von bereits geplanten Lieferungen an Bulgarien und Tansania abgezwackt werden. Außerdem verhandelten beide Seiten über 15 Millionen Schuss Munition und 30.000 Panzerhandgranaten RKG-3.[313] Die vermeintlichen Bruderstaaten traten damit in direkte Konkurrenz zueinander und buhlten um Aufträge eines Diktators.

Die Haltung der Sowjetunion im Krieg zwischen dem Iran und dem Irak erschwerte jedoch die Verhandlungen zusätzlich. Denn die DDR-Führung und der Chef der Kommerziellen Koordinierung (KoKo), Alexander Schalck-Golodkowski, erhofften sich satte Deviseneinnahmen davon, mithilfe des IMES auch die Gegenseite zu beliefern. Moskau lehnte Hilfe für Teheran ab. Aufmerksam wurde im Büro Mittag ein Bericht der iranischen Zeitung *Akhbar* aus dem Mai 1982 registriert, in der von einer »negativen Reaktion« der UdSSR die Rede war. Moskau hatte moderne T-72-Panzer und MiG-25-Flugzeuge an den Irak geliefert und Versorgungsflüge der iranischen Luftwaffe durch den sowjetischen Luftraum verhindert.[314]

Dass die DDR beide Kriegsparteien belieferte, war ein offenes Geheimnis, das auch im Irak verständlicherweise auf wenig Gegenliebe stieß. Unverblümt wurde dem DDR-Botschafter Karl-Heinz Lugenheim in Bagdad im Mai 1982 mitgeteilt, man wisse, dass die DDR nach Nordkorea der zweitgrößte Waffenlieferant des Irans sei. Eine Fortsetzung der Waffenlieferungen werde das bilaterale Verhältnis negativ beeinflussen. Gegen die Lieferung ziviler Güter an den Iran habe man jedoch nichts, ließ man den Botschafter wissen. Lugenheim argumentierte, dass die DDR kaum Kriegsgerät produziere und deshalb keines liefere. Anderslautende Berichte in westlichen Medien bezeichnete der Botschafter als »Verleumdungen«. Doch der Irak bestand auf einer Klarstellung.[315]

Die DDR kümmerte das nur wenig: »Während Schalck mit dem iranischen Verteidigungsministerium über Waffenlieferungen und Produktionsanlagen verhandelte, trieb er zeitgleich die militärisch-technische Zusammenarbeit mit dem Irak voran«, schreibt Storkmann. Der Irak wusste darüber Bescheid.[316]

Saddam Hussein, der im Sommer 1979 Präsident des Irak geworden war, erhöhte die Rüstungsausgaben stark. Er stellte neue Divisionen auf, schaffte moderne Panzer sowie Artillerie an und versuchte – wenn auch erfolglos – mithilfe Italiens, eine Marine aufzubauen, obwohl das Land nur über einen schmalen Zugang zum Golf verfügte.[317] Das Ziel des Diktators war klar: Der Irak sollte regionale Führungsmacht werden. Er unterstützte darüber hinaus Terrororganisationen.

Am 22. September 1980 begann der Krieg mit den Iran. Saddam Hussein konnte sich auf die Unterstützung Moskaus verlassen. Dort gab es zahlreiche Akteure, die ihn unterstützten, weil sie ihn als »antiimperialistisch« einstuften. Schon 1972 konnte Saddam – damals noch als Vizepräsident – in Moskau einen Freundschaftsvertrag unterzeichnen. Nach Kriegsausbruch kam es zwar 1981 zunächst zu einem kurzen Embargo, danach aber folgte eine »massive Unterstützung« des Baath-Regimes. Die UdSSR entwickelte sich zum wichtigsten Waffenlieferanten des Irak und lieferte moderne Systeme für den Krieg gegen den Iran.[318] Bis 1980 und nach 1982 zählte die Rüstungsindustrie der UdSSR zu den größten Handelspartnern des Irak. Moskau lieferte moderne Technik, darunter Flugzeuge vom Typ MiG-25 und -29 sowie Hunderte Raketen für Typ Scud-B. Seine Waffenimporte finanzierte der Irak wiederum mit Krediten aus der UdSSR. Weitere Kredite kamen in den 80er-Jahren aus Kuwait, den Vereinigten Arabischen Emiraten und vor allem aus Saudi-Arabien.

Im Oktober 1981 reiste eine Ost-Berliner Delegation – unter anderen der stellvertretende Außenhandelsminister und der ITA-Chef[319] – in den

Irak, um über die Lieferung von weiteren Rüstungsgütern zu sprechen. Bagdad bat die DDR um Hilfe beim Aufbau einer eigenen Rüstungsindustrie. Doch mit diesen Wünschen war die DDR offensichtlich überfordert; das Angebot aus Ost-Berlin dürfte die Führung in Bagdad enttäuscht haben. Bei der Festlegung, worüber man verhandeln werde, schrieb das Büro Mittag am 9. April 1981 an Honecker:

> Auf folgenden Gebieten ist entsprechend den Möglichkeiten der Deutschen Demokratischen Republik der irakischen Seite die Zusammenarbeit vorzuschlagen:
>
> - Lieferung von Küchenausrüstung für militärische Objekte
> - Mobile Reparaturwerkstätten
> - Metalleichtbauhallen für militärische Objekte[320]

Auch an Beratern und der Ausbildung von Personal waren die Iraker interessiert. Möglicherweise sollten die privilegierten Beziehungen es Ost-Berlin erschweren, seine Iran-Geschäfte zu intensivieren. Die DDR akzeptierte die Geschäfte, die Devisen brachten, und unterzeichnete einen Vertrag über »spezielle Erzeugnisse« im Wert von 20 Millionen Valutamark.[321]

Zu den bemerkenswerten Projekten der DDR gehörte das Engagement im Irak selbst. Dort bildeten Spezialisten der NVA 1980/81 Kampfschwimmer aus.[322] Die DDR übernahm außerdem Wartungsarbeiten für die MiGs. Seit der Vertragsunterzeichnung im Jahr 1982 warteten die Dresdner Flugzeugspezialisten 60 Maschinen aus dem Irak, der in Westwährung bezahlte.[323] Mit dem Beginn des Krieges nahm auch die Zahl der Lkw-Lieferungen von der DDR in den Irak zu. 1980 waren bereits 19.200 W-50 in der irakischen Armee im Betrieb, von denen die meisten in Ludwigsfelde produziert worden waren.

Im März 1983 stand bei den Verhandlungen zwischen dem Irak und der DDR erneut die Lieferung von Militärgütern auf dem Programm. Bagdad signalisierte großes Interesse an weiteren 4.000 Lastwagen vom Typ W-50 und an 2.500 Militärmotorrädern (MZ). Außerdem teilte die irakische Regierung mit, dass sie den Vertrag über die Lieferungen von 300 Feldküchen unterschrieben habe, diverse Hallen für militärische Zwecke bestellen und über Bunkerbauten verhandeln wolle. Die Zusammenarbeit im

Bereich der Militärbauten sollte »wesentlich« ausgebaut werden. Im Oktober war der Vertrag über den Lkw-Export unter Dach und Fach.[324]

Ging es ums Geld, verhandelten die Iraker knallhart. Im Januar 1986 bestand die Regierung in Bagdad auf einer Änderung der Verträge für die Lieferung von 5.585 Lastwagen, weil ihr ein günstigeres Angebot aus Japan vorläge. Wenn die DDR ihre Preise und Kreditkonditionen nicht ändere, werde man sich für einen günstigeren Anbieter entscheiden.[325] Am 18. Februar setzten beide Seiten die Verhandlungen fort, die in einer »sehr komplizierten Atmosphäre stattfanden«. Unstrittig war, dass der Irak die Lieferung weitgehend mit Erdöl bezahlen wollte und die DDR außerdem US-Dollars erwartete. Dass der Irak finanziell unter Druck stand, war in Ost-Berlin klar. Bagdad war regelmäßig mit seinen Zahlungen in Verzug. 1987 lagen die Außenstände bei 510 Millionen Valutamark. Hoffnung, dass sich die Zahlungsmoral verbessern werde, gab es kaum, da der Krieg mit unverminderter Härte weiterging. Es folgten 1988 komplizierte Umschuldungsverhandlungen.[326]

Zwischen 1980 und 1986 betrug der Wert der Rüstungsexporte an das irakische Terror-Regime 500 Millionen Valutamark. In der DDR-Propaganda war davon kein Wort zu lesen. Das Regime in Ost-Berlin schmückte sich lieber mit den »solidarischen« Hilfen für Afrika und Lateinamerika. Über einzelne Posten der Exporte liegen nach Angaben des Autors Harald Möller nur unvollständige Unterlagen vor. Fest steht: Tausende Lastwagen, 1.000 Kantinenfahrzeuge und Motorräder hat die DDR geliefert. Außerdem exportierte der Außenhandelsbetrieb Limex zwischen 1980 und 1982 1.600 Hallen für militärische Nutzung im Wert von 600 bis 700 Millionen Valutamark. Am Eisenbahnprojekt Haditha–Kirkuk soll die DDR weitere 115 Millionen verdient haben.[327]

Zur Menschenrechtslage

Die regierende Baath-Partei im Irak schüchterte Ende der 70er-Jahre insbesondere Juristen, Lehrer und Studenten durch sogenannte Säuberungsaktionen und die Todesstrafe ein. Kommunisten, Christen und Kurden litten unter willkürlichen Verhaftungen und Folter, die viele

> Gefangene nicht überlebten. Inoffizielle Schätzungen gehen von Tausenden Häftlingen aus.
> Ende der 80er-Jahre kam es im Irak zu massenhaften Hinrichtungen von Angehörigen der kurdischen Minderheit und von Regierungsgegnern. Unter den Opfern befanden sich ganze Familien mit Kindern. Tausende Häftlinge saßen ohne Urteil in Gefängnissen, in denen routinemäßig gefoltert wurde. Als im Juli 1988 die Kampfhandlungen mit dem Iran eingestellt wurden, griff die Armee kurdische Regionen an. Dabei setzte das Regime auch Giftgas ein. Tausend Menschen flüchteten. Allein 1988 wurden außerdem mehr als 6.000 Menschen von Regierungstruppen getötet. Amnesty International spricht von Massakern.[328]

Bekannt, wenn auch undurchsichtig, ist das Engagement westdeutscher Firmen beim Aufbau eines Programms für atomare, chemische und biologische Waffen (ABC) für Saddam Hussein. Doch auch die DDR war in diesem Kontext ein begehrter Gesprächspartner, wenn auch bei weitem nicht so bedeutsam wie die Bundesrepublik. Bereits 1968 soll es zu Sondierungen zwischen Ost-Berlin und Bagdad über eine Kooperation im ABC-Segment gekommen sein. Außerdem soll ein hoher irakischer Generalstabsoffizier 1972 unverblümt nach Knowhow über Chemiewaffen gefragt haben, um Israel zu vernichten. Zwar reagierte Ost-Berlin zurückhaltend, doch 1974 und 1975 vereinbarten beide Seiten den Aufbau eines militärtechnischen Instituts. Einzelheiten dieser Vereinbarung sind unbekannt, konkrete Hinweise auf eine ostdeutsche Unterstützung sind vage.[329]

1975 führte der ITA weitere Gespräche mit dem Irak, der erneut an den Kompetenzen der chemischen Dienste der NVA interessiert war. Im Mai traf eine Delegation aus Bagdad in Ost-Berlin ein. Die Gäste ließen sich Ausrüstung und Übungsplätze vorführen und sprachen über Exportmöglichkeiten. Bei einer Dienstreise in den Irak mit ITA-Oberst Anders an der Spitze und vier Offizieren der NVA bestand laut Aussagen von IM »Willi« die Hauptaufgabe des ITA darin, einen Vertrag über Projektunterlagen für einen »Chemischen Übungsplatz« unterschriftsreif auszuarbeiten. Über die Lieferung des Platzes selbst (gemeint ist vermutlich die Ausrüstung) sei ein weiterer Vertrag vorgesehen.[330] Später musste der ITA jedoch intern einräumen, dass beispielsweise ein vorgeführtes Kommandeursfahrzeug nur als Muster existierte und Indikatormittel zur Identifizierung von Kampfstoffen aus der UdSSR stammten. Dieser Umstand dürfte dazu geführt haben, dass sich der Irak zunächst lediglich mit einem Vertrag über die Lieferung von Planunterlagen begnügen musste. Das Material sollte später über den Hafen Basra verschifft werden.[331]

Abb. 5: Zu den Exportgütern des ITA zählte Technik zur Dekontamination.

Schließlich kam es zu einem Vertrag für den Übungsplatz. Dort sollte die irakische Armee mit ihrem chemischen Korps den Schutz vor Chemie- und Atomwaffen trainieren. Für die Realisierung war der ITA zuständig, der die Lieferungen in den Jahren 1978 und 1979 übernahm. Die meisten Produkte stammten aus dem VEB Geräte- und Reglerwerk Teltow. 1983 war die Montage zu 80 Prozent realisiert. Durch DDR-Spezialisten wurden Schulungen durchgeführt, Kampfstoffe gehörten nicht zum Lieferumfang.[332]

Zwischen 1980 und 1987, also zu Kriegszeiten, fand ein weiterer Anlauf des Irak statt, sich mithilfe der DDR das Wissen für die Anwendung von Massenvernichtungswaffen anzueignen. Beide Seiten arbeiteten gemeinsam am Aufbau eines weiteren ABC-Übungsplatzes nach dem Vorbild einer vergleichbaren Anlage im brandenburgischen Storkow. Bauherr soll die NVA gewesen sein. Außerdem sollen Experten für den Einsatz chemischer Waffen ausgebildet worden sein. Möglicherweise hat die irakische Armee sich dort auf den Einsatz dieser Waffen im Krieg gegen den Iran und die eigene kurdische Zivilbevölkerung vorbereitet.[333]

Inwieweit US-amerikanische Geheimdienste über die Arbeit von Chemie-Spezialisten aus der DDR im Irak informiert waren und daraus den Schluss zogen, das Regime produziere Massenvernichtungswaffen, bleibt Gegenstand für weitere Forschungen. Am 5. Februar 2003 hatte US-Außenminister Colin Powell dem Irak vor der UNO den Besitz von Massenvernichtungswaffen vorgeworfen und damit den Einmarsch der USA im dritten Golfkrieg begründet. Die präsentierten Informationen waren jedoch gefälscht.[334]

Ein weiteres Beispiel zeigt, dass die Arbeitsteilung zwischen ITA (Irak) und IMES (Iran) im Ausnahmefall ebenfalls der Opportunität geopfert wurde. Nicht nur der ITA schlug ein Geschäft mit dem Iran vor, auch die IMES verhandelte vereinzelt mit dem Irak über Rüstungsexporte: So schlossen KoKo und der Irak im Spätsommer 1982 einen Vertrag über den Export von 24 Luna-Raketen inklusive Startrampen und Transportfahrzeugen an den Irak, der laut Absprache eigentlich zu den Kunden des ITA zählte.

Irakische Fachleute hatten sich zuvor die Raketen in der DDR angesehen und waren überrascht: Die DDR-Raketen unterschieden sich von denen, die der Irak bereits aus der UdSSR erhalten hatte. Diese waren nur für konventionelle Sprengköpfe vorgesehen. Die Raketen hingegen, die von der UdSSR an die DDR geliefert worden waren, konnten auch atomare und chemische Gefechtsköpfe tragen. Ob der Export in den Irak tatsächlich stattfand, ist unklar und konnte auch im Untersuchungsausschuss des Bundestages nicht geklärt werden. Offen ist auch, wo zwölf T-72-Kampfpanzer geblieben sind, die IMES über Saudi-Arabien an den Irak liefern wollte.[335]

Als gesichert gilt hingegen, dass die IMES vier Millionen Zünder für Werfergranaten aus dem Sprengstoffwerk Schönebeck an den Irak geliefert hat. Die Lieferung erfolgte per Luftfracht nach Bagdad.[336] Außerdem lieferte KoKo 1987 gepanzerte Fahrzeuge im Wert von 13,3 Millionen Valutamark an den Irak. 1983 waren es 25 Millionen für ausgemusterte gepanzerte Fahrzeuge, Geschütze, Munition und Brückenleger der NVA gewesen.[337]

Nach dem Iran-Irak-Krieg

Auch nach dem Waffenstillstand zwischen dem Irak und dem Iran 1988 setzte die DDR ihre Bemühungen fort, mit beiden Staaten im Geschäft zu bleiben. Außenminister Oskar Fischer und Außenhandelsminister Gerhard Beil legten Günter Mittag, Sekretär der SED für Wirtschaftsfragen, am 14. April 1989 ein Konzept zur »Durchsetzung der ökonomischen Interessen der DDR« vor. Nachdem die DDR Waffen geliefert hatte, wollte sie jetzt am Wiederaufbau verdienen. In beiden Staaten bestehe Interesse an einer Mitarbeit der DDR bei dieser Aufgabe, hieß es in dem Konzept. Ihr Doppelspiel bei den Waffenlieferungen münzte die DDR jetzt zu einem Vorteil bei künftigen Verhandlungen mit den ehemaligen Kriegsparteien um. Grundlage für eine denkbare Beteiligung am Wiederaufbau sei unter anderem »das ausgewogene Herangehen der DDR gegenüber beiden Konfliktparteien während des Krieges« und die Erfahrungen nach dem Zweiten Weltkrieg, schrieben die Minister. Die Minister schlugen »hochrangige politische Aktivitäten der DDR gegenüber Irak und Iran« vor, um kurz- und langfristig die ökonomischen Interessen der DDR durchsetzen zu können.[338]

Bei einem Besuch im Irak nach Kriegsende hatte eine Delegation des ITA festgestellt, dass Bagdad an Dokumentationen über den T-72 interessiert war und möglicherweise selbst Bauteile und Lasertechnik herstellen wollte. Gespräche darüber standen bei einer Militärmesse in Bagdad im April 1989 auf dem Programm, die unter dem Motto »Verteidigungsausrüstung für Frieden und Erblühen« stand. Die DDR und die UdSSR stellten dort zwar keine Produkte aus. Beide Seiten vereinbarten jedoch eine Fortsetzung ihrer Geschäftsbeziehung.[339]

Die Militärexporte in den Iran setzte die DDR bis zu ihrem Ende fort. Im August 1989 informierte Schalck-Golodkowski Günter Mittag über Verträge zur Instandsetzung von Panzern und zur Lieferung von 16 MiGs.[340] Während die Liquidität Irans als gut eingestuft wurde, machte sich die Regierung Sorgen um noch ausstehende Zahlungen in Höhe von einer Milliarde Valutamark aus dem Irak. Der lange Krieg und die wachsenden Probleme beim Erdölexport hatten dem Irak zunehmend Probleme bereitet, die Waffenimporte zu finanzieren. Mittel- und langfristig werde der Irak jedoch angesichts seines Ölreichtums zahlen können, hieß es. 1989 hatten sich die Schulden bei der DDR auf 220 Millionen US-Dollar angehäuft. Einen Großteil der ausstehenden deutschen Forderungen hat nach der Wende die Bundesrepublik »geerbt« (▶ Kap. 7).[341]

Dass die DDR den Irak noch im Jahr 1990 unterstützte, stieß auf den Widerstand des Iran, der seinen Botschafter am 15. Mai zu Minister Rainer Eppelmann ins Ministerium für Abrüstung und Verteidigung schickte und bat, die DDR möge die Unterstützung einstellen und mäßigend auf den Irak einwirken. Eppelmann räumte ein, dass die DDR durch die Belieferung beider Seiten Schuld auf sich geladen habe.[342]

Als der Irak auf Befehl des Diktators Saddam Hussein im August 1990, zwei Jahre nach dem Ende des »ersten« Golfkriegs gegen den Iran, in Kuwait einmarschierte, verfügten die Streitkräfte über Fahrzeuge und Ausrüstung aus der DDR. Kurz darauf wandte sich die politische Abteilung der US-amerikanischen Botschaft an das Wirtschaftsministerium in Bonn und bat um eine Liste, welche Rüstungsgüter die DDR und damit der ITA an den Irak geliefert hatte. Darauf standen zwar Tausende Maschinenpistolen und Minen, Feldküchen, Handgranaten und die Wartung von Kampfflugzeugen in der Dresdner Flugzeugwerft. Zur Erleichterung der Amerikaner erklärten die deutschen Vertreter bei einem Gespräch am 31. August jedoch, dass die DDR keine chemischen Kampfstoffe geliefert hatte.[343] Lediglich der Übungsplatz zum Schutz vor chemischen und atomaren Waffen sei exportiert worden. Am 16. Januar 1991 begann eine Koalition unter Führung der USA den zweiten Golfkrieg zur Befreiung Kuwaits. Ein Großteil des Materials, das die DDR geliefert hatte, wurde von den alliierten Truppen vernichtet.

Libyen: Gaddafi und die DDR

Er galt als wirrer und brutaler Despot, einer der wichtigsten Unterstützer des internationalen Terrorismus und regierte sein Land autoritär. Doch in der DDR wurde Libyens Staatschef Muammar al-Gaddafi hofiert. Die Geschäfte mit dem Diktator liefen gut. 1978 zeichnete Honecker den Libyer mit dem Orden »Großer Stern der Völkerfreundschaft« aus. Libyen unterhielt enge Verbindungen zur Sowjetunion, die 1984 2.000 Berater in das Land entsandte. Panzertruppe und Luftwaffe waren weitgehend mit Waffentechnik aus dem Ostblock ausgerüstet: Der größte Teil des libyschen Militäretats wurde für Lieferungen aus der UdSSR verwendet. Obwohl seit 1980 die Einnahmen aus dem Ölgeschäft drastisch zurückgingen, blieb dieser Etat konstant bei 822 Millionen US-Dollar.[344] Und von dieser Summe wollte auch die DDR einen Anteil abgreifen.

Wegen der Nähe zum Ostblock und seinem durch Einnahmen aus Ölexporten gespeisten Militäretat zählte der libysche Despot zu den begehrtesten Kunden des ITA. Doch nicht immer wurden sich beide Handelspartner einig. Gaddafi galt als schwieriger Gesprächspartner.

Die DDR bittet um Bargeld

Die Verhandlungen über Rüstungsgüter und andere Waffen wurden zunächst auf politischer Ebene geführt. Als Politbüromitglied und ZK-Sekretär Werner Lamberz im Dezember 1977 zu Gaddafi reiste, begleiteten ihn die Empfehlungen von Erich Honecker. Er hatte am 29. November an den libyschen Revolutionsführer geschrieben:

> Ich bitte Sie, Genossen Werner Lamberz am 7. oder 8. Dezember 1977 in Tripolis zu empfangen. Ich messe den Gesprächen mit Ihnen große Bedeutung bei und versichere Sie unserer tatkräftigen Unterstützung für den gerechten antiimperialistischen Kampf der arabischen Nation und des palästinensischen Volkes.[345]

Lamberz trat in Libyen als persönlicher Gesandter des Staatsratsvorsitzenden und als Sonderbotschafter des DDR-Ministerrats auf und konnte Gaddafi am 12. Dezember treffen. Neben Geschäften war ein Ziel der Reise, Libyen für die gemeinsame Unterstützung der PLO sowie einer

Reihe von »progressiven« arabischen und afrikanischen Staaten wie Syrien, Jemen, Äthiopien, Mosambik, Angola und Guinea-Bissau in ihrem »antiimperialistischen Kampf« zu gewinnen.[346] Die Begegnung stand im Zeichen der ägyptisch-israelischen Annäherung, die Lamberz im Gespräch mit Gaddafi als imperialistisch-zionistisches Komplott bezeichnete. Wenige Wochen zuvor war der ägyptische Staatschef Anwar al-Sadat in Israel zu Gast gewesen und hatte damit den Prozess für einen Friedensvertrag zwischen beiden Ländern eingeleitet.[347]

Lamberz hatte konkrete Angebote für ein Eisenbahnprojekt, Zementverarbeitung, einen Schulbuchverlag und andere Projekte mitgebracht. Außerdem offerierte er Gaddafi die Ausbildung von Soldaten und Piloten und bot militärisches Material an. »Wir sind bereit, Waffen zu liefern, über die wir verfügen und die wir produzieren«, sagte Lamberz.[348] »Es handelt sich um Handfeuerwaffen, um schwere und leichte Spezialgeräte.« Außerdem bot der Gast aus der DDR an, libysche Nachrichtentechnik aus kapitalistischer Produktion durch eigene Waren zu ersetzen. Lamberz schlug Gaddafi vor, »schnell« eine hochrangige Militärdelegation in die DDR zu entsenden. Militärische Unterstützung, wie sie im Falle Libyens möglich sei, habe das Land noch keinem anderen Staat in dieser Größenordnung angeboten. Um die militärische sowie die wirtschaftliche und kulturelle Zusammenarbeit realisieren zu können, wäre es »sehr günstig« für die DDR, Kapital in Form eines Bargeldkredits zu erhalten. »Eine solche Hilfe würde wir Ihnen nie vergessen«, sagte Lamberz in Tripolis. Die Bargeldmittel seines Landes seien erschöpft, gestand er freimütig und verwies auf die hohen Ausgaben. Das Land stehe in Konfrontation mit dem Imperialismus, müsse hohe Rohstoffpreise zahlen, unterstütze mit »aktiver Solidarität« per Luftbrücke das äthiopische Militär mit Brot und helfe den Befreiungsbewegungen in Namibia und Simbabwe. Außerdem verwies Lamberz auf die Hilfe für Flüchtlinge aus Rhodesien.

Gaddafi willigte ohne große Umschweife ein, gemeinsam mit der DDR »progressive« Staaten zu stärken, und sagte außerdem die schnelle Gewährung eines Kredits zu. Er werde alles tun, was in seiner Macht stehe, um die DDR vor dem Imperialismus zu retten. Einen Tag später hatte Lamberz die Zusage über einen Bargeldkredit in Höhe von 100 Millionen Dollar in der Tasche, der in den kommenden Jahren auf 400 bis 500 Millionen aufgestockt werden könne. Der Kredit wurde schließlich im Januar 1978 unterzeichnet und belief sich auf 198 Millionen Schweizer Franken.[349] Im Gegenzug bat Libyen um schnelle technische und militärische Unterstützung zur Stärkung seiner Verteidigungsbereitschaft[350] – eine Unterstützung, an der sich auch die Sowjetunion beteiligen möge: Ausdrücklich erwähnte Gaddafi konventionelle sowjetische Waffen »mit einer großen Schlagkraft«. Besonders bedroht fühlte sich Gaddafi von der ägyptischen Armee. Ebenfalls im Januar trafen sich erste Militärdelegationen Libyens und der DDR.

Lamberz übernahm Anfang des Jahre 1978 die politische Koordinierung bei den folgenden Gesprächen mit Libyen sowie mit Äthiopien und Südjemen zur »politischen, ökonomischen und militärischen Stärkung progressiver arabischer und afrikanischer Staaten«. Im Februar tagte zum ersten Mal die gemeinsame Kommission DDR/Libyen. Im März fuhr Lamberz erneut als Sonderbotschafter nach Libyen sowie nach Äthiopien.[351] Zu den mit Libyen besprochenen gemeinsamen Projekten zählten:

- Nachrichtentechnik, Bau- und Straßenbaumaschinen sowie 1.000 Lastwagen vom Typ W-50 im Gesamtwert von 80 Millionen Dollar für das syrische Militär,
- Uniformen, Decken, Zelte und Zäune sowie andere Ausrüstungsgegenstände für Nordjemen,
- 200 Lastwagen, Spezialfahrzeuge, Wäsche und Küchen für die Volksrepublik Kongo.[352]

Es sollte Lamberz' letzte Reise gewesen sein: Auf dem Rückweg nach Tripolis von Verhandlungen mit Gaddafi in einem Zeltlager kam Lamberz bei einem Hubschrauberabsturz ums Leben. Auch der ZK-Abteilungsleiter für internationale Verbindungen, Paul Markowski, starb bei dem Unglück.[353]

Zur Menschenrechtslage

Das libysche Regime hatte in der Zeit von 1973 bis 1980 rund 400 Menschen als politische Gefangene eingesperrt, viele in Einzelhaft, ohne dass es zu fairen Prozessen gekommen war. Viele mussten auch nach

> dem Ende der Haftstrafe in den Gefängnissen bleiben. Die Regierung
> vollstreckte außerdem Todesurteile. In den 80er-Jahren rief die Regierung zur »physischen Vernichtung« von Regimegegnern auf. Dazu
> zählten auch Anschläge im Ausland. Außerdem wurden weiterhin politische Gefangene ohne Prozess festgehalten. Viele von ihnen wurden
> hingerichtet.[354]

Gaddafi reist nach Pankow

Nach den Gesprächen auf politischer Ebene begann die Arbeit des ITA. Ein Gegenbesuch Gaddafis stand auf dem Programm. Zur Vorbereitung und zur Abwicklung einer ersten Rüstungslieferung hatte ITA-Chef Heinz Möller im März 1978 an einer Reise einer Delegation des Verteidigungsministeriums nach Libyen teilgenommen; auch ein Vertreter des Kombinats Spezialtechnik Dresden gehörte der Gruppe an.[355] Wie viele Kunden der DDR wünschte Libyen nicht nur militärisches Material, sondern auch Unterstützung bei der Ausbildung eigener Soldaten. Die NVA-Spitze übernahm die Anbahnung der Geschäfte, der ITA lieferte.[356] »Es geht um die Ausbildung und Schaffung von Ausbildungsbasen für Landstreitkräfte, Luftstreitkräfte und Marine«, hieß es dazu im Bericht der Staatssicherheit. Grundlage für die militärische Zusammenarbeit beider Länder waren ein Zehn-Jahres-Abkommen und ein Ausbildungsabkommen aus dem Jahr 1978. Außerdem vereinbarten beide Seiten einen Besuch Gaddafis beim ITA im Juni 1978. Dass die DDR sich gegen die Konkurrenz aus anderen Ländern würde behaupten müssen, war den Gesandten klar. Schon damals hatte Möller festgestellt, dass Gaddafi parallel Gespräche mit Waffenhändlern aus aller Welt führte.[357]

Gaddafi hatte seinen Besuch in der DDR mit einer 64-köpfigen Delegation für die Zeit vom 26. bis 29. Juni 1978 angekündigt – der genaue Termin stand lange nicht fest.[358] Geplant war unter anderem der Besuch einer eigens aufgebauten Verkaufsausstellung im ITA-Gebäude. Erst am 20. Juni um 10.30 Uhr erhielt Heinz Möller den Anruf, Gaddafi werde den ITA am 27. Juni besuchen. Libyen sei besonders an Nachrichtentechnik, Pioniertechnik, Artillerietechnik und medizinischer Technik interessiert, wurde ihm avisiert.[359] Am Besuchstag hatten alle ITA-Mitarbeiter, die nicht mit dem Besuch befasst waren, das Gebäude bereits um 15 Uhr zu verlassen – die gesamte Aktion unterlag strenger Geheimhaltung. Das Haus inklusive der Exponate wurde innen und außen zusätzlich gesichert. Um 15 Uhr trafen libysche Offiziere des Heeres, der Luftwaffe und der Marine ein. Gegen 18 Uhr kam Gaddafi persönlich für etwa eine halbe Stunde. Die vier Journalisten, die ihn begleiteten, durften die Ausstellung nicht besuchen. Lediglich Fotos von der Begrüßung waren gestattet. Gaddafi wurde von der Spitze des DDR-Verteidigungsministeriums begleitet, Minister Heinz Hoffmann und seinen Vertretern Fritz Streletz und Wolfgang Neidhardt. Ausgestellt wurden Maschinenpistolen, Zubehör und Munition sowie Minen, Granaten aller Art, diverse Leuchtmittel, Funktechnik, Fallschirme, Labore, Kochgeschirr und Kabel. Außerdem bekamen die Libyer optische Geräte, Wasserfilter, Strahlenmessgeräte und Betankungsanlagen zu sehen.[360] Gaddafi habe sich laut einem Bericht der Staatssicherheit »anerkennend« geäußert und Interesse an einigen Produkten bekundet.[361]

Nach Gaddafis Besuch wurde die Ausstellung wieder abgebaut und die Exponate wurden an die Betriebe zurückgeliefert. Für den ITA war es bereits die dritte Ausstellung dieser Art: Eine ähnliche Ausstellung für eine libysche Delegation hatte der ITA bereits für den 4. Januar 1978 organisiert. Drei Orte wurden damals dafür vorbereitet: Raum 106 und das abgesperrte Freigelände am ITA-Sitz in Berlin, die Automobilwerke Ludwigsfelde und das Funkwerk Köpenick.[362] Der Außenhandelsbetrieb zog aus den sich wiederholenden Anlässen den Schluss, dass die Einrichtung einer dauerhaften Ausstellung sinnvoll wäre.[363] Aus diesen Überlegungen entstand später das Konzept für das Ausstellungsgelände Horstwalde (▶ Kap. 8).

Verhandlungen in der Sackgasse

Einen Tag nach dem Besuch beim ITA, am 28. Juni 1978, verhandelten die Vertreter Libyens und der DDR über die Produkte, die der Revolutionsführer gesehen hatte. »Die Reaktion und das Echo auf den Besuch von Gaddafi im ITA ist positiv«, hieß es in der Information der Hauptabteilung XVIII (Volkswirtschaft) der Staatssicherheit. Und weiter: »Es wird daran die Hoffnung geknüpft, daß sich ein Exportgeschäft mit Libyen entwickelt.«[364] Interesse zeigte Libyen unter anderem an Abschussgestellen für die »Stre-

3 Der ITA und die Entwicklungsländer

Abb. 6: Dieses undatierte Foto der Personenschutzabteilung der Stasi zeigt den libyschen Revolutionsführer Muammar al-Gaddafi (links) in Berlin bei der Begrüßung durch SED-Chef Erich Honecker (Mitte) und Erich Mielke, Minister für Staatssicherheit der DDR.

la«-Boden-Luft-Rakete, Feldlaboren, Flugzeugreparatursätzen, Zielgeräten, Beleuchtungen für Hubschrauberlandeplätze und Betankungscontainer. Insgesamt waren es 13 Positionen, für die die DDR binnen weniger Wochen ein Angebot vorlegte. Der Gesamtwert belief sich auf 25 Millionen Dollar.[365] Diese Geschäfte schienen in greifbarer Nähe zu sein.

Im Februar 1979 war Oberst Möller erneut in Libyen unterwegs. Er sollte die Verträge für die Lieferung von Rüstungsgütern abschließen und im Auftrag des Verteidigungsministeriums klären, ob weitere Libyer in der DDR militärisch ausgebildet werden sollten. Aufmerksam registrierten die DDR-Emissäre vor Ort, dass zeitgleich auch eine Delegation aus der Türkei in Libyen zu Gast war, die offenbar den Aufbau einer gemeinsamen Rüstungsindustrie unter dem Slogan »gemeinsame Waffen des Islam« anstrebte. »Angesichts der NATO-Zugehörigkeit ein beachtenswerter

Punkt«, stellte die HA XVIII fest.³⁶⁶ »Insgesamt war die Lage in Libyen für die DDR-Verhandlungen nicht günstig«, hieß es im Bericht der HA XVIII über den Besuch Möllers. Die libysche Seite sei offensichtlich daran interessiert gewesen, die Verhandlungen platzen zu lassen. Von den Angeboten sei keine Notiz genommen worden. Möller vermutete eine Verzögerungstaktik und musste ohne Ergebnis zurückreisen. Neben der türkischen Konkurrenz war auch eine Delegation aus der ČSSR nahezu zeitgleich in Libyen zu Gast gewesen. Sie hatte erfolgreich Verträge über den Aufbau einer Munitionsfabrik und ein Reparaturwerk für Panzer abgeschlossen.³⁶⁷ Damit hatte die DDR gegenüber dem Konkurrenten aus dem eigenen Lager das Nachsehen.

Zumindest ein »greifbares« Ergebnis gab es aber für die DDR: Möller war direkt nach den Türken in den Verhandlungssaal geführt worden, der noch nicht aufgeräumt worden war. Dort fand er ein Dokument, das die türkische Delegation offenbar liegen gelassen hatte und aus dem die Gliederung und räumliche Verteilung der türkischen Rüstungsindustrie hervorging. Möller steckte das Dokument ein und übergab es in Ost-Berlin dem stellvertretenden Verteidigungsminister Werner Fleißner.

Später im Jahr 1979 gelang es dem ITA dann doch noch, einen heiklen Auftrag aus Libyen zu erhalten: Der Außenhandelsbetrieb organisierte für Gaddafi einen »Sondertransport« bestimmter Rüstungsgüter für Tansania. Dabei handelte es sich um 31 Panzer des Typs T-55 A, fünf MiG-21, zerlegt in Kisten, eine Einheit mit dem Boden-Luft-Raketensystem »Strela«, eine Einheit der Panzerabwehrlenkwaffe »Maljutka«, diverse Handfeuerwaffen und Schlauchboote. Involviert in die Lieferung waren die Chefs und Stellvertreter von BSA und ITA sowie die Führung der NVA. Die libysche Regierung war an das Politbüromitglied Hermann Axen mit der Bitte herangetreten, ein Schiff der DDR für den Transport dieses Materials bereitzustellen. Auf dem Weg von Libyen nach Tansania dürfe das Schiff nicht den Suez-Kanal passieren, lautete die Bedingung. Man musste also den langen Weg um die Westküste und Südspitze von Afrika nehmen. Der ITA übernahm die Organisation. Der stellvertretende ITA-Chef, Oberst Manfred Heidtke, hielt die Schiffe »Prignitz«, »Eichsfeld«, »Frédéric Joliot-Curie«, »Mittenwalde« und »Saale« für geeignet, den Transport zu übernehmen. Da der Außenhandelsbetrieb Anfang Juli ohnehin eine Lieferung nach Libyen plante, sollte dasselbe Schiff nach dem Löschen die Ladung für Tansania übernehmen.[368] Bereits in diesem Planungsstadium wies die HA XVIII darauf hin, dass beim Umschlag nur ein möglichst kleiner Personenkreis eingeweiht werden dürfe. Auch die Abteilung Hafen der Staatssicherheit wurde in die Planungen einbezogen.[369] Ob es am Ende tatsächlich zu diesem Transport kam, ist unklar.

> **Zur Menschenrechtslage**
>
> Amnesty International geht davon aus, dass die Regierung Tansanias Bürger gefoltert hat. Inhaftierte saßen ohne Gerichtsverfahren ein, die Haftbedingungen seien äußerst schlecht.[370]

Gaddafi erwies sich immer wieder als temperamentvoller und schwieriger Geschäftspartner. Am 26. Juni 1982 rief er die Leiter der diplomatischen Vertretungen der DDR, der UdSSR, Bulgariens, Polens, der ČSSR, Ungarns und Rumäniens zu sich und gab eine fünfminütige Erklärung ab. Die Freundschaft sei in ernster Gefahr, verkündete er. Sie sei rein kommerzieller Art. Die Waffen, die er aus den Ländern des Warschauer Vertrages erhalten hatte, bezeichnete der Revolutionsführer als »Kinderspielzeug«. So habe Syrien in den vorangegangenen Kriegen viele Flugzeuge verloren und verfüge über keine effektive Luftabwehr mehr. Dann sagte Gaddafi: »Wir haben alle Waffengeschäfte mit euch gestoppt, da wir kein Vertrauen mehr in eure Raketen, Panzer und Flugzeuge haben.«[371]

Die Diplomaten waren höchstwahrscheinlich überrascht. Die DDR bemühte sich umgehend, das verlorene Vertrauen zurückzugewinnen. Ab 1983 verstärkte sie ihr Engagement, mit Libyen auf militärischem Gebiet erneut zusammenzuarbeiten, musste aber nach einem Jahr feststellen, dass es nur zu einem Export im Wert von 700.000 Valutamark gekommen war. Geplant waren ursprünglich 18,4 Millionen, hieß es in einem Vermerk des Auslandsgeheimdienstes HVA vom 18. Januar 1985. Ursache sei unter anderem »die Ernsthaftigkeit und Qualität des Vorgehens« gewesen:

> Ein Vertrag über die Lieferung von Uniformen (ca. 40 Mio VM) scheiterte hauptsächlich daran, daß die libysche Bezugsperson ihr Handgeld nicht erhielt, weil der Buchhalter des AHB Texco dieses nur gegen Quittung aushändigen wollte.[372]

Mit Texco war Textilcommerz, ein Betrieb aus dem Bereich KoKo, gemeint. Der Begriff »Handgeld« darf in diesem Kontext als Bestechung verstanden werden. Voraussetzung für einen funktionierenden Handel sei ein Rahmenvertrag über die militärisch-ökonomische Zusammenarbeit zwischen beiden Ländern, der von Libyen dringend angemahnt werde, hieß es weiter. Andernfalls werde die Zusammenarbeit mit der DDR beendet. Ausdrücklich wurde der ITA in dem Vermerk genannt. Nur bei einem Rahmenabkommen werde mit diesem Außenhandelsbetrieb zusammengearbeitet. Nach diesen deutlichen Worten wurde eine gemeinsame Militärkommission mit Generalmajor Schönherr an der Spitze der DDR-Seite gegründet.[373]

Schon vom 24. September bis zum 3. Oktober 1984 war eine achtköpfige Delegation aus Libyen beim ITA zu Gast gewesen. Der Besuch begann mit organisatorischen Unstimmigkeiten. Die Besucher lehnten die Unterbringung im Hotel »Unter den Linden« ab, da es »nicht erstklassig« sei. Das libysche Volksbüro buchte daraufhin eigenständig Zimmer im »Metropol«. Außerdem lehnten die Besucher es ab, mit einem Barkas-Kleinbus vom Flughafen Schönefeld in die Stadt gefahren zu werden. Stattdessen wurden sie dann mit Ladas chauffiert. Danach verlief der Besuch aber offenbar reibungslos. Die »Delegationsmitglieder [waren] sehr diszipliniert, aufgeschlossen und haben an allen Maßnahmen Interesse gezeigt«, schrieb ITA-Oberst Anders.[374] Die Libyer interessierten sich für Nachrichtentechnik, hydroakustische Ausrüstung, Tarnmittel, Abdeckplanen, pyrotechnische Erzeugnisse, Wasseraufbereitungsanlagen und Transportmittel. Von echter Waffentechnik war diesmal keine Rede. Diesbezüglich, so berichtete IMS »Peter Heine« von der Hauptabteilung XVIII (Volkswirtschaft), habe es während des Besuchs Unstimmigkeiten unter den Verantwortlichen der DDR gegeben. Der stellvertretende Verteidigungsminister, General Fleißner, habe die Delegation »unter seine Leitung ziehen« wollen, obwohl es bei den Gesprächen auch um Lieferungen von zivilen Gütern ging. Schon früher – beim Vorlegen des »Plans der Liefermöglichkeiten [...] für befreundete Entwicklungsländer und progressive nationale Befreiungsorganisationen in den Jahren 1978/79« – habe Fleißner die Zuständigkeit des Außenhandelsministeriums infrage gestellt. Laut

»Peter Heine« soll Fleißner gefragt haben, was denn Außenhandelsminister Sölle damit solle, dafür sei doch er selbst verantwortlich.[375]

Nach Libyen hat die DDR über den ITA zwischen 1976 und 1984 Rüstungsgüter im Wert von 54 Millionen Valutamark exportiert. Weitere Exporte scheiterten an den libyschen Forderungen über ein Kreditabkommen, das die DDR nicht unterzeichnete. Lediglich 5.500 Ferngläser wurden noch exportiert.[376] Neben der Lieferung von Rüstungsgütern und der Ausbildung von Soldaten unterstützte die DDR Libyen mit der Ausbildung von Arbeitskräften, die unter anderem in Rüstungsbetrieben wie dem VEB Spreewerk Lübben eingesetzt wurden. Verantwortlich dafür war der Außenhandelsbetrieb Intercoop, der für wissenschaftlich-technische Leistungen und Studienplätze zuständig war.[377]

Der Nahost-Konflikt: Ein deutscher Staat hilft den Feinden Israels

Die DDR positionierte sich frühzeitig gegen Israel. Die »Chronik der Beziehungen DDR–Israel« des Außenministeriums in Ost-Berlin umfasst nur sechs Seiten. Kein einziger Eintrag ist für den Zeitraum 1956 bis 1971 zu finden. Diplomatische Beziehungen nahmen beide Staaten zueinander nicht auf. Besonders zu Beginn waren die Beziehungen wegen der Wiedergutmachungsforderungen Israels an den zweiten deutschen Staat angespannt.[378] Ein besonderes Kalkül bestimmte die Israel-Politik der DDR: Je intensiver sich die Bundesrepublik und Israel einander näherten, umso mehr Sympathien gewann die DDR in den arabischen Ländern.[379]

Befreundete arabische Staaten und die militante Palästinenserorganisation PLO gehörten zu den wichtigsten Empfängern von Waffenlieferungen der DDR außerhalb der Warschauer Vertragsstaaten. Für den Zeitraum 1967 bis 1989 stellt der Historiker Jeffrey Herf eine umfangreiche Liste auf, welche Rüstungsgüter Ost-Berlin an diese Empfänger hat. Neben Kalaschnikows, RPGs sowie Munition und Granaten umfasst sie auch 120

MiG-Jagdflugzeuge und 180.000 Tretminen. Außerdem verschiffte die DDR Ausrüstung mit militärischem Nutzen, wartete und reparierte Militärtechnik und bildete Tausende ausländische Militärkader aus.[380] Die Transporte in die arabischen Länder erfolgten mit einem sogenannten Israel-Zertifikat, in dem die Versender beim Anlaufen der Häfen oder beim Passieren des Suez-Kanals versicherten, keine Waren aus oder für Israel an Bord zu haben.

Die massive Unterstützung lässt den Schluss zu, dass die DDR mit der PLO und den arabischen Staaten darin übereinstimmte, dem Staat Israel das Existenzrecht abzusprechen – oder sich zumindest nicht an einer solchen Position stieß. Offen ausgesprochen hat die Regierung in Ost-Berlin diese Haltung jedoch nie.

Lieferungen an Ägypten

Die UdSSR und die ČSSR lieferten seit 1955 Waffen an Ägypten, nicht aber die DDR. In seinem Buch *Geheime Solidarität* äußert der Militärhistoriker Klaus Storkmann die Vermutung, dass die UdSSR die noch junge DDR nicht frühzeitig einem starken internationalen Druck aussetzen wollte.[381]

In den 60er-Jahren kristallisierte sich der Nahe Osten dann als Schwerpunkt der DDR-Hilfen heraus.[382] Kurz vor Beginn des Sechstagekrieges setzten umfangreichere Lieferungen ein. Die NVA erklärte sich im Februar 1967 bereit, gebrauchte Jagdflugzeuge vom Typ MiG, Panzer vom Typ T-34 und Munition sowie Infanteriewaffen für Ägypten bereitzustellen. Die Abwicklung sollten der ITA und der AHB Technocommerz übernehmen.[383] Nach Beginn der Kampfhandlungen sendete die Regierung Ägyptens einen Hilferuf an die Staaten des Warschauer Paktes: Das Regime in Kairo war im Sechstagekrieg mit Israel in schwerster Bedrängnis. Die UdSSR war bereits im Geschäft mit Ägypten, jetzt lieferte auch die DDR. Kairo bat um 360 Flak-Geschütze und Haubitzen sowie 600 Flak-Maschinengewehre. Vermutlich haben Ägypten und Syrien auch Panzer erhalten.

Dass Israel die arabischen Staaten angegriffen hatte, weil es befürchtete, selbst attackiert zu werden, war kein Thema in den DDR-Medien. Die Staatsführung fühlte sich mit Ägypten, Jordanien und Syrien verbunden und unterstützte die Regimes. Das sollte auch in der Propaganda deutlich werden, die für Politbüromitglied Albert Norden nicht pointiert genug geschrieben war, wenn es um Berichte über den Krieg im Nahen Osten ging. Er forderte am 9. Juni 1967 Propagandachef Werner Lamberz auf, er solle darauf hinwirken, dass die mediale Darstellung einen Vergleich mit dem Überfall Hitler-Deutschlands auf die UdSSR nahelege und somit den Juden eine ähnliche Schuld zuweise wie den Nationalsozialisten. Lamberz traf sich zwei Mal pro Woche mit Chefredakteuren zu »Argumentationssitzungen«.[384]

Nach dem verlorenen Sechstagekrieg gegen Israel wandten sich Ägypten und Syrien erneut an die DDR und baten um Waffen, doch die DDR hatte größte Mühe zu liefern. Die Kapazitäten der eigenen Rüstungsindustrie waren begrenzt. Im Juli 1967, nur wenige Wochen nach der vernichtenden Niederlage der arabischen Staaten gegen Israel, konnte die DDR in Ägypten lediglich zusagen, Flugzeuge aus der Reserve, vermutlich handelte es sich um MiG-17, zu liefern.[385] Trotz Lieferschwierigkeiten entschied das Politbüro in Ost-Berlin außerdem, umgehend seine kostenlosen Hilfsleistungen an Ägypten erheblich auszuweiten.[386] Dazu zählten 35 Panzer, Geschütze und 50 MiGs sowie umfangreiches weiteres Material – zum Teil sogar eingelagerte Waffen der Wehrmacht – im Gesamtwert von 10,6 Millionen Dollar.[387] Weitere Anfragen aus Kairo folgten nur wenige Wochen später. Dem ägyptischen Staatschef Nasser ging es vorrangig darum, seine buchstäblich am Boden zerstörte Luftwaffe wieder aufzubauen.[388]

Über die Herkunft der Waffen sollte die Welt offenbar im Unklaren bleiben. In einer geheimen Anweisung hieß es: »Erneut erfolgte Hinweis, daß Panzer und andere Geräte sowie evtl. Verpackungen nicht markiert sein sollten.«[389] Verschickt wurden die Waffen über Jugoslawien. Ein NVA-Oberst übergab die Lieferung an Vertreter aus Ägypten und Syrien.[390] Übergabeort für 30 der 50 Kampfflugzeuge, Maschinen vom Typ MiG-17F, war im August 1967 ebenfalls Jugoslawien, genauer: der jugoslawische Militärflughafen Batajnica bei Belgrad. Eine solche Lieferung von Großgerät blieb jedoch die Ausnahme. Dafür war entsprechend der Regularien im Ostblock die Sowjetunion zuständig.[391]

Nach weiteren Anfragen aus Kairo entwickelte sich eine rege Reisetätigkeit. Zunächst reiste ITA-Generaldirektor Möller im März 1969 nach Ägypten. Ebenfalls im März folgte eine weitere Delegation aus der DDR inklusive der ITA-Spitze, und auch der Gegenbesuch eines Generalmajors der Luftwaffe Ägyptens fand noch in diesem Monat statt: Er traf sich mit ITA-Direktor Möller in Leipzig.[392] Einen ersten Vertrag über die Wartung der ägyptischen Flugzeuge in Dresden schlossen der ITA und das ägyptische Verteidigungsministerium noch 1969, weitere folgten.[393] Außerdem bereiteten beide Seiten eine Vereinbarung über die Generalinstandsetzung von zehn MiG-21 pro Jahr vor. Ägypten zeigte auch Interesse an Flugabwehrwaffen, Ausbildungsmöglichkeiten und Brückengerät. Die Verhandlungspartner hätten durchblicken lassen – so ein Aktenvermerk der Hauptabteilung XVIII (Volkswirtschaft) der Staatssicherheit –, dass es hier um Brücken ginge, um den Suezkanal zu überwinden.[394]

»Die jährlichen Bilanzen und Pläne des Außenhandels über den ›speziellen Export‹ und kostenlose Hilfslieferung wiesen ab Ende der 1960er-Jahre Ägypten als einen, wenn nicht den wichtigsten Empfänger kommerzieller Rüstungslieferungen der DDR aus«, schreibt Storkmann. Von 1970 bis 1972 lieferte Ost-Berlin allein 40.000 Maschinenpistolen. 23,2 Millionen der 1972 mit Militärtechnik erwirtschafteten 26,3 Millionen Valutamark, also gut 88 Prozent, entfielen auf die Ägypten-Geschäfte. Ähnlich sahen die Zahlen in den Folgejahren aus. Die Bezahlung der Güter erfolgte über einen günstigen Sonderkredit, für Instandsetzungen galten kommerzielle Vereinbarungen.[395]

Der vorerst letzte Instandsetzungsvertrag mit Ägypten folgte im Juni 1975. Schon im darauffolgenden Dezember wies der Verteidigungsminister an, die Kontakte mit Ägypten einzustellen. Hintergrund waren die sich verschlechternden Beziehungen zwischen Moskau und Kairo, wo Nassers Nachfolger Anwar al-Sadat nach und nach vom Ostblock abrückte. Von den ursprünglich vereinbarten 14 MiG-21 sollten nur noch zehn in Dresden gewartet werden. Tatsächlich erfüllte die DDR jedoch auf Drängen Ägyptens den Vertrag – und erntete damit Ärger aus Moskau, das streng auf die Ägypten-Geschäfte der DDR achtete (s. u.). Weitere Verträge wurden jedoch nicht mehr abgeschlossen: Die Abkehr Ägyptens von den sozialistischen Staaten führte zu einer Streichung von der Liste der Empfänger des »speziellen Exports«.[396] Nach dem endgültigen Bruch des ägyptischen Präsidenten mit dem Ostblock im Jahr 1975 verloren die Geschäfte mit der DDR an Bedeutung und gingen zurück. Die Regierung in Ost-Berlin fokussierte sich nun auf Syrien und die PLO.[397]

Erst in den 80er-Jahren trat Ägypten erneut an die DDR heran. Die Verhandlungen übernahm fortan die KoKo und damit die IMES; der ITA war in Kairo nicht mehr präsent.[398] IMES füllte damit eine Lücke im Geschäft mit Ägypten, nachdem der Warschauer Pakt die Rüstungszusammenarbeit aufgekündigt hatte und der ITA als offizieller staatlicher Lieferant deshalb nicht mehr als Vertragspartner auftreten konnte.

1982 hatten die IMES und Ägypten Verträge über 21 Millionen Valutamark abgeschlossen, deren Zustandekommen nach dem Ausscheiden des ITA in Gefahr gewesen war. Vorrangig ging es bei den Vereinbarungen um die Instandsetzung von Flugzeugzellen ägyptischer MiG-21 in der Flugzeugwerft in Dresden. Außerdem sollten in Ludwigsfelde Triebwerke von Mi-8-Hubschraubern gewartet werden. Hinzu kamen Lieferungen von Ersatzteilen für Radar und Flugzeuge aus NVA-Beständen.[399] Die Geschäfte gingen damit weiter, doch hinter den Kulissen tauchten atmosphärische Unstimmigkeiten auf. Für Empörung bei den Mitarbeitern des Flugzeugwerft Dresden sorgte beispielsweise im Oktober 1985 der Besuch von 120 Militärs aus Ägypten, die zu Vertragsverhandlungen mit dem ITA in die DDR gereist waren. Mit Fotos dokumentierte die Stasi die Lastwagenladungen mit privaten Einkäufen der Delegation, die bei ihrem Besuch in der DDR Kleidung, Porzellan und andere Privatgüter für 312.000 Mark eingekauft hatte. Die großzügigen Zollverfahren würden eindeutig missbraucht, schrieb die Bezirksverwaltung an die HA I in Berlin.[400]

Zur Menschenrechtslage

Die Regierung Ägyptens verhaftete 1979 Gegner des Friedensabkommens von Camp David mit Israel. Ein Jahr zuvor waren Kommunisten inhaftiert worden. Auch Ende der 80er-Jahre verstieß Ägypten massiv gegen Menschenrechte. Tausende wurden seit dem 1981 ausgerufenen Notstand aus politischen oder religiösen Gründen eingesperrt, einige wurden gefoltert. Außerdem verhaftete die Regierung Angehörige, darunter Frauen und Kinder, von gesuchten Personen.[401]

Exporte nach Syrien

Im Sechstagekrieg 1967 lieferte die DDR noch während der Kampfhandlungen mit Israel 4.000 Raketen für MiG-17-Kampfflugzeuge, Sanitätsmaterial und andere Ausrüstungen an Syrien.[402] Und auch im Jom-Kippur-Krieg (6. bis 25. Oktober 1973) stellte Honecker persönlich den Syrern »zur Unterstützung ihres gerechten Freiheitskampfes« umfangreiche Militärtechnik zur Verfügung: MiGs, Panzer, RPGs, Granaten, Panzerminen und Munition. Die Regierung in Ost-Berlin schickte auch Piloten für die MiG-21 nach Syrien, die noch während der Kampfhandlungen als Zivilisten getarnt einreisten. Zu einem Einsatz gegen Israel kam es vermutlich nicht.[403] Die Waffen wurden mit den DDR-Schiffen »Freyburg« und »Klosterfelde« transportiert.[404] Damit lieferten erneut ausgerechnet Deutsche Waffen an Feinde Israels. Vor der Lieferung aus der DDR hatte Verteidigungsminister Hoffmann angeordnet, deutschsprachige Schilder und Dokumente zu entfernen und durch russischsprachige zu ersetzen. Die UdSSR schickte zur selben Zeit ein Vielfaches an Waffen und Ausrüstung nach Syrien.[405]

»Die Militärhilfen für Syrien und andere arabische Staaten waren Ausdruck der DDR-Gegnerschaft zu Israel«, schreibt Storkmann. Er interpretiert das DDR-Engagement jedoch nicht als Ausdruck der Feindschaft gegenüber einem jüdischen Staat, sondern ordnet Israel im Ost-West-Konflikt als engen Verbündeten der USA ein.[406] Dass es der DDR-Regierung bei der Unterstützung Syriens um eine Schwächung Israels ging, belegt ein Zitat von Stasi-Minister Erich Mielke aus dem Jahr 1981. Er wünschte seinen syrischen Gesprächspartnern »viel Erfolg im Kampf gegen Israel«.[407]

In den 70er-Jahren gestalteten sich die Beziehungen zu Syrien einfacher als zu Ägypten, das von der UdSSR nicht mehr als enger Verbündeter betrachtet wurde. Im Mai 1974 begannen die Verhandlungen über die Instandsetzung von 10 bis 18 MiG-21 BSM aus Syrien, die im Jom-Kippur-Krieg beschädigt worden waren. Die Sowjets gestatteten der DDR entsprechende Verträge mit Syrien. Dabei sprachen beide Seiten offen darüber, dass der ITA ein Angebot fünf Prozent unter den sowjetischen Preisen vorlegen wollte.[408]

3 Der ITA und die Entwicklungsländer

1975 plante die DDR, diese Flugzeuge in Syrien zu reparieren. Im Juni/Juli flog eine Reparaturkolonne der Flugzeugwerft Dresden in Begleitung einer Delegation des ITA zu einem Vorbereitungsbesuch nach Damaskus, um die Maschinen auf dem Flugplatz Kamduon bei Hahma zu übernehmen. Eher zufällig traf die Delegation sowjetische Experten, die mit Garantiereparaturen an neuen Maschinen beschäftigt waren. Auf Misstrauen stießen bei den Gästen aus der DDR jedoch die später geäußerten Angaben der syrischen Militärs, dass die für 1975 geplanten Aufträge nicht wie vereinbart abgewickelt werden könnten. Die Delegation vermutete hinter vorgehaltener Hand, dass die sowjetischen Techniker diesen Job übernommen hatten. Zum Abschied äußerten die Syrer zudem ihr Interesse an gebrauchten Flugzeugen vom Typ MiG-15 und 17 sowie an der Instandsetzung von Hubschraubern Mi-8 IL 14. Die DDR-Delegation sagte eine Prüfung zu, musste diese Wünsche aber später zurückweisen und an Bündnispartner mit der jeweiligen Expertise und den Kapazitäten verweisen. Zur Zusammenarbeit zwischen beiden Ländern gehörte auch die Wartung von 25.000 Maschinenpistolen aus Wiesa.

Am 16. Mai 1975 begann der Transport der ersten vier gebrauchten MiGs, die man zunächst zerlegt nach Wismar brachte. Dort übernahm die »Darß« die Ladung für den syrischen Hafen Latakia, die Wochen später ohne Schäden eintraf. Die syrischen Piloten waren nach der Montage und dem ersten Testflug begeistert. Sofort begannen weitere Verhandlungen über die Überholung von Triebwerken (die DDR sollte 1976 zunächst 50 Triebwerke pro Jahr warten und reparieren, 1977 dann 100) sowie die Lieferung von Fallschirmen und 17.000 Stahlhelmen.[409] 1975 lieferte die DDR außerdem 70.000 AKM nach Syrien.[410]

1981 wandte sich Syrien direkt an den ITA und bat um Unterstützung beim Aufbau von mehreren Schulungszentren, in denen die Streitkräfte an modernen Nachrichtensystemen ausgebildet werden sollten. Das Auftragsvolumen lag bei 70 Millionen Mark. Lieferanten sollten die DDR und die UdSSR sowie Firmen aus dem westlichen Ausland sein. Die Hauptabteilung II (Spionageabwehr) der Staatssicherheit reagierte jedoch skeptisch auf die Anfrage. Sie fürchtete, dass die DDR und die UdSSR erneut gegeneinander ausgespielt werden könnten und Lieferungen Rückschlüsse auf die Technik innerhalb der Warschauer Vertragsstaaten zulassen würden.[411]

Wie kalkuliert die DDR-Regierung vorging, belegt ein Bericht von Verteidigungsminister Hoffmann an Erich Honecker anlässlich eines Besuchs einer Delegation des Ministeriums in Syrien vom 24. Januar bis 1. Februar 1983. Über die Wünsche der Syrer nach Militärhilfe, einem Abkommen über militärische Zusammenarbeit und einem Regierungskredit schrieb Hoffmann, Kredit und Abkommen sollten nicht miteinander in Zusammenhang gebracht werden. Über kommerzielle Lieferungen müsse man weiter verhandeln.[412]

Zur Menschenrechtslage

Seit Inkrafttreten der Notstandsgesetze 1963 saßen in Syrien Tausende Regierungsgegner ohne Prozess in Haft, manche von ihnen jahrzehntelang. In den Gefängnissen kam es zu Folter und Misshandlungen Einige Opfer waren noch Minderjährig. Auch in den 80er-Jahren wurden Hunderte inhaftiert, viele wurden gefoltert. Das Regime verhaftete außerdem Familienangehörige von Beschuldigten.[413]

Waffen für die PLO

Die 1964 gegründete Palästinensische Befreiungsorganisation (PLO) gehört zu den anschaulichen Beispielen, wie die DDR eine Terrororganisation unterstützte, die Israel zu ihrem Feind erklärt hatte: Mitte der 70er-Jahre war Israel das Ziel zahlreicher Terroranschläge der PLO. Aus Sicht der DDR handelte es sich um eine revolutionäre Organisation, die man im Kampf gegen den Imperialismus unterstützte. Dabei setzte die DDR klar auf die militärische Karte. Neben der Solidarität mit dem Befreiungskampf sollten die Kontakte zu den Palästinensern das Ansehen der DDR im arabischen Raum fördern und damit vor allem die eigene Anerkennung als Staat befördern.

Die DDR vertiefte Anfang der 70er-Jahre ihre Verbindungen zu der Palästinenser-Organisation. PLO-Führer Jassir Arafat war erstmals im November 1971 in Ost-Berlin zu Gast. Die DDR war der erste Staat des Warschauer Paktes, der der PLO die Öffnung eines Büros in seiner Hauptstadt ermöglichte und ihr damit einen offiziellen Status verlieh.[414]

Die Nähe zum sozialistischen Lager sicherte maßgeblich die Existenz der Palästinenser-Organisation.

Abb. 7: PLO-Führer Jassir Arafat besuchte mehrfach die DDR, um Waffen einzukaufen. Zu seinen Gastgebern gehörte der Minister für Staatssicherheit der DDR, Erich Mielke. Das Foto ist undatiert.

Festzuhalten ist, dass die DDR zwar enge Beziehungen zu Arafat pflegte, die Palästinenser-Organisation jedoch ein heterogenes Konstrukt war, dessen Mitglieder sich nicht einer Führung unterwarfen. Gemein war ihnen lediglich die radikale Ablehnung Israels. Über den Militärattaché der PLO in der DDR bestand ein offizieller Kontakt zwischen dem ITA und der Fatah, der stärksten Fraktion der PLO unter Arafat. Um die abgespaltenen Splittergruppen der PLO (»PLO 2 und 3«) kümmerte sich IMES.[415]

Dass die DDR in den 70er-Jahren die PLO und andere Palästinenserorganisationen als antiimperialistische Kräfte verstand, zeigt eine Genehmigung Walter Ulbrichts 1970 für eine Lieferung von Waffen und Munition an die prosyrische Saiqa, eine weitere Teilorganisation der PLO. Der

Export galt ausdrücklich dem »Kampf gegen den israelischen Imperialismus«. Der Organisation wurden kostenlos 3.000 Maschinenpistolen, 10.000 Handgranaten und 5,5 Millionen Schuss Munition angeboten.[416] Die Gruppe Saiqa und die Ansar erhielten die meisten Rüstungsgüter in dieser Phase.[417] In einer am 2. August 1973 von Arafat und der DDR unterzeichneten Vereinbarung verpflichtet sich Ost-Berlin, »den Befreiungskampf der Palästinensischen Befreiungsorganisation durch die Lieferung von Ausrüstungen des nichtzivilen Bereichs zu unterstützen«.[418] Ähnliche Formulierungen finden sich in Abkommen der folgenden Jahre. Ab 1973 lieferte die DDR jährlich Solidaritätsgüter im Wert von einer Million Mark an die PLO und finanzierte die Behandlung von Verwundeten in DDR-Krankenhäusern und organisierten Feriencamps für Palästinenser.[419] Bei Besuchen von PLO-Delegationen war nun stets ein Militärfachmann anwesend.[420] Zur Militärhilfe der DDR kam die vierfache Menge Material hinzu, die die Staatssicherheit im Rahmen der »Aktion Freundschaft« (s. o.) an die PLO lieferte.[421] Parallel dazu liefert die UdSSR Waffen an andere, noch radikalere Palästinenser-Organisationen.[422]

Nach einem Besuch des PLO-Vorsitzenden Jassir Arafat in Ost-Berlin vom 6. bis 9. August 1974 schrieb das Außenministerium mit dem Stempel »Persönlich – streng geheim« an ZK-Sekretär Werner Lamberz: »Eine zielgerichtete Einflußnahme und aufwendige materielle Unterstützung seitens der sozialistischen Staatengemeinschaft wird auch auf militärischem Gebiet notwendig sein.«[423]

Zu dieser Zeit lehnte die DDR Terrorangriffe auf zivile Ziele in Israel ab, wertete jedoch Attacken gegen militärische Einheiten als »bewaffneten Befreiungskampf«. Dass die PLO dabei Terror ausübte, hat das SED-Regime billigend in Kauf genommen. Der ostdeutsche Staat ging sogar so weit, der PLO Waffen zu liefern, die die UdSSR den Palästinensern verweigert hatte.[424] Er änderte seine Position auch nicht, als 1979 bekannt wurde, dass die Organisation mit international gesuchten Terroristen Kontakte pflegte, die Anschläge in Westeuropa planten. Die DDR stellte außerdem fest, dass die Terroristen versuchten, die DDR als sicheres Hinterland zu nutzen. So hielt sich beispielsweise der international gesuchte Top-Terrorist »Carlos« (Ilich Ramírez Sánchez) 1979 als Gast des Ersten Sekretärs der Botschaft der Volksrepublik Jemen in Ost-Berlin auf.[425]

1981 erklärte Honecker die Kontakte zur PLO zur »Chefsache«. 1982 erhielt das Büro der PLO in Ost-Berlin den Status einer Botschaft. Im selben Jahr stand die PLO erneut auf der Liste für Waffenexporte der DDR.[426] Im März hatte Arafat die DDR gebeten, der PLO mit »gut entwickelten, modernen Waffen zu helfen«. Honecker stimmte grundsätzlich zu, musste aber mit der Einschränkung antworten, die DDR könne nur Material aus eigener Produktion liefern.[427] In anderen sozialistischen Ländern hergestellte Waffen standen dafür nicht zur Verfügung.

»Der Waffenexport aus der DDR an die PLO/Fatah lag ausnahmslos in der Verantwortung des Außenhandelsbetriebes ITA, da die PLO, im Sinne der von Arafat geführten Gesamtorganisation, ein legaler Handelspartner war«, schreibt Lutz Maecke über die Situation zu Beginn der 80er-Jahre. Die Realisierung war indes Aufgabe des ITA in Kooperation mit der IMES.[428] 1982/83 kam es schließlich zum Bruch zwischen der DDR und Arafat, Honecker reagierte ablehnend auf konkrete Bitten der PLO während des Libanon-Krieges im Sommer 1982.[429]

Auch dubiose Waffenhändler aus dem arabischen Raum hatten Kontakt zu IMES und ITA. IM »Ilse« alias ITA-Offizier Günter Anders berichtete im April 1986 von einem Gespräch mit Abdel Megged Younes, der zunächst Geschäfte für PLO-Chef Arafat abwickelte und nach dessen Zerwürfnis mit Abu Musa (Fatah) für letzteren Waffen einkaufte. Younes trat als Vertreter der Firma Gulf International Trading Group auf, die ihren Sitz im Internationalen Handelszentrum in Ost-Berlin hatte.[430] Younes wollte 50 AKM mit Zielfernrohr und Schalldämpfer als Muster kaufen. Empfänger seien angeblich Milizen des libyschen Diktators Gaddafi. »Ilse« bestand auf einer schriftlichen Erklärung, wer der Empfänger sei. Damit wollte er verhindern, dass die Waffen von Terroristen genutzt wurden. Beim ITA hatte Younes außerdem nach panzerbrechenden Waffen vom Typ RPG-18 gefragt. Doch dafür lag dem ITA keine Exportlizenz vor.[431]

Waffen für Afrika

In Afrika waren, wie erwähnt, zahlreiche Kriege und Bürgerkriege als Folge der Entkolonialisierung ausgebrochen. In den 70er-Jahren galt Wien als Zentrale des Waffenhandels mit Afrika. Die Exporte in den Südteil Afrikas und den Nahen Osten erfolgten zumeist über jugoslawische Häfen. Die geschäftliche Abwicklung übernahmen Schweizer Kaufleute und Banken.[432]

Namibia

Nachdem die DDR seit Ende der 60er-Jahre zunächst nur Uniformen, Feldflaschen und andere Ausrüstungen an die *South-West Africa People's Organisation* (SWAPO) geliefert hatte, folgten nach dem Besuch von SWAPO-Präsident Sam Nujoma 1977 in der DDR Exporte von Waffen und Munition im Wert von 1,15 Millionen Mark zur Unterstützung des bewaffneten Unabhängigkeitskampfes in Namibia gegen die südafrikanische Besatzungsmacht. Aus Beständen des Verteidigungsministeriums lieferte die DDR 850 Maschinenpistolen, 60 Maschinengewehre und Munition. Das Ministerium für Staatssicherheit steuerte zu der Lieferung 150 Pistolen und 15 Maschinengewehre bei. Die 135 Tonnen schwere Ladung wurden mit dem Fracht- und Ausbildungsschiff »J. G. Fichte« zum südangolanischen Hafen Mocamedes transportiert. Im Februar 1979 folgte eine zweite Lieferung mit 2.000 Maschinenpistolen und Munition, 5.000 Handgranaten, 2.000 Infanterieminen, 200 Funkgeräten und 2.000 Stahlhelmen.[433] Später folgten Uniformen und Lastwagen. Außerdem bildete die DDR Militärs der SWAPO-Armee »PLAN« aus.[434]

Auch »subjektive Faktoren« haben bei der Zusammenarbeit offenbar eine Rolle gespielt. »Politiker beider Seiten konnten gut miteinander«, schrieb der DDR-Diplomat und Afrika-Historiker Hans-Georg Schleicher.[435] Im Vergleich zur Unterstützung anderer Befreiungsbewegungen erreichte die Hilfe für die SWAPO in der zweiten Hälfte der 70er-Jahre eine neue Qualität. Schleicher: »Die umfangreiche politisch-diplomatische und materielle Unterstützung sowie die Ausbildungshilfen machten die DDR zu einem der wichtigsten Verbündeten der SWAPO, der immer dann zur Stelle war, wenn sich die SWAPO in Schwierigkeiten befand.«[436] Die Hilfe steigerte sich in den 80er-Jahren. Die DDR entwickelte sich zum Hauptlieferanten der SWAPO und gewährleistete damit die militärische Leistungsfähigkeit der Organisation.[437]

Angola

Im internationalen Handelsgeflecht zeigte Moskau stets unmissverständlich, dass die UdSSR auf ihrem Führungsanspruch bestand. Das zeigte sich am Beispiel Angolas besonders deutlich: 1975, im Jahre der Unabhängigkeit Angolas von Portugal, sagte die DDR der marxistischen *Movimento Popular de Libertação de Angola* (»Volksbewegung zur Befreiung Angolas«, MPLA) Unterstützung zu, darunter auch Rüstungslieferungen. Ost-Berlin baute seine Kontakte aus, ohne dass zuvor eindeutige Signale aus Moskau gekommen waren, ob die Organisation bevorzugter Partner in dem afrikanischen Land sein könne. Moskau reagierte verstimmt über diesen Alleingang der DDR. Man wünsche, über die Aktivitäten der DDR in Angola informiert zu werden, teilte der sowjetische Botschafter Pjotr Abrassimow der Regierung in Ost-Berlin mit.

1976, nachdem direkt im Anschluss an die Unabhängigkeit der Bürgerkrieg ausgebrochen war, erhielt Angola so viele zivile und militärische Hilfen aus der DDR, wie kein afrikanisches Land zuvor. Der Wert betrug 107 Millionen DDR-Mark, die größtenteils aus Mitteln des Solidaritätskomitees kamen, das sich über Spenden finanzierte. »Die DDR gehört damit zu jenen, die den blutigen Bürgerkrieg in dem südwestafrikanischen Land mitfinanzierten und auch einen wesentlichen Anteil an dessen Zerstörung trugen«, schreibt der Historiker Hermann Wentker.[438] Die DDR belieferte Angola bis 1989 in großem Umfang mit Rüstungsgütern.

Zur Menschenrechtslage

1978 hielt die Regierung Angolas Regimegegner fest, darunter mehr als 60 Lehrer und Studenten. Im Kampf gegen die Bewegung Unita setzte das Militär mehrfach auf Massenexekutionen. Außerdem kam es zu öffentlichen Hinrichtungen. Auch am Ende der 80er-Jahre inhaftierte das Regime in Angola vermeintliche oder tatsächliche Anhänger der Unita, ohne dass es zu fairen Gerichtsverfahren gekommen war. Die Zahlen gehen in die Hunderte. Bei Kämpfen wurden auf beiden Seiten Gefangene gefoltert. Auch der Unita wurden in Angola schwere Menschenrechtsverletzungen vorgeworfen.[439]

Äthiopien

Das Kaiserreich Äthiopien war der 20. Staat, mit dem die DDR diplomatische Beziehungen aufnahm. 1973 gründete der ostdeutsche Staat eine Botschaft in der äthiopischen Hauptstadt Addis Abeba. Als nach dem Sturz des Kaisers Haile Selassie (1974) und anfänglichen Machtkämpfen innerhalb der Derg-Militärjunta der marxistisch orientierte Major Mengistu Haile Mariam im Februar 1977 die Staatsführung übernommen hatte, sah die DDR die Chance, dass sich in dem afrikanischen Staat ein zweites Kuba entwickeln könnte. Somit war das Interesse Ost-Berlins groß, Äthiopien zu stabilisieren.

Von Stabilität konnte jedoch keine Rede sein: Das Land wurde weiter von inneren Konflikten geschüttelt, die Armut war groß. Im Juli 1977 kam es zum Ogadenkrieg: Das zuvor von der Sowjetunion aufgerüstete Somalia versuchte, die mehrheitlich von Somali besiedelte Region Ogaden in ein »Groß-Somalia« einzugliedern und stieß 300 Kilometer auf das Territorium Äthiopiens vor.[440] Kurz vor Ausbruch des Konflikts hatte Äthiopien trotz der politischen Orientierung Mengistus nicht die Sowjetunion, sondern die USA um Waffen zur Verteidigung gebeten, da Äthiopien bereits über US-amerikanische Waffensysteme verfügte. Doch nach anfänglichen Zusagen stellten die US-Amerikaner Ende 1977 die bereits zusagten Lieferungen wegen Menschenrechtsverletzungen der Derg ein.

Nahezu zeitgleich steigerte die DDR massiv ihre Hilfen für Äthiopien und engagierte sich dort gemeinsam mit Kuba, das Soldaten nach Afrika schickte. Ab 1977 lieferte Ost-Berlin militärische Güter und sagte zu, den strategisch wichtigen Hafen Assab auszubauen. Regelmäßig fuhren Schiffe der Deutschen Seereederei wie die »Brocken«, die »Wismar« und die »Friedrich Engels« den Hafen von Assab an und entluden Lastwagen für das Militär, Spezialtechnik des ITA und Landmaschinen. Im selben Jahr intensivierten die DDR und Libyen ihre Beziehungen – und Äthiopien gehörte zu den afrikanischen Staaten, die Libyen und die DDR gemeinsam unterstützten (s. o.).[441] Die militärischen Hilfen für Äthiopien stimmte die DDR eng mit der Sowjetunion ab. Mithilfe der Unterstützung des Ostblocks konnte Äthiopien den Krieg schließlich für sich entscheiden.

Abb. 8: Das undatierte Foto aus dem Sekretariat des stellvertretenden Ministers für Staatssicherheit, Gerhard Neiber, zeigt Lastwagen vom Typ W-50 im Einsatz bei den militärischen Konflikten in Äthiopien.

Während des Ogadenkriegs kämpfte Äthiopien auch in der Region Eritrea. Hier hatten sich bereits bestehende separatistische Bestrebungen seit dem Sturz der Monarchie zu einem Aufstand ausgeweitet. Präsident Mengistu rief alle sozialistischen Staaten auf, die Äthiopier zu unterstützen. Die Revolution sei in Gefahr. Moskau stellte daraufhin schwere Waffen bereit.[442] Auch der ITA lieferte Ausrüstung. Allein im Jahr 1977 wurden Verträge über 36,1 Millionen Valutamark abgeschlossen. Die vereinbarten Lieferungen umfassten Sturmgewehre vom Typ AKM, Maschinengewehre, Stahlhelme, Granaten und Munition. Ende des Jahres verhandelten ITA-Mitarbeiter auf einer Messe in Addis Abeba über weitere Lieferungen.[443] Die Liste der Güter, die Äthiopien in der DDR bestellte, war lang. Sie reichte von 3.000 Tonnen Makkaroni mit Soße bis zur militärischen

Ausrüstung: 30.000 Feldflaschen, 5.000 Feldkompasse, Seitengewehre, Feldspaten und Patronengürtel.[444] 1978 unterschrieben beide Seiten einen Vertrag über die Lieferungen von Uniformen an Addis Abeba. Die DDR hatte damit Südkorea als Konkurrenten ausgestochen und lieferte Textilien von der Mütze bis zu den Schuhen, Orden und Schulterstücke im Wert von 30 Millionen Valutamark.

Äthiopien bezahlte für die Jahre 1977 bis 1982 seine Importe aus der DDR mit Kaffee. Zunächst waren 5.000 Tonnen pro Jahr geplant, später wurde der Umfang auf 10.000 Tonnen erweitert. Nicht nur Schiffe waren mit der begehrten Ladung aus Afrika unterwegs. Auch auf dem Luftweg kam der Kaffee in Tausenden Säcken mit Frachtmaschinen des Typ Il-62 in die DDR, nachdem die Flugzeuge Waren nach Äthiopien geflogen hatten.[445]

Die DDR habe während des Ogadenkriegs als einziges Land eine Luftbrücke mit zwei Flugzeugen nach Äthiopien eingerichtet, schreibt der ehemalige DDR-Diplomat Wolfgang Bayerlacher. Zwei Wochen lange versorgte sie die äthiopischen Truppen mit Trockenbrot und Trockensuppen. Auch Munition für Handfeuerwaffen sei geliefert worden. »Aber das war der geringere Teil der Hilfssendungen«. Auch generell bestreitet Bayerlacher, dass die militärische Zusammenarbeit wichtigster Pfeiler der Zusammenarbeit beider Staaten gewesen sei. Schwerpunkt sei der Austausch von Delegationen gewesen. Auf »kommerzieller Basis« habe die DDR Waffen im Wert von 25 bis 30 Millionen Valutamark geliefert. Dabei habe es sich vor allem um Handfeuerwaffen, Maschinengewehre, Granaten und Munition gehandelt. Mengistu habe seine Wünsche geäußert und bereits einen Tag später sei zum Erstaunen der Äthiopier die Maschine mit der Lieferung gelandet.[446]

Mit Beginn der Ära Gorbatschow, 1985, setzte die UdSSR zunehmend darauf, ihre militärische Unterstützung in Krisenregionen zu reduzieren, und stellte stattdessen die politische Lösung von Konflikten in den Vordergrund.[447] Einige frühere Vertragspartner gerieten so in große Bedrängnis – so auch das Regime in Äthiopien.[448] Die DDR verließ hingegen nie ihre ideologische Richtschnur, dem sozialistischen Partner per Waffenlieferung solidarische Hilfe zu leisten: In Ost-Berlin setzten Honecker, Mittag und Verteidigungsminister Keßler auf eine Fortsetzung der Äthiopien-Hilfen. Eine der Ursachen dürfte die persönliche Freundschaft Honeckers

3 Der ITA und die Entwicklungsländer

Abb. 9: Die UdSSR und die DDR exportierten im Ogadenkrieg Waffen nach Äthiopien, darunter auch dieses Flugabwehrgeschütz S-60, das in großer Stückzahl auch in andere Länder Afrikas geliefert wurde.

mit Mengistu gewesen sein. So drängte Honecker auf militärische Unterstützung, während das Außenministerium sich ähnlich wie die Sowjetunion für eine politische Lösung aussprach.[449]

Als sich 1988 die Lage im Eritrea-Konflikt erneut zuspitzte und die äthiopische Regierung militärisch unter Druck geriet, ordnete Honecker im März die Lieferung von Waffen, Munition und Ausrüstung im Wert von 325 Millionen Valutamark für die Mengistu-Regierung an.[450] Honecker schickte außerdem Politbüromitglied Horst Dohlus nach Äthiopien, um Mengistu die Nachricht aus Ost-Berlin über die anstehende Lieferung zu übermitteln. Nahezu zeitgleich flog eine erste Sondermaschine aus der DDR nach Äthiopien, die als Solidaritätsgüter getarnte Militärgüter für die Regierungsarmee an Bord hatte.[451]

Nachdem der Hauptlieferant Sowjetunion ausgefallen war, wandte sich Mengistu 1989 erneut an die DDR mit der dringenden Bitte um Hilfe. Honecker persönlich sagte zu. Einen Teil der Exporte erfolgten als Spende, über den Preis der kommerziellen Lieferung verhandelten beide Seiten hart. Der erste Teil dieser Lieferung erfolgte mit einer Sondermaschine nach Addis Abeba am 27. März 1989. An Bord befanden sich 396 Splitter- und Hohlladungsgeschosse für Panzer. Danach folgten weitere Transporte in einem bislang nicht dagewesenen Umfang. Im Mai lieferte die DDR per Schiff 30 Panzer vom Typ T-55.

Weitere Lieferungen sah der Vertrag Nr. 57/791/89/4 vor. Am 19. Mai 1989 hatte sich der ITA verpflichtet, dem Verteidigungsministerium in Addis Abeba 170 T-55 A-Panzer inklusive Ersatzteile und Munition zu liefern. Der gesamte Auftrag hatte ein Volumen von 24 Millionen US-Dollar, wurde jedoch nicht vollständig realisiert. Am 22. Juni und am 21. September 1989 lieferte die DDR Panzer und Material im Wert von 15,7 Millionen US-Dollar. Weitere Lieferungen fanden nicht mehr statt.

Eine angebliche Abrüstungsinitiative der NVA noch vor der Friedlichen Revolution und der Wiedervereinigung sorgte zu Beginn des Jahres 1989 für Rätselraten bei mehreren Offizieren. Die Parteizeitung *Neues Deutschland* hatte am 23. Januar mitgeteilt, dass die DDR sechs Panzerregimenter und ein Jagdbombergeschwader ohne Gegenleistung des Westens auflösen würde. Für die Soldaten kam das Aus überraschend. Die Aktion betraf 10.000 Mann, 600 Panzer und 50 Kampfflugzeuge. Einige Offiziere wunderten sich besonders, weil die Panzer, die angeblich verschrottet werden sollten, vollständig technisch aufgerüstet und neu lackiert waren. Was die Soldaten nicht wussten: Nur 250 Panzer wurden tatsächlich ausgemustert und verschrottet. Staats- und Parteichef Erich Honecker hatte weitere 152 Panzer vom Typ T-55 A aus diesem Kontingent Äthiopien versprochen, der ITA sollte sie liefern. Angeblich sollten sie für den Bergbau umgerüstet werden.[452] Eine versprochene weitere Lieferung von noch einmal 100 Panzern nach Äthiopien kam wegen der Friedlichen Revolution nicht mehr zustande.⁴⁵³ Die vorgesehenen, aber nicht realisierten Lieferungen hätten kaum Lücken in den eigenen Beständen gerissen, da sich die DDR gemäß einer europäischen Vereinbarung zur Abrüstung der Streitkräfte bereit erklärt hatte und damit in Etappen ohnehin von der DDR ausgemusterte Panzer zur Verfügung standen. Außerdem handelte es sich beim T-55 um ein bereits als veraltet geltendes Panzermodell.⁴⁵⁴ Zum Ärger des SED-Regimes und später der Bundesregierung zahlte Äthiopien die Lieferungen nicht und berief sich 1993 auf die Zusage der DDR-Regierung, bei der Lieferung handele es sich um Solidaritätsgüter, die kostenlos exportiert worden seien.⁴⁵⁵

Eine komplette Übersicht der militärischen Lieferungen an Äthiopien zu erstellen, scheitert an den vielen unterschiedlichen Statistiken und dem Mangel an Übersichten in den Archiven. Harald Möller führt diesen Mangel unter anderem auf das »Geheimhaltungssyndrom« der DDR zurück, die immer wieder dazu geführt habe, Informationen zu »verstecken«.⁴⁵⁶

Das Beispiel Äthiopien belegt, dass die Lieferungen in Entwicklungsländer Ende der 70er-Jahre mit teils dramatischen Problemen einhergingen. Zu den ersten Aufgaben des BSA-Beauftragten in Äthiopien, Wilfried Litvan alias IM »Willi« (▶ Kap. 5), zählte die Arbeit an einer Mängelliste, die nach einer ITA-Lieferung erstellt worden war. Darin rügte er ausdrücklich die Qualität der Exporte und sprach von erheblichen Unzulänglichkeiten. Dabei wird die klare Hierarchie im System des DDR-Außenhandels erkennbar: Vom BSA aus Äthiopien kam der Mängelkatalog, der vom BSA-Chef in Berlin bestätigt und dem ITA-Chef überreicht wurde. Der BSA musste eine Antwort anmahnen. Besonders haperte es am Service, beispielsweise für Fahrzeuge zur medizinischen Versorgung. »Die vorgenannten Beispiele beweisen, daß durch den ITA gegenüber dem Partner Äthiopien eine oberflächliche und unzulässige Export-Arbeit geleistet wurde und zur Zeit geleistet wird«, hieß es in einem Bericht an die Staatssicherheit.⁴⁵⁷ Im Januar 1980 legte Litvan noch einmal nach und warf dem ITA Oberflächlichkeit und Gedankenlosigkeit vor: »Sie stürzen von einer operativen Maßnahme zur anderen ohne sorgfältige Bearbeitung. Einer weiß nicht vom anderen.«⁴⁵⁸

Unerwartet dramatische Probleme in Äthiopien ergaben sich nach einer Lieferung von Panzerhandgranaten des Typ RKG-3. 16 Menschen kamen ums Leben, als binnen weniger Wochen fünfmal Granaten im gesicherten Zustand detonierten. Möglicherweise hatte die extreme Hitze zu Materialproblemen geführt.[459]

> **Zur Menschenrechtslage**
>
> Bei den Evakuierungen aus Hungergebieten brach die Regierung Äthiopiens den Widerstand der Bevölkerung mit massiver Gewalt und tötete dabei zahlreiche Bürger. Außerdem ließ das Regime viele Menschen »verschwinden«. Die Zahl der politischen Gefangenen wurde 1985 auf mehrere Tausend geschätzt. Außerdem wurde äthiopische Regierungstruppen vorgeworfen, bei den Kämpfen mit oppositionellen Gruppen in Eritrea und Tigre Hunderte Zivilisten getötet zu haben. Wer den Militärdienst nicht antrat, musste mit harten Strafen rechnen – bis hin zur Exekution. Auch Familienangehörige wurden festgenommen. Von Umsiedlungsprogrammen waren Millionen Menschen betroffen, Widerstand wurde brutal unterdrückt. Als die Regierung im Mai 1989 im Kriegsgebiet den Ausnahmezustand verhängte, kam es zu weiteren Gewalttaten und Exekutionen durch das Militär. Hunderte Menschen saßen in Haft und wurden gefoltert.[460]

Uganda

Um harte Devisen ging es beim ITA 1980, als eine Militärdelegation aus Uganda mit dem amtierenden Verteidigungsminister William Omaria an der Spitze in Ost-Berlin eintraf. Nach dem Sturz des Diktators Idi Amin 1979 herrschte Bürgerkrieg in dem ostafrikanischen Land. Omaria sei ein Freund der DDR und für die Zusammenarbeit mit der sozialistischen Staatengemeinschaft, hieß es in einer Information der Hauptabteilung XVIII (Volkswirtschaft) der Stasi. Der Besuch zahlte sich aus: Die Verhandlungspartner schlossen einen Vertrag über die Lieferung von 10.000 AKM. Der Preis von 1,4 Millionen Dollar wurde sogleich per Scheck bezahlt. Hinzu kamen die Lieferungen von zwei Millionen Schuss Munition und Ersatzteile im Wert von 699.000 Dollar. Außerdem übergab der ITA den Gästen Angebote für den Export von zwölf Grenzsicherungsbooten vom Typ 075, 2.500 Fallschirmleuchtgeschossen, weitere 30.000 AKM aus dem Rüstungsbetrieb VEB Geräte- und Werkzeugbau Wiesa (GWB) und das »übliche Angebotssortiment« mit auf die Heimreise.[461]

Ende der 80er-Jahre lieferte die DDR Lastwagen vom Typ W-50 an Uganda über Tansania. Inklusive Ersatzteile ging es um ein Volumen von 16 Millionen Dollar.[462] Die DDR hätte gern ein Tauschgeschäft »Kaffee gegen Lastwagen« vereinbart, doch die Verhandlungen darüber scheiterten zunächst. Die DDR ließ sich auf vergleichsweise ungünstige Konditionen ein, weil sie fürchtete, den Auftrag an andere Lkw-Lieferanten zu verlieren. »Hauptkonkurrenten zu Speziellen Erzeugnissen in diesem Land sind vor allem die VR China und die KVDR [Koreanische Volksdemokratische Republik = Nordkorea], die ihre Lieferungen zu günstigsten Bedingungen für die Republik Uganda durchführen«, hieß es in einer Information des ITA an das Außenhandelsministerium vom 15. Juli 1987.[463]

Die Zahlungsmoral der Auftraggeber war zeitweise so schlecht, dass die Exporteure in der DDR nur Lieferungen bei Vorkasse akzeptierten.[464] Im Frühjahr 1988 stellte Uganda die Zahlungen wegen finanzieller Engpässe zeitweise sogar ganz ein. Im selben Jahr vereinbarten beide Seiten jedoch, dass die Regierung in Kampala 450.000 US-Dollar in Schecks bezahlt. Außerdem stellte sie nun doch Kaffee als Zahlungsmittel im Wert von 4,2 Millionen Dollar bereit.[465] Die Rückstände bei den Zahlungen aus Uganda beschäftigten die DDR noch nach der Wende, z. B. die IMES noch im Dezember 1990, als sich der Betrieb bereits in der Liquidation befand. Künftige Zahlungen sollten an den noch bestehenden Außenhandelsbetrieb Transportmaschinen gehen.[466]

Die DDR lieferte nicht nur eigene Produkte, sondern trat auch als Vermittler auf. Im Mai 1989 kaufte der ITA für Uganda weitere Fahrzeuge im Wert von 300.000 US-Dollar.[467] Die Akten zu diesem Vorgang zeigen, dass die Zahlung von Provisionen für Geschäfte dieser Art üblich war. So zahlte IMES an ausländische Geschäftspartner, wenn sie bei der Vermittlung von Geschäften behilflich waren. Oder DDR-Betriebe wie der ITA oder Außenhandelsbetrieb Transportmaschinen überwiesen Provisionen an die IMES.[468]

Die DDR konnte und wollte nicht alle Wünsche Ugandas erfüllen. Als das Land ein drahtloses Abhörsystem und Kameras für den verdeckten

Einsatz kaufen wollte, wies die Staatssicherheit auf geheime Technik in den Geräten hin. Damit war ein Export ausgeschlossen.[469]

Simbabwe

Auch Simbabwe profitierte von dem Exportbestreben der DDR. Machthaber Robert Mugabe meldete bei seinem Besuch in Ost-Berlin im Mai 1983 umfangreichen Bedarf an Waffen an. Dazu gehörten 10.000 Kalaschnikows, Granatwerfer und Haubitzen. Besonders kurios mutet an, dass Mugabes Armee Waffen aus dem Ostblock beschaffen wollte und gleichzeitig von Instrukteuren aus Großbritannien beraten wurde. Mugabe richtete diese Waffen unter anderem gegen politische Gegner im eigenen Land.

Das Angebot im Wert von 45 Millionen US-Dollar, das Schalck-Golodkowski und die Außenhandelsbetriebe vorlegten, sorgte offenbar für Verärgerung in Simbabwe. In der Antwort hieß es, es müsse die Frage geklärt werden, ob ein entwickeltes sozialistisches Land einem unterentwickelten sozialistischen Land nicht auch kostenlos Hilfe leisten könne. Die DDR wollte Mugabe nicht komplett verprellen und außerdem eine »bessere Ausgangsposition für den speziellen Außenhandel« schaffen. So bot Ost-Berlin eine unentgeltliche »Hilfslieferung« aus Beständen der NVA und des Innenministeriums von 20.000 Hohlladungsgranaten und 1,4 Millionen Patronen für die MPi-41 an. Diese Ausrüstung werde in der DDR nicht mehr benötigt, schrieb Hoffmann an Honecker. Hinzu könnten zwölf Raketenwerfer und 8.000 Splittersprenggeschosse kommen.[470]

1985 bereitete der ITA eine weitere umfangreiche Solidaritätslieferung für Simbabwe vor. Wegen dringendem Bedarf hatte das Politbüro beschlossen, kurzfristig 10.000 Maschinenpistolen des Typs KMS und neun Millionen Stück Munition M-1 bereitzustellen. Den Transport von Rostock nach Mosambik sollte die »Schwielowsee« übernehmen.[471]

> **Zur Menschenrechtslage**
>
> Während seiner 37-jährigen Amtszeit befahl Mugabe die brutale Unterdrückung politischer Gegner und etablierte eine Kultur der Straflosigkeit für sich und seine Gefolgschaft. In den 1980er-Jahren wurden in den Provinzen Matabeleland und Midlands bei einer militärischen Razzia gegen mutmaßliche Oppositionsanhänger etwa 20.000 Menschen getötet. Die Massaker wurden als Gukurahundi bekannt – frei übersetzt »der frühe Regen, der die Spreu vor dem Frühlingsregen wegwäscht«. Viele Opfer waren unbewaffnete Zivilisten.[472]

Waffen für Asien

Indien

Erhalten geblieben sind im Bundesarchiv diverse Unterlagen aus der Endphase der DDR über die Verschiffung von ITA-Gütern nach Indien. Die Verträge sahen vor, dass nur Schiffe der DDR oder Indiens die Transporte übernehmen. Einer der größten dieser Transporte fand im Mai 1989 statt. Beim Transport von diversen Ersatzteilen mit einem Gesamtgewicht von 13.000 Tonnen, die der ITA nach Indien lieferte, machte der VEB Schiffsmaklerei besondere Auflagen. So sollten die Maschinenteile für gepanzerte Fahrzeuge aus dem Motorenwerk Wurzen beim Transport von Rostock nach Bombay getrennt von den Gütern für Pakistan, Israel, Südafrika und China gelagert werden, die ebenfalls an Bord des indischen Schiffs »Vishva Yash« waren. Der Besatzung sollten keine Crewmitglieder aus diesen Ländern angehören. Bei dem Teilen handelte es sich unter anderem um Getriebe und Räder für den Lastwagen W-50, der in der DDR hergestellt wurde.

Weitere Transporte sind aktenkundig: Wenig später, im Juni 1989, fuhr die »State of Drissa« auf derselben Route und im September 1989 transportierten die »Indian Prosperity« und die »Vishva Madhuri« weitere ITA-Ware (»Service- und Kontrollausrüstung«) nach Indien. Im Februar und Juni 1990 fanden ähnliche Transporte mit der »Ravidas« statt. Exportiert wurden neben Lastwagen auch Produkte des VEB Kombinat Robotron, des größten Computerherstellers der DDR, und aus Beständen des Verteidigungsministeriums. Die Schiffsmaklerei schrieb vor, die Ladung unter Deck zu verstauen. Die Vorschriften, die beim ersten Transport mit der »Vishva Yash« erlassen worden waren, galten auch diesmal.

Der ITA lieferte außerdem Laser und optische Geräte von Carl Zeiss Jena. Teile der Akten zu diesen Vorgängen hat das Bundesarchiv nicht vorgelegt und nennt als Begründung »geheimhaltungspflichtige Inhalte«.[473] Noch während der Friedlichen Revolution waren Lieferungen militärischer Güter aus der DDR nach Indien vorgesehen (▶ Kap. 7).

Zur Menschenrechtslage

1988 saßen in Indiens Gefängnissen Tausende Kritiker der Regierung ohne Gerichtsverfahren in »Vorbeugehaft« ein. Aus mehreren Regionen wurden Folter und Todesfälle in der Haft gemeldet. Auch die Polizei war an Tötungen beteiligt. Im März 1988 erlaubte die Regierung per Dekret den Sicherheitsorganen in der Unruheprovinz Punjab, willkürlich Menschen zu erschießen. Das in der Verfassung garantierte Recht auf Leben wurde gestrichen. Betroffen von willkürlichen Misshandlungen waren auch die sogenannten Unberührbaren des Kastensystems und Stammesangehörige. Außerdem soll die Polizei in Unruheprovinzen gewaltsame Proteste inszeniert haben.[474]

Vietnam

Am 10. Februar 1966 unterzeichnete Werner Fleißner, Stellvertreter des Ministers für Nationale Verteidigung, das zweite Hilfsabkommen mit der Demokratischen Republik Vietnam (Nordvietnam). In Vietnam tobte der Bürgerkrieg zwischen dem kommunistischen Norden, der von der UdSSR und China unterstützt wurde, und dem antikommunistischen Süden. Das Abkommen fiel relativ bald nach den Kriegseintritt der USA, die einen

Sieg des kommunistischen Nordens verhindern wollte – letztlich bekanntlich vergebens.

Geplant war zunächst die Lieferung unterschiedlicher Munition und von Infanteriewaffen aus Lagern des Innenministeriums, darunter Maschinengewehre, Maschinenpistolen und Makarow-Pistolen. Mit der Realisierung wurde der ITA beauftragt, der im Jahr zuvor eine ähnliche Lieferung abgewickelt hatte. Die Lieferung sollte im Transit über Polen, die UdSSR und China erfolgen. Bei den Gesprächen ist stets von »Hilfssendungen« die Rede. Allein für 1966 waren sieben Transporte geplant.[475]

1968 ging es dann um schwereres Geschütz: Unter anderem lieferte der ITA Raketen. ITA-Offizier Günter Anders ging allerdings davon aus, dass die in die Demokratische Republik Vietnam exportierten Raketen weniger treffsicher waren als Raketen desselben Typs, die der UdSSR und der DDR zur Verfügung standen. Anders vermutete, dass so Industriespionage verhindert werden sollte.[476] Ähnliche technische Veränderungen hatten die DDR und die UdSSR bei Lieferungen von Raketen an den Irak vorgenommen (s. o.).

Bekannt ist auch, dass Fallschirmleuchtgranaten aus DDR-Produktion nach Nordvietnam exportiert wurden. Diese stammten aus dem VEB Silberhütte. Das Ausgangsmaterial für die dortige Produktion, 30 Tonnen Pulver pro Jahr, kam aus der ČSSR.[477]

Die Lieferungen setzten sich offenbar über Jahre fort. In einem Bericht aus dem Oktober 1972 sprach ein IM seine Verwunderung darüber aus, dass Hilfslieferungen für Vietnam beim Transit als »Kfz-Teile« deklariert würden, obwohl die UdSSR und China wüssten, dass andere Waren auf dem Landweg nach Vietnam geschafft wurden.[478]

Zur Menschenrechtslage

In den 70er-Jahren hielt das Regime in Vietnam zahlreiche Menschen in ›Umerziehungslagern‹ ohne Anklage fest. Die Schätzungen liegen zwischen 50.000 und 300.000. Amnesty International schreibt von »äußerst harten« Bedingungen und einer unzureichenden medizinischen Versorgung.[479]

Waffen für Mittel- und Südamerika

Kuba

Auch Kuba unter Fidel Castro bezog militärische Hilfe aus der DDR. Das Ausmaß der Waffenlieferungen ist jedoch bis heute unklar.[480] Bekannt ist, dass Kuba auf Vermittlung der DDR-Staatssicherheit 1974 drei in Mittenwalde hergestellte Schießplatzanlagen erhielt und 1980 um die Unterstützung des MfS bei der Bestellung von sieben weiteren Anlagen bat. Im Januar 1981 stimmte das MfS zu, das die Kosten direkt bei der kubanischen Regierung in Rechnung stellte. Die Beschaffung übernahm die Abteilung Bewaffnung und Chemische Dienste, auch die Hauptverwaltung A (HVA) der Staatssicherheit war beteiligt. Zusätzliche Solidaritätslieferungen bestanden unter anderem aus 800 Granaten, Zündmaterial und 2.000 Tränengasgranaten.[481]

1988 schickte die tschechoslowakische Staatssicherheit (StB) vier Sondertransporte mit geheimer Ladung für Kuba durch die DDR. Die Lastwagen wurden von der Stasi und der StB bewacht und gesichert. Im Überseehafen von Rostock übernahm die »Fichtelberg« die Güter.[482] Bereits in den 70er-Jahren hatte die ČSSR den Überseehafen für den Export »gefährlicher Güter« genutzt.

> **Zur Menschenrechtslage**
>
> Kuba ging gegen Gegner der Regierung rigoros vor und inhaftierte sie ohne eine faire Gerichtsverhandlung. Die Behörden nannten allein für 1988 eine Zahl von 455 Häftlingen, hinzu kamen Hunderte Todesurteile. Das Regime ging auch gegen Zeugen Jehovas und Adventisten vor. Immer wieder kam es in den Gefängnissen zu Misshandlungen.[483]

Nicaragua

Nach der sandinistischen Revolution und dem Sturz des prowestlichen Diktators Anastasio Somoza hatte sich Nicaragua 1980 für die Sowjetunion, Kuba und die DDR als Partner bei der Modernisierung seiner Armee entschieden und gründete eine Milizarmee, deren Größe die Nachbarstaaten beunruhigte.

Anfang Juni 1980 reiste der stellvertretende Verteidigungsminister Joaquin Cuadra nach Ost-Berlin und traf sich mit seinem Kollegen Heinz Hoffmann und dessen Stellvertreter Fritz Streletz. Kurz darauf kaufte Nicaragua in der DDR 800 militärische Transportfahrzeuge. Eine weitere Lieferung nach Nicaragua, diesmal kostenlose Solidaritätsgüter, folgte 1984. Die Sandinistische Volksarmee erhielt aus Beständen des Verteidigungsministeriums 55.000 Granaten für Panzerabwehrkanonen im Wert von 4,4 Millionen Mark, 5.000 Kalaschnikows plus Munition vom Speziellen Außenhandel sowie 80.000 Infanterieminen, 10.000 Handgranaten und 10.000 Panzergranaten aus der Volkswirtschaft. Für die Verträge und die Ausführung sorgte in allen Fällen der ITA.

Wenig später bat das Innenministerium Nicaraguas dringend um weiteres Material für den Kampf seiner Spezialtruppen gegen »Konterrevolutionäre« – die von den USA unterstützten Contra-Rebellen. Diesmal standen auf der Liste 1.500 Maschinenpistolen, 5,5 Millionen Schuss Munition und fünf Tonnen des Sprengstoffs TNT. Die Lieferung hatte einen Wert von 4,4 Millionen Mark. Die Hälfte des Materials stellte das MfS.[484] Auch die UdSSR wies die DDR 1982 an, Waffen nach Nicaragua zu transportieren.[485] Während der komplizierten Phase des Kalten Krieges in der Reagan-Ära wollte sie nicht selbst als Waffenlieferant der sandinistischen Regierung auftreten. Die UdSSR achtete bei der militärischen Hilfe für Nicaragua stets auf »äußerste Diskretion«. Moskau wollte um keinen Preis einen militärischen Zusammenstoß des Landes mit den USA riskieren, sondern weiter in seinem Sinne den Sozialismus aufbauen.[486]

Zur Menschenrechtslage

Anastasio Somoza hatte äußerst brutal regiert. Aber auch nach seinem Sturz und der Machtübernahme durch die *Frente Sandinista de Liberación Nacional* (FSLN) im Jahr 1979 stellten Amnesty International und Americas Watch nachweisbare schwere Menschenrechtsverletzungen

> wie Mord und Folter fest. Noch in den Berichten beider Organisationen von 1986 ist Nicaragua jeweils ein eigenes Kapitel gewidmet.[487]

Ärger mit Moskau und »ungesunde Konkurrenz«

Die DDR war gehalten, grundsätzlich sämtliche Militärhilfen für Entwicklungsländer mit dem Generalstab der UdSSR abzustimmen.[488] Auch die anderen Staaten des Warschauer Paktes verfuhren in dieser Weise, jedoch weniger stringent. Moskau verzichtete auf eine koordinierende Funktion, sondern traf Einzelentscheidungen: 1975 stoppte Moskau zum Beispiel Waffen- und Munitionslieferungen an Guinea-Bissau.[489] 1978 musste die gegen Marokko kämpfende Befreiungsbewegung Polisario nach einem »Njet« aus Moskau auf Waffen verzichten, die Honecker bereits zugesagt hatte.[490] Der Verzicht der UdSSR auf eine koordinierende Funktion wurde auch in den eigenen Reihen kritisch gesehen. So sprach 1978 der sowjetische Generaloberst Sotow bei einem Treffen mit Amtskollegen von einer »ungesunden Konkurrenz«, die offenbar dazu führte, dass jedes Bruderland seinen eigenen Vorteil im Blick habe.[491] Zu diesem Schluss kam auch der sowjetische Armeegeneral und Stabschef der Vereinten Streitkräfte, Anatoli L. Gribkow. Er berichtet außerdem von Unstimmigkeiten im Rat für gegenseitige Wirtschaftshilfe (RGW) bei der Preisbildung für Rüstungsgüter: »Jedes RGW-Land versuchte dabei Vorteile für sein Land zu erreichen«.[492]

Vorstöße des DDR-Verteidigungsministers Heinz Hoffmann im Jahr 1978, für eine bessere Koordination zu sorgen, waren im Bündnis nur mühselig umzusetzen. Er kritisierte das »gegenseitige Ausspielen sozialistischer Staaten, unnötige Doppellieferungen und unzweckmäßige Schwerpunktbildungen«.[493] Als Hoffmann im Dezember 1978 über die elfte Sitzung des Verteidigungsministerkomitees des Warschauer Paktes an Honecker berichtete, habe er ausdrücklich auf die sowjetische Einschätzung hingewiesen, dass Rüstungslieferungen an Drittländer nicht immer untereinander abgestimmt worden waren. Das berichtet der hochrangige NVA-Offizier Fritz Minow, der 1969 bis 1974 zum Stab der Vereinten Streitkräfte in Moskau gehörte.[494] Die Folge: Es war zu Doppellieferungen gekommen. Oder ein Vertragsstaat lehnte Forderungen nach Militärhilfen eines Landes ab, während ein Bündnispartner in die Verhandlungen eintrat.

Als Folge dieses Missmanagements beschlossen die Verteidigungsminister, »Grundsätze über die Koordinierung der Handlungen der Teilnehmerstaaten des Warschauer Vertrages bei der Verwirklichung der militärischen Zusammenarbeit mit Drittländern« vom Vereinten Kommando erarbeiten zu lassen. Bereits wenige Monate später wurde aber klar, dass erste Entwürfe, die den Generalstab der UdSSR mit der Koordinierung betraut hätten, im Bündnis kaum durchzusetzen war. Uneingeschränkt stimmten nur die UdSSR, die DDR und Ungarn dem vorliegenden Entwurf zu, schrieb Viktor Kulikow, Oberkommandierender der Vereinten Streitkräfte des Warschauer Pakts, im Juli 1979 an Hoffmann. Polen, Bulgarien und Rumänien hätten erhebliche Einwände gegen eine exakte Koordinierung vorgetragen. Der polnische Armeegeneral und spätere Staatschef Wojciech Jaruzelski erklärte, es könne nur um Informationen, nicht um eine Koordinierung gehen.[495]

Moskau verlangt einheitliche Regeln für den Umgang mit Entwicklungsländern

Statt zumindest mit den willigen Staaten die Militärhilfen an Entwicklungsländer zu koordinieren, setzte die Sowjetunion – zumindest vordergründig – weiterhin auf eine einheitliche Regelung für den gesamten Pakt. Im Oktober 1979 beriet Kulikow in Berlin mit Honecker über eine Neufassung der Grundsätze. Der Kompromissvorschlag: Nicht mehr der Generalsstab der UdSSR übernimmt die Koordinierung, sondern ein Gremium, das von den Teilnehmerstaaten bestimmt wird. Dennoch bot die DDR an, ihre Lieferungen an Drittländer vorher mit dem Generalstab abzustimmen. Die Neufassung besagte außerdem, dass vor Lieferungen an Drittländer zunächst der Bedarf innerhalb des Bündnisses zu decken sei.

Doch eine Einigung zog sich weiter hin. Im November 1979 besuchte Kulikow erneut seine Genossen Verteidigungsminister und rang um ihre Zustimmung. Bei der zwölften Sitzung des Ministerkomitees vom 3. bis 6. Dezember 1979 stimmten die Teilnehmer einer gemeinsamen Koordinierung schließlich zu. Die Bitte Rumäniens, eine Regelung nur als Empfehlung zu interpretieren, wurde abgelehnt. Damit waren die Regierungen am Zug, über das Prozedere zu beraten.[496] Die DDR segnete, wie erwartet, die Pläne ab. Am 18. April 1980 folgte ein Erlass von Verteidigungsminister Hoffmann mit dem sperrigen Titel »Ordnung über die Unterstützung befreundeter Entwicklungsländer und progressiver nationaler Befreiungsbewegungen auf dem Gebiet der politischen Arbeit, der Ausbildung von Militärkadern, der Lieferung von Kampftechnik, Bewaffnung und Ausrüstung, der militärtechnischen und militärökonomischen Zusammenarbeit sowie durch sonstige Leistungen durch das Ministerium für Nationale Verteidigung«.

In den Regeln wurde auch festgelegt, dass die Staaten neue »Organe« für den Waffenhandel gründen sollten. In der DDR war das gleichsam die Geburtsstunde der IMES innerhalb der KoKo, die 1982 gegründet wurde (▶ Kap. 2).

Das Besondere an der »Einigung«: Moskau hatte sich nicht durchsetzen können. Lieferungen wurden zwar mit den Generalstäben der Vertragsstaaten koordiniert, nicht aber mit dem Vereinten Kommando und der Ständigen Kommission für die Zusammenarbeit der Verteidigungsindustrie im RGW. Damit war die Idee gescheitert, gemeinsam den Waffenhandel abzustimmen und über die militärischen Instanzen zu kontrollieren. Die Staaten informierten sich bilateral – offenbar wollten sie sich nicht von jedem Bündnispartner in die Karten schauen lassen. Entscheidungen trafen die jeweils exportierenden Staaten.

Geschäfte der DDR in eigener Regie

Trotz der »Einigung« versuchte die DDR angesichts der wirtschaftlichen Nöte, ab 1980 Geschäfte mit militärischen Gütern in eigener Regie abzuwickeln. In der Sowjetunion regte sich schnell Unmut darüber, dass sie als Führungsmacht des östlichen Bündnisses nicht offiziell über den Waffenhandel der anderen Staaten informiert wurde. Heraus kamen die Geschäfte dennoch, zum Teil durch die Arbeit der Geheimdienste.

Nur wenige Monate nach der Einigung über die Koordinierungsgrundsätze erhielt Hoffmann am 4. Dezember 1980 ein Schreiben vom sowjetischen Verteidigungsminister Dimitri Ustinow aus Moskau, aus dem Minow ausführlich zitiert: Andere Länder würden verbreiten, dass die DDR dem Iran Waffen und Munition liefere – teilweise aus sowjetischer Produktion. Der DDR sei sicherlich die Haltung der Sowjetunion und des Generalsekretärs der KPdSU, des Genossen Leonid Breschnew, zum Iran-Irak-Krieg bekannt. Ustinow mahnte ein koordiniertes Handeln an und bezeichnete das Verhalten Ost-Berlins als nicht gerechtfertigt. »Ich würde Sie bitten, Genosse Minister, uns die wirkliche Lage der Dinge zur gegebenen Frage mitzuteilen«, hieß es abschließend. Moskau war sichtlich verärgert, dass die DDR beide Kriegsparteien unterstützte, ohne sich um ideologische Belange zu scheren.[497]

Zwei Tage später leitete Hoffmann das Schreiben Ustinows an Honecker weiter und berichtete außerdem, der Iran habe sich ausdrücklich bei Schalck-Golodkowski bedankt und betrachte die Lieferung als den Beginn einer längeren Zusammenarbeit. Der Iran werde im Gegenzug Erdöl liefern und bitte darum, zwischen dem 7. und 8. Dezember 1980 mit vier Flugzeugen weitere Waffen und Munition abholen zu dürfen. Das Geld sei bereits überwiesen. Die iranische Seite werde über die KoKo 20.000 Maschinenpistolen AKM, zehn Millionen Schuss Munition und 25.000 Granaten für die Panzerbüchse PG-7 aus der Staatsreserve und Armeebeständen erhalten.[498] In seinem Schreiben an Honecker wird auch klar, dass Hoffmann auf den Brief aus Moskau nicht reagieren wollte. »Vorläufig« sehe er keine Notwendigkeit, Ustinow zu antworten, schrieb der Minister, bat aber vorsichtshalber um eine Entscheidung Honeckers. Honecker sah das ebenso. Am 7. Dezember schrieb er: »Antwort ist nicht erforderlich.«

Die Sowjetunion hatte offenbar erst aus westlichen Quellen von den Waffengeschäften der DDR mit dem Iran erfahren. Das geht aus einem Aktenvermerk der Stasi-Hauptabteilung XVIII (Volkswirtschaft) über ein Gespräch mit ITA-Chef Möller hervor: Am 6. Dezember 1980 hatte sich ein Vertreter der sowjetischen Ingenieur-Hauptverwaltung in Berlin beim ITA-Oberst Stelmack nach den Lieferungen spezieller Erzeugnisse an den Iran erkundigt. Er verfüge über westliche Informationen über Ausfuhren vom

Flughafen Berlin-Schönefeld, so der Vertreter aus Moskau.[499] »Der Genosse Stelmack erteilte eine abschlägige Auskunft«, hieß es in dem Vermerk.[500] Der Mann sollte nicht auf die Fragen antworten; die DDR ließ sich von ihrer Führungsmacht nicht in die Karten sehen. Aus dem Vermerk geht außerdem hervor, dass zuvor auch der irakische Handelsvertreter in der DDR Erkundigungen über die Exporte an den Iran einholen wollte.

Im Dezember 1989 kam ein Militärstaatsanwalt der DDR zu dem Schluss, dass die DDR beim Iran-Geschäft bewusst die vereinbarten Grundsätze innerhalb des Warschauer Paktes, weitere internationale Vereinbarungen und innerstaatliche Regeln verletzt hatte, um das Geschäft nicht zu gefährden und Devisen zu erwirtschaften.[501]

Auch Geschäfte der DDR mit Ägypten stießen auf Widerspruch der UdSSR. 1983 zwang der Devisenmangel die DDR erneut, Geschäfte abzuwickeln, die nicht mit Moskau abgestimmt waren. Wie erwähnt, hatte der Warschauer Pakt die Rüstungszusammenarbeit mit Ägypten aufgekündigt – Ägypten galt nicht mehr als Staat des sozialistischen Lagers – und somit konnte der ITA als offizieller staatlicher Lieferant und Vertragspartner nicht mehr auftreten. Das brachte Verträge über 21 Millionen Valutamark in Gefahr, die noch 1982 zwischen ITA und Ägypten abgeschlossen worden waren (s. o.). So war es nun an der IMES, diese Verträge dennoch umzusetzen.[502] Vorrangig ging es bei den Vereinbarungen um die Instandsetzung von Flugzeugzellen ägyptischer MiG-21 in der Flugzeugwerft in Dresden. Außerdem sollten in Ludwigsfelde Triebwerke von Mi-8-Hubschraubern gewartet werden. Hinzu kamen Lieferungen von Ersatzteilen für Radar und Flugzeuge aus NVA-Beständen.[503]

Den Sowjets blieb die Fortsetzung der Zusammenarbeit Ägyptens mit der DDR nicht verborgen. Offenbar hatten sie Flugzeuge mit ägyptischen Hoheitsabzeichen in Dresden gesehen oder ägyptische Transportmaschinen im DDR-Luftraum erfasst. Möglicherweise hatten auch Offizielle aus der ČSSR geplaudert: Die Ägypter hatten dort und in Bulgarien bereits Rüstungsgeschäfte abwickeln wollen, waren jedoch mit Verweis auf das Ende der Zusammenarbeit abgeblitzt. Freimütig berichteten die Ägypter nun, dass sie mit der DDR einig geworden seien. Beim Bereich Spezieller Außenhandel (BSA) ging Anfang 1983 jedenfalls ein eindeutiger Verweis des Staatskomitees für außenwirtschaftliche Beziehungen (GKES) aus Moskau ein. Dort hatte man erfahren, dass die DDR ägyptische MiG-21 repariere. Unmissverständlich wies Moskau auf die 1980 gemeinsam getroffenen Vereinbarungen über die militärische Zusammenarbeit mit Entwicklungsländern hin. Die Sowjets forderten Aufklärung, konkret beim BSA-Chef Gerhard Schönherr. Schönherrs Antwort wurde von der politischen Führung vorgegeben und folgte einem bereits praktizierten Muster: Schönherr sollte nach Moskau melden, dass er nichts von Verträgen mit Kairo wisse und dass seines Wissens eine GmbH damit beauftragt sei. Mutmaßlich wollte er den Verdacht auf die IMES lenken.[504] Doch die Sowjets ließen nicht locker und forderten bei einem Arbeitsbesuch Schönherrs in Moskau »massiv« Aufklärung. Schönherrs Bericht darüber ging an Verteidigungsminister Hoffmann, Staatssicherheitsminister Mielke und an Schalck-Golodkowski. Sie ließen sich von Moskaus Nachfragen nicht beeindrucken und beschlossen, die Verträge mit Kairo »vollständig und exakt« zu erfüllen. Ost-Berlin hielt an dem Geschäft fest; die Reparaturen sollten durchgeführt werden. Neue Verträge wurden jedoch untersagt, es sei denn, eine Einzelgenehmigung Schalck-Golodkowskis liege vor – eine Genehmigung, die dieser offenbar gedachte, zu erteilen: »Es ist entschieden, daß weitere Verträge zur Instandsetzung von Zellen und Triebwerken abgeschlossen werden«, schrieb Schalck-Golodkowski am 12. September 1983 an Schönherr. Der Ersatzteilbedarf sollte über die »normalen Bestellungen« erfolgen.[505]

Der nächste Streit mit Moskau folgte kurz darauf. Die Ingenieur-Hauptverwaltung der UdSSR protestierte offiziell gegen die Reise des stellvertretenden ITA-Chefs Günter Anders nach Peru und Mexiko im Juli 1983, wo er nach Erkenntnissen Moskaus Militärgerät verkaufen wollte, das die DDR aus der Sowjetunion erhalten hatte. Die Sowjets verlangten Auskunft, warum die DDR diese Aktivitäten ohne Abstimmung und Exportgenehmigung entwickele. Anders war im Auftrag der KoKo unterwegs. Beim ITA rätselten man, wie die UdSSR überhaupt von der Reise erfahren hatte, und vermutete sowjetische Quellen in Peru oder Mexiko.[506]

Ärger auch in der DDR – wegen Moskau

1984 und 1985 verhandelten die DDR und die UdSSR über ein Abkommen, in dem Moskau formell seine Zustimmung für die Exporte im Auftrag anderer Staaten aussprach. Genannt wurden der Irak, Algerien, Syrien und Libyen. Außerdem ging es der Sowjetunion darum, dass die DDR ihre Bestellungen und Exportlizenzen für sowjetische Waren künftig in Devisen bezahlen sollte. Zu Beginn der Gespräche legte das sowjetische Außenhandelsministerium eine Maximalforderung auf den Tisch: Rechnungen sollten zu 100 Prozent in Devisen bezahlt werden. Später ging Moskau auf 60 Prozent herunter, die in US-Dollar zu zahlen seien.[507] Diese Zahlungsmodalitäten hätten zur Folge gehabt, dass die DDR ein Fünftel ihres Valuta-Erlöses aus Rüstungsexporten hätte abführen müssen. Das wären für die Jahre 1985/86 mehr als acht Millionen US-Dollar gewesen. Ähnliche Vereinbarungen hatte Moskau bereits mit Bulgarien und Ungarn abschließen wollen. Wie man in der DDR herausfand, waren entsprechende Verträge bereits vorläufig unterzeichnet. Mit Ungarn war Moskau übereingekommen, 43 Prozent in Devisen zu erhalten, mit Bulgarien war noch keine Einigung erzielt worden.[508]

Schönherr, der die Verhandlungen für die DDR führte, lehnte die Forderungen ab – mit dem Argument, dass sie nicht den Regularien des RGW entspreche. Die DDR bestand auf einer Bezahlung in Rubel, wohl auch, um die eigene Devisenknappheit nicht weiter zu verschärfen. Damit lief sie allerdings Gefahr, Aufträge zu verlieren, weil sie für die Ersatzteillieferung von Moskau abhängig war. Dennoch fiel ein entsprechender Beschluss im Politbüro am 16. April 1985. Und tatsächlich weigerte sich die UdSSR daraufhin, weitere Ersatzteile zu liefern. Die Folge: Verträge mit Libyen mussten aufgekündigt werden. Die Technik, die repariert werden sollte, ging zurück an den Empfänger. Die finanziellen Folgen waren enorm: Der DDR entgingen Einnahmen in Höhe von 125 Millionen Valutamark für 1985/86. Davon entfielen 30,5 Millionen auf Arbeiten an Teilen, die sich bereits in der DDR befanden und jetzt zurück an den Absender gingen. Hinzu kamen also Kosten für die Rücksendung und Vertragsstrafen infolge der Stornierung in Höhe von zehn Millionen Valutamark.[509]

Auch die bereits bestehende Regelung, die einen Export von Lizenzprodukten nur mit Zustimmung der UdSSR vorsah, sorgte weiter für Verstimmung in Ost-Berlin. In einem internen Bericht beklagte das SED-Regime, dass diese Bedingungen »einen freien Export nach selbständiger Entscheidung nicht gestatten«. Vielfach kam es zu der Situation, »daß die

DDR bereits Verträge [...] abgeschlossen hatte, obwohl sie um die ›grundsätzliche Ablehnung eines DDR-NSW-Exportes seitens der UdSSR‹ wusste«.[510] Auch wegen der befürchteten Gebühren war man bedacht, Exporte von Lizenzprodukten vor den sowjetischen Freunden möglichst geheim zu halten. Das geht zum Beispiel aus einer Notiz für ein Gespräch zwischen Schalck-Golodkowski und Werner Fleißner, Generaloberst der NVA und Stellvertreter des Ministers für Nationale Verteidigung der DDR, hervor:

> Es ist bekannt, daß die UdSSR Informationen über Verträge mit Ägypten (Flugzeuginstandsetzung) und mit Nordjemen (BMP-I [ein schwimmfähiger Schützenpanzer]) hat. Ferner muß damit gerechnet werden, daß die UdSSR und CSSR ebenfalls Informationen zur Lieferung an Iran, Irak und Syrien entweder schon besitzt oder erhalten wird und zu gegebener Zeit Forderungen nach Detailinformationen und Zahlung von Lizenzgebühren erheben wird [sic!].[511]

Für die UdSSR war die Leitlinie klar: Sie wollte die Kontrolle über ihre Entwicklungen behalten, mit den Exporten politischen Einfluss ausüben und die Geschäfte selbst erledigen. Moskaus Bestreben, die Exporte von Lizenzprodukten zu kontrollieren, beschäftigte den Warschauer Pakt noch im Jahr 1987. Bei einem Treffen der wichtigsten Stäbe in Moskau beklagte der Oberkommandierende der Vereinten Streitkräfte des Warschauer Pakts, Kulikow, erneut die Verletzung getroffener Vereinbarungen und der Protokollverpflichtungen.[512] Das Bestreben der DDR und der anderen Satellitenstaaten, an Devisen und billiges Öl zu kommen, hatte für diese offenbar weiter Vorrang.

Exkurs: Bargeld für Entwicklungsländer

Im Auftrag der DDR-Regierung musste sich der ITA auch mit Transporten befassen, die unter strengster Geheimhaltung abgewickelt wurden, auch wenn sie nichts mit militärischen Gütern zu tun hatten: Der Außenhandelsbetrieb trat als Befrachter (»Shipper«) von DDR-Schiffen auf, die frisch gedrucktes Bargeld, Münzen und Orden und Dokumente aus eigener staatlicher Produktion in Entwicklungsländer transportierten. Dabei nutzten die Staatsorgane das Fachwissen des ITA für geheime und besonders zu sichernde Transporte. Auch Flugzeuge wurden für die ungewöhnlichen Exporte genutzt. Mit den Produkten aus des VEB Wertpapierdruckerei Leipzig und des VEB Münze in Berlin unterstützte die DDR Länder bei der Einführung neuer Währungen und Pässe – zumeist gegen begehrte Devisen. Erste Planungen des Finanzministeriums für den Export von Bargeld nach Burma datieren aus der Mitte der 60er-Jahren.[513]

Erste vage Hinweise auf die streng geheimen Exporte gehen auf Hans-Joachim Huwe, Leiter des VEB Münze, zurück. Er berichtete von Geldlieferungen für Bangladesch, Mosambik, die Mongolei und Vietnam. Außerdem habe der VEB den Aufbau einer eigenen Münzstätte in Ulan Bator (Mongolei) unterstützt und Orden und Medaillen für Äthiopien geliefert. Auch beim Aufbau einer Endmontagestätte in Addis Abeba half die Münze nach seinen Angaben.[514] Tatsächlich waren diese ungewöhnlichen Transporte jedoch sehr viel umfangreicher, als von Huwe dargestellt.

Da sich die Herstellung und der Export von Geld, Dokumenten und auch Orden zu einem funktionierenden Geschäftsmodell entwickelt hatten, befasste sich am 6. September 1978 das Zentralkomitee der SED mit dem Thema. Das ZK beschloss, den Verkauf »zur Erzielung von Valutaeinnahmen« weiter auszubauen.[515] Am 14. August 1979 folgte ein entsprechender Beschluss des Politbüros, die ZK-Entscheidung umzusetzen und 83 Millionen Banknoten und 90 Millionen Münzen für andere Staaten herzustellen.

Für die DDR waren diese Exporte eine gute Möglichkeit, um konvertierbare Devisen einzunehmen. Von 1978 bis 1984 nahm sie damit 61 Millionen Valutamark ein. Außerdem erwartete die DDR zu diesem Zeitpunkt weitere Zahlungen in Höhe von 13,5 Millionen US-Dollar und 5,7 Millionen Transferrubel. »Der Export dieser Erzeugnisse wird mit hoher Rentabilität durchgeführt, weil sie ohne wesentliche NSW-Zusatzimporte realisiert werden können«, schrieb die Hauptabteilung XVIII (Volkswirtschaft) in einer als streng geheim eingestuften Analyse Anfang des Jahres 1985.[516] Einen großen Teil der Einnahmen investierte der Staat in die Anschaffung moderner Geräte in der Wertpapierdruckerei, die die Herstellung hochwertiger Banknoten ermöglichte.

Im Juli 1984 listete das Finanzministerium auf, welche Lieferungen auf den ZK-Beschluss folgten (▶ Tab. 1). Doch auch diese Darstellung offenbart nur einen lückenhaften Einblick in dieses Geschäftsmodell. Die hier verzeichneten Geschäfte umfassen nur 44 Millionen der tatsächlich erzielten 61 Millionen Valutamark an Einnahmen.

Tab. 1: Lieferungen von Bargeld und Dokumenten durch den ITA

Land	Lieferung
Angola	Banknoten, Pässe
Mosambik	Banknoten, Umlaufmünzen
Nicaragua	Banknoten
Vietnam	Banknoten
Äthiopien	Orden
VDR Jemen	Orden, Personaldokumente
VR Bangladesch	Pässe
DR Afghanistan	Pässe

Quelle: BArch MfS HA XVIII/39397, Bd. 1, Bl. 6.

Intern wurden auch die Lieferungen von Geld und Dokumenten aus DDR-Produktion als »spezielle Güter« bezeichnet. Üblicherweise wurde dieser Begriff ausschließlich für Lieferungen von militärischem Material verwendet.[517] Die Aktionen erhielten jeweils Code-Namen. Im Folgenden möchte ich eine dieser Aktionen und die damit einhergehenden Transporte des ITA beispielhaft ausführlich beschreiben.

Das Beispiel Mosambik – Aktion »M«

In den Unterlagen der Staatssicherheit ist die über Jahre andauernde Aktion »M« besonders gut dokumentiert (in Mosambik konspirativ auch »Null« genannt). Im Rahmen von »M« verschiffte der ITA Münzen und

Container mit Banknoten von Leipzig und Berlin über Rostock nach Mosambik. Der afrikanische Staat wollte die Währung der einstigen Kolonialmacht Portugal, den Escudo, durch eine eigene nationale Währung, den Metical (MT), ersetzen. Damit wollte das ZK von Mosambik die Volkswirtschaft stärken und den Abfluss von Geld stoppen.[518] Die Umstellung auf die neue Währung wurde unter größter Geheimhaltung vorbereitet und war für den Sommer 1980 geplant.[519] Für die Einführung des Metical erhielt Mosambik über Jahre in der DDR hergestelltes Geld. Die Organisation übernahm federführend die Hauptabteilung XVIII/4 der Staatssicherheit. Der ITA war für die Bestellung der Container unter einer Legende und die Abstimmung des Transports mit der DDR-Staatsreederei Deutsche Seereederei (DSR) verantwortlich.[520] Der Einsatzstab in Mosambik wurde durch die dortige Staatssicherheit geleitet. Offenbar hatte die DDR die Aktion von langer Hand mit dem afrikanischen Partner vorbereitet.

Die Nachricht von den Plänen für den Währungsumtausch in Mosambik war offiziell im August 1979 auch zur Auslandsaufklärung der Stasi, der Hauptverwaltung A (HVA), gelangt. Unter der Überschrift »Streng geheim« berichtete die Abteilung III von dem Beschluss der Regierung in Mosambik, 1980 die Landeswährung umzutauschen. Das Finanzministerium der DDR sei dabei beratend tätig und übernehme den Druck der Banknoten. Die mosambikanische Seite wies darauf hin, dass die »Aktion überraschend und unter Beachtung aller Sicherheitsvorkehrungen« erfolgen solle. Die Nachricht war über den Verbindungsoffizier des MfS bei den Sicherheitsbehörden in Mosambik nach Ost-Berlin gelangt.

Zur Vorbereitung eines Vertrages über die Aktion »M« hatten Vertreter Mosambiks noch im selben Monat die DDR besucht. Auf dem Programm stand ein Gespräch bei Finanzminister Siegfried Böhm.[521] In der Beschlussvorlage für das Politbüro war für die Lieferung nach Mosambik ausdrücklich von einer Abwicklung auf »kommerzieller Basis« die Rede.[522] Ebenfalls im August stellte die HA XVIII (Volkswirtschaft) einen »Thesenkomplex zur Unterstützung der Sicherheitsorgane der VR Mosambik im Rahmen des Komplexes ›M‹« zusammen. Dazu gehörten Vorschläge und Empfehlungen für neue Gesetze und die »allumfassende militärische Sicherung« der Aktion inklusive eines Alarmplanes für militärische Einheiten. Sie hatten in Mosambik die Aufgabe, während der Aktion die

Grenze sowie die Küste und den Luftraum zu sichern. In der DDR galt für die Aktion die höchste Geheimhaltungsstufe. Sie deklarierte den Transport des Geldes als Lieferung von Militärgütern.[523]

Im Dezember 1979 reisten Spezialisten aus der DDR nach Mosambik, um Transportrouten zu klären, Lager ausfindig zu machen und um die Bedingungen im Land kennenzulernen. Auch die Einrichtung von Nachrichtenverbindungen für den »Tag X«, wie es in den Stasi-Akten hieß, wurde geprüft.[524] 1979 und Anfang 1980 bereitete zudem eine Arbeitsgruppe des MfS in Mosambik die Aktion mit vor – insbesondere unter Sicherheitsaspekten – und begleitete auch weiter die Einführung der neuen Währung. Der Einsatzstab in Mosambik wurde durch die eigene Staatssicherheit geleitet.

Bei der eigentlichen Lieferung im Jahr 1980 waren alle Container farblich gekennzeichnet. Jede der vier Farben stand für einen Hafen in Mosambik, in dem diese Container gelöscht werden sollten. Die DDR transportierte außerdem die alte Währung in Containern nach Rostock.[525] Den Auftrag für die Verschiffung des Geldes hatte am 8. April 1980 der ITA als »Shipper« gegeben.[526] Die »Arendsee« verließ am 10. April 1980 unter Kapitän Rainer Schrock mit der ersten geheimen Ladung für Mosambik den Überseehafen in Rostock, umfuhr Skagen und nahm Kurs auf das Kap der Guten Hoffnung.[527] Außer der Ladung von 650 Tonnen Geld befanden sich Lastwagen an Bord, mit denen die neue Währung in Mosambik verteilt werden sollte, sowie weitere Güter. Das Schiff war mit einer Ladung von insgesamt 2.200 Tonnen unterwegs.

Auf der Fahrt der »Arendsee« kam es vor der westafrikanischen Küste, 640 Meilen südwestlich von Guinea-Bissau, zu einem Zwischenfall: Die Hauptmaschine des Schiffes fiel am 23. April wegen eines schweren Schadens aus. Die »Arendsee« konnte die Reise nicht fortsetzen. Eine Reparatur mit Bordmitteln erwies sich als nicht möglich. Um den Zeitplan in Mosambik nicht zu gefährden, übernahm die »Stollberg« unter Kapitän Artur Weber den weiteren Transport. Auf Weisung der Deutschen Seereederei in Rostock wurde sein entladenes Schiff von Douala (Kamerun) zum Unfallort beordert, um die Sonderladung der »Arendsee« auf See zu übernehmen. Die Stimmung an Bord der »Stollberg« war nach Angaben eines Besatzungsmitglieds nach dieser neuen Order nicht die beste, da das Schiff sich bereits auf der Heimreise befunden hatte und jetzt den Umweg zur »Arendsee« absolvieren musste, um danach weiter nach Mosambik zu fahren.

Abb. 10: Nachdem beim Transport des Bargeldes für Mosambik die Hauptmaschine der »Arendsee« ausgefallen war, übernahm die Besatzung der »Stollberg« auf hoher See die Ladung.

Auch der vercharterte und im 635 Seemeilen entfernten Abidjan (Elfenbeinküste) liegende DDR-Schlepper »Sturmvogel« unter der Leitung von Kapitän H. Hacker hatte sich auf den Weg zur »Arendsee« gemacht. Am 26. April um 10.30 Uhr kam die »Arendsee« in Sicht, bereits um 12.05 war die Schleppleinenverbindung hergestellt.[528] Am 27. April 1980 um 4 Uhr traf auch die »Stollberg« bei dem Havaristen ein.[529] Auf hoher See wurde die Ladung von der »Arendsee« ab 22 Uhr übernommen. Das Übergabeprotokoll listete 644 Tonnen »Sonderladung« aus Luke 1, acht Container und zehn Lastwagen für die mosambikanische Hauptstadt Maputo auf. Die ersten Offiziere und Kapitäne beider Schiffe überwachten den kompletten Umladevorgang. Kompliziert wurde der Vorgang durch die lange Dünung. Ein Container wurde so beschädigt, dass die Ladung erkennbar war.[530]

3 Der ITA und die Entwicklungsländer

Abb. 11: Das Umladen des Bargelds von der »Arendsee« (links) auf die »Stollberg« stellte die Besatzungen vor enorme Herausforderungen: Beide Schiffe mussten bei hoher Dünung exakt parallel fahren, ohne Schäden durch Kollision oder Reibung anzurichten.

Während des Umladens brachen mehrere Leinen, berichtet Konrad Michaelis, ein Besatzungsmitglied der »Sturmvogel«. Auch die als Fender eingesetzten Holzteile hielten nicht lang. Immer wieder rieben die Schiffe sich aneinander. Nach zwei Tagen und 20 Stunden war die anspruchsvolle Umladung beendet. Die gesamte Aktion unterlag der höchsten Geheimhaltung: Auch über Funk durften keine Informationen nach außen dringen.[531]

Nach der Umladung schleppte die »Sturmvogel« die »Arendsee« nach Abidjan. Dort wurde an einer Pier die restliche Ladung auf die »Sonneberg« geholt. Dabei handelte es sich um Lastwagen W-50, Personenwagen, Solidaritätsgüter sowie Versorgungsgüter für die DDR-Botschaft und Stückgut, das hauptsächlich für Mosambik und Tansania bestimmt war.[532] Danach wurde die »Arendsee« von der »Meyenburg« bis ins Skagerrak in Schlepp genommen.[533] Dort übernahm der Schlepper und Eisbrecher »Stephan Jantzen« das Schiff, das am 19. Juni um 4 Uhr wieder in Rostock eintraf.[534]

Die »Stollberg« lief nach der Übernahme der Geldladung die Häfen Nacala, Quelimane, Maputo und Beira in Mosambik an.[535] Münzen kamen in Holzkisten an, Banknoten in Säcken, Formulare in Kartons.[536] Hinzu kamen Gedenkmünzen in Gold und Silber. Die Mengen, die in den Häfen gelöscht wurden, waren beträchtlich:

- Nacala: 140 Tonnen,
- Quelimane: 81 Tonnen,
- Beira: 138 Tonnen,
- Maputo: 284 Tonnen.[537]

Der Emissionswert dieser ersten Lieferung lag bei 14,815 Milliarden Metical. 13.876 Kisten und 4.150 Säcke wurden umgeschlagen. Die Lager für das Geld befanden sich in den mosambikanischen Häfen. Von dort wurden Münzen und Scheine in die Provinzdepots verteilt, die in Kasernen eingerichtet worden waren.[538] Als Dank für die Lieferung lud die Regierung Mosambiks die Schiffsbesatzung nach dem Löschen der Ladung zu einer Feier ein.[539]

Für den Zeitraum der Währungsumstellung in Mosambik, die vom 16. bis 18. Juni 1980 erfolgte, flogen acht MfS-Mitarbeiter mit einem Sonderflugzeug über Addis Abeba nach Maputo. Die TU-134 A hatte zudem mehr als 2,5 Tonnen Ladung für beide Flughäfen an Bord.[540] Während der Umstellung schloss Mosambik alle Grenzübergänge, Häfen und Flughäfen. In der DDR berichtete das *Neue Deutschland* am 17. Juni 1980 über die Einführung der neuen Währung, ohne die Unterstützung durch die DDR zu nennen. Nachdem die Aktion »M« gelungen war, erhielt Stasi-Minister Erich Mielke einen Brief von seinem Amtskollegen in Mosambik. Darin bedankte sich dieser für die Unterstützung, »die kämpferische und revolutionäre Hingabe sowie die Wertschätzung«.

Im Januar 1982 bat die regierende Frelimo-Partei in Mosambik um eine »sofortige Nachlieferung«. Damit begann Teil II des Komplexes »M«. Die Wertpapierdruckerei in Leipzig und der VEB Münze in Berlin meldeten, dass die Produktion kurzfristig möglich sei. Der Wunsch Mosambiks konnte also in aller Eile erfüllt werden. Der ITA war erneut für die Bestellung der Container sowie die Buchungen und Abstimmungen mit der DSR verantwortlich. Auch diese weiteren Geldtransporte im Januar 1982 sind in den Unterlagen der Staatssicherheit ausführlich dokumentiert und sollen hier beispielhaft beschrieben werden. Für Teil II stellte das MfS 36 Sicherungskräfte mit Maschinenpistolen sowie Fahrer für Lastwagen und Gabelstapler bereit. Auch die Verladekräfte gehörten zur Stasi. Für den Transport und seine Absicherung waren je sechs Lastwagen des Wachregiments »Feliks Dzierżyński« und der Rückwärtigen Dienste der Staatssicherheit im Einsatz.[541]

Die Scheine der Wertpapierdruckerei in Leipzig wurden am 24. Januar auf Paletten unter militärischer Sicherung mit Lastwagen zu einem Standort des Wachregiments »Feliks Dzierżyński« transportiert. Dort wurde die brisante Ladung in drei 20-Fuß-Container geladen. Am 26. Januar trafen die Container am Güterbahnhof Leipzig-Stötteritz ein und wurden auf zwei Waggons verladen, die an einen Sonderzug aus Berlin gekuppelt wurden. Neben den zwei Containerwagen bestand der Zug aus vier Begleitwagen und vier 50-Tonnen-Güterwagen. Er wurde von der Bezirksverwaltung Leipzig der Staatssicherheit gesichert. Zu diesem Sonderzug gehörte auch ein Begleitwagen der Hauptabteilung Personenschutz der Staatssicherheit, in dem die Wachen schlafen und essen konnten. Das gesamte Bahnpersonal inklusive der Hilfskraft der Küche stellte die Abteilung Personenschutz. Auch die Lok war mit Personal des Personenschutzes besetzt. Unter strengen Sicherheitsvorkehrungen des Wachregiments holte die Lok um 14 Uhr die Containerwagen in Leipzig ab und fuhr sie zum Betriebsbahnhof Berlin-Schöneweide. Von dort ging die Reise weiter in Richtung Norden. »Nach Zusammenstellung des Zuges fährt dieser als Militärtransport gegen 23.00 Uhr nach Sonderfahrplan zum Rostock-Überseehafen«, hieß es in einem Bericht der Hauptabteilung XVIII (Volkswirtschaft).[542] Im Hafen traf der Zug am 27. Januar um 4 Uhr ein.

Für den Seetransport nach Mosambik galten die gleichen hohen Sicherheitsbestimmungen wie bei Teil I des Komplexes »M« im Jahr 1980. Die DSR setzte die »Müggelsee« ein,[543] die im Überseehafen am Liegeplatz 45 lag. Der erste der Teil der Beladung begann am 27. Januar um 7.40 Uhr. Danach wurde das Schiff zum Liegeplatz 50/51 verholt, wo der Kran »Goliath« die Container aufs Schiff hob. Die Verladearbeiten endeten gegen 22 Uhr.[544] Die Bewachung in Rostock übernahm ebenfalls die Staatssicherheit, in diesem Fall die Abteilung Hafen. Die Organisation war bis ins Detail geregelt. Auch an die Verpflegungskosten hatte man gedacht, die vom Finanzministerium übernommen werden sollten. Auf See trug Kapitän Manfred Zehe die Verantwortung für die Sicherheit. Für die Übergabe in Mosambik waren Stasi-Mitarbeiter der HA XVIII/4 vorgesehen.

Weitere Transporte der Aktion »M« folgten. Am 26. März 1982 wurde die »Wismar« mit einem Container und 12,6 Tonnen Geldscheine aus Leipzig sowie weiteren 44 Tonnen Münzen auf Paletten beladen. Die DDR und Mosambik vereinbarten außerdem die Lieferung von 17.000 Gedenkmünzen und 6,5 Millionen Vordrucken. Insgesamt stellte die DDR dafür 200.000 Schweizer Franken in Rechnung.[545] Am 14. Oktober 1983 übernahm die »Anton Saefkow« ebenfalls Container der Wertpapierdruckerei für Mosambik. Und im November 1983 flog eine Sondermaschine des MfS weitere vier Tonnen Geld aus Leipzig in das afrikanische Land. Die Lieferungen im Jahr 1983 kosteten Mosambik 3,2 Millionen US-Dollar. Ebenfalls unter hohen Sicherheitsvorkehrungen und strikter Geheimhaltung setzte das MfS die Aktion »M« am 21. Mai 1984 fort. Diesmal erfolgte der Transport ab Rostock mit der »Schwielowsee«. Im Unterschied zu den vorherigen Transporten wurde für den Weg nach Rostock nicht die Eisenbahn genutzt, sondern die Autobahnen. Der ITA unterstützte auch vor

Ort in Rostock die Transporte. Ebenfalls per Lkw trafen am 9. August 1984 weitere zwei Container aus Leipzig in Rostock ein, die auf die »Fleesensee« geladen wurden. Am selben Tag übernahm auch die »Schönwalde« zwei Container. Weitere neun Tonnen hoben mit einer mosambikanischen Linienmaschine am 13. April 1984 in Berlin-Schönefeld ab.[546]

Für weitere Lieferungen zwischen 1987 und 1989 stellte die DDR 1,9 Millionen US-Dollar in Rechnung. Zu den gut dokumentierten Transporten gehörten vier Container, die am 9. Oktober und 27. Dezember 1986 im Überseehafen bei der »Müggelsee« eintrafen. Das Schiff konnte jedoch aus technischen Gründen erst im Januar 1987 auslaufen. Die Lieferung im Oktober wog 20 Tonnen, der im Dezember 29 Tonnen.[547] Auffällig bei diesem Transport war eine Notiz der Staatssicherheit darüber, dass die Fahrzeugkolonne auf dem Weg zum Hafen bei Rostock von der US-amerikanischen Militärverbindungsmission gefilmt wurde. Die Militärverbindungsmissionen der westlichen Alliierten konnten sich außerhalb militärischer Sperrgebiete in der DDR frei bewegen und übernahmen Aufgaben für die militärische Aufklärung. Die Stasi hielt fest: »MVM USA Nr. 28, Ford grün, 4 Personen in Uniform«. Die »Müggelsee« steuerte Maputo und Beira in Mosambik an. Weitere vier Tonnen holte Mosambik erneut per Flugzeug vom Flughafen Berlin-Schönefeld ab.[548] Der Großteil wurde mit Waren bezahlt.[549]

4 Transporte über See

Nicht nur bei den Bargeld-Lieferungen gehörten die Schiffe der Deutschen Seereederei (DSR) zu den wichtigsten Transportmitteln, wenn der ITA Güter im- oder exportierte. Die Zahl der ITA-Transporte mit Seeschiffen ist heute allerdings kaum noch nachzuvollziehen. Die DDR versuchte grundsätzlich, Waffen und Munition mit eigenen Schiffen zu transportieren – nur in Ausnahmefällen transportierte der ITA Güter auf Schiffen, die nicht zur Staatsreederei DSR gehörten. Dort hatten das MfS und andere Organe die Kontrolle über Ladung und Besatzung. Die Geheimhaltung war leichter durchzusetzen. »Die DSR wurde zum Boten, der nicht fragt und nichts sagt, sondern liefert«, schreibt die Historikerin Franziska Cammin.[550]

Obwohl Besatzungen und Hafenarbeiter in der Regel nicht informiert wurden – für gewöhnlich wusste nur der Direktor des jeweiligen Flottenbereichs Bescheid, und selbst der nicht über Einzelheiten –, war schnell offensichtlich, wann es sich um eine Militärlieferung handelte. Erfuhren die Hafenarbeiter und Seeleute lediglich Gewicht und Größe der Ladung, aber nicht die Güterart, konnte man davon ausgehen, dass militärische Güter geladen wurden. Indirekte Hinweise auf brisante Ladung gingen auch an die Leiter der Reparaturgruppen, die in diesen Fällen Arbeiten mit offener Flamme an Bord verhindern sollten. Bei den Besprechungen über Laden und Löschen war stets ein Offizier anwesend.[551] Zuweilen sprachen die Besatzungen auf den Schiffen von »Pappnasen« oder »Jagdmunition«, wenn sie bestimmte Militärgüter wie Schusswaffen und dazugehörige Munition luden. Die DDR war anerkannter Produzent von Jagdutensilien und tarnte immer wieder Waffenexporte als Lieferungen für Jäger.[552] Bei den Seeleuten waren auch die »grünen Kisten« bekannt, die verladen wurden. »Grüne Kisten war alles, was für Kriegsländer bestimmt war, und hochgefährlich«, zitiert die Historikerin Franziska Cammin einen Seemann der DSR.[553] In der Regel befand sich in solchen Kisten Munition. Zeitzeugen berichten von Fotoverboten und nächtlichen Ladeaktionen.

Die im Folgenden genannten Transporte sind dokumentiert, stellen aber nur einen Bruchteil des gesamten Volumens dar. Sie werden beispielhaft genannt.

Schiffe im Einsatz für den ITA

1975 erweiterte die DSR den »Roll-on-Roll-off«-Verkehr (Ro-Ro), um Lastwagen in den Irak, nach Mosambik, Angola und andere Staaten verschiffen zu können. Bei dieser Art des Transportes werden Güter ohne Kräne oder andere Hilfsmittel, zum Beispiel mit Lastwagen oder Eisenbahnen, direkt aufs Schiff und wieder herunter gefahren. Zu diesem Zweck kaufte die DSR die in Norwegen gebaute »Tor Caledonia«, die von nun an als »Fichtelberg« fuhr. Das mit 3.973 Bruttoregistertonnen (BRT) vermessene Schiff verfügte über drei befahrbare Decks mit einer Gesamtfläche von 4.202 Quadratmetern. Dort war Platz für Trailer, Container oder 195 Lastwagen. Das Schiff war auch für schwere Fahrzeuglasten konzipiert worden: Bei der Beladung über die Heckrampe betrug die zulässige Achslast 45 Tonnen, sodass auch bestimmte Panzertypen geladen werden konnten.[554]

Von den verwendeten Schiffen tauchen besonders die »Eichsfeld« und die »Prignitz« immer wieder in den Berichten auf. Beispielhaft für einen groß dimensionierten Waffentransport steht eine Ladung für die »Müggelsee« am 3. und 4. August 1981. Im Rostocker Überseehafen trafen 144 Eisenbahnwaggons ein. Die Ladungsliste war umfangreich: 20 Panzer vom Typ T-34, 13 MiG-Jets, Waffen, Munition und Ausrüstung. Die Ladung war für Empfänger in der VR Jemen, im Nordjemen, in Äthiopien und Mosambik bestimmt. Dem VEB Seehafen und der Besatzung wurden diese Informationen jedoch zunächst vorenthalten. Gesichert von der Transportpolizei trafen die Güter im Hafen ein. Dort übernahm die Hafenpolizei die Sicherung. Die Stasi überwachte mit mehreren Mitarbeitern die Arbeiten im Hafen, nachdem sie zuvor die Besatzung noch einmal überprüft hatte.[555]

Eine besonders brisante Fracht lud im April 1988 die »Rostock«. Sie transportierte 485 Bomben mit 15.000 Kilo Pulver nach Da Nang (Vietnam) für einen Empfänger in Laos. Die Transportpolizei hatte die Lieferung per Eisenbahn zum Überseehafen in Rostock abgesichert.[556]

Der vermutlich letzte große Transport des ITA verließ den Überseehafen Rostock am 18. September 1989. An Bord der »Schwerin« befanden sich 60 sowjetische Panzer und Ersatzteile mit einem Gewicht von 600 Tonnen. Die Ladung war für Äthiopien bestimmt.[557] Vermutlich das letzte DDR-Schiff wiederum, das Waffen transportierte, war die »Blankenburg«. Sie transportierte eine offizielle Lieferung von Haubitzen und Munition nach Saigon, die unverschleiert deklariert wurde. Absender der 1.200 Tonnen Militärgüter auf der »Blankenburg« war der ITA.[558] Kurz vor der Zwischenstation im kambodschanischen Hafen Kampong Som stellte die Besatzung fest, dass alle Haubitzen den Stempel »Baujahr 1944« trugen – die Überraschung war groß. Auf der Reede folgte dann ein schwerwiegender Zwischenfall: Bei einem Manöver fiel die Schiffsschraube ab und stürzte auf den Meeresgrund. Damit war das Schiff unbeweglich, bis nach Monaten Ersatz aus der DDR eintraf. Das Verkehrsministerium informierte Günter Mittag über den Zwischenfall.[559] Die Entscheidung, was jetzt mit den Waffen geschehen sollte, traf das MfS. Da im Hafen kein Schlepper das große Schiff bewegen konnte, wurde die »Karl-Marx-Stadt« auf dem Weg nach Bangkok nach Kampong Som umgeleitet, um die »Blankensee« an die Pier zu bugsieren. Danach wurde das Schiff schnellstmöglich entladen. Dabei war aus der Ferne Gefechtslärm des seit Jahren andauernden innerkambodschanischen Krieges zu hören. Erst einen Tag später stellte die Besatzung fest, dass das Schiff von Maschinenpistolen getroffen worden war.[560]

> **Zur Menschenrechtslage**
>
> In Kambodscha saßen in den 80er-Jahren mehrere hundert politische Gefangene in den Gefängnissen ein. Dort kam es auch zu Misshandlungen.[561]

Die »Stubbenkammer«

Um die Transporte von Lastwagen im Auftrag des ITA bewältigen zu können, suchte die DSR nach einem Schiff mit möglichst großen Stellflächen für Fahrzeuge. Als geeignet erwies sich die 125 Meter lange Eisenbahnfähre »Stubbenkammer« der Deutschen Reichsbahn, die auf der sogenannten Königslinie zwischen Sassnitz und dem schwedischen Trelleborg im Einsatz war. Die DSR charterte 1978 das 1971 in Norwegen gebaute Schiff und transportierte damit bis Dezember 1983 militärische Güter zum afrikanischen Kontinent.[562] Mit hoher Wahrscheinlichkeit könnten Unterlagen im Landesarchiv Greifswald tieferen Einblick in diese Fahrten der »Stubbenkammer« und die Hintergründe liefern. Doch die Akten der Reichsbahndirektion Greifswald sind nicht aufgearbeitet und damit nicht zugänglich, weil es im Archiv an Personal fehlt.[563]

Der Seemann Joachim Krull aus Sassnitz war während der gesamten Dauer der Vercharterung der Eisenbahnfähre »Stubbenkammer« von der Deutschen Reichsbahn an die Deutsche Seereederei auf dem Schiff als Zahlmeister im Einsatz. Transportiert wurden in erster Linie Lastwagen des Typs W-50 in Tarnfarben mit Öffnungen für einen MG-Aufbau im Dach des Führerhauses. Deren Anteil an der Gesamtladung habe bei etwa 90 Prozent gelegen. Daneben befanden sich regelmäßig Kisten an Bord, in denen sich mutmaßlich Munition und Handfeuerwaffen befanden. »Wir wussten nicht genau, was drin war«, sagte Krull.[564] Offiziell war immer von Solidaritätsgütern die Rede gewesen. Krull schätzt, dass auf dem oberen Deck etwa 30 Lastwagen Platz hatten, unten seien es mehr als 100 gewesen. Die Konstruktion als Eisenbahnfähre habe den Transport der Lastwagen erleichtert, berichtet Krull. Das untere Deck, das im früheren Fährbetrieb für die Eisenbahn konzipiert war, und das obere Autodeck seien zumeist vollbeladen gewesen. Für Lkw-Transporte habe die DSR auch die italienische »Lucia« gechartert. Beide Schiffe lagen 1981 gleichzeitig mit einer Ladung von Lastwagen in Basra im Irak.

Das Schiff wurde in der Regel in Sassnitz und in Ausnahmefällen in Rostock beladen. Die Arbeiten fanden meistens nachts statt. Bewaffnete Posten in Marineuniform hätten die Arbeiten gesichert. »Ablader war der ITA«, erinnert sich der Zeitzeuge. So habe es in den Ladepapieren gestanden. Welche Organisation sich hinter dieser Abkürzung verbarg, sei jedoch unbekannt gewesen. Kontakte zum ITA habe es nicht gegeben. Die Transporte unterlagen keiner außergewöhnlichen Geheimhaltung oder besonderen Sicherung während der Reisen. »Jeder konnte sehen, was drauf war«, sagte Krull. Das Schiff habe nahezu ausschließlich militärische Ladung transportiert und sei in der Regel nach dem Löschen leer in die Heimat zurückgekehrt. Ziele waren Angola, Mosambik, der Irak, Tansania und der Jemen. Außerdem habe das Schiff Jordanien angelaufen. Zwischenstopps habe das Schiff nur zum Bunkern eingelegt.

Die »Stubbenkammer« sei auch durch den Nord-Ostsee-Kanal gefahren. Auf der Ostsee seien die Fahrten intensiv von der Bundesmarine und Schiffen anderer Nato-Staaten beobachtet worden. Krull erinnert sich an einen schwerwiegenden Zwischenfall während einer Reise. 1980 oder 1981 habe eine französische Fregatte vor West-Afrika der »Stubbenkammer« zweimal vor den Bug geschossen. Der Grund ist unklar. »Es fand kein Funkverkehr statt«, sagt Krull.

Die Staatssicherheit war stets bemüht, das Geschehen auf der »Stubbenkammer« im Blick zu behalten, stand aber vor ungewöhnlichen Schwierigkeiten. Die Abteilung XIX (Verkehr, Post, Nachrichtenwesen) der Stasi in Rostock stellte am 12. Oktober 1982 fest, dass auf dem Fährschiff keine inoffiziellen Quellen vorhanden waren, obwohl das Schiff mit militärischen Gütern auf Großer Fahrt eingesetzt wurde und Werften im kapitalistischen Ausland anlief. Zuvor waren stets IM auf der »Stubbenkammer« eingesetzt worden. Daher sei es nun erforderlich, einen Inoffiziellen Mitarbeiter zur politisch-operativen Durchdringung und Sicherung des Verantwortungsbereiches (IMS) anzuwerben. Der IMS sollte zur »allseitigen Absicherung« der Besatzung eingesetzt werden, »insbesondere hinsichtlich eines geplanten ungesetzlichen Verlassens der DDR«. Außerdem sollte der IMS über gegnerische Aktivitäten und Kontakte von Besatzungsmitgliedern mit Personen aus dem nichtsozialistischen Wirtschaftsraum berichten.[565] Wie es trotz der sensiblen Routen und Transporte zur Lücke bei der Überwachung gekommen war, ist unklar. Wirtschaftsoffiziere erschienen der Stasi für eine Zusammenarbeit besonders lohnend, da die Männer zu allen Besatzungsmitgliedern Kontakt hatten. 1983 war das System wieder so weit ausgebaut, dass drei IM an Bord der »Stubbenkammer« spitzelten und damit die Position eines FIM (Führung-IM) geschaffen werden musste. Den Posten übernahm Joachim Krull, damals »Peter Sommer« oder »Heiko«.[566] Krull berichtete unter anderem über den Politoffizier, der nach seinen Angaben nicht so arbeite, wie man es von ihm erwarten könne.[567]

Eine ungewöhnliche Anfrage beschäftigte den ITA im Februar 1989. Durch ihren Offizier im besonderen Einsatz (OibE)[568] Brigitte Lübke, Sicherheitsinspektorin beim Außenhandelsbetrieb Schiffscommerz, erfuhr die Stasi, dass das Fährschiffamt Sassnitz für 50.000 Mark bei einer westdeutschen Schiffsmaklerei Schlagstöcke, Tränengas, kugelsichere Westen, Schreckschusswaffen und weitere Ausrüstung beschaffen wollte, um Terrorakte auf ihren Fähren, darunter auch der »Stubbenkammer«, abzuwehren. Lübke wies jedoch darauf hin, dass für den Import dieser Güter nicht der Schiffscommerz, sondern der ITA zuständig sei. Eine Lieferung aus der Bundesrepublik käme einem illegalen Waffenimport gleich.[569]

Die »Stubbenkammer« lief während ihrer Vercharterung an die DSR mit Lkw-Transporten folgende Häfen an: Basra (Irak), Aden (Jemen), Akaba (Jordanien), Leningrad und Murmansk (UdSSR), Stettin (Polen), Ceuta (spanische Exklave in Nordafrika) und Limassol (Zypern).[570]

Zwischenfälle

Bei den ITA-Transporten kam es auf See zu zahlreichen Zwischenfällen, von denen an dieser Stelle mehrere beispielhaft erwähnt werden sollen. Die Aktenlage ist zum Teil dürftig. Dennoch sind die Fälle aussagekräftig, da aus ihnen hervorgeht, dass die geforderte Geheimhaltung nicht immer gewährleistet war und dass der Umgang mit gefährlicher Ladung zuweilen nachlässig erfolgte.

Bei der Beladung des Schiffes »Neuhausen« mit Solidaritätsgütern für Angola im März 1976 stellte der ITA gravierende Sicherheitsmängel fest. Die Liste war lang:

- die Ladeluken waren nass und schmutzig (normalerweise transportierte das Schiff Eisen und Holz zwischen der DDR und der UdSSR),
- die Griffe der Kisten brachen ab,
- 16 angelieferte Kisten waren nicht mehr auffindbar,

- explosive Güter wurden zusammen mit Zündern oder Maschinenteilen in derselben Luke geladen,
- Munitionskisten aus der ČSSR waren klar als solche zu erkennen,
- Minen waren lediglich in Verschlägen verpackt.

Transportarbeiter hätten begonnen, mit der Ware zu »spielen«. Der Informant war IM »Willi« alias Wilfried Litvan, der in leitender Position beim ITA arbeitete (▶ Kap. 5).[571] »Willi« überprüfte im August 1977 auch die Beladung der »Georg Schumann«, die mit zehn Millionen Schuss Munition aus einem Staatsreservelager bei Gransee beladen war, die per »Sonderdurchgangszug« nach Rostock gefahren worden waren. Hinzu kamen weitere militärische Ausrüstungen, die für Äthiopien bestimmt waren. Viele Güter waren nach Litvans Angaben so gekennzeichnet, dass selbst die algerischen Verladearbeiter erkennen konnten, dass Explosivgüter an Bord kamen.[572]

Eine ungewöhnliche Reise erlebten die Seeleute auf der »Quedlinburg« im Frühjahr 1983. Im chinesischen Hsin Kang erreichte ein verschlüsseltes Telegramm das Schiff. Darin erhielt der Kapitän die Anweisung, als erstes Schiff der DSR den südkoreanischen Hafen Busan anzulaufen. Weiter hieß es in dem Telegramm:

> sie laden dort 10 x 20'-container mit maschinenteilen für lagos in nigeria. es ist darauf zu achten, dass papiere entsprechend ausgestellt werden. tatsächlich handelt es sich um artilleriemunition für bandar-abbas/iran. dortige anlaufadresse wird ihnen zu einem späteren zeitpunkt mitgeteilt.[573]

Die Anweisung kam für die Schiffsführung überraschend. Da ein Offizier zuvor mit einem DSR-Schiff Waffen für den Irak nach Kuwait geliefert und davon berichtet hatte, wurde durch das Telegramm auch das Doppelspiel der DDR im ersten Golfkrieg offenkundig. Die Schiffsführung der »Quedlinburg« informierte die Crew nicht über die geplante Ladung. Angekommen in Busan stellte sich aber heraus, dass selbst der Lotse über die Munition Bescheid wusste, die in einem abgelegenen und gesicherten Teil des Hafens in neutralen Containern ohne Nummerierung geladen wurden. Von Busan steuerte das Schiff nach einem weiteren Telegramm direkt Bandar Abbas an. Als das Schiff dort aus unbekannten Gründen nicht abgefertigt wurde und der Kapitän den Hafen ohne die Ladung zu löschen verlassen wollte, feuerte die iranische Küstenwache Warnschüsse vor den Bug des Schiffes. Ein weiterer Schuss aus einem Karabiner durchdrang hinter der Lotsentoilette zwei Wände. Danach durfte die »Quedlinburg« mit der Ladung zurück nach Rostock fahren. Bei ihrer Ankunft lagen bereits zwei Schiffe aus dem Iran im Hafen, die die Container übernahmen.[574]

Am 26. Oktober 1983 erhielt der ITA von der Deutschen Seereederei in Rostock eine Rechnung über 48.345 Mark. Diese Summe errechnete sich aus drei Ausfalltagen für die »Blankensee«, die wegen mangelnder Vorbereitung eines Transports nach Kuwait länger als geplant festlag. Die DSR beklagte, dass sich der ITA weder um die Ladungsdokumente für den speziellen Transport an irakische Empfänger noch um die Abfertigung des Schiffes in Kuwait gekümmert habe. Sämtliche Anfragen an den ITA seien unbeantwortet geblieben. Als sich das Schiff am 9. Oktober bei den Häfen Shuwaik und Shuaiba anmeldete, bestand sogar die Gefahr, dass die Behörden das Einlaufen in kuwaitische Gewässer untersagten, weil die Anmeldung des Schiffes nicht erfolgt war. Der Sprechfunkverkehr war auf allen Schiffen in der Nähe zu verfolgen. Damit hätte auch dem iranischen Geheimdienst zu Ohren kommen können, welche Güter das DDR-Schiff transportierte. Das weckte Befürchtungen, der Iran werde künftig verstärkt DSR-Schiffe in der Straße von Hormus kontrollieren. Zu weiteren Verzögerungen kam es, weil der irakische Empfänger nicht genügend Fahrzeuge für den Abtransport zur Verfügung hatte und eine Zwischenlagerung im Hafen nicht möglich war.[575]

Im Juli 1984 wurde die mit Solidaritätsgütern beladene »Arendsee« auf der Innenreede des angolanischen Hafens Luanda attackiert. Zwei Haftminen explodierten unter der Wasserlinie, die Mannschaft konnte sich rechtzeitig in Sicherheit bringen. Das Schiff bekam starke Schlagseite und wurde auf eine Sandbank gesetzt, wo ein sowjetisches Bergungsschiff die »Arendsee« vor einem Abrutschen in tiefe Gewässer bewahrte. Auch Schalck-Golodkowski erhielt alle Meldungen über den Angriff auf das Schiff: Die Solidaritätsgüter auf der »Arendsee« hatte die KoKo geliefert. Der Anschlag sollte die Beziehungen zwischen der DDR und Angola bzw. der SED und der Volksbewegung zur Befreiung Angolas (MPLA) stören, schrieb die Botschaft in Luanda nach Ost-Berlin. Andere Schiffe aus der DDR übernahmen den Teil der Ladung, der noch zu retten war. Da das

Schiff in Luanda nicht repariert werden konnte, wurde es auf dem offenen Meer versenkt.[576]

Detaillierte Aufzeichnungen der Abteilung Hafen existieren über den missglückten Transport der »Köthen« im Juli 1985 für die PLO (Fatah). Die Absprachen zwischen ITA und IMES, die einen Teil der Lieferung besorgte, sahen vor, dass der ITA in Rostock die Abfertigung, das Verpacken und die Beladung übernahm. Dafür wurden Container in einem Zwischenlager in Storkow im Pionierlager der NVA bereitgestellt. Zum Teil handelte sich um ausländische Container, die umgespritzt wurden – ein Fehler, wie die Staatssicherheit später einräumte: Gängige Container aus dem Westen wären unauffälliger gewesen. Für ITA und KoKo gehörte dieses Vorgehen in Storkow damals jedoch zum Standard. Auch seien die offiziellen Bezeichnungen »DSR-Container« oder »DXU-Container« auf den Außenhüllen der Metallboxen wenig professionell überpinselt und die Container mit neuen Nummern versehen worden. Außerdem fehlten in den Dokumenten für die als »Metallwaren« deklarierte Ladung Angaben zum Absender, Ablader und Empfänger – ein Umstand, den der IMS »Meyer« in seinem späteren Bericht als »auffällig« bezeichnete.[577]

Der ITA organisierte auch die weitere Verschiffung der Container mit der »Köthen« nach Larnaka auf Zypern. Dort – so der Plan – sollten die Container entladen und mit dem libanesischen Küstenmotorschiff »Hassan« ins libanesische Saida transportiert werden.[578] Ein Direkttransport nach Saida mit einem DSR-Schiff war wegen der israelischen Militärpräsenz ausgeschlossen.[579] Doch die Behörden Zyperns durchkreuzten alle Pläne: Am 18. Juli 1985 gingen Zollbeamte an Bord der »Köthen«. Auffällig war, dass die Beamten gezielt die 23 Container mit der Waffenlieferung inspizieren wollten – diese Zahl war nur in der DDR bekannt.[580] Kapitän Wagner taktierte, um die Kontrolle zu verhindern, und sträubte sich. Angeblich wäre sein Ladegeschirr defekt und er müsse es in Piräus reparieren lassen – eine Ausflucht, die er nach Rücksprache mit der DSR in Rostock wählte. Auch der Erste Offizier versuchte, die Kontrolle zu verzögern, indem er per Kurzschluss einen Blackout auf dem Schiff herbeiführte, der ein Öffnen der Luken verhinderte.[581] Die Kontrolleure waren besonders an Absender, Empfänger und Inhalt der Container interessiert. Offiziell begründete der Zoll in Larnaka seine Forderung, die Container zu öffnen, mit der Funktion des Hafens als Drogenumschlagplatz. Da die

Container jedoch aus Wismar stammten und damit eine Drogenlieferung kaum plausibel war, bewerteten die DDR-Behörden diese Information als vorgeschoben.[582] Vermutlich war der Zoll wegen der dubios ausgefüllten Dokumente auf die Ladung aufmerksam geworden. Außerdem waren die Container nicht ordnungsgemäß mit Nummern versehen.[583] Die Stasi schloss auch nicht aus, dass Telefongespräche abgehört worden und damit Informationen an den zypriotischen Zoll gelangt waren. Die Verhandlungen zwischen Berlin und Arafats damaligem Hauptquartier in Tunis waren stets telefonisch geführt worden. »Da hier mit Abflußmöglichkeiten gerechnet werden muß, ist das eine Abflußquelle«, schrieb die Stasi. Denkbar sei auch, dass die undichte Stelle in Lager Storkow zu suchen sei, in dem die Ladung durch die Bemalung der Container »neutralisiert« wurde.[584]

Nach der Weigerung Wagners, die Container zu öffnen, sprach der Zoll in Larnaka zunächst ein Auslaufverbot aus, ließ die »Köthen« aber fahren, nachdem der DDR-Botschafter interveniert hatte. So konnte das Schiff zwar den Hafen unkontrolliert verlassen, die Ware dort aber nicht wie geplant löschen und umladen.[585] Die DSR ordnete an, offiziell Kurs auf Piräus zu nehmen.[586] Tatsächlich fuhr die »Köthen« jedoch zunächst nach Mersin in der Türkei. Dort übernahm die »Bansin« die kommerzielle Ladung für Zypern, die ITA-Container mit den Waffen blieben an Bord.[587] Um weitere Probleme zu verhindern, vereinbarten die DSR und der Berliner PLO-Botschafter zunächst, die Container in Algier oder Tunis zu entladen.[588] Aber auch das war der KoKo zu heikel. Nachdem die Idee verworfen wurde, die Container auf See auf ein anderes Schiff, die »Aken«, umzuladen – der US-amerikanische Flugzeugträger »Nimitz« hätte die Aktion möglicherweise beobachten können –, wurde die Ladung schließlich in die DDR zurücktransportiert.[589] Unter »Bemerkungen« wies der Bericht von IMS »Meyer« noch auf eine weitere bemerkenswerte Episode des missglückten Transports hin: Die israelische Kriegsmarine hatte ein kleineres Schiff beschossen, das sich mit Kriegsgerät auf dem Weg nach Saida befunden hatte.[590] Offenbar war Israel gut informiert, auf welchen Wegen Waffen an die PLO geliefert wurden. Damit könnten auch Schiffe aus der DDR zu den potenziellen Angriffszielen gehören.

Weitere »Abflüsse«, also illegale Weitergabe von Informationen, hatte es offenbar auch bei einem ITA-Transport mit der »Fliegerkosmonaut der

DDR Siegmund Jähn« gegeben. Am 18. Juli 1985 setzten die saudi-arabischen Behörden das Schiff in Dschidda fest, das in Rostock zwei 40-Fuß-Container mit Funkmessstationen, Werkstattwagen und Nachrichtenkabeln im Auftrag des Außenhandelsbetriebs für den syrischen Waffenhändler Nicola Nicola geladen hatte. Bei der Verladung in Rostock sei der »arabische Kunde« anwesend gewesen, vermerkte die Staatssicherheit. In Dschidda suchten Küstenwache und Zoll mit Spezialgeräten sorgfältig und gezielt nach den Boxen, in den sich das Material befand. Auf Reede untersuchten außerdem Taucher das Schiff. Der Funkraum wurde versiegelt. Weil die Schiffsführung die Durchsuchung befürchtet hatte, hatten Kapitän Hans-Heinrich Zeplien und sein Erster Offizier Wolf-Dieter Dalecki wichtige Dokumente bereits verbrannt. Darunter dürften sich geheime Chiffrierunterlagen befunden haben. Die Behörden hielten das Schiff vier Tage und 22 Stunden fest. Fündig wurden sie jedoch nicht: Die Ausrüstung des ITA war bereits zuvor im jordanischen Hafen von Akaba gelöscht worden.[591] Der Abnehmer der Waren soll in Syrien verhaftet worden sein, meldete später die Arbeitsgruppe KoKo der Staatssicherheit.[592]

Auch die Abteilung Hafen der Staatssicherheit protokollierte die Aktion. Die saudi-arabischen Behörden hätten das Schiff einen Tag nach einer Ankunft »umfassend« durchsucht, schrieb die Abteilung über den Zwischenfall und fügte hinzu: »Gründe wurden nicht genannt.«[593] Dass die Container auf der »Fliegerkosmonaut der DDR Siegmund Jähn« dem Zoll auffielen, könnte nach einer ersten Einschätzung an den zwei Containern liegen, die von internationalen Standards abwichen. Die Behälter, in denen angeblich Öle und Fette transportiert wurden, waren nur acht statt der üblichen 8,5 Fuß hoch. Außerdem trugen die Container keine CSC-Plakette, die seit dem 1. Januar 1985 Vorschrift war und die Einhaltung der internationalen Sicherheitsbestimmungen bestätigte. Bereits bei der Verladung hatte die Abteilung Hafen auf diese Mängel hingewiesen. Offenbar waren die Unstimmigkeiten auch an die Behörden in Saudi-Arabien gelangt.

Das Verkehrsministerium der DDR zog Konsequenzen aus dem Zwischenfall in Saudi-Arabien. Bis auf wenige Ausnahmen mussten fortan alle »speziellen Transporte« dem stellvertretenden Minister Heinz Rentner gemeldet werden.[594] Der Auslandsgeheimdienst der DDR, die HVA, versuchte aufzuklären, wer die Behörden auf die Transporte der »Köthen« und der »Fliegerkosmonaut der DDR Siegmund Jähn« hingewiesen hatte. »In diesem Zusammenhang ist bedeutsam, daß nur die Mitarbeiter der DDR die exakte Anzahl der Container wissen konnten«, schieb IM »Wolfgang Wagner«. Wer den Verrat beging, konnte jedoch nicht geklärt werden.[595]

Gescheitert ist 1986 auch eine vom ITA durchgeführte IMES-Lieferung mit dem dänischen Frachtschiff »Pia Vesta«. Das Schiff hatte in Rostock unter anderem 1.500 AKM-Sturmgewehre, 1.440 Panzerbüchsen RPG-18, 32 Robur-Lastwagen, Munition und anderes militärisches Gerät für Peru geladen, das nicht deklariert war. Die Ladung war 200 Tonnen schwer.[596] Das Geschäft zwischen IMES und peruanischen Händlern war durch einen Schweizer Waffenhändler zustande gekommen. Nach Medienberichten hatte der dänische Reeder das Schiff an die Kopenhagener Gesellschaft SA-Chartering ApS verchartert. Er sei in den früher 80er-Jahren fünfmal wegen Waffengeschäften aufgefallen.

Die Waffen waren angeblich für die peruanische Armee und Nicaragua bestimmt. Vor Ort gab es jedoch ganz andere Spekulationen: Die Behörden in Peru und Panama gingen davon aus, der CIA habe die Waffen gekauft und wolle sie über El Salvador den Contras in Nicaragua übergeben. Aber auch das Gerücht von einer Waffenlieferung an den »Leuchtenden Pfad« verbreitete sich und brachte die DDR in Misskredit.[597] Die marxistisch-maoistische Terrororganisation führte nach dem Ende der Militärdiktatur in Peru einen Guerillakrieg gegen die Regierung und kontrollierte zwischenzeitlich große Gebiete des Landes. In der DDR-Botschaft in Lima gingen drei Drohanrufe ein. Die Peruaner würden es den Kommunisten nicht erlauben, mit ihren Waffen peruanische Brüder umzubringen.[598] Der *Spiegel*, der über den Vorgang berichtete, ging davon aus, dass Ost-Berlin über den Zweck der Lieferung selbst nicht Bescheid wisse. »Aus umfangreichen DDR-Unterlagen geht [...] hervor, daß die IMES-Schieber weder wußten, für wen die Kriegswaffen bestimmt waren, noch die Hintermänner der Transaktion kannten«, schrieb das Nachrichtenmagazin.[599]

Zur Menschenrechtslage

In Peru »verschwanden« in den Gebieten des Aufstands des »Leuchtenden Pfads« Tausende Menschen, die von der Armee verschleppt worden waren. In den Gefängnissen wurden Häftlinge gefoltert. 1988 saßen beispielsweise 630 politische Gefangene in den Haftanstalten ein. Viele verbrachten Jahre in Einzelhaft. Die Regierungstruppen zerstörten außerdem ganze Dörfer. In den Städten Perus waren Todesschwadrone im Einsatz, die im Auftrag der Regierung Angst und Schrecken verbreiteten. Auch der »Leuchtende Pfad« war für Gewaltexzesse bekannt und verstümmelte und tötete Gefangene.[600]

Am 8. Juni 1986 forderte die peruanische Marine die »Pia Vesta« auf, die Hoheitsgewässer des Landes zu verlassen, noch bevor es einen Hafen erreicht hatte; die Besatzung folgte der Anweisung und nahm Kurs auf Panama. Dort wurde die »Pia Vesta« am 14. Juni auf Ersuchen der peruanischen Behörden im Hafen Balboa gestoppt. Die Polizei verhaftete den Kapitän und sechs Besatzungsmitglieder – angeblich, weil die Ladung falsch deklariert war. Die Ladung wurde beschlagnahmt.

»Bei den geschilderten Vorkommnissen wird sichtbar, daß die jeweiligen Landessicherheitsorgane (Zoll, Küstenschutz, Sicherheitsbehörde) zielgerichtet in der Suche von Stückgut mit speziellen Erzeugnissen vorgegangen sind«, hieß es in der »Operativen Wertung« der Staatssicherheit, die Verrat vermutete.[601] Die Stasi ging von Geheimdiensten aus, die die jeweiligen Behörden informierten. Die Quelle vermutete man im Bereich von IMES und im Seehafen Rostock. Ins Visier der Stasi geriet auch der zuständige IMES-Exportkaufmann F., der ein Schulfreund eines geflüchteten Stasi-Offiziers namens Werner Stiller war. Die Stasi spekulierte, dass der BND F. 1977 in Bogota angeworben haben könnte und dass er von Peru aus versucht habe, den geflüchteten Stiller zu kontaktieren.[602] Oberleutnant Stiller war 1979 in die Bundesrepublik übergelaufen. Seine Flucht mit zahlreichen geheimen Dokumenten in den Westen gilt bis heute als einer der spektakulärsten Spionagefälle im Kalten Krieg. In den Akten des MfS ist durchgehend von einem »Verräter« die Rede.

Sicherheitsmängel

Angesichts der Brisanz der Ladungen, die über Rostock und andere Häfen verschifft wurden, fallen in den Berichten der Staatssicherheit immer wieder die eklatanten Sicherheitsmängel bei den Transporten über See auf. In den Akten sind zahllose Beispiele zu finden, wie Desorganisation und Nachlässigkeit zu riskanten Situationen führten – hier eine Auswahl.

Am 28. Mai 1970 stellte die Bezirksverwaltung Rostock fest, dass die Güter für die DDR, die aus Riga eintrafen, häufig »sehr schlecht« verladen würden. Auch fehlten oft Dokumente oder Kisten, die in den Frachtpapieren standen, sich aber nicht an Bord befanden. Die Schiffsleitung wisse oft nicht, wie groß der Umfang der Lieferungen sein werde. Manchmal gehe es um mehrere 100 Tonnen. »An dem bisherigen Ablauf des Transportes auf dem Seewege muss man annehmen, daß sich die verantwortlichen Genossen vom Ingenieur-Technischen Außenhandel und vom Ministerium für Nationale Verteidigung zu wenig um den sicheren Transport gekümmert haben«, hieß es leicht gereizt in einem Schreiben der Bezirksverwaltung.[603] Beispielsweise war am 5. Februar 1970 die »Dessau« mit 25 beschädigten Kisten in Rostock eingetroffen. Ein Behälter mit Verdampfern für Torpedos, Treibstoffbehältern für Flugzeuge und Nachrichtengeräten war komplett zu Bruch gegangen, als man ihn in den Laderaum fallen ließ. Drei Wochen später kamen mit der sowjetischen »Irbitles« 37 demolierte Kisten mit Militärgut in Rostock an. Auf den empfindlichen Gütern mit Flugzeugersatzteilen und Nachrichtentechnik hatten die Hafenarbeiter in Riga Schwergut verstaut.

Im August 1973 standen tagelang elf Güterwagen mit 133 Tonnen Militärgut aus der ČSSR unbewacht im Hafen von Wismar, weil sich die Ankunft des Schiffes verspätete. Erst eine Woche nach Ankunft der Waggons im Hafen, am 31. August, konnten die 574 Kisten und 66 Paletten schließlich auf die »Tollense« geladen werden. Während dieser Wartezeit verweigerte die Deutsche Reichsbahn aus Sicherheitsgründen die Rücknahme der Waggons. Auch der Seehafen lehnte die Einlagerung ab. So verblieb die Ware in Waggons auf den Gleisen im Hafen. Die Hafenpolizei erklärte, die Wagen zwar regelmäßig bei Streifenfahrten anzulaufen. Für eine ständige Bewachung fehle jedoch das Personal. Aus diesen Angaben mussten die ITA-Mitarbeiter schließen, dass regelmäßig gefährliche Güter im Hafen unbewacht in Waggons gelagert wurden: Das Problem stellte sich ständig. Allein die ČSSR schickte monatlich zwei bis drei Wagen mit brisanter Fracht nach Wismar. Immerhin gelang es dem ITA, nach dem Fall von August 1973 durchzusetzen, dass bei ähnlichen Transporten die

Gefahrenklasse der Güter in die Schiffspapiere eingetragen wurde. Außerdem sollte künftig die Inhaltsbezeichnung »Jagdmunition« verwendet werden.[604] Diese Bezeichnung wurde häufig verwendet, um den militärischen Charakter der Lieferung zu verschleiern.

Lücken bei der Bewachung zeigten sich auch, als die »Bode« im Oktober 1975 6.000 Maschinenpistolen AKM S-2 von Wismar nach Syrien transportierte. Als die in Wiesa produzierte Ladung im Hafen von Tartus gelöscht wurde, stellte sich heraus, dass eine Waffe fehlte. Recherchen der Staatssicherheit ergaben, dass die Sendung nach dem Eintreffen in Wismar per Bahn nicht von der Volkspolizei an die Hafenpolizei übergeben worden war. Unklar blieb, wo es zu dem Diebstahl gekommen war. Im Seehafen von Wismar waren die Kisten als Maschinenteile deklariert in einem unverschlossenen Schuppen eingelagert gewesen. Auch an Bord der »Bode« waren sie für jedermann zugänglich. Denkbar ist auch, dass die Ware in Tartus abhandengekommen ist. Die Besatzung wusste möglicherweise gar nicht, was in den Kisten gelagert war. Weder der ITA noch andere Stellen hatten sie informiert. Die Stasi schrieb: »Während der Liegezeit von 49 Tagen auf Reede von Tartus wurde auf der MS ›Bode‹ in der Nähe der Sendung ein Tischtennisturnier durchgeführt.« Erst als eine der Kisten beim Entladen beschädigt wurde, sprach sich der Inhalt herum. Der Kapitän verzichtete jedoch dennoch darauf, die Ladung sichern zu lassen.[605]

Gleich 50 Paletten mit 3.000 AKM aus der DDR wurden 1976 auf der »Havel« transportiert. Die Ladung des ITA war jedoch nicht wahrheitsgemäß in den Landelisten verzeichnet. Auch der Kapitän war nicht informiert. Da die »Havel« zeitweise in Larnaka auf Zypern wegen eines Maschinenschadens festsaß, entschied sich der Kapitän, die Paletten auf zwei zypriotische Schiffe mit dem syrischen Bestimmungshafen Latakia umzuladen. Dort kamen sie zwar an, doch die Stasi sprach von »Nichterfüllung staatlicher Vereinbarungen« und »Sorglosigkeit«. Während der Fahrten mit den zypriotischen Schiffen habe sich die Ladung außerhalb jeder Kontrolle befunden. Der ITA setzte eine Untersuchungskommission ein.[606]

Auch beim Umschlag auf dem Fährbahnhof Mukran (▶ Kap. 8) stellte die Staatssicherheit »erhebliche Probleme« fest. Dabei ging es in erster Linie um die lange Standzeit der Eisenbahnwagen, die in der Regel drei Tage betragen sollte. Dieser Zeitraum sei jedoch bei fast allen Transporten deutlich überschritten worden: Er betrug bis zu 22 Tage. Zu den Ursachen gehörten technische und organisatorische Probleme, die typisch für den Umschlag in Mukran waren: Es fehlten Kuppelwagen, um sowjetische Breitspur-Wagen mit den Waggons der Reichsbahn zusammenzukuppeln. Außerdem mangelte es beim Umachsen der Waggons auf die deutsche Normalspur an Drehgestellen.[607] Die Stasi beklagte außerdem das Fehlen von Reichsbahnwagen, die für den Transport von Munition und Sprengstoffen geeignet waren. Die Folge: Waggons mit gefährlicher Ladung standen auf dem Gelände. »Aus den bisher genannten Gründen stehen im Durchschnitt 100 Wagen mit Militärgut im Fährkomplex Mukran«, hieß es in einem Bericht der Bezirksverwaltung Rostock aus dem Jahr 1988.[608]

Beim Import von elf Tonnen des Sprengstoffs Okfol, der für die Waffenproduktion eingesetzt wurde, wäre es in Mukran am 21. Mai 1988 beinahe zu einer Katastrophe gekommen. In einem Waggon entdeckten Arbeiter drei aufgeschlitzte Säcke. Der Sprengstoff, der sich durch einfache Reibung entzünden kann, war herausgerieselt. »Es genügt bereits, wenn ausgerieseltes Okfol zwischen die Rollen der Waggontür gelangt«, schrieb der VEB Mechanische Werkstätten Königswartha, der die brisante Ladung vermutlich in der UdSSR bestellt hatte, an den ITA. Einer handschriftlichen Notiz auf dem Brief ist zu entnehmen, dass der ITA als Konsequenz die sowjetischen Partner bitten wollte, den Sprengstoff künftig in Holzkisten zu transportieren. Außerdem sollten die Wagen mit Okfol nicht mehr umgeladen, sondern umgeachst werden.[609]

Die Staatssicherheit beklagte außerdem Verstöße beim Schutz von militärischen Geheimnissen. Bei der Umladung und der Umachsung seien Arbeitskräfte eingesetzt worden, die nicht zuvor von der Stasi überprüft worden seien. »Sogar ausländische Arbeitskräfte aus Vietnam und der VR Polen kamen zum Einsatz«, hieß es. »Außerdem wurde festgestellt, daß sich Service-Monteure des NSW unbeaufsichtigt im Umschlagbereich aufhielten.« Auch Bauarbeiter seien dort entdeckt worden. Die Probleme würden »laufend« mit der Leitung des Fährkomplexes besprochen, doch sämtliche Maßnahmen wie die Einrichtung eines Sperrbereichs und die Abwicklung der Transporte in schwer einsehbaren Bereichen hätten die Zahl der Menschen, die die Militärtransporte beobachten könnten, nur unwesentlich reduziert. Sorge bereitete dem Geheimdienst auch die Landstraße 32, die Prora mit Sassnitz verband und die wegen der Bauarbeiten im Fährhafen jahrelang gesperrt war. Als sie am 1. Juni 1988 wieder für den öffentlichen Verkehr freigegeben wurde, war damit der Blick von der Brücke über die Gleisanlagen und den Hafen von Mukran frei.[610]

Die Zusammenarbeit zwischen Transportpolizei (Trapo) und Deutscher Reichsbahn (DR) in Mukran bei der Begleitung der ITA-Transporte verlief ebenfalls nicht reibungslos. Ein Trapo-Major aus Rostock beklagte »schlechte bzw. mangelhafte Arbeitsweisen von Beschäftigten der DR«. Darüber hinaus bemängelte er Verzögerungen beim Umachsen, das späte Zusammenstellen der Züge, den Mangel an Loks und Lokführern sowie fehlende Frachtpapiere. Außerdem mahnte der Offizier bei der Reichsbahndirektion in Greifswald an, jeder Transport mit »speziellen Gütern« in Mukran müsse so vorbereitet werden, dass die Transportpolizei rechtzeitig informiert werden könne. Unzufrieden äußerte sich der Trapo-Major zudem über die Kontrollen an den Zufahrten zum Fährbahnhof: »Mangelnde Kontrolltätigkeit, ständig auf Grün geschaltete Ampeln oder zeitweilig durch die ganze Schicht nicht besetzte Posten sind in der Praxis durchgehend vorhanden.« Kurzfristig sollten neue Kontrollpunkte geschaffen werden, langfristig ganze Bereich des Fährkomplexes mit Zäunen abgesperrt werden.[611]

5 Der ITA im Fokus der Staatssicherheit

Unter der Kontrolle der Stasi

Die Betriebe des Außenhandels gehörten zu den am besten überwachten Bereichen der DDR-Gesellschaft, da sie für wichtige Einnahmen des stets finanzschwachen Staats sorgten.[612] In manchen Quellen wird der ITA trotz seiner Zuordnung zum Außenhandelsministerium als Betrieb der NVA bezeichnet – denn immerhin bestand ja die Führungsebene des ITA aus Offizieren. Doch die Dichte der Überwachung und die Infiltration bis in die oberste Führung – ähnlich wie bei KoKo-Betrieben – sollte vielmehr zu der Frage führen, ob es sich beim ITA nicht in Wirklichkeit um einen Betrieb der Staatssicherheit gehandelt hat. Zumindest *de facto* dürfte weder das Außenhandelsministerium noch das Militär die eigentlich bestimmende Organisation im Geschäft des ITA gewesen sein. Für westliche Geheimdienste war die Verantwortung eindeutig – über den ITA schrieb der westdeutsche Bundesnachrichtendienst (BND): »Die Steuerung durch das MfS kann belegt, eine Zusammenarbeit mit dem KGB der UdSSR unterstellt werden.«[613] Und auch für den Historiker Jürgen Borchert ist die Sache klar: »Das MfS war der Dreh- und Angelpunkt in allen operativen Fragen bei der Behandlung des internationalen Terrorismus und des Waffenhandels.«[614]

Geschäfte unter Beobachtung der Stasi

Die Geschäfte des ITA wurden von MfS-Offizieren im besonderen Einsatz (OibE) kontrolliert. Sie waren nicht nur in der Leitung des Außenhandelsbetriebes, sondern bis zur Sachbearbeiterebene vertreten.[615] Vermutlich trugen die Mitarbeiter der Stasi im ITA dieselben internen Bezeichnungen wie in der NVA. Die für die NVA und Grenztruppen zuständige MfS-Hauptabteilung I hieß bei den Soldaten »Verwaltung 2000«, die Verbindungsoffiziere wurden als »V-Nuller« bezeichnet.[616] Zuständig für die Beobachtung des ITA war jedoch die MfS-Hauptabteilung XVIII (Volkswirtschaft) mit ihrer Abteilung 7 unter Oberst Johannes Maye.[617] Dort hatte man folgenden zwei Bereiche im Blick:

- das Ministerium für Außenhandel – ohne den Bereich Kommerzielle Koordinierung,
- die Außenhandelsbetriebe, ab 1986 nur noch Transinter, Industrieanlagenimport (IAI) und ITA.

Die Intensivierung der Exporte in den nichtsozialistischen Wirtschaftsraum Anfang der 80er-Jahre führte zu einer verstärkten Überwachung durch die Staatssicherheit. Auch für die zweite Hälfte des Jahrzehnts rechnete die Stasi wegen der Einführung neuer Technik bei den Streitkräften mit einer Zunahme der Aufgaben.[618] Im übergeordneten Bereich Spezieller Außenhandel (BSA) arbeiteten 1984 ein IME (Inoffizieller Mitarbeiter im besonderen Einsatz), acht IMS (Inoffizielle Mitarbeiter zur politisch-operativen Durchdringung und Sicherung des Verantwortungsbereiches), zwei GMS (Gesellschaftlicher Mitarbeiter für Sicherheit) und ein IMK (Inoffizieller Mitarbeiter zur Sicherung der Konspiration und des Verbindungswesens der Staatssicherheit). Die Funktionen der unterschiedlichen Arten von Stasi-Mitarbeitern überschnitten sich teilweise. Weitere drei IM gehörten dem Reisekader für den nichtsozialistischen Wirtschaftsraum (NSW) an, elf IM und GMS dem Reisekader für den sozialistischen Wirtschaftsraum (SW) und drei IM bzw. GMS dem SW-Auslandskader. Reisekader waren in der Regel befugt, auch ins nichtsozialistische Ausland zu reisen. Zu den Auslandskadern zählten Spezialisten wie Ärzte oder Ingenieure, die sich für einen bestimmten Zeitraum für die Arbeit in Entwicklungsländern verpflichteten.

Der Stasi war es nach eigener Einschätzung gelungen, IM in allen Schlüsselpositionen unterzubringen.[619] Diese Vorgabe konnte auch deshalb umgesetzt werden, weil die Zahl der Zuträger von Informationen in den Jahren zuvor kontinuierlich erhöht worden war.[620]

Stasi setzte frühzeitig Inoffizielle Mitarbeiter ein

Schon früheste Akten des MfS über die Ingenieur-Technische Verwaltung (ITV) belegen die tiefe Durchdringung dieser Vorläuferorganisation des ITA durch Geheime Informatoren (GI) – so bis 1968 die Bezeichnung für IM der Staatssicherheit.

Als »Werner Wieland« berichtete beispielsweise der 1932 geborene NVA-Offizier, Oberleutnant Kurt Emmrich, bereits 1957 aus dem Apparat. Etwa über eine »schwatzhafte« Kollegin, die sich angeblich über »Atomabkommen« der DDR mit der Sowjetunion ausließ. Bei ihren Gesprächen, bei denen es zur Verletzung von Dienstgeheimnissen kam, soll stets Alkohol im Spiel gewesen sein.[621] Auch über die Führung berichtete »Werner Wieland« wenig Schmeichelhaftes. »Der politisch-moralische Zustand und der Zustand der fachlichen Arbeit in der ITV sind keineswegs ohne irgendwelche Beanstandungen, wie dies in Besprechungen der Verwaltungsleitung vom Gen. Oberstltn. Wenzel oder in Parteileitungssitzungen vom Gen. Oberstltn. Schümann oftmals betont wird«, hieß es in seinem GI-Bericht vom 14. Januar 1958.[622] Dabei zitierte »Werner Wieland« andere hochrangige ITV-Mitarbeiter, die die Zusammenarbeit der Bereiche als ungenügend bezeichneten und die Arbeitsorganisation kritisierten. Weiter hieß es kritisch: »Es muss verändert werden, dass der Chef und seine Stellvertreter in zunehmendem Maße langdauernde Auslandsreisen antreten, während ihre Anwesenheit zur Anleitung der Mitarbeiter dringend notwendig ist.« Die Stimmung in der ITV war offensichtlich ausgesprochen schlecht. »Werner Wieland« zitiert diverse Kollegen, die über mangelnde Personalausstattung und Schlampereien berichteten.

Zu den GI der ersten Stunde gehörte auch Werner Possner alias »Heinz Fischer«, der am 28. Oktober 1953 geworben worden war.[623] Ab Anfang 1956 berichtete er regelmäßig aus der ITV und traf sich mit seinem Führungsoffizier in konspirativen Wohnungen. »Heinz Fischer« war in der Abteilung Finanzen beschäftigt und berichtete von sehr großen Anforderungen an die Mitarbeiter, die sich in völlig neue Arbeitsbereiche einarbeiten müssten. Größtes Aufgabengebiet sei der Bereich Import, auf dem von Anfang an der Schwerpunkt der Arbeit gelegen habe. Dort mangele es an Personal, berichtete er am 28. März 1958. Die Folge sei eine »sehr oberflächliche Arbeit« in einem mangelhaft ausgestatteten Dienstgebäude. Auch die Verwaltungsabteilung sei nur begrenzt arbeitsfähig, weil sich die Leitung auf Auslandsreisen befinde.[624] Der Einfluss von »Heinz Fischer« sorgte für personelle Konsequenzen in der noch jungen Organisation. Auf seinen »Auskunftsbericht an den Gen. Minister« vom Juli 1958 hin wurden sechs Offiziere entlassen. Die Entscheidung habe die Betroffenen und die Kollegen völlig überrascht, hieß es in den Stasi-Akten. Um zu verhindern, dass der GI seine Tarnung verlor, setzte die Hauptabteilung I (NVA und Grenztruppen) die Zusammenarbeit mit ihm zwischen September und Dezember 1958 aus. Warum die Offiziere entlassen wurden, geht aus der Akte nicht hervor.[625]

Ein wichtiger Stasi-Spitzel in der Hierarchie des 1966 aus der ITV hervorgegangenen ITA war der 1939 geborene Siegfried Fehrs alias IMS »Wartburg«. Der bereits 1960 als Mitarbeiter geworbene Soldat war Mitte der 80er-Jahre beim ITA als stellvertretender Abteilungsleiter im Bereich Spezieller Import für Flugzeugtechnik zuständig und leitete ab November 1986 das BSA-Büro in Budapest. Aus seinen Berichten lassen sich die Sorgen der Verantwortlichen über die große Anzahl der vertraulichen und geheimen Dokumente ablesen, mit denen der Spezielle Außenhandel arbeitete. 1989 befanden sich im BSA 5.473 VS-Dokumente (Verschlusssachen) und damit rund 300 mehr als im Vorjahr. Um welche Mengen es ging, veranschaulichen Zahlen über die Arbeit sowjetischer Feldpostkuriere, die Kuriertransporte von VS-Akten aus der DDR in die UdSSR übernahmen. Allein 1988 transportierten sie 13,2 Tonnen Akten für den ITA und den BSA. Für den Umgang mit den Akten galten die »Anordnung zum Schutz der Staatsgeheimnisse« sowie die »Direktive über Geheimnisträger«.[626] IMS »Wartburg« berichtet 1985 von sehr hohen persönlichen Beständen der ITA-Mitarbeiter an Geheimdokumenten, die größer seien als beispielsweise in der NVA und im Verteidigungsministerium. Dort sei die Stückzahl der VS-Dokumente auf fünf pro Person begrenzt, beim ITA aber nicht. »Bezogen auf Fragen des Geheimschutzes sind die Mitarbeiter des ITA stark belastet«, so »Wartburg«.[627]

Die Leitung des ITA in der Hand von Offizieren führte nach Einschätzung von IM »Jörg« aus der Hauptabteilung XVIII (Volkswirtschaft) dazu, dass Entscheidungen »am grünen Tisch« getroffen wurden, ohne dass Widerspruch geduldet werde. In seinem Bericht vom 1. Dezember 1986 heißt es: »Der Führungsstil des ITA hat etwas Selbstherrliches an sich, was dadurch begünstigt wird, daß sich die staatliche Leitung selbst kontrolliert (mit Ausnahme der Erfüllung der Kennziffern)«. Und weiter: »Zur näheren Bestimmung der qualitativen und quantitativen Arbeit der Aufgabenerfüllung sei gesagt, daß um eigentlichen Fortschritt nicht gerungen wird.« In Richtung BSA und Ministerium für Nationale Verteidigung werde gekuscht, schrieb »Jörg«.[628]

Siegfried Andrä unterschrieb seine erste Verpflichtungserklärung 1952. Sie wurde am 3. Januar 1978 ergänzt. Andrä wurde als hauptamtlicher Mitarbeiter »Fred« geführt. Seine Karriere begann als wissenschaftlicher Mitarbeiter für Sicherheitsfragen im Ministerium für Außenhandel, für die Stasi berichtete er aus dem BSA. 1988 wechselte er vom BSA zum ITA.[629] »Fred« gehörte zu den fleißigen Schreibern von Berichten über ITA-Chef Möller und andere ITA-Mitarbeiter.[630]

Die Stasi an der Spitze des ITA

Die Stasi war bis in die Spitze des ITA vertreten und beobachtete die Akteure genau. Gerhard Edmund Schönherr, Jahrgang 1926, der spätere Chef vom ITA und des BSA, berichtete der Stasi als »Hans Schneider« detailliert aus den ersten Jahren der Organisation. Dabei ging es auch um Klatsch und Tratsch. So kolportierte der IM in den 60er-Jahren Gerüchte, ein leitender Mitarbeiter sehe nach der Umstrukturierung des ITA die Chance, Minister zu werden. Schönherr hatte auch den Auftrag, seine Begleiter bei einer Dienstreise nach Prag zu kontrollieren und über ihre »familiären Schwierigkeiten« zu berichten.[631] Zu diesem Zeitpunkt befand sich Schönherr bereits im Rang eines Geheimen Hauptinformators (GHI).[632] Später wurde er als IMS eingestuft. Schönherrs Tätigkeit als IMS »Hans Schneider« wurde am 30. Dezember 1969 wegen der Übernahme der Position als Leiter Spezieller Außenhandel eingestellt. »Der IMS wird zum GMS umregistriert«, hieß es im Beschluss der Hauptabteilung XVIII

(Volkswirtschaft).[633] In der Rangfolge der Inoffiziellen Mitarbeiter der Stasi kam den Gesellschaftlichen Mitarbeitern für Sicherheit (GMS) weniger Bedeutung zu: Die Anfordergen an Konspiration und Aktenführung waren deutlich geringer.

Der 1928 geborene Günter Sandhoff aus Strausberg kam 1968 als stellvertretender Leiter Ökonomie ins Unternehmen und diente im Rang eines Oberstleutnants in der NVA. Ganz einfach war sein Eintritt in den ITA jedoch nicht: Aus den Stasi-Akten geht hervor, dass es vor Beginn seines Einsatz Meinungsverschiedenheiten zwischen dem Außenhandels- und dem Verteidigungsministerium gab, ob Sandhoff dieser Aufgabe überhaupt gewachsen war. Doch am 10. Mai 1968 konnte er seinen Dienst im ITA antreten. Nur zwei Jahre später gehörte Sandhoff der ITA-Spitze an und stieg zum stellvertretenden Leiter auf.[634] Zweifel an Kompetenz und Zuverlässigkeit blieben zunächst jedoch – auch wegen eines Kontakts zu Verwandten im Westen. Als Sandhoff 1976 als Leiter des Büros Moskau für den BSA im Gespräch war, prüfte die Stasi, ihm sicherheitshalber einen anderen IM an die Seite zu stellen. Sandhoff – so der Beschluss – werde weiter aufmerksam beobachtet. Doch langsam festigte Sandhoff seinen Ruf als zuverlässiger Mitarbeiter des ITA und Informanten der Staatssicherheit. Zwischen ihm und dem MfS bestanden »offizielle Kontakte«, er informierte über die Verwandten seiner Mitarbeiter und berichtete über ihr Privatleben. Er entsprach bereitwillig auch dem Wunsch der Staatssicherheit, konspirativ über die Reisen eines Kollegen nach Moskau zu berichten. Sandhoff war außerdem stellvertretender Handelsvertreter der DDR in der UdSSR. Und Sandhoff stieg weiter auf. 1982 wurde er Nachfolger von Generaldirektor Heinz Möller als Leiter des ITA und galt damit als »militärischer Spitzengeheimnisträger«.

Ein weiterer wichtiger Stasi-Mann als IMS in der ITA-Führung war Hartmut Lackmann, der 1986 als persönlicher Mitarbeiter des Leiters Spezieller Export beschäftigt war. Perspektivisch sollte er die Aufgaben des Sicherheitsbeauftragten im ITA übernehmen, doch mit seiner Berufung zum Kaderleiter im Jahr 1988 erübrigte sich eine inoffizielle Zusammenarbeit. »Die Zusammenarbeit erfolgt mit ihm, in seiner Eigenschaft als Kaderleiter, offiziell«, schrieb die Stasi.[635]

Das Beispiel IM »Willi«

In dürftiger Rechtschreibung schrieb Wilfried Litvan am 3. Juni 1970 seine Verpflichtungserklärung für das MfS und erhielt zunächst als IME den Decknamen »Wilfried« und später als IMS den Namen »Willi«. Seine Wohnung diente 1970 zeitweise als Stützpunkt für eine Observationsaktion des MfS – ein erster Dienst für die Staatssicherheit. »Willi« war dem MfS bis zum Ende seiner Stasi-Karriere eine große Hilfe bei der Kontrolle und Beobachtung des ITA. Der 1942 geborene Berliner und gelernte Triebwerksmechaniker mit SED-Parteibuch war Absolvent der Fachschule für Außenhandel »Joseph Orlopp«. Sein Vater arbeitete ebenfalls im Außenhandel und war als Beauftragter des Generaldirektors des AHB Holz und Papier beschäftigt. Beim ITA arbeitete er zuletzt als Arbeitsgruppenleiter.

Als »Willi« 1974 als Exportkaufmann zum ITA wechselte, erkannte sein Führungsoffizier schnell, dass sein IM sich zwar mit dem »speziellen Außenhandel« auskannte, jedoch noch geschult werden müsse, um Informationen über das nichtsozialistische Ausland zu gewinnen. Litvan war zu diesem Zeitpunkt als IMS eingestuft und stand plötzlich vor einem ernsthaften Problem. Sein kleiner Sohn hatte herumerzählt, der Vater gehöre schon lange dem MfS an und handele mit Waffen. »Willi« hatte jedoch Glück, dass der Stasi keine Informationen vorlagen, dass sich diese Bemerkungen herumgesprochen hatten. Die Treffen mit seinem Führungsoffizier fanden mindestens einmal pro Monat statt.

»Willi« war auf die Führung des ITA angesetzt worden und berichtete ausführlich über die Arbeit leitender Mitarbeiter. So wusste er bestens über eine bevorstehende Dienstreise von Oberst Günter Anders nach Ägypten im Mai 1976 Bescheid und kannte bei dem Geschäft über Militärflugzeuge Einzelheiten zum Verhandlungskonzept und die Preisnachlässe, die zur Sprache kommen sollten. Auch Stornierungen von Reparaturleistungen waren im Gespräch, weil Ersatzteile fehlten. Grundsätzlich habe Anders seinen Gesprächspartnern das Interesse der DDR an weiteren Geschäften zugesichert. Der bespitzelte Anders befand sich damit unwissentlich in einer doppelten Rolle, war er doch als IM »Ilse« selbst Zuträger der Stasi. Auf »Ilse« wird später noch detailliert eingegangen. Im selben Bericht an seinen Führungsoffizier berichtete »Willi« außerdem, dass er ITA-Generaldirektor Möller um ein Gespräch über seine berufliche Zukunft gebeten habe. Der IMS wollte offenbar weiter aufsteigen.

Im April 1977 berichtete der IMS von einem heiklen Moskau-Besuch einer ITA-Delegation mit Möller an der Spitze, zu der auch ein Vertreter der Flugzeugwerft in Dresden gehörte. Dabei ging es um die Ersatzteile für Flugzeuge, auf die die DDR angewiesen war.

»Willi« schonte seinen Chef Möller in seinen Berichten nicht und erklärte beispielsweise freimütig, dass eine Reise von ITA-Mitarbeitern nach Algerien besser vorbereitet gewesen sei als eine vorangegangene Tour von Möller nach Libyen. Die offenen Schilderungen Litvans gefielen der Stasi. Seine Vorgesetzten lobten seine geistige Beweglichkeit und rasche Auffassungsgabe; Minister Erich Mielke zeichnete ihn am 8. Februar 1980 für besondere Leistungen aus. Dafür gab es eine Medaille und 250 Mark. 1984 folgte die Verdienstmedaille der NVA in Bronze. Wieder gab es 250 Mark dazu.

Der IM blieb selbst nicht unbeobachtet; einer der Berichterstatter über »Willi« an die Stasi war der IMS »Kurt«. 1982 war »Willis« Genehmigung als Reisekader vorübergehend dahin, als Kollegen über seine früheren Dienstreisen nach Äthiopien plauderten und von angeblichen Verhältnissen mit Kolleginnen berichteten. Weitere Gerüchte wurden penibel aufgelistet, sie wurden auch der ITA-Führung bekannt. Seine Ehefrau wurde über einen angeblich lockeren Lebenswandel befragt. Dennoch blieb »Willi« einer der wichtigsten Stasi-Männer im ITA.

Am 8. April 1982 wurden seine Aufgaben schriftlich präzisiert. Dazu gehörten die »Operative Absicherung« des ITA und die Einschätzung einzelner Personen. »Willi« sollte zunächst den ITA und die Personen »analytisch einschätzen« und sich dabei besonders dem Leiter und den Mitarbeitern des Bereichs für den nichtsozialistischen Wirtschaftsraum (NSW) widmen. Zu »Willis« weiteren Aufgaben zählten die Beobachtung der »Marktbearbeitung« und die Klärung der Frage, ob der Export in den NSW gesteigert werden könne. 1985 konnte »Willi« darauf hoffen, als Bevollmächtigter für den Bereich Spezieller Außenhandel (BSA) in den Irak zu gehen.[636]

Doch daraus wurde nichts. Offiziell wurde die Rücknahme der Beförderung mit Sicherheitsproblemen begründet, inoffiziell war erneut von seinem unsteten Lebenswandel als Grund die Rede. »Willi« blieb im Visier der Staatssicherheit, die sich für sein West-Auto, auffällige Kontobewegungen und seine lange Krankheit im Jahr 1986 interessierte. Offenbar war »Willi« mit den Nerven am Ende, litt an Erschöpfungsdepressionen und trank zu viel – das behauptete zumindest die Staatssicherheit. Am 11. Juni 1986 bat er beim MfS um seine Entpflichtung – ein Antrag, den er kurz darauf mündlich wieder zurückzog. »Willi« war zu diesem Zeitpunkt Abteilungsleiter im Bereich 900 im NSW-Export, zuständig für Transporte und Sonderaufgaben. Die Stasi wertete die »Kündigung« als Erpressungsversuch, arbeitete jedoch weiter mit »Willi« zusammen und blieb misstrauisch. Andere IM verstärkten die Beobachtung von »Willi«. Die Stasi beobachtete weiter aufmerksam seine Kontobewegungen und kontrollierte seine Post. Den Spähern entging auch nicht, dass er anonym auf eine Kontaktanzeige geantwortet hatte. Nach einem Gespräch mit Litvans Ehefrau am 22. Januar 1987 stand sein berufliches Aus bevor. Sie war ebenfalls für die Staatssicherheit tätig und hieß dort IM »Club«. Ein Stasi-Offizier notierte unter den Treffbericht:

> Inbezug auf den Ehemann wird von mir das Referat 1 beauftragt, folgende Linie zu realisieren:
>
> - Entfernen von der bisherigen Arbeitsstelle
> - Reduzierung der inoffz. Zusammenarbeit bis zur Archivierung
> - Klärung der persönlichen Verhältnisse (Scheidung!) als Voraussetzung für eine Stabilisierung.[637]

Die Stasi beobachtete das Ehepaar, durchsuchte unbemerkt die Handtasche von Litvans Ehefrau und ging dem Verdacht nach, dass sie ihrem Mann von ihrer Zuarbeit zur Stasi berichtet habe.[638]

Am 7. April 1987 wurde Wilfried Litvan zu einem Treffen aus seiner Wohnung gelockt, in der die Staatssicherheit Wohnungsschlüssel fand und Abdrücke nahm. Zur selben Zeit eröffnete »Willi« in einer konspirativen Wohnung seinem Gesprächspartner, dass er künftig lieber bei der IMES als beim ITA arbeiten würde. Beim ITA sehe er keine Perspektive mehr. Am 28. Oktober 1987 bekräftigte er schriftlich seinen Ausstieg beim MfS. Drei Wochen später schrieb die Stasi ihren Abschlussvermerk.[639] Damit war Litvans IM-Tätigkeit beendet.

»Ilse« sollte Informationen über den Generaldirektor beschaffen

Der Geheime Informator (GI) »Ilse« wurde am 20. Februar 1951 angeworben. Hinter diesem Decknamen verbarg sich Günter Anders, Jahrgang 1930, Volkspolizist seit dem 30. August 1949 und späterer Stellvertreter des Generaldirektors und Leiter des Bereichs Export im ITA. Der Plan, Anders als GI zu werben, entstand im Sekretariat für Staatssicherheit, das damals zum Innenministerium gehörte. Die SED-Führung hatte nach dem überraschenden Volksaufstand vom 17. Juni 1953 das Ministerium für Staatssicherheit vorübergehend aufgelöst und die Aufgaben dem Sekretariat zugewiesen. 1955 begann Anders ein Studium in der Sowjetunion, in dieser Zeit wurde die Zusammenarbeit mit der Stasi unterbrochen. Nach seiner vorzeitigen Rückkehr nahm die Stasi den Kontakt wieder auf.

Im Frühjahr 1964 wechselte »Ilse« zur ITHV[640] und berichtete monatlich bei konspirativen Treffen in Lokalen über die Arbeit und seine Kollegen. Auch nachdem die ITHV im ITA aufgegangen war, blieb es bei einem monatlichen Rhythmus der Berichterstattung. Die Treffen fanden zumeist im konspirativen Treffpunkt »Kolonie« der HA VIII (Beobachtung und Ermittlung) statt. Anders schätzte ein und erklärte seine Sicht der Abläufe und Geschäfte. Scheidungen von Mitarbeitern waren dabei ebenso Thema wie Reklamationen bei Waffenlieferungen. Außerdem erhielt »Ilse« den Auftrag, Informationen über Generaldirektor Möller zu »erarbeiten«. »Das betrifft seine bisherige Führungs- und Leitungstätigkeit als Generaldirektor des ITA sowie sein Wirken in der Parteileitung«, hieß es in dem Treffbericht, den ein Stasi-Leutnant niederschrieb. Um Anders für Probleme mit Möller zu sensibilisieren, sprach der Leutnant »falsche Schlußfolgerungen« an, die auf das Konto des Generaldirektors gingen. In dem Gespräch wurden außerdem alle Mitarbeiter aus »Ilses« Arbeitsbereich charakterisiert.[641]

Staatssicherheit im Hafen und auf See

Mit der Überwachung der Seefahrt der DDR war eine eigene Abteilung beschäftigt, die bei der Bezirksverwaltung Rostock angesiedelt war und deren Leiter direkt unterstand[642] – die »Abteilung Hafen«, die von anderen

MfS-Einheiten, der Volkspolizei und dem Grenzzollamt Rostock unterstützt wurde.[643] Die 1956 gegründete Abteilung übernahm 1960 die Überwachung des neueröffneten Überseehafens, der für die junge DDR das Tor zur Welt war und auch anderen sozialistischen Bruderstaaten wie der ČSSR Anschluss an die Weltmeere bot. Für die Transporte des ITA war die »Abteilung Hafen« von herausragender Bedeutung, weil über die Häfen in Rostock und Mukran die mit Abstand meisten Im- und Exporte des Außenhandelsbetriebes abgewickelt wurden. Zu den Hauptaufgaben dieser Abteilung der Staatssicherheit gehörten außerdem die Verhinderung von Republikfluchten und der Schutz vor Saboteuren und Agenten auf Schiffen und in den Häfen.[644] Die Abteilung war für die gesamte Handelsflotte, alle Seehäfen und die maritime Wirtschaft an der Küste verantwortlich. Die Abteilung überwachte also nicht nur die Rostocker Häfen, sondern gründete auch Referate in Stralsund und Wismar und bespitzelte die Deutsche Seereederei. Die Abteilung wuchs ständig: 1989 gehörten ihr 70 hauptamtliche Mitarbeiter an, die von 842 Inoffiziellen Mitarbeitern (IM) unterstützt wurden. Auf jedem Schiff saß mindestens ein Spitzel.[645]

Besonders aufmerksam beobachtete die Stasi im »Tor zur Welt« die Aktivitäten westlicher Geheimdienste und die »Sondergeschäfte«, die beispielsweise von der KoKo und dem ITA abgewickelt wurden. Die Abteilung Hafen arbeitete dabei eng mit der Hauptverwaltung A (HVA) und der Abteilung II zusammen, die für den Kampf gegen die Spionage zuständig war.[646]

Wenn Militärgüter im Überseehafen umgeschlagen wurden, sprach die Abteilung Hafen der Stasi von einem »Sonderumschlag von technischen Gütern« oder einem »Umschlag von Solidaritätsgütern«. Die Anforderungen, die die Abteilung Hafen für den Ablauf des Umschlags definiert hatte, waren präzise und dienten vor allem dem Geheimschutz: So wenige Menschen wie möglich sollten Bescheid wissen. Im Hafen durften nur überprüfte und zuverlässige Arbeiter und keine Ausländer eingesetzt werden. Befolgt wurden diese Anweisungen jedoch nicht immer, wie zahlreiche Berichte von IM belegen.[647] Mit dem Kombinat Seeverkehr und Hafenwirtschaft waren zudem Vereinbarungen getroffen worden, dass militärische Technik mit Priorität und stets unter Deck geladen wurde. Der ITA war befugt, an Bord zu gehen, um die Schiffsführung über Besonderheiten der Ladung und die Modalitäten im Bestimmungshafen zu informieren. Jeder Waffenexport wurde von der MfS-Abteilung Hafen und der Hafenpolizei gesichert. Jeder IM erhielt präzise Instruktionen. Wurden Militärgüter nach Nicaragua, Äthiopien, Angola oder Mosambik geliefert, beteiligte sich außerdem die Stasi-Abteilung X (Internationale Verbindungen) an der Sicherung, die für die Zusammenarbeit mit den Sicherheitsorganen in den Empfängerländern zuständig war.

Die Abteilung Hafen der Staatssicherheit führte Hefte, in denen Absprachen festgehalten wurden. Darin standen beispielsweise auch Notizen, wie Transporte von Rüstungsgütern abgesichert wurden. Namentlich genannt wurden die Personen, die zu bestimmten Uhrzeiten für den Verladebereich verantwortlich waren. So wurde zum Beispiel am 15. Juli 1988 Personal für einen Transport mit der »Schönwalde« eingeteilt, die vier Panzer und weitere militärische Güter laden sollte.[648] Ähnliche Notizen zur »Abschirmung« sind für die »Suhl« überliefert, die am 1. Mai 1988 ab 18 Uhr Panzer an Bord nahm und am 2. Mai Munition und Lastwagen. Die MfS-Mitarbeiter arbeiteten in Zwölf-Stunden-Schichten. Die Panzerfahrer stellte die NVA.[649]

Die Abteilung Hafen der Stasi achtete auch in ausländischen Häfen auf die Geheimhaltung und versuchte, den Waffenhandel der DDR zu verschleiern. Nachrichten über die Probleme bei Sondertransporten brauchten jedoch sehr lange, bis sie in der DDR ankamen. Der Kapitän informierte den Direktor des Flottenbereichs, dieser meldete sich bei der Abteilung Hafen der Staatssicherheit, von dort gelangte die Nachricht an den eigentlichen Empfänger.[650] Die Anweisungen der Abteilung betrafen auch Details. Ein Beispiel: Am 25. November 1987 wurde die »Crimmitschau« im Überseehafen mit Solidaritätsgütern für Nicaragua beladen. Da das Schiff zunächst Hamburg ansteuerte, ordnete die Staatssicherheit dort Kontrollen gegen »Feindaktivitäten« an. An dieser Aufgabe beteiligte sich auch die HA III für Funkaufklärung.[651]

Wer die Transporte mit besonderem Engagement absicherte, wurde von der Abteilung Hafen mit Prämien bedacht. So erhielt Stasi-Major Rolf Penndorf 500 Mark »wegen hoher Einsatzbereitschaft bei der Absicherung von Sonderladungen«.[652] In dem Vorschlag für die Prämie beschrieb die Abteilung seinen Aufgabenbereich: »Als Referatsleiter des Referats IV der Abteilung ist der Genosse Major Penndorf für die Realisierung der Sonderverladungen nach afrikanischen Ländern im Auftrage von ITA sowie der HVA und für die Sonderverladung der CSSR nach Kuba verantwortlich.«[653]

Einer der wichtigsten MfS-Mitarbeiter für die Sicherheit des Umschlags im Rostocker Überseehafen war in den 80er-Jahren Gerhard Möbius, der als Führungs-IM (FIM) »Rudolf Otto« geworben wurde. Der Sicherheitsingenieur hatte Erfahrung bei der Volkspolizei und ihrer politischen Abteilung K1 gesammelt und bereits auf Rügen für die Stasi gearbeitet. Das FIM-Netz im Hafen hatte als Führungsorgan einfacher IM die Aufgabe, Schäden und Havarien zu verhindern sowie den Militärumschlag zu sichern.[654] »Rudolf Otto« berichtete regelmäßig über Verladungen im Hafen, zum Beispiel vom Umschlag von Panzern auf dem Liegeplatz 37 auf die »Karl Marx«.[655]

IM »Karl Winter« beobachtete regelmäßig den Umschlag von Militärgütern, so zum Beispiel die Beladung der »Eichsfeld« im April 1975 und des angolanischen Schiffs »Mgola« im August 1976. Weitere Verladungen erfolgten auf der »Fürstenberg« und der »Lagoda«.[656] Auch Manfred Frank alias IM »Karl Bremer« gehörte zu den vielen Zuträgern und Spitzeln und berichtete 1957 bis zu seinem Tod in Angola im Juni 1989 für die Stasi aus dem Überseehafen.[657] Die IM, die die Sicherung des Umschlags von Militärgütern beobachteten, kamen zumeist aus der Abteilung Technik des VEB Seehafen Rostock.

Die Besatzungen der »Eichsfeld« und der »Prignitz« wurden besonders intensiv vom MfS überwacht, weil die Schiffe regelmäßig militärische Güter transportieren. Die »Eichsfeld« fuhr jahrelang unter der Führung von Kapitän Hans-Heinrich Zeplien, der als strikt linientreu galt. IMS »Reinhardt Müller« arbeitete als Matrose auf beiden Schiffen und auf anderen wie der »Rudolf Diesel« und der »Liebenwalde«. Er galt als zuverlässiger Berichterstatter.[658] Ein weiterer Zuträger war IMS »Paul Sauer«, der im Juni 1959 angeworben wurde und zunächst als GI »Quanita« für das MfS arbeitete. Hinter den Aliasnamen verbarg sich Horst Beckmann, der als Offizier auf DSR-Schiffen fuhr.[659] Dokumentiert ist zum Beispiel eine Reise mit der »Prignitz«, bei der er besonders auf die Ladung des ITA achten sollte.[660]

Ein Spion für den Westen in der Spitze des ITA

Erschüttert wurde der ITA 1972/73 durch den Operativvorgang »Jäger«. Für den Außenhandelsbetrieb und die Stasi war der GAU eingetreten: Ein leitender Offizier des ITA hatte für die »Gehlen-Organisation« und deren Nachfolger, den westdeutschen Bundesnachrichtendienst (BND), spioniert. Er wurde enttarnt und zu acht Jahren Haft verurteilt.[661] Dass er auch als Agent der Staatssicherheit tätig gewesen war, könnte die Richter milde gestimmt haben. Die Dokumente im Stasi-Unterlagenarchiv über das Verfahren umfassen mehrere tausend Seiten. Der 1929 geborene Beschuldigte war am 24. August 1972 »wegen Agententätigkeit für den BND« inhaftiert worden und saß seine Strafe in der Haftanstalt in Bautzen ab.[662]

Akribisch zeichnete das MfS den Werdegang des Spions nach. Seine Tätigkeiten in überaus sensiblen Bereichen des ostdeutschen Militärapparats begannen 1952, als er eine Stelle als Stellvertreter des Chefs der Verwaltung, Planung und Materialversorgung bei der Kasernierten Volkspolizei (KVP), der Vorläuferorganisation der NVA, antrat, die er zehn Jahre innehaben sollte.[663] Nach seiner Beförderung zum Oberstleutnant nahm der Mann 1962 eine Tätigkeit im Militärbereich der staatlichen Plankommission auf.[664] 1965 wurde ihm die Leitung der Abteilung Preise bei der ITHV und später der ITA übertragen. Schon früher, von 1952 bis 1954, war er im Operativvorgang (OV) »Salamander« wegen seiner Kontakte zum US-amerikanischen und französischen Geheimdienst ins Visier genommen worden, damals allerdings ohne konkrete Erkenntnisse.[665]

Die Ermittlungen der Staatssicherheit »wegen des Verdachts der Spionagetätigkeit für einen imperialistischen Geheimdienst« begannen 1972 mit fünf anonymen Erpresserbriefen, die an ihn und seine Mutter gerichtet waren. Darin wurden Beschuldigungen erhoben, der Offizier habe in der Vergangenheit spioniert.[666] So unter Druck gesetzt, übergab er die Briefe der Staatssicherheit. Vermutlich blieb dem Beschuldigten keine andere Wahl, als die Flucht nach vorn anzutreten, da er davon ausgehen musste, dass die Schreiben ohnehin beim MfS landen würden. Die staatlichen Organe reagierten konsequent: Der Beschuldigte wurde am 24. August 1972 in Berlin in Untersuchungshaft eingewiesen. In seiner Anklageschrift warf der Militäroberstaatsanwalt ihm vor, »die Grundlagen der Deutschen

Demokratischen Republik durch Spionage« angegriffen zu haben.[667] Am 29. August 1972 wurde auf Anweisung von Minister Erich Mielke die Hauptabteilung I (NVA und Grenztruppen) über den Fall informiert. Die Untersuchungen übernahm die Hauptabteilung IX/5 (Untersuchung) der Staatssicherheit.[668]

In dem ersten anonymen Brief vom 11. April 1971 wurde ein klarer Bezug zum Scheidungswunsch des Offiziers hergestellt. Sollte er sich von seiner Frau trennen, werde sein Vorgesetzter beim ITA, Generaldirektor Heinz Möller, über seine Spionagetätigkeit informiert, drohte der Anonymus. Diesen Brief übergab der Offizier am 19. April der Staatssicherheit. Ein weiterer anonymer Brief kam am 13. Mai bei seiner Mutter an. Ein zweiter Brief an sie folgte im Juli. Auch die anonymen Briefe an seine Mutter, in denen der Offizier ebenfalls der Spionage beschuldigt wurde, hatte er selbst beim MfS abgegeben. Nach dem Auftauchen dieser Briefe entschieden ITA und Stasi, den Beschuldigten zunächst im Unternehmen zu behalten und nicht zu versetzen. Auf eigenen Wunsch wurde er von seinen Aufgaben als Planungsleiter entbunden und in die Grundsatzabteilung für NSW-Länder versetzt.[669]

Bei den Befragungen stellte auch der Beschuldigte die Drohbriefe in einen direkten Zusammenhang mit seinen Scheidungsabsichten.[670] Die Schreiben seien eingetroffen, als er diesen Trennungswunsch umsetzen wollte. Die Vermutung liegt nahe, dass es sich um einen persönlichen Racheakt handelte.

Um den Schaden zu begrenzen, schlug die HA IX (Ermittlungen) nach Übergabe der anonymen Briefe folgende Überprüfungen vor:

- In welchen spionagerelevanten Bereichen und Objekten des ITA war der Mann aktiv?
- Mit welchen NVA-Angehörigen und Personen hatte er zu tun?
- Welche Kontakte pflegten er und seine Frau im Wohngebiet?
- Waren IM/GMS in seinem Arbeitsbereich tätig?[671]

Während der laufenden Ermittlungen stellte der ITA ihm eine Abschlussbeurteilung am 10. April 1972 aus. Darin heißt es, er habe als Offizier der Nationalen Volksarmee seine Dienstpflichten in Ehren erfüllt.

Dabei war er noch im Juli 1971 vom ITA mit einem Verweis wegen dienstlicher Verfehlungen bestraft worden.[672]

Anonymus nennt Namen weiterer Spione

Die Briefe nennen weitere Personen. Alfons Jansky, dessen Name in den Stasi-Akten in unterschiedlichen Schreibweisen auftaucht: auch »Janzky« oder »Janski«, und Quast. Bei den Quasts handelte es sich um eine Familie, die 1953 nach West-Berlin geflüchtet war.[673] Alfons Jansky und Kurt Quast waren bereits von der HA II (Spionageabwehr) erfasst. Auch sowjetische Geheimdienste hatten Erkenntnisse über Jansky und berichteten der Stasi, dass er die Decknamen »Entsch«, »Reichmann« und »Solas« getragen haben soll.[674]

Wie der beschuldigte ITA-Offizier war auch Jansky von 1952 bis 1954 von der Abteilung IV – so bis 1953 die Bezeichnung der Spionageabwehr – der Bezirksverwaltung Potsdam im Operativvorgang »Salamander« »bearbeitet« worden. Der West-Berliner war damals Angestellter bei der Europäischen Verteidigungsgemeinschaft (EVG), die 1952 aus mehreren westeuropäischen Staaten inklusive der Bundesrepublik zur gemeinsamen Verteidigung entstehen sollte, jedoch letztlich am Widerstand Frankreichs scheiterte. Jansky wurde der Spionage in den 50er-Jahren verdächtigt und war laut Ermittlungen der Staatssicherheit ebenfalls Agent der »Organisation Gehlen«.[675] Er war mit seinem großen Interesse an den Projekten der vier Bau-Unionen der DDR aufgefallen, unter anderem der Bau-Union Nord in Sagard, die an dem streng geheimen Rüstungsprojekt Rügenhafen (auch bekannt als »Sonderbauvorhaben Glowe«) arbeitete: Ab 1952 begann die DDR auf Anweisung der UdSSR, Rügen in ein riesiges Militärareal mit Häfen, neuen Städten und umfangreicher Infrastruktur umzubauen. 1953, kurz vor dem Aufstand am 17. Juni, wurden die Arbeiten jedoch wegen Undurchführbarkeit wieder eingestellt.[676] Bei der Bau-Union Nord hatte Jansky seinerzeit eine wichtige Position. Die Stasi sah es als erwiesen an, dass Jansky als Resident für einen US-amerikanischen Geheimdienst tätig war und von Personen aus dem Raum Potsdam mit Spionagematerial beliefert wurde. Sein besonderes Interesse soll den Flughäfen der UdSSR in der DDR und der KVP gegolten haben.[677] Die

Linie XVIII (Volkswirtschaft) der Bezirksverwaltung Rostock bearbeitet ihn in einem weiteren Operativvorgang mit dem Namen »Renner«. Die Rostocker Ermittler verdächtigen ihn, noch 1966 als Resident des französischen Geheimdienstes tätig gewesen zu sein.

Jansky und der Beschuldigte des ITA kannten sich bereits seit 1949, nachdem sie sich am Arbeitsplatz im Finanzministerium in Potsdam kennengelernt und Freundschaft geschlossen hatten. 1951 zog Jansky mit seiner Familie nach West-Berlin. In den Jahren 1951 und 1952 besuchte der spätere ITA-Agent seinen Freund regelmäßig in West-Berlin. Auch die Eltern Janskys und der Ehefrau des Beschuldigten waren befreundet. Die Kontakte waren immer wieder Thema bei den Untersuchungen und Befragungen der Stasi im Jahr 1972.[678] Den Unterlagen der Stasi ist zu entnehmen, dass der Offizier des ITA nach seiner Verhaftung in der Untersuchungshaftanstalt Berlin täglich vernommen wurde. Meistens wurde er von den »Freunden« befragt, also Vertretern der sowjetischen Organe. In den Vernehmungen am 27. Mai 1972 betonte der Inhaftierte, den Kontakt zu Jansky mit seinem Wechsel zur KVP am 17. Juni 1953 (sic!) abgebrochen zu haben.[679] Außerdem berichtete er, dass Jansky Ende 1951 Informationen über militärische Einrichtungen in der DDR gesucht habe. Jansky habe für eine »Dienststelle in West-Berlin« gearbeitet, die durch den US-amerikanischen Spionageabwehrdienst CIC (*Counter Intelligence Corps*) abgeschirmt worden sei. Ihm sei bewusst gewesen, dass Jansky eine »feindliche Tätigkeit gegen die DDR« durchführe.[680] Jansky habe für ihn einen gefälschten Personalausweis der DDR beschafft und Aufträge erteilt, aus der KVP zu berichten. Laut Geständnis habe er bis 1954 spioniert und dabei seine Schwiegermutter als Kurierin nach West-Berlin eingesetzt. Sie berichtete dagegen, auch nach 1954 mit Informationen unterwegs gewesen zu sein, was er bestritt.

Der Geheime Informator – ein Doppelagent

Die Ermittlungen des Jahres 1972 bestätigten also nach Jahrzehnten den Verdacht während der Aktion »Salamander«: Jetzt war die Stasi sicher, dass der festgenommene Offizier seit 1951 als Agent für den Westen tätig war und Informationen »aus dem Finanzwesen und dem Bereich der Landesverteidigung« lieferte. Da er am 14. November 1953 ebenfalls als Geheimer Informator der Stasi angeworben worden war (Deckname »Rainer«), handelte es sich also um einen Doppelagenten. Zu den an den Westen verratenen Informationen zählten zu Beginn auch Berichte über die Oberbauleitung der Kasernierten Volkspolizei (KVP)[681] und damit über das Projekt Rügenhafen. Das Doppelspiel kann für die Stasi nicht ganz überraschend gewesen sein. Schon beim Vorschlag des Mannes als Geheimer Informator (GI) wurde als Begründung ausdrücklich das Interesse westlicher Geheimdienste an seiner Person genannt.[682] Die Stasi stoppte die Zusammenarbeit im März 1962 wegen »Inaktivität« des IM.[683] Damit war, ohne dass die Stasi es ahnte, seine Tätigkeit als Doppelagent beendet. Besonders brisant war die Tätigkeit als Doppelagent auch, weil der ITA-Mitarbeiter der Staatlichen Plankommission der DDR-Delegation der ständigen Kommission für Verteidigungsfragen beim Rat für gemeinsame Wirtschaftshilfe (RGW) angehörte.[684]

Im Rang eines Oberstleutnants war der Ex-IM, wie erwähnt, 1965 zur ITHV, dem Vorgänger des ITA versetzt worden, übernahm zunächst die Leitung der Abteilung Preise und wurde dann als Stellvertreter im Bereich Planung und Ökonomie eingesetzt. Wegen eines »groben Verstoßes gegen die Plandisziplin« im Jahr 1967 erhielt er bei einem Parteiverfahren eine Rüge. Der ITA setzte ihn fortan als Oberoffizier für Planung ein. Direktor Möller zeichnete ein sehr kritisches Bild seines Mitarbeiters und warf ihm vor, »jedermann beharrlich und wissentlich belogen« zu haben.[685] Für seine Arbeit erhielt er dennoch die Verdienstmedaille der NVA in Bronze und zwei Mal in Silber. Mit dem ersten Leiter des ITA, Gerhard Rudat, war der Mann persönlich befreundet.[686] Durch seine Position war der Oberoffizier über die Im- und Exporte informiert und verfügte damit über ein umfangreiches Wissen über die Ausrüstung und die Kampftechnik der NVA, der Staatssicherheit und des Innenministeriums. Darüber hinaus war es ihm möglich, die Leistungsfähigkeit der sowjetischen Rüstungsindustrie zu bewerten und über die Lieferungen des ITA ins nichtsozialistische Ausland zu berichten, zum Beispiel an arabische Staaten und die Volksrepublik Vietnam.

Der Verdacht, dass auch diese Informationen in den Westen geliefert worden sein könnten, muss die Stasi in höchste Aufregung versetzt haben. Vermutlich hatten nicht einmal hochrangige Militärs einen so guten

Überblick wie der Beschuldigte. Hätte sich der Verdacht bestätigt, dass der Offizier bis zu seiner Festnahme 1972 für den Westen spioniert hatte, wäre das vermutlich der Super-GAU für die NVA und auch für den Warschauer Pakt gewesen. Doch dieser Nachweis gelang nicht, auch wenn die Vernehmer erhebliche Zweifel gehabt haben dürften, dass der Beschuldigte seine Spionagetätigkeit in den 50er-Jahren beendet hatte.[687] Aus den von der Stasi dokumentierten Einlassungen des Offiziers lässt sich ableiten, dass er bei den unzähligen Befragungen seine Aussagen immer weiter konkretisierte. Wahrscheinlich ist, dass der Druck der Vernehmer immer weiter erhöht wurde, sodass der Beschuldigte immer mehr Details preisgab. In einer persönlichen Niederschrift vom 23. Oktober 1972 räumte der Inhaftierte schließlich ein, bis 1972 als Agent tätig gewesen zu sein, also auch während der Jahre beim ITA. 1954 und erneut 1957 habe er um ein Ende der Tätigkeit gebeten, doch die Kontakte zum westdeutschen Geheimdienst hätten auch danach bestanden. In der Regel habe er über Personen berichtet.[688] Dass er jemals über den ITA berichtete, lässt sich aus den Unterlagen der Stasi nicht folgern – auch wenn vermutlich stets der Verdacht im Raum stand. Zu dieser Zeit sei er bereits »auf Eis gelegt« worden, wie es in den Dokumenten der Stasi hieß.[689]

Der Beschuldigte plaudert über die Verhältnisse beim ITA

Bei seinen Befragungen ließ der Beschuldigte kein gutes Haar an seinem Vorgesetzten: BSA-Chef Schönherr warf er »lügnerisches Verhalten« und Fehlverhalten in der Führung des ITA und des BSA vor. Die Bewertung von Generaldirektor Heinz Möller kam hingegen einem positiv formulierten Arbeitszeugnis gleich. Der Offizier musste auch umfangreich zum Geheimschutz im ITA Stellung beziehen. Auch hier lesen sich die Berichte nicht wie die eines Beschuldigten, sondern die eines Gutachters, der wortreich und kompetent Bewertungen über einen Betrieb abgibt.[690]

In seinen Vernehmungen wies der ITA-Mitarbeiter mehrfach auf die Probleme bei der Beschaffung von Rüstungsmaterial für die Landesverteidigung durch den ITA hin. So werde der Bedarf des Militärs zu Beginn eines jeden Planungszeitraum vom BSA an den ITA übermittelt, der daraus seine Aufträge ableitet. Dabei sei es jedoch immer wieder vorgekommen, dass es für viele Positionen nicht zu Vertragsabschlüssen komme oder die Mengen und Liefertermine von den Erfordernissen abwichen. So sei es zu einer Diskrepanz zwischen den Anforderungen und den Realisierungen gekommen. Die Folge: Die bewaffneten Organe erhielten nicht die Ausrüstung, die sie benötigten. Als zweites Problem nannte der Beschuldigte, dass Importverträge über Valutamittel abgeschlossen wurden, die nicht vorhanden seien. Außerdem komme es immer vor, dass Lieferländer außerplanmäßig Exportgüter anböten und der ITA diese einkaufe. Dabei handele es sich zumeist um Erzeugnisse, die erst später benötigt würden. Hintergrund sei der Wunsch des ITA, die finanziellen Mittel einzusetzen, die aktuell aufgrund von nicht lieferbaren Titeln frei geworden seien.[691]

In Haft präsentierte der Offizier außerdem sehr ausführlich Ideen, wie sich der ITA umgestalten ließe, um besser seinen Aufgaben gerecht zu werden. Grundsätzlich stellte der Offizier einen ungelösten Widerspruch zwischen militärischen und betrieblichen Interessen und bei vielen ITA-Mitarbeitern eine weitverbreitete Unkenntnis über Militärtechnik fest.[692] Diese umfangreichen Einlassungen sind Bestandteil der Ermittlungsakten, die die Staatssicherheit in ihrer Geheimen Ablage (GH) archivierte. Darin sind Vorgänge enthalten, »die aus Sicht des MfS besonders geheimhaltungswürdig waren, etwa zu Suiziden, Fahnenfluchten und Straftaten inoffizieller und hauptamtlicher Mitarbeiter des MfS, aber auch von Funktionären und Personen des öffentlichen Lebens der DDR.«[693]

Das Gericht verhandelte nichtöffentlich

In ihrem Abschlussbericht sah es die Stasi als erwiesen an, dass der ITA-Mitarbeiter von 1951 bis 1958 als Agent bei 26 persönlichen Treffen und mithilfe von drei Kurieren Informationen an die »Organisation Gehlen« geliefert habe. Dafür soll er rund 5.000 Mark erhalten haben.

»Im Interesse der Sicherheit des Staates« fand die gerichtliche Hauptverhandlung nichtöffentlich statt.[694] Während seiner Spionagetätigkeit habe der Angeklagte bei persönlichen Treffen und schriftlich über das Ministerium für Finanzen der Landesregierung in Potsdam sowie über das DDR-Finanzministerium berichtet, hieß es in der Anklageschrift. Zu den Kurieren soll auch seine Schwiegermutter gehört haben. Außerdem habe er bis 1958 »bis ins Detail« über seine Arbeit bei der KVP und über andere bewaffnete Organe berichtet. Beim Volksaufstand am 17. Juni soll er laut Anklageschrift »Sicherheitsmaßnahmen« verraten haben. »Weitere Verratsangaben bezogen sich auf ein Objekt der sowjetischen Streitkräfte in Müllrose, Maßnahmen sowjetischer Streitkräfte im Zusammenhang mit den Ereignissen am 17.06.1953 sowie auf den sowjetischen Berater der Bauverwaltung der KVP«.

Der Staatsanwalt ging davon aus, dass die Spionagetätigkeit 1958 endete. »Durch seine Spionageverbrechen leitete der Beschuldigte den erbittertsten Feinden unserer Heimat bei deren auf militärische Annexion der DDR gerichteten Tätigkeit unmittelbar Unterstützung«, hieß es in einem Ermittlungsbericht.[695] Warum das Geständnis, auch nach 1958 spioniert zu haben, beim Urteil nicht berücksichtigt wurde, bleibt offen. Die vorliegenden Akten liefern dazu keine Hinweise.

Das Militärobergericht Berlin verurteilte den Angeklagten am 25. Juli 1973 zu einer Haftstrafe von acht Jahren und setzte sie am 24. Februar 1977 zu einer Bewährung von fünf Jahren Dauer aus. Angesichts der Vorwürfe mutet es erstaunlich an, dass der Verurteilte seine ohnehin vergleichsweise milde Haftstrafe nicht vollständig absitzen musste. Als Gründe nannte das Gericht das vorbildliche Verhalten im Strafvollzug. Der Häftling habe zu erkennen gegeben, dass er aus der Verurteilung für sein weiteres Leben die richtigen Schlussfolgerungen gezogen habe. Härter reagierte hingegen die NVA: Nach der Verurteilung erkannte die Armee dem Verurteilten alle Auszeichnungen ab und degradierte ihn zum einfachen Soldaten.[696]

Auch nach seiner Entlassung aus der Haft stand der einstige Spion unter Beobachtung. Er fand im VEB Kabelwerk Oberspree »Wilhelm Pieck« einen Arbeitsplatz und brachte es vom Gummipresser zum Leiter des Wareneingangs. In einem Schreiben an das Militärobergericht lobte der Leiter der Kaderarbeit am 10. Dezember 1980 die Arbeit des Ex-Häftlings. Dieses Schreiben diente der Justiz offenbar dazu, den Erfolg der Bewährung zu bewerten. Am 6. Januar 1981 kam das Gericht zu dem Schluss, dass die Reststrafe erlassen werden könne.[697]

IM »Rainer« wird erneut aktiv

Vermutlich stand diese ungewöhnliche Milde gegenüber einem verurteilten Spion in direktem Zusammenhang mit dem potenziellen Nutzen, den die Stasi sich erneut von ihm erhoffte. Im Dezember 1980 lud die Stasi den Ex-Agenten zu einem Gespräch ein. Ihr Ziel war es, über ihn weitere Informationen über den Direktor eines landwirtschaftlichen Instituts, Georg C., und seine Frau Brigitte zu erhalten, die ebenfalls Jansky mit geheimem Material beliefert haben sollen. Er sollte »kontrollierbare Reaktionen provozieren« um aufzuklären, wie das ostdeutsche Paar illegal an US-Dollar gekommen war. Der Operativvorgang trug den Namen »Neukirch«. Georg C. soll 1974 Kontakt zu einem US-Bürger gehabt haben und in dessen Auftrag US-Dollar an Brigitte C. übergeben haben, die illegal eingeführt worden seien. Der Direktor war selbst IM und hatte seine Kontakte in den nichtsozialistischen Wirtschaftsraum verschwiegen. Die Stasi hielt ihn für »angreifbar für Gegner«.

Der einstige ITA-Offizier ging auf die Offerte ein und erklärte sich im März 1981 bereit, Kontakt mit der Frau aufzunehmen. Ihr Mann Georg war inzwischen verstorben. Seine Berichte über die Treffen unterschrieb der erneut geworbene IM wieder mit dem alten Decknamen »Rainer«. Seine Arbeit als Inoffizieller Mitarbeiter zur politisch-operativen Durchdringung und Sicherung des Verantwortungsbereiches (IMS) begann am 14. August 1981. In den Akten wird er außerdem als Inoffizieller Mitarbeiter der Abwehr mit Feindverbindung oder zur unmittelbaren Bearbeitung im Verdacht der Feindtätigkeit stehender Personen (IMB) geführt.

Mit Beginn seiner Reaktivierung berichtete er außerdem regelmäßig über andere Personen und nahm Aufträge der Stasi an, Bekannte auszuhorchen.[698] Dazu zählte auch ein Mithäftling aus Bautzen, der in den 80er-Jahren in München lebte. Der Mann arbeitete für das Kraftwerkeprogramm der DDR und wurde 1960 wegen Spionage für einen britischen Geheimdienst zu lebenslanger Haft verurteilt. 1976 wurde er aus der Haft entlassen und in die BRD abgeschoben, die Staatsbürgerschaft wurde ihm aberkannt. Beide Männer schrieben sich regelmäßig Briefe und Postkarten, außerdem verschickte der Münchner Pakete mit Lebensmitteln für Festtage. Sämtliche Briefe wurden von der Staatssicherheit ausgewertet und archiviert.[699] Im Januar 1983 versuchte »Rainer« per Brief, Kontakt mit

Jansky aufzunehmen, und äußerte sein Bedauern, bisher kein Lebenszeichen von ihm erhalten zu haben. »Rainer« berichtete darüber hinaus regelmäßig über seine Treffen mit Brigitte C.

»Rainer« arbeitete so gut, dass er im Dezember 1986 für eine Prämierung in Höhe von 200 Mark vorgeschlagen wurde. 1988 wurde er erneut befördert, nahm eine Arbeitsstelle als Revisor in der Hauptbuchhaltung des Kabelwerk Oberspree (KWO) an und suchte im Auftrag der Stasi weitere Kontakte in West-Berlin.[700]

Operative Personenkontrollen im ITA

»Pelz« und »Zobel«

1978 beschäftigten die Operativen Personenkontrollen (OPK) »Pelz« und »Zobel« die Hauptabteilung XVIII (Volkswirtschaft) der Staatssicherheit. Die Zielperson »Zobel« war der Abteilungsleiter K. vom ITA in Berlin. Er wurde verdächtigt, Kontakte zu »Pelz« zu pflegen, einem westdeutschen Geschäftsmann, der aus der DDR geflüchtet war und nun als Projektmanager des westdeutschen Klöckner-Konzerns (Stahl- und Metallhandel) in Moskau tätig war. Dem MfS lagen Erkenntnisse über eine »mögliche Geheimdienstverbindung« vor. »Pelz« fiel auf, weil er sich in Moskau kaum an dienstlichen Beratungen beteiligte, keinen Kontakt zur Botschaft der BRD hielt und enge Beziehungen zu einem hochrangigen Vertreter Ungarns im Rat für gegenseitige Wirtschaftshilfe pflegte.

Um dem Verdacht eines Kontakts zwischen »Pelz«, »Zobel« und dem Ungarn nachzugehen, wurde K. im Februar 1979 unter einem dienstlichen Vorwand nach Moskau geschickt und dort von drei IM observiert. Sollten sich Pflichtverletzungen belegen lassen, werde »Zobel« aus dem speziellen Außenhandel entlassen. Zu prüfen sei in diesem Fall auch, »unter Ausnutzung des Wiedergutmachungswillens« K. zu einer Mitarbeit bei der Stasi zu bewegen. Den Observanten fiel auf, dass K. im Hotel das Telefon der Etagenfrau benutzte, weil sein Zimmertelefon angeblich defekt war.

Tatsächlich war das Gerät jedoch in Ordnung. Außerdem stellte die Stasi fest, dass der Abteilungsleiter in Moskau einem unbekannten Paar ein Päckchen überreicht hatte. Zudem fand die Stasi heraus, dass sich K. im Dezember 1978 am Weihnachtsabend zu einem »geselligen familiären Treffen« mit »Pelz« getroffen hatte. Die Stasi dokumentierte darüber hinaus weitere Kontakte.

Die OPK zogen sich über Jahre hin. Im Juli 1982 kam die Hauptabteilung II (Spionageabwehr) zu dem Ergebnis, dass »Zobel« in seiner Funktion ein erhebliches Sicherheitsrisiko darstelle. Stasi-Generalmajor Günther Kratsch schlug eine »komplexe politisch-operative Bearbeitung« durch die eigene Operativgruppe in Moskau in Zusammenarbeit mit den sowjetischen Behörden vor. Die Ziele waren klar definiert: Der Nachweis einer »feindlichen Tätigkeit«. Selbst wenn sich dafür keine Belege finden ließen, sollte »Zobel« aus dem ITA entfernt werden.

»Zobels« dienstliches Ende beim ITA begann im August 1983 mit der angeordneten Reise nach Ost-Berlin, einer umfangreichen Einreisekontrolle und Befragungen im Stasi-Objekt »Siedlung«. Dort konfrontierten die Vernehmer ihn mit den Vorwürfen, die K. bestritt. Das Konzept der Stasi ging dennoch auf: Er bot der Stasi eine Zusammenarbeit als Wiedergutmachung an. K. sagte, er wolle helfen, »Aktivitäten des Feindes gegen den speziellen Außenhandel« aufzuklären. K. erklärte sich bereit, diese Aufgabe als Mitarbeiter des Außenhandelsministeriums zu übernehmen und schied aus dem ITA aus. Außerdem unterschrieb er eine Verpflichtungserklärung als IM und wählte den Decknamen »Klaus-Peter«.[701]

»Pelz«, der zwischenzeitlich in China tätig war, sollte auch danach weiter beobachtet werden. Bei der Erkundung seines gesamten Umfelds stellte die Stasi fest, dass sein Stiefbruder hochrangiger Offizier im Bonner Verteidigungsministerium war. Erst als der Geschäftsmann 1984 nach Pakistan ging und das MfS keine Möglichkeit mehr sah, ihm nachzuspionieren, wurde die OPK eingestellt.[702]

Überwachung der Lieferanten durch die Stasi

Die Operative Personenkontrolle (OPK) »Philipp« aus dem Jahr 1984 belegt, wie intensiv die Staatssicherheit in Betrieben präsent war, die Rüstungsgüter produzierten. Ins Visier nahm das MfS dabei einen Mitarbeiter im VEB Gießerei und Maschinenbau Leipzig, der sich hervorragend mit Panzern und ihren Ketten auskannte. Eine Aufgabe des Technischen Zeichners bestand darin, ein von ihm entwickeltes Geheimpatent für einen Kettentyp weiterzuentwickeln.[703] Interessant war der Technische Zeichner für die Geheimdienstler auch deshalb, weil der ITA zu den Abnehmern der Produkte gehörte, mit denen er befasst war. Der Mann nahm an Beratungen des ITA und der NVA mit »Partnern« aus der Sowjetunion, der ČSSR und Polen über die spezielle Produktion teil.[704] Außerdem pflegte »Philipp« enge dienstliche Beziehungen zum Abteilungsleiter Export des ITA sowie zur NVA und zum Panzerreparaturwerk Neubrandenburg.

Verdachtsmomente waren Informationen der Hauptabteilung VII der Staatssicherheit, die für das Innenministerium, die Polizei und andere Institutionen zuständig war. Demnach verfügte der Mann über Valuta. Außerdem stellte sich heraus, dass sein Schwiegersohn beim Innenministerium arbeitete und von der HA VII ebenfalls mit einer OPK »bearbeitet« wurde. Mehrere IM waren auf »Philipp« angesetzt und lieferten regelmäßig Berichte. Sein Büro und seine Wohnungen wurden konspirativ durchsucht.[705] Dabei konkretisierte sich der Verdacht. Der Stasi lagen »Ersthinweise auf spionageverdächtige Handlungen« vor. Als »mögliche Angriffsrichtung« gegnerischer Dienste bei seinen Kontakten mit dem ITA nannte die Stasi Informationen über »Export von LVO-Erzeugnissen«, also den Export von Gütern, die unter den Bedingungen der speziellen ›Verordnung über die Lieferungen und Leistungen an die bewaffneten Organe‹ (kurz: Lieferverordnung, LVO) produziert wurden. Des Weiteren befürchtete man den Abfluss von Informationen über die »Kooperation im Warschauer Vertrag« oder »Hersteller in der DDR«.[706] Außerdem fürchtete die Staatssicherheit das »Eindringen in Führungsorgane der NVA« sowie die Preisgabe von geheimen Informationen über den Panzer T-55.

Verdächtig kam der Stasi außerdem vor, dass viele Verwandte des Mannes in der Bundesrepublik und in den Niederlanden lebten. Sein Geltungsstreben und der Ehrgeiz böten weitere Angriffspunkte. Tatsächlich gelang es der Stasi jedoch 1984 nicht, Hinweise auf ein »mögliches geheimdienstliches Verbindungssystem« zu entdecken. Die OPK war eine reine Vorsichtsmaßnahme, die aber 1985 fortgesetzt wurde.[707]

Um ganz sicher zu gehen, entwickelte die Kreisdienststelle Leipzig-Stadt einen »Grobentwurf« für einen Plan, der getrost als Falle bewertet werden darf. Der Zeichner sollte mit einer neuen geheimen Information konfrontiert werden. Danach sollten Kontrollen erfolgen, ob die Informationen abflossen. Schließlich kam die Stasi zu dem Ergebnis, dass der Beschuldigte zwar eine »Spitzenquelle« abgeben würde. Hinweise auf einen Geheimnisverrat habe die OPK jedoch nicht ergeben, stellte der Leiter Kreisdienststelle Leipzig-Stadt am 15. Juni 1989 fest.[708]

Sicherheitsanalysen

1984 überprüfte die HA XVIII (Volkswirtschaft) der Stasi den Speziellen Außenhandel und erstellte eine Sicherheitsanalyse. Mit seinem Netz von IM sei der BSA zufriedenstellend abgesichert, hieß es in der Analyse. Als »absolut unzureichend« bewertet die HA XVIII jedoch die Absicherung der Mitarbeiter in ihrer Freizeit. Diese Lücke sei eine »Schwachstelle im Sicherungssystem«. Trotz der angeblich zufriedenstellenden Absicherung stellten die Analysten eine »relative Häufung von Vorkommnissen im Speziellen Außenhandel fest«, die teilweise zu einer schweren Gefährdung der Sicherheit geführt habe.[709]

Zu den Vorkommnissen zählt das Aufbrechen eines Eisenbahnwaggons mit geheimer Militärtechnik im Februar 1984 in Frankfurt/Oder. Als Täter wurde ein sowjetischer Wachsoldat ermittelt, der der Armee seines Landes übergeben wurde. Zuvor hatte die Stasi immer wieder Aufbrüche registriert, die durch zusätzliche Bewachung und bessere mechanische Sicherungen der Waggons reduziert wurden. Ebenfalls 1984 musste sich der stellvertretende ITA-Chef Horst Berg einen Verstoß gegen die Vorschriften vorwerfen lassen. Er war trotz anders lautender Regelungen allein zu einer Dienstreise nach Warschau aufgebrochen und wurde nachts im Schlafwagen bestohlen. Unbemerkt wurden seine Gepäckstücke durchsucht, danach fehlten 6.000 polnische Złoty aus ITA-Beständen. Die Stasi wies darauf hin, dass in der Vergangenheit bei ähnlichen Delikten vertrauliche

Unterlagen abhandengekommen waren. Zu den »Vorkommnissen« zählte die Stasi außerdem die Verhandlungen des ITA-Abteilungsleiters für NSW-Exporte, Frank Stein, mit irakischen Handelspartnern, bei denen er gegen alle Vorschriften freimütig das Limit für Kredite offenbart haben soll, ohne diesen Verstoß zu melden. Damit sei es dem Irak beinahe gelungen, für die DDR günstige Konditionen zu unterlaufen. Die Stasi warf Stein »überhebliches, undiszipliniertes, unqualifiziertes Vorgehen« vor. Nicht zum ersten Mal sei er aufgefallen, hieß es.[710]

Eine weitere Analyse der Staatssicherheit ergab bislang unbekannte Sicherheitsprobleme beim ersten Einsatz von Computern beim ITA. Die HA XVIII informierte im Februar 1988 ITA-Chef Sandhoff, dass die Bürocomputer in einem Umkreis von 500 Metern »abstrahlen« und damit möglicherweise Informationen preisgeben könnten. Daher sei der Datenschutz nicht gewährleistet. Künftig sollten zwei bis drei Computer mit besonders sensiblem Datenverkehr in einem geschützten Raum des Rechenzentrums aufgestellt werden.[711]

6 Der ITA und die westlichen Geheimdienste

In welchem Ausmaß die westlichen Geheimdienste von der Arbeit und den Strukturen des ITA wussten, ist bis heute weitgehend offen. Aus einzelnen Aktenfunde wird jedoch schlaglichtartig deutlich, dass die NATO-Staaten den Betrieb kannten und versuchten, ihn auszuspionieren. So informierte die Stasi den leitenden Offizier Sandhoff in den 80er-Jahren, dass sich westliche Dienste für den ITA interessierten. Fahrzeuge der Militärverbindungsmissionen würden das Objekt ITA verstärkt kontrollieren und Personen fotografieren. Dabei wurden auch Kunden des Außenhandelsbetriebs ausgekundschaftet. »Er wurde beauftragt zu veranlassen, daß ausländische Partner, insbesondere NSW-Kunden, ab sofort ihre Pkw nicht mehr direkt vor dem Objekt ITA abparken, sondern auf dem nahegelegenen, neu geschaffenen Parkplatz am Markt Pankow«, schrieb der Stasi-Major über das Gespräch mit Sandhoff.[712]

Offenbar aus der Sowjetunion stammten Informationen der Staatssicherheit über Aktivitäten des westlichen Bundesnachrichtendienstes (BND) in der DDR. Der BND bemühe sich, Kontakte zu deutschen und anderen Staatsbürgern herzustellen, die mit Waffenverkäufen befasst sind, hieß es in dem Bericht, der als »streng geheim« klassifiziert der Stasi-Führung übermittelt wurde.[713] Die fürs Militär zuständige Abteilung I der Staatssicherheit hatte im Oktober 1986 außerdem einen Hinweis vom ungarischen Geheimdienst auf verstärkte Aktivitäten des BND erhalten, der Kontakte zu DDR-Bürgern herstelle, die sich mit Waffenverkäufen beschäftigen. Als Gegenleistung biete der BND Unterstützung bei den Geschäften an. In der als »streng geheim« klassifizierten Information wird als Beispiel eine Düsseldorfer Werkzeugfirma genannt, die auch in Waffenverkäufe involviert sei.[714]

Tonnenweise geheimes Material bei ITA und BSA

Um sie vor dem Abfluss an westliche Geheimdienste zu schützen, hütete der Spezielle Außenhandel seine Informationen. Wegen seiner Bedeutung für die Landesverteidigung fielen dort enorme Mengen an Staatsgeheimnissen an. Hier die Zahlen für 1983:

- der BSA fertigte 7.000 eigene Verschlusssachen (VS) an, 2.200 wurden mikroverfilmt und 14.750 vernichtet,
- der ITA übernahm 1983 eine Dokumentation der sowjetischen Partnerorganisation von einem Kurierdienst mit einem Gesamtgewicht von 15,3 Tonnen (!), die bearbeitet und an die Bewaffneten Organe (BO) und den Speziellen Außenhandel weitergeleitet wurden. 1984 waren es dann sogar 19 Tonnen.

Wie wichtig BSA und ITA für die Verteidigung der DDR waren und warum hier so viele Geheimnisse zusammenliefen, die geschützt werden mussten, verdeutlicht eine Analyse der für Volkswirtschaft zuständigen Hauptabteilung XVIII der Staatssicherheit:

> Im Speziellen Außenhandel sind neben Wissen über den derzeitigen Ausrüstungsstand der BO, der Dislokation und der Einsatzbereitschaft der Technik auch Kenntnisse über den perspektivischen Zulauf von militärischen Haupttechniken, deren taktisch-technische Parameter und über neue Waffensysteme, an deren Entwicklung oder Fertigung die DDR mitbeteiligt ist, vorhanden.

Die Masse an VS-Dokumenten, Termindruck und Routine hätten dazu geführt, die VS-Vorschriften nicht immer exakt einzuhalten, analysierte die Stasi. Als »sehr ernsthaften Verstoß« bewertet sie die Diplomarbeit eines BSA-Mitarbeiters an der Hochschule für Ökonomie. Darin habe er als geheime Verschlusssache klassifiziertes Material für alle speziellen Exporte der DDR in den NSW aufgelistet.[715]

Die Stasi beobachtete genau, welche familiären Kontakte zwischen Mitarbeitern und Angehörigen im Westen bestanden. Auch die Versuche westlicher Firmen und Dienste, Kontakte aufzunehmen, wurden aufmerksam registriert. Besonders in den Jahren 1983 und 1984 stellte die Staatssicherheit fest, dass immer mehr Firmen aus dem nichtsozialistischen

Wirtschaftsraum, darunter Waffenhändler und Unternehmen aus der BRD, versuchten, den ITA zu kontaktieren. Zur Anbahnung wurden Verbindungen zu zivilen Außenhandelsbetrieben genutzt. Dabei wurden »z. T. eindeutige Spielmaterialien angeboten«, also falsche, aber glaubhaft dargebotene Informationen.[716]

Die westlichen Geheimdienste versuchten unter anderem über Seeleute, die aus der DDR entkommen waren, an Informationen über die Schifffahrt zu gelangen. Sie interessierten sich beispielsweise für den Aufbau des Rostocker Überseehafens, insbesondere für Militärtransporte. Zu der Vielzahl der Punkte, die abgefragt wurden, gehörten Informationen über Rüstungslieferungen nach Afrika und über Umschlagplätze für Militärgüter im Rostocker Hafen.[717]

ITA und die westdeutschen Geheimdienste

Die wenigen Unterlagen, die der Bundesnachrichtendienst (BND) über den ITA bis heute freigibt, offenbaren vor allem, dass der Geheimdienst nur bruchstückhaft über das Unternehmen informiert war und dessen Strukturen kaum kannte. Das geht zum Beispiel aus einer Antwort des BND an das Bundesamt für Verfassungsschutz vom 21. Juli 1988 hervor, das um Informationen über den ITA gebeten hatte. Zutreffend beschrieb der BND in seiner Antwort, dass der ITA für den Im- und Export von Rüstung verantwortlich war. Die Behauptung, dass alle Mitarbeiter militärische Ränge hätten und Zuträger des MfS waren, belegen jedoch, wie lückenhaft die Erkenntnisse des westdeutschen Auslandsnachrichtendienstes waren.

Der BND kannte außerdem mehrere ITA-Mitarbeiter und ihre Telefonnummern im Betrieb sowie Mitarbeiter von Rüstungsfirmen wie dem Panzerreparaturwerk in Neubrandenburg. Bei diesen Personen handelte es sich nach Erkenntnissen des westlichen Dienstes um Reisekader für das nichtsozialistische Ausland. Offenbar unbekannt war die genaue Aufgabenteilung zwischen ITA und IMES. So finden sich in den Akten auch Informationen aus dem Bereich KoKo. Erkenntnisse über die Funktion der IMES als Valutaunternehmen sowie über das Lager Kavelstorf lagen dagegen vor. Die NVA habe über den ITA dort Güter eingelagert, hieß es in einem Bericht. Tatsächlich wurde das Lager fast ausschließlich für die Exportwaren der IMES genutzt.

In einem weiteren Bericht, der am 20. Dezember 1989, also Wochen nach der Blockade des Lagers durch Kavelstorfer Bürger entstand, erläuterte der BND nochmals die Funktion der IMES und ihre enge Zusammenarbeit mit dem ITA. Die IMES wird als »bedeutendste Waffenhandelsfirma der DDR« bezeichnet. Beim ITA ging man, wie erwähnt, von einer Steuerung durch das MfS aus.

Drei Wochen zuvor hatte das Bundesamt für Verfassungsschutz, der westdeutsche Inlandsgeheimdienst, dem BND seine Kenntnisse über den ITA offenbart. Damit hatte ein Austausch von Inlands- und Auslandsnachrichtendienst stattgefunden. Der Verfassungsschutz wusste um den Standort an der Johannes-Becher-Straße, ohne dessen Funktion genau zu kennen, und berichtete, das Unternehmen tauche in keinem Telefonbuch oder anderen »öffentlichen Unterlagen« auf. Der Verfassungsschutz ging davon aus, dass der ITA dem Verteidigungsministerium der DDR unterstellt sei und auch mit Waffen in Krisengebieten handele. Wie lückenhaft das Wissen über den Außenhandelsbetrieb (AHB) ITA war, belegen die Fragen, die der Verfassungsschutz dem BND übermittelte:

- Wo befinden sich Zentrale bzw. sonstige Niederlassungen des AHB in der DDR/im Ausland (genaue Adressen, Beschreibung der Objekte)?
- In welchem Bereich ist der AHB offiziell/tatsächlich tätig?
- Ist der AHB im illegalen Technologietransfer tätig geworden?
- Welche Mitarbeiter des AHB (insbesondere MfS-Mitarbeiter) sind bekannt? Welche Funktionen üben sie aus?
- Wird der AHB durch DDR-Nachrichtendienste und/oder durch den Bereich Kommerzielle Koordinierung des Ministeriums für Außenhandel der DDR kontrolliert bzw. gesteuert?
- Welche Tochter-/Tarn-/Kontaktfirmen des AHB im Westen sind bekannt?[718]

Der BND stufte den ITA nicht nur als Außenhandelsbetrieb für Rüstungsgüter, sondern auch für illegale Technologietransfers ein. Das geht aus den Unterlagen des Bundestagsuntersuchungsausschusses »Der Bereich Kommerzielle Koordinierung und Alexander Schalck-Golodkowski – Werkzeuge des SED-Regimes« und dem abweichenden Bericht der Berichterstatterin der Gruppe Bündnis 90/Die Grünen, Ingrid Köppe, hervor.

Grundsätzlich sollten alle Exporte von Produkten, die militärisch genutzt werden können, über den ITA erfolgen, stellte der BND fest. Organisiert wurde die Ausfuhr im Ausland über »gemischte Gesellschaften« und von den Technisch-Kommerziellen Büros (TKB) in den Handelsvertretungen. »Der ITA ist auch am Import von westlicher Technologie beteiligt«, heißt es im Köppe-Bericht. Außer Geräten beschaffe das Unternehmen Unterlagen. In den Betrieben, die sich mit Außenhandel beschäftigen, verfüge der ITA über eigene Kontaktpersonen. Ausdrücklich nennt der BND Carl Zeiss Jena. Dort waren es nach Informationen des Geheimdienstes vier Mitarbeiter.[719]

Über das Schicksal des ITA nach dem Mauerfall war man sich beim BND nicht im Klaren. In dem Schreiben hieß es:

Der Betrieb

INGENIEUR-TECHNISCHER AUßENHANDEL (ITA)
Außenhandelsbetrieb
Johannes-R.-Becher-Str. 18
1100 Berlin
Geschäftsführer: Oberst Günther Anders,

der sich mit Waffenhandel und Beschaffung von Hochtechnologie für die Streitkräfte befaßte, ist vermutlich aufgelöst worden.[720]

Die Flucht des Rüstungsspezialisten Peter K.

Der Bundestagsuntersuchungsausschuss thematisierte mehrfach den Wissensstand westdeutscher Geheimdienste über den ITA. Spätestens ab Oktober 1988 habe der ohnehin gut informierte BND über die Aktivitäten von ITA und KoKo Bescheid gewusst. Davon ging die Berichterstatterin der Grünen im Untersuchungsausschuss, Ingrid Köppe, aus.

Einen Beitrag dazu könnte der Rüstungsspezialist Peter K. geleistet haben, der eine Dienstreise im Auftrag der IMES zur Flucht aus der DDR in die Bundesrepublik nutzte. K., Absatzleiter im VEB Flugzeugwerft Dresden, sollte am 7. Oktober 1988 nach Lagos (Nigeria) reisen und setzte sich bei einer Zwischenlandung in Frankfurt/Main ab. Am 11. Oktober informierte das Bundeskanzleramt die Ständige Vertretung der DDR in der

Bundesrepublik, dass K.s Kuriergepäck zur Abholung bereit liege. Seine Flucht hatte Konsequenzen für die Reisen anderer Kader, die Regeln wurden verschärft. Mitarbeiter der Flugzeugwerft konnten zeitweise kaum noch reisen. Wer Dokumente mitnehmen wollte, musste den Transport vorher absegnen lassen.

K. arbeitete für den VEB und die IMES gleichzeitig. Der BND bezeichnete ihn als »Quelle«, verweigerte aber vor dem Untersuchungsausschuss weitere Angaben.[721] In seiner Zeugenbefragung vor dem Untersuchungsausschuss sagte K.:

> Das hieß, mir oblagen die vertragliche Koordination und Anbahnung von Instandsetzungsleistungen für Kampftechnik der Nationalen Volksarmee. Des weiteren oblagen mir die Zuarbeit zum Ingenieur-Technischen Außenhandel betreffend die Vertriebsgebiete damaliger Mitgliedstaaten des Warschauer Vertrages. Als drittes oblagen mir die Zuarbeiten zwecks Anbahnung, Abschluß von Vertragsverbindungen an den Ingenieur-Technischen Außenhandel sowie die IMES GmbH für folgende Länder: Der Ingenieur-Technische Außenhandel beschäftigte sich damals mit dem Irak, und die IMES GmbH beschäftigte sich damals meines Wissens vorrangig mit Ägypten. In der Anbahnung war ich ebenfalls involviert kurz vor meinem Übertritt mit Vorgängen mit dem Iran und Vorgängen mit Nigeria.[722]

K. kannte die geheimen Absprachen beider Organisationen bei der Belieferung der Kriegsparteien Iran und Irak. Gleich nach seiner Flucht wurde er dazu in der Bundesrepublik befragt. K. war außerdem über alle vertraglichen Vereinbarungen der Flugzeugwerke mit dem Verteidigungsministerium über die Instandsetzung von Waffentechnik informiert und hatte Zugang zu vertraulichen Unterlagen. Darüber hinaus kannte er die Verträge mit Ägypten und wusste über diverse Geschäfte mit dem Iran, Indien, Nigeria und anderen Ländern Bescheid.

Umfassend war K. über die Geschäfte im Auftrag des ITA informiert. Dazu gehörten Lieferungen und Dienstleistungen der Dresdner Flugzeugwerft mit den Staaten des Warschauer Vertrages sowie geplante und bereits abgewickelte Geschäfte mit dem Irak, Algerien und Syrien zur Instandsetzung von Flugzeugtechnik. K. kannte sich bestens mit den technischen Standards der Luftstreitkräfte des Warschauer Paktes aus und wusste über die Arbeitsweisen der Außenhandelsbetriebe Bescheid. Dass er sein Wissen westlichen Geheimdiensten offenbarte, ist wahrscheinlich, hatte der BND doch von einer »Quelle« gesprochen. Spätestens nach seiner Flucht musste die DDR davon ausgehen, dass K. über seine Arbeit berichtete.

Informationen für die CIA

In ihren Analysen beschäftigte sich auch der US-Auslandsgeheimdienst CIA (*Central Intelligence Agency*) mit dem ITA. Im Dezember 1983 entstand ein als geheim eingestufter Bericht unter der Überschrift »East European Involvement in the International Gray Arms Market«. Darin wurden osteuropäische Staaten beschuldigt, auf einem Graumarkt in Europa und Entwicklungsländern Waffen an Kriminelle, Terroristen und Regimes zu verkaufen, die einem Embargo unterlagen. Der Verkauf werde organisiert von staatlichen Außenhandelsbetrieben. Der Umfang belief sich der Analyse zufolge auf 100 Millionen US-Dollar pro Jahr.

Die DDR, die nur »East Germany« genannt wurde, arbeite dabei vorrangig als Zwischenhändler für größere Waffensysteme und weniger als Lieferant selbstproduzierter Kleinwaffen. Auch wenn detaillierte Informationen bislang nicht zu beschaffen gewesen seien, ging die CIA davon aus, dass der ITA für die meisten Waffenverkäufe der DDR verantwortlich sei. Außerdem lagen dem Geheimdienst Erkenntnisse vor, dass im kleineren Umfang Privatpersonen und Firmen wie das Petrov-Handelskontor in Zusammenarbeit mit der staatlichen Spedition Deutrans in Waffengeschäfte involviert seien. Der Bericht nennt darüber hinaus die IMES und eine Firma namens Exportkontor.[723]

Das Dokument belegt, dass es der CIA in kürzester Zeit gelungen war, zumindest teilweise Einblick in die Waffenexporte der DDR zu erhalten. Noch 1982 hatte es einer Analyse der Geheimhaltungsstufe »Top secret« geheißen, man verfüge über keine Information über den ITA. Nur der Standort im Ministerium für Außenhandel war bekannt.[724]

Besonderes interessiert war die CIA an Heinrich Klinke alias IM »Kollo«, der seit 1962 für die Stasi tätig war. Angeworben hatte man ihn bereits 1957. Seit Anfang 1969 arbeitete er und seine Ehefrau zudem mit dem Auslandsgeheimdienst der Staatssicherheit, der Hauptverwaltung A (HVA), zusammen. Damals waren beide in Kairo eingesetzt. Weitere Stationen in Afrika folgten: »Kollo« arbeitete von 1977 bis Ende 1980 in der handelspolitischen Abteilung der DDR-Botschaft in Addis Abeba und berichtete von dort fleißig nach Ost-Berlin über seine Kontakte. Doch er lieferte nicht nur Informationen, sondern befand sich selbst im Visier des Geheimdienstes. 1980 war seine eigene Frau, IM »Jeanette«, auf den damals 55-Jährigen angesetzt worden. Klinke hatte gerade beim ITA angefangen, pflegte Kontakte in diverse Länder und handelte mit mobilen Lkw-Werkstätten, Feldbäckereien und -küchen sowie Kleidung und Trinkwasserversorgungsanlagen. »Jeanette« versorgte ihren Offizier »Reiter« mit Informationen über die Arbeit von »Kollo«. Kontrolliert und geleitet wurde die Aktion durch die HVA.

1978 hatte erstmals ein Mitarbeiter der CIA den DDR-Bürger kontaktiert. Der als Handelsdiplomat legendierte Spion aus den USA war dem DDR-Geheimdienst damals bereits bekannt. Nach seiner Versetzung übernahm ein weiterer CIA-Kollege seine Arbeit und schaffte es, eine persönliche Beziehung zu »Kollo« und seiner Ehefrau aufzubauen. Die Spionageabwehr der DDR war auch darüber im Bilde. Man ging davon aus, dass der US-Agent Informationen über DDR-Bürger abschöpfen wollte. Was die CIA jedoch genau von Klinke wissen wollte, blieb zunächst unklar – bis er zum ITA wechselte. In diesem Moment wurde die Zielrichtung des US-amerikanischen Geheimdienstes deutlich: »Dem Feind wurde bestätigt, daß spezieller Außenhandel etwas mit der Armee zu tun hat«, schrieb die HVA am 2. Januar 1981. »Das sprunghaft gewachsene Interesse der CIA nach Erlangung der Kenntnis der Tätigkeit des K. bei ITA weist darauf hin, daß der Ingenieur-Technische Außenhandel als vorrangiges Zielobjekt der feindlichen Geheimdienste einzuordnen ist«, hieß es in einem HVA-Bericht vom 3. August 1982. Doch Klinke habe trotz »massiver Versuche zur konkreten Aufklärung« keine Dienst- oder Staatsgeheimnisse preisgegeben.[725]

Gleichzeitig informierte »Jeanette« ihren Dienstherren über CIA-Mitarbeiter in Addis Abeba. Im September 1983 übernahm die HA XIX/2 (Verkehr, Post, Nachrichtenwesen) »Jeanette« von der HVA.[726]

»Kollo« war 1980 wegen seiner Kontakte zu dem CIA-Mitarbeiter zur HVA IX/B (Untersuchung) gewechselt. 1986 arbeitete »Kollo« im NSW-Export des ITA und war verantwortlich für den Bereich »Spezielle Güter«.[727] In dieser Funktion berichtete er, dass er am ehesten Umsatzsteigerungen im Irak, in Uganda und Libyen erwarte. Auch die PLO mit ihren Gruppen käme als Empfänger in Betracht. Kamerun plante nach seinen Angaben Ausgaben von drei Millionen Valutamark für Feldküchen und Lastwagen vom Typ W-50. Indien war an der Lieferung von 150 Brückenlegepanzern interessiert, die gemeinsam mit Polen exportiert werden sollten. Uganda war dagegen nach dem Putsch im Jahr 1985 als Importeur ausgefallen.[728]

7 Wende und Abwicklung

Erstmals in der Öffentlichkeit

Die Friedliche Revolution führte dazu, dass der ITA erstmals in seiner jahrzehntelangen Geschichte Thema in den Medien wurde. Die Regeln gleichgeschalteter Zeitungen und Sender galten nicht mehr, die Geheimhaltung bekam immer mehr Lücken. Einer der stellvertretenden ITA-Chefs, Kapitän zur See Horst Berg, wurde bereits am 5. Dezember 1989, wenige Wochen nach dem Mauerfall und nur ein paar Tage nach der Entdeckung des Kavelstorfer IMES-Lagers, mit einer unangenehmen Recherche konfrontiert. Drei Journalisten der *Berliner Zeitung* hatten Anfragen gestellt, ob der ITA für die IMES Im- und Exporte durchführe und auf welchen Regeln der Waffenexport außerhalb des nichtsozialistischen Wirtschaftsraums basiere. Seine Antwort teilte Berg noch am selben Tag seinem Minister mit: Im- und Exporte stellten die Landesverteidigung der Länder des Warschauer Vertrages sicher. Der ITA habe zwar Transporte für den IMES übernommen, jedoch keine Im- und Exporte, und habe Solidaritätsgüter geliefert. Weitere Einzelheiten unterlägen der Geheimhaltung. Wie viele andere staatliche Stellen setzte der ITA-Chef mitten in der Friedlichen Revolution auf Unwahrheiten und Verschleierung.

Ähnlich äußerte sich Berg, als Klaus-Dieter Stefan für die Zeitschrift *horizont* um ein Gespräch bat. Der ITA war nach Stefans Recherchen kurz zuvor vom Neuen Forum besetzt worden und Objekt staatsanwaltschaftlicher Ermittlungen. Doch die Recherchen verliefen kompliziert. »Fakten, Tatsachen, Hintergründe sind bei unserem Lokaltermin beim ITA leider nicht zu erfahren«, schrieb Stefan. Bestätigt wurde lediglich, dass in mehrere Länder exportiert worden sei. Krisenzonen hätten nicht dazu gehört, weitere Angaben seien Staatsgeheimnis. Auch Hans-Ulrich Metzler, Vertreter des Außenhandelsministers und zuständig für den Waffenhandel, wollte oder konnte Stefan nicht weiterhelfen. Erst Anfang 1990 stehe dieses Thema auf der Tagesordnung der Regierung Modrow. Stefan blieb jedoch hartnäckig und wandte sich an Generalmajor Joachim Goldbach, Stellvertreter des Verteidigungsministers und Chef für Technik und Bewaffnung im Ministerium in Strausberg. Der hochrangige Offizier hatte Zeit für ein Treffen mit Stefan.[729]

Ebenfalls im Jahr 1990 berichtete erneut Klaus-Dieter Stefan zusammen mit Thomas Anton für die Zeitschrift *horizont-International* über die Aktivitäten des ITA. Beide wollten der Frage nachgehen, ob außer den jüngst bekannt gewordenen Lieferungen an den Irak weitere Rüstungsgüter aus NVA-Beständen in Entwicklungsländer exportiert wurden. Der ITA wollte sich dazu nicht äußern: Der neue Geschäftsführer Heinz Menzel verwies auf »Vertrauensschutz« und eine Schweigepflicht, die das Unternehmen beim Verteidigungsministerium in Strausberg abgegeben habe.[730] Daraufhin wandten sich die Journalisten an den ehemaligen NVA-Offizier und Staatssekretär Frank Marczinek aus dem DDR-Ministerium für Abrüstung und Verteidigung. Er betonte, dass alle Lieferungen legal erfolgen würden. Damit sei auch ein Export in Krisengebiete ausgeschlossen. Die Lieferungen an die Staaten des Warschauer Vertrages durch den ITA würden aber fortgesetzt.[731]

Auch der »Runde Tisch Pankow« beschäftigte sich mit den just bekannt gewordenen Geschäften des ITA und protestierte. In einem Schreiben an Ministerpräsident Lothar de Maizière schrieb der Vorsitzende Harald Lüderitz am 27. April 1990: »Der Runde Tisch Pankow verurteilt den vom Territorium der DDR seit Jahren ausgehenden Waffenhandel und fordert deshalb die unverzügliche Auflösung des Betriebs Ingenieur-Technischer Außenhandel.« Den Beschluss, die Auflösung zu fordern, habe der Runde Tisch einstimmig gefasst. Die Antwort fiel jedoch vage aus. Das Ministerium für Wirtschaft wies auf die gesetzlich definierten Aufgaben des ITA hin und erklärte, der Außenhandelsbetrieb werde künftig veränderte Aufgaben übernehmen und auf der Grundlage staatlicher Rechtsnormen arbeiten.[732]

Die Recherchen der nunmehr freien Presse gingen weiter. »Panzer aus Pankow nach Pakistan?« fragte am 19. Juli 1990 die lokale Zeitschrift *Rund um die Panke* in ihrer ersten Ausgabe. Der Autor Thomas Wüsten berichtete von Panzer-Lieferungen an den Irak, für die einst ITA-Oberst Anders verantwortlich gewesen sei. Wüsten besuchte Geschäftsführer Menzel am Sitz des ITA in Pankow und berichtete über »unkonkrete Antworten«. In seinem Artikel zitierte Wüsten auch den ITA-Offizier Ernst Gruszka, der eine Anfrage der Zeitschrift brüsk mit den Worten abgelehnt hatte: »Unsere Öffentlichkeitsarbeit machen wir schon allein.«[733] *Rund um die Panke* war in der Nähe des ITA-Standorts entstanden und berichtete am 5. September 1990 erneut über den Außenhandelsbetrieb, diesmal über eine Lieferung von Brückenlegepanzern an den Irak. Demnach hatte ein irakischer Frachter am 31. Juli – wenige Tage vor dem Einmarsch des Iraks in Kuwait – den polnischen Hafen Gdynia mit 17 Fahrzeugen verlassen. Dem Verteidigungsministerium gelang es jedoch, den Transport rechtzeitig zu stoppen und die UdSSR, die USA und Frankreich zu informieren. *Rund um die Panke* verwies auf ihr Interview mit Menzel vom Juli, in dem er angekündigt hatte, keine Rüstungsgeschäfte mit Entwicklungsländern mehr abzuschließen. Außerdem berichtete das Blatt über Recherchen des Verteidigungsministeriums, das auf der Luftwerft in Dresden auf irakische MiGs gestoßen war, die dort instandgesetzt werden sollten. Die Suche nach weiteren Waffen gehe weiter, hieß es. Eine Untersuchungskommission sei damit beauftragt worden. Menzel habe unterdessen angekündigt, keine Interviews mehr zu geben.[734]

Am 2. August 1990 begann der Irak mit der gewaltsamen Eroberung Kuwaits; am 28. August wurde Kuwait durch den Irak annektiert. Unter der Überschrift »DDR rüstete Irak für Giftgaskrieg« berichtete am 20. August die Tageszeitung *taz* über den streng geheimen Einsatz von NVA-Offizieren, die in den 80er-Jahren einen Übungsplatz für ABC-Waffen – also Waffen für die atomare, biologische und chemische Kriegsführung – in der Nähe von Bagdad aufgebaut und die irakische Armee »für den Chemiekrieg« vorbereitet hatten. Dabei bezogen sich die *taz* und diverse andere Medien auf einen Bericht des *Spiegels*.[735] »Die Experten für chemische Kriegsführung aus Ost-Berlin, darunter der damalige Leiter der ABC-Abwehr Karl-Heinz Nagler, unterrichteten irakische Soldaten auf dem nahöstlichen Übungsplatz im fachgerechten Umgang mit Spezialgeräten zur Erkennung von chemischen Kampfstoffen oder radioaktiver Strahlung«, schrieb der *Spiegel*, und weiter: »Zum Einsatz kamen bei simulierten Gasangriffen Aufklärungsfahrzeuge sowjetischer Bauart, automatische

Kampfstoffanzeiger sowie ABC-Schutzsysteme für Panzerverbände«. Bei den Übungen sei kein Kampfstoff eingesetzt worden.[736]

Abb. 12: Mit dem Bild eines gigantischen Atompilzes warb der ITA für sein »Kernstrahlungsmessgerät 1/1« (hier die spanischsprachige Version des ITA-Katalogs).

»Letzte Woche hatte Eppelmann von der Lieferung von 24 Brückenlege-Panzern an Irak berichtet«, schrieb die *taz* ebenfalls im August 1990. Die Verträge hierüber seien von den früheren SED-Regierungen unter Stoph und Modrow geschlossen und vom ITA abgewickelt worden. Die jetzige Regierung sei erst in der Vorwoche auf diesen Fall gestoßen. »Vier Offiziere müssen ihre Uniform an den Nagel hängen, bis die Untersuchungen abgeschlossen sind«. Verteidigungsminister Eppelmann habe der NVA verboten, weitere Waffengeschäfte zu tätigen; Ausnahmen bedürften seiner Genehmigung.[737]

»Waffen – wer schießt mit DDR-Sturmgewehren?« hieß ein Fernsehbeitrag, der am 17. Februar 1991 im *Klartext*-Magazin gesendet wurde und über eine Mahnwache mit der Bürgerrechtlerin Vera Lengsfeld (Bündnis 90) vor dem ITA-Gebäude in Pankow berichtete. Zu sehen waren Transparente und Pappschilder mit der Aufschrift »Eine Mahnwache will

Öffentlichkeit«. Die Stimmung bei der Mahnwache am 7. Februar 1991 sei aufgebracht gewesen. Die Teilnehmer hatten zunächst die Auskunft erhalten, dass der ITA Sportwaffen aus Suhl sowie Hosenträger und Knöpfe für Soldaten exportiert habe. Das Magazin berichtet dagegen von den Brückenlegepanzern, die der ITA 1990 aus der DDR über den Hafen von Gdynia in den Irak liefern wollte. Ein irakischer Kapitän konnte im Hafen von Danzig am 24. April 1990 sieben komplette Brückenleger und am 29. Juni 17 weitere Exemplare in Empfang nehmen. Damit war nach Angaben des Magazins erstmals belegt, dass die DDR versucht hatte, Waffen in Krisengebiete zu liefern. Die Schiffe hätten jedoch auf See wieder umkehren müssen.[738] Diese Lieferung war noch von der Regierung Modrow abgesegnet worden; der ITA hatte die Verträge unterschrieben.[739] Nachdem der Irak im August in Kuwait einmarschiert war und das Land besetzt hatte, berichteten auch westdeutsche Medien über den Deal.[740] Die TV-Reporter von *Klartext* zeigten außerdem Ausschnitte aus Werbefilmen des ITA und Aufnahmen des 1990 in der DDR entwickelten Gewehrs »Wieger«. In dem Bericht hieß es: »Kaderleiter und Funktionäre sind im Amt«. Beispielsweise sei Oberst Anders weiter für den ITA tätig und habe einen Beratervertrag. Zu sehen war außerdem ein Interview mit ITA-Geschäftsführer Menzel, der sich nur vage zu den Geschäften äußerte.[741]

Die Wende im Hafen Rostock

Die Friedliche Revolution und die größere Öffentlichkeit blieben auch für die ITA-Transporte auf See nicht ohne Folgen. Am 14. November 1989 kündigte ein Gewerkschaftsfunktionär an, dass die Hafenarbeiter in Rostock künftig keine militärischen Güter mehr umschlagen würden – weder Panzer noch »verschlossene Kisten«. Notfalls werde man sich mit Streiks dagegen wehren.[742] Die Behörden reagierten pragmatisch: Am 29. November 1989 wies die Abteilung Hafen der Stasi-Nachfolgebehörde Amt für Nationale Sicherheit ihre Berliner Kollegen per Telegramm darauf hin, dass »aufgrund der gegenwärtigen innenpolitischen Situation in der DDR« Transporte von Waffen, Munition, Sprengmitteln und militärischer Technik nur noch »gedeckt« in Containern realisiert werden könnten.[743] Damit den Hafenarbeitern der Charakter der Ladung möglichst verborgen bliebe, wurden Rüstungsprodukte ab sofort – wenn möglich – in geschlossenen Containern statt als Stückgut oder über Paletten verschifft.[744] Auch die Hafenleitung lehnte den offenen Umschlag strikt ab. Eine vom ITA avisierte Panzerladung werde nicht verschifft, hieß es.[745]

Die Hafenleitung gab sich weitgehend ahnungslos über die Waffenexporte der vergangenen Jahrzehnte. Man habe davon gewusst, aber weder die Herkunft noch den Absender gekannt, sagte der damalige Produktionsdirektor. Die Quellen im Bundesarchiv und der Stasi-Unterlagenbehörde widerlegen diese Behauptung jedoch eindeutig.[746]

Am 8. Januar 1990 erreichte das Neue Forum eine anonyme Eingabe. Der Verfasser berichtete, er nenne seinen Namen nicht, weil er Repressalien der SED-Betriebsleitung fürchte. Der Unbekannte berichtete, dass die Gewerkschaftsgruppe des VEB Deutfracht/Deutsche Seereederei in Rostock eine Reihe von Fragen über »Waffen auf DDR-Schiffen« und »ITA-Ladung/Büro Pankow« an einem Wandaushang veröffentlicht hatte:

- In welche Länder werden militärische Waffen verschifft?
- Wer ist Empfänger dieser Waffen?
- Wohin wurden die Erlöse aus Waffenverkäufen überwiesen und welcher Weiterverwendung wurden diese Gelder zugeführt?
- War gesichert, dass Militärgüter der DDR nicht im illegalen Waffenhandel an Kreise anderer Länder weiterverschoben wurden, die dann eventuell im Extremfall sogar gegen mit uns befreundete Länder gerichtet wurden?
- Gibt es für den Waffenhandel in der DDR eine gesetzliche Grundlage?

Beim Schreiben dieser Zeilen standen die Verfasser auch unter dem Eindruck des jüngst entdeckten IMES-Waffenlagers in Kavelstorf bei Rostock. Eine Antwort erhielten die Gewerkschafter weder von der SED-Betriebsleitung noch von der Betriebsgewerkschaftsleitung. Der Fragenkatalog verschwand vom Aushang. Um eine Aufklärung zu forcieren, wandte man sich am 8. Januar 1990 ans »Neue Forum«, eine der Bürgerbewegungen, die die Wende wesentlich mitprägten. Aus Angst vor Repressalien der Betriebsleitung erfolgte auch die Eingabe anonym. Das Neue Forum leitete die Meldung an den Gerechtigkeitsausschuss der Stadt Rostock weiter, der in erster Linie Menschen rehabilitieren sollte, die unter dem DDR-System gelitten hatten. Der Ausschuss wandte sich an den Militärstaatsanwalt, der sich jedoch zu Auskünften über seine Ermittlungen außerstande sah.[747]

Im April 1990 aber wandte sich Hafendirektor Dieter Noll schriftlich an Bürgerrechtler, die das IMES-Lager in Kavelstorf entdeckt hatten, und verkündete einen neuen Kurs, der sicherlich mit auf den öffentlichen Druck zurückzuführen war. Er werde über den Umschlag aller militärischen Güter persönlich entscheiden und illegalen Waffenhandel unterbinden.»Weitere Abstimmungen werden mit der NVA-Transportkommandantur und dem Ingenieur-Technischen Außenhandel der DDR durchgeführt«, schrieb Noll.[748]

Exportstopps und das Kriegswaffenkontrollgesetz

Um ihr beachtliches Waffenarsenal zu reduzieren, hatte die DDR-Regierung in der Wendezeit mehrere Möglichkeiten: Verkauf,[749] kostenlose Abgabe als Hilfslieferung, Rückgabe an das Herstellerland oder Verschrottung. Vor dem Antritt der Übergangsregierung unter Hans Modrow im Dezember 1989 war das Verteidigungsministerium noch bemüht, die nicht mehr benötigten Waffen und Ausrüstung möglichst gewinnbringend zu verkaufen. Die DDR hatte sich nach dem Vorbild der UdSSR entschlossen, einseitig abzurüsten, und setzte damit große Mengen Material frei. Die Friedliche Revolution und die Wiedervereinigung beider deutscher Staaten führten allerdings zu deutlichen Einschränkungen beim In- und Export von militärischen Gütern sowie der speziellen Produktion.

Ein erster wesentlicher Einschnitt erfolgte mit dem Beschluss der Modrow-Regierung über »Grundpositionen der Regierung der DDR zur Produktion sowie zum Export und zum Import von Waffen und von militärischen Geräten« vom am 13. Januar 1990. Darin wurde festgelegt, Lieferverpflichtungen gegenüber dem Warschauer Pakt einzuhalten, aber auf das unbedingt erforderliche Niveau zu begrenzen. Zuständig für Im- und Export sei das Ministerium für Außenwirtschaft mit dem ITA. Für künftige Exporte in Länder außerhalb des Bündnisses bedürfe es einer neuen gesetzlichen Regelung.[750] Bis dahin sollten die Exporte in den nichtsozialistischen Wirtschaftraum eingeschränkt oder ausgesetzt werden. Sogar die »Realisierung bestehender vertraglicher Verpflichtungen bedarf der Bestätigung durch die Regierung«, hieß es weiter. Auch dürfe grundsätzlich nur an Staaten geliefert werden. Weitere Lieferungen an

Befreiungsbewegungen, Milizen und andere nichtstaatliche Organisationen waren also ausgeschlossen. Mit den »Grundpositionen« galt für viele Länder also ein Exportstopp. In einer Pressemitteilung, die zu den »Grundpositionen« erschien, war von diesen Beschlüssen jedoch keine Rede.[751] In der Regierung herrschte offensichtlich kein Konsens über die Entscheidung der Modrow-Regierung: In einer Rede zu den »Grundpositionen« betonte der bis zum 30. April 1990 amtierende Außenhandelsminister Beil im Kontext der in Kavelstorf aufgedeckten KoKo-Aktivitäten, dass die ITA-Exporte in Länder außerhalb des Warschauer Vertrages »strikt« auf Grundlage staatlicher Ordnungen und Regelungen erfolgt seien. Gegenstand der speziellen Exporte seien Erzeugnisse aus DDR-Produktion sowie im geringen Umfang ausgesonderte NVA-Technik gewesen. »Darüber hinaus erfolgte die transportmäßige Abwicklung von Hilfslieferungen durch den Ingenieur-Technischen Außenhandel aufgrund zentraler Beschlüsse«, so Beil.[752]

Auch beim Militär war man offenkundig mit der Entscheidung nicht zufrieden. Aus den Unterlagen im Archiv von Werner E. Ablaß, dem letzten Verteidigungsstaatssekretär der DDR, geht hervor, dass sich hochrangige Militärs für eine Fortsetzung der Lieferungen an Entwicklungsländer aussprachen. So regte der stellvertretende Chef des Verteidigungsministeriums, Vizeadmiral Hans Hofmann, am 28. Juni 1990 an, »kommerzielle Lieferungen der Industrie der DDR an Armeen in Entwicklungsländern hinsichtlich einer entsprechenden Nachsorge« fortzusetzen. Erstaunlicherweise sprach er sich auch für eine »konkrete Bestandsaufnahme« bisheriger und aktueller Leistungen aus.[753] Offenbar war auch der militärischen Führung nicht klar, welche Geschäfte die DDR über ITA und IMES bislang abgewickelt hatte.

Die Lieferungen der DDR an die UdSSR und die anderen Bruderstaaten gingen dagegen weiter, wenn auch im Vergleich zu den Vorjahren deutlich vermindert. 3.000 Panzerabwehrraketen vom Typ »Konkurs«, Tausende Panzerersatzteile und andere Produkte im Gesamtwert von 495 Millionen DM wurden 1990 in die UdSSR exportiert.[754] Am 30. Juli 1990 gab das Amt für Außenwirtschaft weitere Lieferungen frei, die für Warschauer-Pakt-Staaten bestimmt waren und auf Verträgen des ITA basierten. Und bereits im August lagen dem ITA weitere Anfragen vor. Die Exporte bescherten dem Unternehmen erhebliche Einnahmen, die im zweiten Halbjahr 1990 bei 286 Millionen DM aus den Vertragsstaaten und bei 13 Millionen aus anderen sozialistischen Ländern wie Kuba, Nordkorea und Jugoslawien lagen.[755] Das Nichteinhalten des Exportstopps für Länder außerhalb des Warschauer Pakts führte auch zu juristischen Konsequenzen: Auf 791 Verträge des Ministeriums für nationale Verteidigung und des späteren Ministeriums für Abrüstung und Verteidigung folgten allein zwischen Januar und Juli 1991 180 Ermittlungsverfahren.[756]

Eine weitere Verschärfung folgte ab Juli 1990 mit der Währungs-, Wirtschafts- und Sozialunion zwischen der Bundesrepublik Deutschland und der DDR. Damit waren auch im untergehenden ostdeutschen Staat die Verordnungen nach dem im selben Monat verschärften Außenwirtschaftsgesetz gültig, die Lieferungen in Spannungs- und Kriegsgebiete verbaten.[757] Im Rüstungssektor ist das Außenwirtschaftsgesetz für alle Produkte anwendbar, die beim Militär genutzt werden. Das Kriegswaffenkontrollgesetz, das ebenfalls in der Endphase der DDR anzuwenden war, bezieht sich ausschließlich auf Waffen für den Einsatz in einem Krieg.

Die Geschäfte gehen weiter – vorerst

Trotz der immer größeren Öffentlichkeit und der stärker werdenden Proteste der DDR-Bürger versuchte der ITA im Wendewinter 1989/90, die Geschäfte mit Rüstungsgütern fortzusetzen. So wollte der Außenhandelsbetrieb beispielsweise in der Sowjetunion 42 Tonnen Treibladungspulver im Wert von 1,7 Millionen Mark kaufen und im Januar 1990 über den Fährhafen Mukran importieren. Die IMES beauftragte den ITA danach, die Ladung nach Österreich an die Firma Hirtenberg weiter zu transportieren. Von dort sollte die Ladung nach Äthiopien überführt werden. Doch der Transport scheiterte. Der Hersteller der Explosivstoffe in der Sowjetunion stornierte am 3. Januar 1990 den Auftrag. »Wegen der Ihnen sicherlich bekannten Lage«, hieß es in einem Fernschreiben an Hirtenberger.[758]

Der Chef des Speziellen Außenhandels im Außenhandelsministerium, Hans-Ulrich Metzler, war im Wendewinter bemüht, noch nicht realisierte Aufträge des ITA in den nichtsozialistischen Wirtschaftsraum kurzfristig durchzusetzen. Auch hier dürfte das Bemühen zu erkennen sein, weiterhin ein Maximum an westlichen Devisen zu erwirtschaften. Noch am 12. Dezember 1989 schlug Metzler seinem Minister Gerhard Beil vor, 6.250 Maschinenpistolen und 24 Millionen Schuss Munition für die indische Armee sowie andere Erzeugnisse und instandgesetzte Technik auszuführen. Die Transporte nach Indien sollten – so Metzlers Vorschlag – zu einem polnischen oder sowjetischen Flughafen geflogen und dort von den Indern abgeholt werden. Eine Abholung durch Flugzeuge in Schönefeld oder der Transport auf dem Seeweg über Rostock sei »zur Zeit nicht vertretbar«, hieß es in den Akten.[759] Außerdem wollte Metzler sich dafür einsetzen, den Exportstopp für spezielle Güter aufzuheben. Dass der ITA der indischen Regierung 1990 schließlich nur Brückenlegepanzer und nicht, wie vereinbart, Maschinenpistolen und Munition im Wert von 4,1 Millionen Valutamark liefern würde, stieß in Neu-Delhi auf Unverständnis. ITA-Offizier Anders wurde zu einem Gespräch ins Verteidigungsministerium gebeten, wo ihm die Sicht der Inder erläutert wurde. Sie waren zudem verärgert, weil das Geschäft in dem Interview in der Zeitschrift *horizont* erwähnt worden war. Damit habe die DDR gegen die vereinbarte Geheimhaltung verstoßen.

Wegen des Exportstopps mussten neben Indien auch andere Länder auf zugesagte Waffen verzichten. Nicaragua hatte 30.000 MPi-Magazine für 400.000 Valutamark geordert, Ghana wollte für seine Polizei 1.200 MP und zwei Millionen Schuss Munition kaufen.[760] Für 1991 waren weitere Lieferungen an Algerien, Uganda, Irak und Ägypten vereinbart. Vom Exportstopp betroffen waren die Kunden der IMES, die zu diesem Zeitpunkt schon »AHB IMES in Liquidation« hieß und für 1990 noch Lieferungen im Wert von 71,9 Millionen Valutamark geplant hatte. Uganda wollte 100.000 Handgranaten, 10.000 MPs und eine Million Schuss Munition kaufen. Auf der Exportliste standen außerdem 30 Millionen Schuss MPi-Munition für den Jemen und 10.000 Maschinenpistolen inklusive Munition für Peru.[761] 16 MiG-21, nach anderen Quellen 24, sollte IMES an die iranischen Revolutionsgarden liefern. Auch diese streng geheime Lieferung scheiterte mit dem Beginn der Friedlichen Revolution: Die Flugzeuge kamen auf den Schrott[762] – eines von vielen Beispielen für die Veränderungen, die die Wende mit sich brachte. Auch der Versuch, Lastwagen, Feldküchen und anderes Material in größerem Umfang an Entwicklungsländer zu spenden, scheiterte. 65 Lastwagen und Ausrüstung gingen an Äthiopien, Angola und Mosambik – mehr nicht.[763] Der Schiffsverkehr, insbesondere nach Indien, war zu dieser Zeit dennoch rege. Im Februar 1990 hatte das indische Schiff »Ravidas« Transporte des ITA nach Indien übernommen. Im November 1990 fuhren weitere indische Schiffe mit ITA-Ladung für Indien. Offenbar handelte es sich dabei um Güter, die nicht unter die neuen Ausfuhrverbote fielen.[764] Über Rostock wurden außerdem immer noch Waren für das Militär im Jemen, in Nicaragua und in anderen Ländern verschifft, doch in keinem der Fälle handelte es sich um Waffen. Die Palette reichte von Ersatzteilen für Nachrichtentechnik bis zu Kühlfahrzeugen und Motorradhelmen. Nach Nicaragua wurden beispielsweise im Dezember 1989 Chemikalien mit der »Luckenwalde« transportiert. Weitere Exporte dieser Art folgten.[765]

Eppelmanns Befehle

Nach den ersten freien Volkskammerwahlen der DDR im März 1990 übernahm im Kabinett de Maizière der ehemalige Bausoldat und Pfarrer Rainer Eppelmann das Ministerium für Abrüstung und Verteidigung. Die Truppenstärke der NVA wurde von 160.000 auf rund 100.000 Mann reduziert. Entsprechend musste auch die Bewaffnung weiter abgebaut werden, konnte aber nur in geringem Umfang in Länder des zerfallenden Ostblocks zurückgegeben werden. Nachdem die UdSSR eine Rückgabe von Waffen und Ausrüstung aus der DDR zunächst abgelehnt hatte – zu sehr waren sie und die anderen Bruderstaaten damit beschäftigt, die eigene Ausrüstung zu sichern und die massiven politischen Umbrüche zu bewältigen –, sollte das Material entweder zivil genutzt oder vernichtet werden. Dabei ging es um Waffen, Munition und Geräte im Wert von 24 Milliarden Mark, die der ITA beschafft hatte. »Für die Erfüllung dieser Aufgaben würden etwa 4.000 Arbeits- und Sicherungskräfte benötigt«, schrieb der damalige Staatssekretär im Verteidigungsministerium, Werner E. Ablaß. Auch der Zeitraum war definiert: In 36 Monaten sollte die Aufgabe erledigt sein, freigesetztes militärisches Material zu vernichten oder zivil zu nutzen.[766] Langfristig, so hieß es später, werde eine Armee von 70.000 bis 80.000 Mann angestrebt.[767]

Neben dem Abbau der Streitkräfte im Allgemeinen zeichnete sich in Rainer Eppelmanns Amtszeit als DDR-Minister für Abrüstung und Verteidigung schon früh ab, dass das NVA-Material in einem wiedervereinigten Deutschland nicht mehr gebraucht werden würde. Offiziell wurde dies mit der mangelnden Kompatibilität der Systeme mit NATO-Standards begründet. Aus dem Verteidigungsministerium in Bonn soll hierzu die unmissverständliche Ansage gekommen sein: »Verkauft oder verschenkt alles, wir brauchen nichts.« So bemühten sich Eppelmann und sein Ministerium in Strausberg, möglichst viel Material zu verkaufen. Hauptinteressenten waren, nachdem sie die ersten Umbrüche verwunden hatten, wieder die ehemaligen Bruderstaaten. Die Verkäufe wurden mit dem Verteidigungsministerium in Bonn abgestimmt. In den Verträgen stand stets die Klausel »vorbehaltlich der Zustimmung der Bundesrepublik Deutschland«. Außerdem hatte die Volkskammer beschlossen, im Etat von Eppelmanns Ministerium in der zweiten Jahreshälfte 670 Millionen Mark einzusparen. Damit stand fest, dass Importe umgehend gestoppt und Verkäufe forciert werden mussten. Bei den Importen ging es um Material im Wert von 2,6 Milliarden DDR-Mark, darunter Lieferungen an die »bewaffneten Organe« für 2,2 Milliarden.[768] Um den Verkauf anzukurbeln, schlugen die Militärs ausdrücklich kapitalistische Methoden wie Angebotskataloge, Messen und Börsen vor.[769]

Im August 1990 hatte die Treuhand – seit Juli Alleingesellschafter des ITA – einer Anordnung zugestimmt, einen »maximalen« Verkauf von Wehrmaterial in Transferrubeln auf kommerzieller Basis anzustreben. Im August äußerte die Bundesregierung jedoch ihre Besorgnis, dass die Exporte in die ehemaligen Bruderstaaten in »sensitive Länder« weiterverkauft werden könnten. Außerdem bestünden Bedenken gegen Verkäufe an Länder wie Indien, Irak, Algerien und Argentinien. Diese entsprächen »nicht unserer gegenwärtigen Genehmigungspraxis«, teilte die Bundesregierung mit.[770] Und tatsächlich: Einige Exportartikel tauchten später in anderen Händen wieder auf. 1990 hatte das Ministerium für Abrüstung und Verteidigung unter anderem Schützenwaffen an Ungarn geliefert, die über Zwischenhändler weiterverkauft wurden und auf kroatischer Seite im Bürgerkrieg in Jugoslawien eingesetzt wurden.[771]

Als Reaktion darauf erließ Eppelmann am 16. August 1990 den Befehl 31/90 über »Maßnahmen zum Verkauf von Material und Ausrüstung aus den Beständen der NVA«. Beim Verkauf von NVA-Gütern mussten die Empfängerländer nun eine Endverbleibserklärung unterzeichnen, sich also verpflichten, die Ware nicht weiterzuverkaufen.[772] Um das NVA-Material möglichst schnell loszuwerden, ordnete Eppelmann eine »gezielte Marktarbeit« bis zum 30. August an. Dabei sollte vorrangig der ITA Wehrtechnik an die ursprünglichen Produzenten re-exportieren.[773] Mit der »gezielten Marktarbeit« sollten aber auch ausländische Investoren gefunden werden. Bereits am 28. August präzisierte Eppelmann mit dem Befehl 32/90 das Vorgehen. Alle Importe, Exporte und Re-Exporte von Kriegswaffen durch den ITA mussten nun vom Staatssekretär genehmigt und Re-Exporte außerdem mit dem Amt für Beschaffung und dem Ministerium abgestimmt werden.[774] Außerdem war die Zustimmung des Herstellerlandes – in aller Regel die UdSSR – erforderlich. Eppelmanns Staatssekretär Frank Marczinek setzte die Befehle um und achtete darauf, dass die strenge Unterscheidung entsprechend dem bundesdeutschen Kriegswaffenkontrollgesetz und Außenwirtschaftsgesetz zwischen Waffen und allgemeinem Wehrmaterial getroffen wurde. Beim Material sei der Verbleib lediglich »glaubhaft« zu machen.

47 Verträge – ein Ergebnis der Marktarbeit – stammten aus den letzten beiden Wochen der DDR und waren von Ehrenfried Ullmann, Generalleutnant der Nationalen Volksarmee und Chef im NVA-Amt für Beschaffung, unterschrieben. Die meisten wurden erst am 2. Oktober von Frank Marczinek gegengezeichnet. Die Erlöse sollten dem Ministerium für Abrüstung und Verteidigung zugutekommen. Ausdrücklich betont Eppelmann in seinen Memoiren jedoch, dass der ITA nicht seinem Ministerium unterstanden habe und er keinen Einfluss auf Vertragsabschlüsse gehabt habe. Vielmehr sei während der Wendephase die Leitung vom Außenhandels- auf das Wirtschaftsministerium übergegangen.[775]

Beraten ließen sich Eppelmann, Marczinek und der zweite Staatssekretär, Werner E. Ablaß, von der Ost-Berliner »Dr. Ackert & Partner Unternehmensberatung GmbH«. Die Berater, Jurist Heino Ackert und Berthold Barluschke, arbeiteten in der DDR in der Finanzberatungsfirma Iberma, die zum Außenhandelsministerium gehörte. Ackert gehörte als stellvertretender Generaldirektor zum Spitzenpersonal. Ihre Provision lag bei 0,75 Prozent. Sie übernahmen damit die Aufgabe, die bislang der ITA wahrgenommen hatte. Eppelmann ernannte die beiden Männer und den

NVA-Oberst Schubert zu Sonderbeauftragten seines Ministeriums für die Koordination des »Re-Exports von Wehrmaterial« in die UdSSR, Polen, Ungarn und die ČSFR mit dem Berliner NVA-Beschaffungsamt. Angeblich verkaufte die DDR von August bis zum 2. Oktober Waffen mit einem Wert zwischen 600 Millionen und einer Milliarde Mark.[776]

Mit der Wiedervereinigung limitierte auch das Grundgesetz den Rüstungsexport: Neben dem bereits angewandten Außenwirtschafts- und Kriegswaffenkontrollgesetz galt fortan Artikel 26. Demnach sind Herstellung, Transport und Weitergabe »zur Kriegsführung bestimmter Waffen nur mit Zustimmung der Bundesregierung zulässig.«[777]

Bei allen Fragen über die Vernichtung, kostenlose Abgabe oder den Verkauf des riesigen NVA-Bestandes stand das Verteidigungsministerium in Bonn nach dem 3. Oktober vor einem gravierenden Problem: Dort kannte niemand genau die Bestände an Material, Geräten, Waffen und Munition. »Wir wußten früher besser, was die NVA hatte«, hieß es damals von der Hardthöhe.[778] Mit dem Einigungsvertrag war das komplette NVA-Material und die Liegenschaften in das Eigentum der Bundeswehr übergegangen.

Nach der Wiedervereinigung, seit November 1990, wurde der ITA nicht mehr durch das Bundesamt für Wirtschaft mit dem Ziel überwacht, Verstöße gegen das Kriegswaffenkontrollgesetz festzustellen: Ein »Umgang« mit Kriegswaffen finde nicht statt. Zunächst war man war zunächst davon ausgegangen, dass der ITA Kriegswaffen herstelle oder besitze. Das Unternehmen verwies jedoch auf den im Handelsregister eingetragenen Geschäftsgegenstand »Handel mit militärischer Technik und Ausrüstung entsprechend den gesetzlichen Regelungen«.[779]

Dem vereinigten Deutschland gelang es, in den fünf Jahren seit Beginn der Friedlichen Revolution nahezu die komplette NVA abzurüsten. Die Bundesrepublik nahm in dieser Zeit Platz 2 auf der Liste der größten Waffenlieferanten der Welt ein. So erhielten zum Beispiel Indonesien, Lettland, Estland, Polen, Spanien, Uruguay und einige weitere Länder Teile der Flotte. Auch die USA waren an Produkten aus östlicher Produktion interessiert – sie erhofften sich Einblicke in die Waffensysteme der Sowjetunion.[780]

Der Beginn der Marktwirtschaft beim ITA

Um den ITA mit seinen Ex- und Importleistungen in eine GmbH umzuwandeln, ordnete Oberst Ernst Gruszka, einer der Stellvertreter des ITA-Chefs, am 9. April 1990 die Gründung eines Arbeitsstabs an. Bereits einen Monat zuvor hatten BSA-Chef Metzler und Menzel, vereinbart, den staatlichen Außenhandelsbetrieb ITA »in eine marktwirtschaftlich orientierte internationale Handelsorganisation« zu überführen. An der zu gründenden GmbH sollten sich die wichtigsten Lieferbetriebe beteiligen. Als weiterer Gesellschafter war die Treuhand vorgesehen. Neben dem Handel mit Produkten und Leistungen aus Konversion und Abrüstung sollte der ITA auch künftig militärische Güter exportieren.[781] Geplant war ein Stammkapital von 20 Millionen Mark, die Hälfte davon sollte der ITA einbringen. Die Stammeinlage der Betriebe sollten sich nach einem ersten Vertragsentwurf jeweils auf mehrere 100.000 Mark der DDR belaufen. Die Treuhand lehnte jedoch die Gründung einer GmbH mit Gesellschaftern wie der Flugzeugwerft Dresden, dem Instandsetzungswerk Ludwigsfelde und dem Reparaturwerk Neubrandenburg ab. So wurde die Treuhand alleiniger Gesellschafter, als der Außenhandelsbetrieb »ITA in Abwicklung« mit der Wirtschafts- und Währungsunion zum 1. Juli 1990 in schließlich die »ITA GmbH im Aufbau« überging.[782] Auch das Stammkapital betrug schließlich nur noch 50.000 DM.

Als chaotisch stellte sich die Lage des Unternehmens noch kurz vor dem Vollzug der Einheit dar. ITA-Chef Heinz Menzel berichtete laut Protokoll vom 20. September 1990 von einer Vielzahl von Problemen:

- In der Industrie herrsche Rechtsunsicherheit, Entscheidungen würden nicht getroffen,
- vor dem 3. Oktober sei kaum ein ausländisches Unternehmen bereit, Verträge mit dem ITA abzuschließen,
- was das Ministerium für Abrüstung und Verteidigung zahle, reiche nicht aus, um die Rechnungen für die Importe zu begleichen. Zeitweise hatte das Ministerium gar nicht bezahlt,
- neue Exportlinien könnten nicht ausgleichen, was auf traditionellem Gebiet zusammenbreche,

- die Sowjetunion bestehe auf der Stornierung aller Exportverträge,
- Transporte aus der DDR würden dort nicht abgefertigt.

Gleichzeitig stand der Betrieb wie viele andere vor den Problemen, sich nach dem 3. Oktober auf Umstellungen durch die Währungsunion und neue rechtliche Regelungen einstellen zu müssen.[783] Ende 1990 waren bei der ITA in Berlin zudem die Meldungen ihrer Auslandsvertretungen über die Einstellung der Arbeiten eingegangen.

Um unter den Bedingungen der Marktwirtschaft das Unternehmen fortführen zu können, holte sich der ITA im Oktober 1990 Rat bei der Wirtschaftsberatungsgesellschaft Kienbaum. Die Berater von Kienbaum gingen davon aus, dass nach »vorsichtiger Schätzung« Umsätze von 200 bis 250 Millionen DM pro Jahr generiert werden könnten – Summen, die der ITA später nicht einmal ansatzweise erwirtschaftete. Kienbaum empfahl die Gründung von mehreren Gesellschaften mit den drei Geschäftsfeldern Metallverwertung, Anlagentechnik Osteuropa und Handel unter dem Dach einer ITA-Vermögens- und Beteiligungsverwaltung. Diese Hauptgesellschaft sollte mit einem Stammkapital von zehn Millionen DM ausgestattet werden.[784] Die Firmenvertretungen in Moskau, Sofia und Kairo könnten bei der Erschließung neuer Geschäftsfelder Unterstützung leisten, schlugen die Berater vor.[785] Offenbar hoffte die Geschäftsführung nach einem Besuch in der Bundeshauptstadt auf politischen Rückenwind. »In Bonn ist der Eindruck entstanden, daß ITA eine solide Firma ist«, steht im Protokoll einer Dienstberatung.[786]

Für die Jahre 1991 bis 1995 sollte das Gesamtvolumen der Exporte nach ITA-interner Planung bei 3,3 Milliarden liegen. Wichtigster Lieferant wäre dann das Kombinat Spezialtechnik Dresden gewesen.[787] Zu den ungewöhnlichsten Geschäften der Unternehmensgeschichte gehört mit Sicherheit eine Lieferung an die Deutsche Oper in Berlin. Im Februar 1991 beschaffte der ITA 56 Uniformen der Marine und der Luftwaffe sowie diverse Schuhe für die Bühne, die dafür 15.000 DM bezahlte.[788]

Ideen für ein neues Geschäftsmodell im ITA

Im Wendewinter waren die Mitarbeiter des ITA in großer Sorge um ihre Arbeitsplätze. Die Gewerkschaftsleitung im ITA schrieb am 29. Januar 1990 einen Brief an Außenwirtschaftsminister Beil und bat um die Lösung »brennender ökonomischer und sozialer Fragen«. Kurz zuvor hatten schon 27 ITA-Mitarbeiter einen ähnlichen Brief geschrieben. Nach dem Ministerratsbeschluss vom 13. Januar 1990, keine Waffen mehr in den nichtsozialistischen Wirtschaftsraum zu liefern, befürchte man eine einschneidende Reduzierung der Mitarbeiterzahl. »In dieser komplizierten Situation haben wir uns Gedanken gemacht, wie wir das Qualifikations- und Erfahrungspotential im ITA bewahren können«, hieß es in dem Schreiben der Gewerkschaftsleitung. Im Betrieb habe sich eine Arbeitsgruppe gegründet, die eine Fortsetzung der kommerziellen Arbeit und die »Bildung eines Handelshauses im volkswirtschaftlichen Interesse« prüfe. Denkbar seien eine Erweiterung der Exporte sowie die Übernahme der Importe von der Beschaffungsverwaltung des Ministeriums für Nationale Verteidigung. In dem Schreiben bat die Gewerkschaftsleitung außerdem darum, den ITA künftig nicht mehr von Offizieren führen zu lassen. Vor dem Hintergrund der Militärreform sei diese Praxis nicht mehr gerechtfertigt. In seiner Antwort zeigte sich Beil offen für die Vorschläge, ohne allerdings konkrete Entscheidungen zu nennen. »Ich bitte Sie, den weiteren konkreten Klärungen, die erfolgen, Vertrauen entgegenzubringen«, schrieb er am Schluss seines Briefs.[789]

In einer Studie des ITA aus dem Mai 1990 schlugen die Außenhändler selbst vor, den Waffenexport künftig per Gesetz zu regeln und eine parlamentarische Kontrolle zu schaffen. Diverse Exportanfragen seien eingegangen. Potenzielle Kunden fragten nach Material, dass in der NVA ausgesondert wurde. Dazu zählten Händler aus Großbritannien, der Bundesrepublik, der Schweiz und Österreich sowie aus Polen, der ČSFR und Ungarn, die Militärtechnik in Drittländer verkaufen wollten. Offenbar erwartete der ITA gute Geschäfte. Außerdem wurde in der Studie empfohlen, die Lieferstopps für Indien und weitere Länder aufzuheben und mit entsprechenden positiven Ministerentscheidungen ökonomischen Schaden abzuwenden und die Vertragstreue zu belegen. Grundsätzlich solle die Exportlieferung militärischer Ausrüstung nur durch eine einzige staatliche legitimierte Institution erfolgen – den ITA.

Das Ziel für die künftige Struktur hatte der ITA im Juni 1990 zunächst als These formuliert: »Der ITA entwickelt sich von einem militärisch zielorientierten AHB (Außenhandelsbetrieb) zu einem marktwirtschaftlich orientierten Unternehmen mit Verschiebung der Schwerpunkte der unternehmerischen Tätigkeit vom Import zum Export.«[790] Ein Modell, dem kein Erfolg beschieden war. 1990 und 1991 brachen dem ITA diverse Geschäfte weg, weil Exporte untersagt wurden, das Empfängerland einem Embargo unterlag oder der Vertrag annulliert werden musste.[791]

Der Fall Volker G.

In der Zeit der Wende lösten sich auch im ITA Ordnung und Strukturen auf. Dass einzelne Mitarbeiter in dieser Situation versuchten, einen persönlichen Gewinn mit Waffengeschäften zu erzielen, zeigt das Beispiel von Volker G. Der ITA-Mitarbeiter war Handelsattaché in der DDR-Botschaft in Neu-Delhi und plante laut einem Bericht des Nachrichtenmagazins *Spiegel*, fortan nicht mehr als Diplomat tätig zu sein, sondern privat Waffengeschäfte abzuwickeln.[792] In einem Schreiben auf Briefpapier der DDR-Regierung an die indische Regierung empfahl sich G. als »Chief Resident Representative« des ITA. Er werde dafür sorgen, dass Indien auch künftig die gewünschten Waffen erhalte. Außerdem werde er sich um die Abwicklung »bestehender Kontrakte« kümmern. Exakt listete er neun Verträge aus den Jahren 1987, 1989 und 1990 mit Indien auf. Darin ging es unter anderem um die Lieferung von 13.000 Maschinenpistolen. 4.800 standen im März 1990 noch aus; die indische Regierung mahnte zur Eile. Noch im März 1990 hatte ITA den Indern außerdem 300 Panzer des sowjetischen Typs T-72 und Ersatzteile für Kampfflugzeuge des Typs MiG-21 angeboten. Um seine Geschäfte ungestört abwickeln zu können, bat G. die indische Regierung um ein Einreisevisum für mindestens drei Jahre.

Doch die Aktivitäten des Ex-Diplomaten fielen auf. Zwei Wochen vor der Wiedervereinigung der beiden deutschen Staaten informierte Neu-Delhi die bundesdeutsche Botschaft über die Aktivitäten des Attachés. Dort erkannte man die Brisanz der Offerte: Ein deutscher Geschäftsmann wollte kurz vor der Einheit auf eigene Faust Waffengeschäfte mit einem Nicht-NATO-Partner einfädeln, die nur mit Genehmigung des Bundessicherheitsrats legal wären. Botschafter Konrad Seitz alarmierte die Bundesregierung und bat die indische Regierung, G.s Wunsch nach einem Dauervisum abzulehnen. Seitz war sicher, dass die alten Seilschaften in dem Dickicht aus Stasi, Waffenhändlern und NVA-Offizieren immer noch funktionierten. Die dubiosen Geschäftsleute wollten von der Anweisung des DDR-Abrüstungsministers Eppelmann profitieren, soviel NVA-Material wie möglich zu verkaufen. Bis zum 3. Oktober waren diese Geschäfte ohne die in Westdeutschland vorgeschriebene Endverbleibsklausel möglich. Die Rüstungsgüter, die G. angeboten hatte, stammten vermutlich aus Beständen, die zunächst in Staaten des Warschauer Paktes verkauft worden waren.

Neben dem Deal, den Volker G. Indien angeboten hatte, stießen die Ermittler auf Verträge mit Algerien, Sambia, Uganda, Irak und den beiden jemenitischen Staaten. »Aufgeflogen ist die ITA im Sommer beim Versuch, Panzer zum Brückenlegen in den Irak zu liefern«, berichtete der *Spiegel*.[793] Der Artikel im *Spiegel* war am 25. Oktober 1990 Thema in der wöchentlichen ITA-Dienstbesprechung: »Fakten entsprechen nicht den Tatsachen«, hieß es dazu ein wenig rätselhaft.[794]

ITA in finanzieller Schieflage

Die Wende in der DDR brachte für die Waffenexporteure rechtliche Probleme mit sich. Bestehende Verträge wurden oft nicht mehr erfüllt, sei es wegen des Exportstopps der Modrow-Regierung für den nichtsozialistischen Wirtschaftsraum oder später, weil Ausfuhrgenehmigungen vor dem Hintergrund der Anordnungen Eppelmanns und des Kriegswaffenkontrollgesetzes der Bundesrepublik nicht erteilt wurden. Wegen der zahllosen Stornierungen und Exportverbote verklagten diverse Kunden den ITA.[795] Im Oktober 1990 beliefen sich die Schadenersatzforderungen von Unternehmen an den ITA wegen nicht realisierter Verträge auf 20 Millionen DM. Größter Posten war eine nicht erfolgte Lieferung des Waffensystems »Konkurs« an die ČSFR für 7,3 Millionen. An zweiter Stelle stand der ausgesetzte Export von 8,5 Millionen Übungspatronen und 4,5 Millionen Stück Leuchtspurmunition des Spreewerks Lübben nach Kuba für 5,2 Millionen DM.[796] Einen Widerspruch des ITA gegen das Ausfuhrverbot für Kuba lehnte das Bundesamt für Wirtschaft ab.

Auch Flugzeugteile für den Irak sind Bestandteil der Liste. Noch 1989 hatte der Irak mit dem ITA einen Vertrag über die Instandsetzung von zwölf Kampfjets vom Typ MiG-21 abgeschlossen, die in Dresden gewartet werden sollten. Zwei waren fertiggestellt und im ersten Quartal 1990 abgeholt worden, drei weitere folgten. Für die anderen, noch nicht komplett instandgesetzten Maschinen sprach der ITA »aus kommerziellen Gründen« am 2. Juli 1990 einen Auslieferungsstopp aus. Die MiGs, die in einem Hangar des Flughafens Klotzsche standen, waren aufgetankt und startklar. Klaus Hückel, Chef der Flugzeugwerft Dresden GmbH, fürchtete sogar, dass sich Saddam Hussein seine Flugzeuge mit Gewalt zurückholen könnte.[797] Die Maschinen blieben jedoch in Dresden.[798] Nach dem Einmarsch des Iraks in Kuwait im August 1990 untersagte die Regierung de Mazière die Ausfuhr der irakischen Flugzeuge endgültig: Die UNO hatte ein Embargo gegen den Irak verhängt. Rund vier Millionen Mark standen zu diesem Zeitpunkt für die komplette Wartung noch aus.[799] Seit 1988 befanden sich außerdem 13 Triebwerke für irakische MiG-21 beim Instandsetzungswerk Ludwigsfelde und sechs Funkmessstationen beim Gerätebau Mittenwalde. Die Güter gehörten dem Irak und konnten wegen der Bestimmungen des Kriegswaffenkontrollgesetzes nach der Wende ebenfalls nicht zurücktransportiert werden. Mehrfach hatte die irakische Botschaft um die Ausfuhr gebeten, doch die Technik wurde verschrottet.[800]

Zahlreiche weitere Beispiele lassen sich nennen: Am 12. Juli 1990 stornierte der ITA beim Stahl- und Apparatebau Genthien eine Lieferung von Ersatzteilen für Minenräumgeräte, die nach Indien exportiert werden sollten. Die Firma machte daraufhin im April 1992 Schadenersatzforderungen in Höhe von 1,9 Millionen DM geltend. Gleiches galt für ein Geschäft über die Lieferungen von Brückenlegepanzern für Indien und den Irak.[801] Ausfuhrverbote verhängte das Amt für Außenwirtschaft auch für 2.000 Panzerabwehrlenkraketen und 6.000 Maschinenpistolen inklusive 20 Millionen Schuss Munition, Maschinenpistolen und Munition für Ghana,[802] diverse Lieferungen nach Algerien (unter anderem gewartete Schiffsdieselmotoren), Übungsmunition für den Jemen sowie für 13 Matrix-Fernsehanlagen für Nordkorea.[803] Das kommunistische Land hatte schon früher auf der Kundenliste des ITA gestanden und war unter anderem Empfänger von Funktechnik. Spezialisten aus dem VEB Nachrichtenelektronik Greifswald hatten zudem Schulungen von Technikern aus der Volksrepublik übernommen.[804] Auch die Flugzeugwerft Dresden musste auf ein weiteres Geschäft verzichten, das der ITA angebahnt hatte: Instandsetzungen von Hubschraubern und Ersatzteile für MiG-21-Triebwerke der ägyptischen Armee.[805] Der Handel mit Ersatzteilen für Ägypten, insbesondere für die Luftwaffe, lief aber generell bis ins Jahr 1994. Die Packlisten füllen diverse Aktenbände.[806]

Darüber hinaus kam es in den Wendemonaten auf Empfängerseite zunehmend zu Schwierigkeiten, die Leistungen des ITA zu bezahlen. Mehrfach beklagte sich der ITA bei IMES, in deren Auftrag er Transporte organisiert hatte, über nicht eingegangene Zahlungen. Am 22. Januar 1990 beanstandete Oberst Anders bei IMES-Generaldirektor Erhard Wiechert das Fehlen von 53.000 Dollar aus einem Argentinien-Geschäft. Einen Tag später mahnte er weitere 41.000 Dollar aus Uganda an.[807] Generell war bei Staaten außerhalb des Warschauer Vertrages eine desaströse Zahlungsmoral festzustellen. Mit Stand 1990 listete der ITA »nichteinbringbare Forderungen« über insgesamt 416,5 Millionen Valutamark auf. Die größten Posten waren Irak (184,1 Mio) und Nicaragua (140,8 Mio.). Die Schuldner galten als nicht zahlungsfähig; sie hatten ihre Verträge bereits mit der Honecker-Regierung abgeschlossen.[808] Einen Teil der ohnehin nicht einzutreibenden Schulden der Entwicklungsländer konnte der ITA später aus seinen Bilanzen streichen: Der Bund übernahm sie und begann außerdem Umschuldungsverhandlungen mit den jeweiligen Staaten. Russland und afrikanischen Ländern wie Mosambik, Sambia und Algerien wurden Schulden beim ITA teilweise erlassen.[809] Auch in den Jahren danach blieben diverse Forderungen offen. Noch 1997 schuldeten Algerien, Sambia und Mosambik dem deutschen Staat 4,5 Millionen DM. Zum gleichen Zeitpunkt standen noch Zahlungen aus Russland aus, das beim ITA Planen und UKW-Empfänger für 670.000 Mark gekauft hatte.[810] Und auch noch 1998 waren Rechnungen des ITA an Angola, Irak, Syrien, Jugoslawien/Serbien, Bosnien, Algerien, Brasilien und Ecuador nicht bezahlt.[811]

Der ITA befand sich also in einer aussichtslosen Situation: Lieferfirmen forderten Schadenersatz für Stornierungen, während Empfänger nicht zahlten oder wegen der neuen Rechtslage nicht länger beliefert werden konnten. Hinzu kamen Probleme beim Verladen der Lieferungen, die noch genehmigt wurden: Es gab niemanden mehr im Hafen, der die brisante Ladung absichern konnte. Das führte zu weiteren Stornierungen.[812] Und neue Geschäftsfelder ließen sich kaum erschließen.

Auch bereits vereinbarte Rüstungsimporte bereiteten Sorgen. Das Ministerium für Nationale Verteidigung (MfNV) und das daraus hervorgegangene Ministerium für Abrüstung und Verteidigung (MfAV) hatten 1990 die Partnerländer aus dem Warschauer Pakt um Annullierungen und Stornierungen von Lieferungen an die NVA gebeten und dabei Erfolg gehabt. Das Volumen belief sich auf etwa eine Milliarde Mark.[813] Als die DDR die vom ITA vereinbarten Rüstungslieferungen aus der UdSSR stornierte, musste sie Aufwandsentschädigungen in Höhe von 340 Millionen DM zahlen. Wäre es den Verhandlungspartnern nicht gelungen, sich zu einigen, hätte die Bundeswehr bis zum Jahr 1994 kontinuierlich Rüstungsmaterial aus der Sowjetunion erhalten.[814] Bis Ende September 1990 hatte auch der ITA Geschäfte in einem Volumen von 1,4 Milliarden DM sanktionsfrei annullieren können, wies aber darauf hin, dass die Vertragspartner diese Praxis nicht fortsetzen würden.[815] In einem Schreiben wurden Minister Beil und Ministerpräsident Lothar de Mazière ausdrücklich auf die »nicht absehbaren Auswirkungen« für die Betriebe und die Liquiditätsprobleme für den ITA hingewiesen.

Wie bei allen anderen Vorgängen hielt sich der ITA auch bei den angeordneten Stornierungen an die politischen Vorgaben. Am 28. November 1990 bat der ITA das Ministerium für Außenwirtschaftsbeziehungen in Moskau, alle Stornierungen zu bestätigen, und wies außerdem darauf hin, dass die Verrechnung mit Transferrubeln am 31. Dezember enden werde. Lieferungen würden danach nicht mehr angenommen. Gleichlautende Schreiben erhielten auch die entsprechenden Fachabteilungen in den Ministerien der anderen Länder des Warschauer Vertrages.[816] Auch um die Beendigung der Arbeit und die Heimreise sowjetischer Spezialisten, zum Beispiel für das Flugabwehrsystem S-300 und in den Produktionsstätten, musste sich der ITA kümmern.

7 Wende und Abwicklung

Nach der Wiedervereinigung

Beim Übergang in die Bundeswehr bemühte sich die NVA weiter, bestehende Rüstungsverträge mit ihren Partnern so weit wie möglich zu stornieren – nicht immer mit Erfolg, in mehreren Fällen kam es zu Vertragsstrafen.[817]

Der Verkauf der NVA-Bestände war nach der Wende kaum noch nachvollziehbar. Prüfer des Bonner Verteidigungsministeriums stießen auf 300 Kassenbücher und suchten viele Verträge vergebens. Im früheren DDR-Ministerium in Strausberg erfuhren die Prüfer, dass die Einnahmen angeblich genutzt wurden, um Sold und Betriebskosten zu bezahlen.[818] In einem Schreiben vom 9. Dezember 1992 bestätigte der ITA dem Bonner Verteidigungsministerium, dass das Unternehmen zwischen Frühjahr und Herbst 1990 den Verkauf von Material der NVA vorbereitet habe, die Geschäfte aber nicht vollzogen wurden. Dabei handelte es sich um Re-Exporte, die im Übergang zur Wiedervereinigung von den zuständigen Ministerien nicht genehmigt worden waren.[819]

Die Bundesregierung ließ sich nach dem 3. Oktober 1990 eine Übersicht der Verträge vorlegen, die der ITA für das laufende Jahr mit Staaten außerhalb des Warschauer Paktes abgeschlossen hatte. Die Liste offenbarte für die BRD Überraschendes: Neben anderen Ländern sollten auch Indien, der Irak, Mosambik, Kuba und Uganda mit »Kriegswaffen« beliefert werden. Diese Lieferungen entsprächen nicht der Genehmigungspraxis, hieß es dazu aus Bonn. Man entschloss sich, nach dem 30. August 1990 noch nach DDR-Recht abgeschlossene Verträge als »unwirksam« einzustufen. Allerdings sah der Einheitsvertrag eine Übergangsregelung vor: Bereits per Vertrag vereinbarte Im- und Exporte in die Warschauer Vertragsstaaten galten dieser Übergangsregelung gemäß als genehmigt und bildeten damit eine Ausnahme.[820] Auch die Bundesregierung sah sich in der Folge mit Forderungen nach Schadenersatz von Käufern konfrontiert, die auf Einhaltung der in der Wendezeit abgeschlossenen Verträge pochten. »Die Hamburger Firma Sava International Produktionsgesellschaft mbH klagt auf 6,84 Millionen Mark Schadensersatz«, berichtete beispielsweise der *Spiegel* am 24. Februar 1992. Die Firma hatte nach Informationen des Nachrichtenmagazins im August 1990 mit dem ITA angeblich einen Vertrag über die Lieferung von zehn Feldlazaretten im Wert von 4,45 Millionen Mark geschlossen. Tatsächlich sei es um 220 schwere, teilweise geländegängige Lkw und 150 Lastenanhänger gegangen.[821]

Mit dem ersten Tag der Einheit traten alle Abkommen mit der UdSSR über Lizenzproduktionen von Waffentechnik und die technische Nachrüstung von Rüstungsbetrieben außer Kraft. So forderte der ITA Firmen in der ehemaligen DDR auf, sämtliche Dokumentationen über sowjetische Lizenzfertigungen zu vernichten. Der ITA berief sich auf eine Anweisung des Ministeriums für Verteidigung und Abrüstung aus dem September, die wiederum eine Vereinbarung mit der UdSSR nannte. Demnach waren alle Regierungsvereinbarungen und Lizenzabkommen zur Fertigung von »speziellen Ausrüstungen« zum 3. Oktober 1990 außer Kraft gesetzt. Entsprechend erhielten beispielsweise die Mechanischen Werkstätten in Königswartha am 19. September ein Fernschreiben vom ITA, in dem der Betrieb aus Geheimhaltungsgründen zur Vernichtung aller Lizenzunterlagen für die Panzerabwehrwaffe RPG-18 aufgefordert wurde. Der Vollzug sei zu bestätigen.[822] Der Außenstelle des Bundesverteidigungsministeriums im ehemaligen Ministerium in Strausberg fürchtete aber, dass die Vernichtung von Lizenzunterlagen zu Problemen bei der Nutzung von NVA-Material führen könnte, und bat, davon abzusehen.[823] Verträge über Lieferungen von anderen Militärgütern an die Sowjetunion und andere Staaten des Warschauer Paktes blieben jedoch gültig.[824]

Der ITA hatte in der kurzen Phase zwischen dem Tag der Wiedervereinigung und 31. Dezember 1990 auch Produkte für die Bundeswehr importiert und gab danach gemäß einer Vereinbarung die Verantwortung für offene Lieferungen und Rechnungen ab. Der ITA verpflichtete sich, das Bundesamt für Wehrtechnik und Beschaffung des wiedervereinigten Deutschlands, das eine Außenstelle im Haus Schnellerstraße 1–5, dem einstigen Beschaffungsamt der NVA, bezogen hatte, täglich über Post- und Rechnungseingänge zu informieren. ITA und das Amt für Beschaffung im Ministerium für Abrüstung und Verteidigung in Strausberg wurden dieser Außenstelle des Bundesamtes unterstellt.[825]

Am 23. Mai 1991 erhielt ITA-Geschäftsführer Menzel Nachricht, dass die Importe »für die bewaffneten Organe« weitgehend abgeschlossen seien. Offen waren noch Lieferungen im Wert von 2,6 Millionen DM, die zur Stornierung freigegeben wurden. »Da nach dem 31.05.1991 nicht mit weiterem Rechnungseingang über die Banken gerechnet wird, ist somit der Prozeß ›Import für bewaffnete Organe‹ abgeschlossen«, hieß es in der Mitteilung. Derzeit arbeite man an einem Übergabeprotokoll für das Bundesamt.[826]

Die finanzielle Lage des ITA blieb heikel. Schon im November 1990 beliefen sich die offenen Forderungen allein gegenüber inländischen Betrieben auf mehr als 30 Millionen Mark. Die Situation beim Export wurde bei einer Dienstbesprechung als »katastrophal« bewertet. Auch die Situation der Transporte sei angespannt. So ließen zum Beispiel die sowjetischen Grenzbehörden in Brest nur Lebensmitteltransporte durch. Verhandlungen mit der Reichsbahn hätten bislang zu keiner Lösung geführt.[827] Wie groß die Ausstände der Vertragspartner des alten Geschäftsmodells wirklich waren, stand erst später fest. Die Bundesregierung teilte am 13. Dezember 1991 mit, dass der ITA im November 1990 Forderungen in Höhe von 180 Millionen DM hatte. Am 30. September 1991 habe die Summe noch immer bei 80 Millionen gelegen. »Die Rechtstitel liegen bei ITA«, teilte die Bundesregierung mit. Die Treuhand habe keine weiteren Forderungen aus DDR-Rüstungsexporten an das Bundesfinanzministerium weitergegeben. »Mit der Liquidation der ITA werden die Vermögenswerte in die Verrechnung des Ausgleichsfonds ›Währungsumstellung‹ einbezogen«, hieß es weiter. Geplant war für die kommenden Monate die Liquidation des staatlichen Außenhandelsbetriebs und seine Umwandlung in eine GmbH. Die Einnahmen würden keinem konkreten Zweck zugeführt. Insgesamt beliefen sich die Vermögenswerte des ITA am 30. September 1991 auf 116 Millionen DM.[828]

In den Jahren 1990/91 erhielt die Bundesrepublik Anfragen aus 40 Ländern, die sich für Technik und Ausrüstung der DDR-Armee interessierten.[829] Einen Teil des NVA-Materials wurde die Bonner Bundesregierung los, als sie den US-geführten Streitkräften 1991 im Golfkrieg Lkw, Wassertankwagen und Schutzausrüstung gegen biologische und chemische Kampfstoffe überließ. Das Geschäft brachte 1,2 Milliarden Dollar. Der größte Teil des NVA-Materials wurde bis 1995 entsorgt. Tausende Panzer, Hubschrauber, Schiffe und andere Systeme wurden verkauft oder verschrottet.[830]

Catering für die russische Eisenbahn, Aeroflot und Baustellen?

Dass der ITA trotz diverser Pläne und Gespräche mit potenziellen Geschäftspartnern kaum Erfolge erzielte, wurde spätestens bei einem Treffen der ITA-Leitung mit ihrem Geschäftsführer Menzel an der Spitze am 4. Dezember 1990 deutlich. Solche Treffen der leitenden Mitarbeiter des ITA fanden während der Friedlichen Revolution und in den Monaten danach monatlich statt. »Ich bin nicht zufrieden mit der Arbeit im ITA«, sagte Menzel laut Protokoll und nannte ausdrücklich die Arbeitsleistung, das Engagement und das mangelnde Wissen seiner Mitarbeiter. Bei einer Dienstreise habe er beispielsweise erfahren, dass es kaum Verträge ehemaliger DDR-Betriebe mit Partnern in der UdSSR gebe. Das Unternehmen beschäftigte zu diesem Zeitpunkt 166 Menschen, davon wurden 38 bis zum Ende des Jahres entlassen (▶ Kap. 9).[831]

1991 musste Menzel der Treuhand Verluste melden. Allein im September waren es 5,6 Millionen DM. Ursache seien »Altlasten« und – den Entlassungen zum Trotz – weiter Personalkosten. Offenbar fehlten in der Bilanz Zahlungen aus der UdSSR. Auch eine Dienstreise nach Moskau habe daran nichts geändert, berichtete Menzel: »Es sind zunächst keine Zahlungen aus der UdSSR zu erwarten«. Es sei unklar, wer dort für was die Verantwortung trage. Außerdem habe die ČSFR angekündigt, wegen nicht realisierter Verträge zu klagen. Menzel mahnte seine Mitarbeiter zur Sparsamkeit. Dennoch sei das Unternehmen zahlungsfähig.

Bei einer Dienstberatung mit dem Geschäftsführer am 18. Oktober 1991 machten sich die Teilnehmer erneut Gedanken darüber, in welchen Branchen sie anstelle der Militärtechnik künftig aktiv werden wollen:

- Baumaschinen und Ersatzteile,
- Feuerwehr- und Katastrophenschutztechnik,
- Industrieanlagen (INEX),
- Triebwerke (MTU),
- Zifferndruckwerke Aschersleben,
- Strömungsmaschinen Pirna/USG,
- Leichtbauhallen und Planen.

Die Umsetzung musste mit einem schrumpfenden Stab an Mitarbeitern erfolgen. Weil immer mehr Büros frei wurden, hatte der ITA Teile seiner Immobilie vermietet und erwog außerdem, seine Parkplätze zu verpachten. Der Fuhrpark sollte für »Dienstleistungen« genutzt oder abgebaut werden. Auch Angebote für Motorwäsche und Unterbodenpflege, Stadtrundfahrten und Dolmetscherarbeiten waren zunächst im Unternehmensportfolio geplant.[832] Wie groß die Ratlosigkeit gewesen sein muss, offenbart eine ebenso vage wie bunte Auflistung von potenziellen Geschäftsfeldern aus demselben Monat:

- Transport,
- Catering mit Partnern aus Portugal und der UdSSR, zum Beispiel für die russische Eisenbahn, Aeroflot und Baustellen,
- Anlagenexport,
- Industrievertretung,
- Rohstoffe.[833]

Eine weitere Geschäftsidee war der Bau von Wohnungen für die abziehenden Soldaten der UdSSR in ihrer Heimat. Das Bauprogramm hatte ein enormes Volumen, und der ITA wollte daran teilhaben und sich für Teile der Bauleistungen bewerben, bei denen bis 1995 72.000 Wohnungen geschaffen werden sollten. Dafür sollten Konsortien gebildet werden. Vermutlich versprach sich der ITA gute Chancen durch seine engen Beziehungen zu sowjetischen Offizieren – Beziehungen, die auch bereits bei der Verwertung von überflüssigem Armeematerial zum Einsatz kamen. Für das Wohnungsbauprojekt gründete der ITA intern Arbeitsgruppen, die mit einem Auftragsvolumen von mehr als einer Milliarde DM rechneten.[834] Doch dazu kam es nicht.

Im Oktober 1991 legte der ITA der Treuhandanstalt einen Vertragsentwurf vor: ein neuer Anlauf zur im Jahr zuvor gescheiterten Gründung einer GmbH. Die Firma »Ingenieur-Technischer Außenhandel Gesellschaft mit beschränkter Haftung« mit einem Stammkapital von 50.000 DM sollte unter anderem im Abrüstungs- und Konversionsbereich, aber auch in diversen Im- und Exportgeschäften tätig sein. Die Umwandlung des Betriebes erfolgte auf der Grundlage eines Beschlusses der Regierung de Mazière, die Volksvermögen in unternehmerische Hände überführen wollte. Gesellschafter der GmbH im Aufbau sollten neben der Treuhandanstalt diverse alte Kunden des ITA wie das Instandsetzungswerk Ludwigsfelde, die Flugzeugwerft in Dresden und das Reparaturwerk in Neubrandenburg werden.[835]

Der Treuhand lag auch ein Übernahmeangebot für den ITA vor. Eine Firma namens ROE –Rohstoffe-Technologie Overseas Engineering GmbH – aus Düsseldorf meldete Interesse an. ROE hatte sich mit seinem Übernahmewunsch direkt an Treuhandchefin Birgit Breuel gewandt und wickelte die Kommunikation über eine Anwaltskanzlei ab.[836] Ein Kaufvertragsentwurf der Düsseldorfer Firma lag dem ITA und der Treuhandanstalt vor. Die Abkürzung »ITA« des Firmennamens sollte erhalten bleiben, allerdings mit einer anderen Bedeutung: ITA Industrie-Technische Anlagen GmbH. ROE arbeitete an der Übernahme im Verbund mit einer Firma in Katar, zu der dort diverse Anteilseigner und Banken gehörten. Zu dem Kauf kam es jedoch nicht.

Auf der Suche nach neuen Geschäftsfeldern vereinbarte der ITA im November 1991 eine Zusammenarbeit mit der usbekischen Firma ORZU, die Leder und Lederwaren produzierte. Gegen Provision sagte der ITA zu, den Absatz zu unterstützen. Ähnliche Vereinbarungen unterzeichnete Geschäftsführer Menzel mit der deutschen Stuck- und Naturstein GmbH und diversen anderen Firmen. Dabei suchte der ITA immer wieder Kontakt zu Firmen, die im Zusammenhang mit dem Abzug der sowjetischen Truppen aus Deutschland tätig waren – nicht nur beim Wohnungsbau in der Sowjetunion und den Nachfolgestaaten, sondern beispielsweise auch bei der Schrottentsorgung und dem Einsatz von Spezialisten im Ausland. Beim Schrotthandel war die Ingenieur-Hauptverwaltung in Moskau als Auftraggeber im Gespräch. Der ITA sagte den Weiterverkauf des angelieferten Metalls zu.[837]

Im Dezember 1991 kam es immerhin zu einer geschäftlichen Vereinbarung mit der Iveco Magirus GmbH in Ulm, die dem ITA das Recht übertrug, Brandschutzerzeugnisse in der UdSSR und anderen Staaten des ehemaligen Ostblocks sowie Albanien, der Mongolei und Nordkorea zu verkaufen. Ähnliche Vereinbarungen traf der ITA mit weiteren westdeutschen Firmen. Der ITA arbeitete in der Regel auf Provisionsbasis für die Vermittlung von Aufträgen. »Förderung des Absatzes« war das Ziel in den gemeinsamen Vereinbarungen. Die Palette der Geschäfte reichte vom

Catering über Naturstein und Schmutzwasserpumpen bis zu Rettungswagen.[838]

Mit anderen Partnern beteiligte sich der ITA nach 1991 an dem deutsch-sowjetischen Unternehmen ZUBR mit Sitz in Minsk, das mit so unterschiedlichen Waren und Dienstleistungen wie Schuhen, Torf und Dünger handelte und überdies Computerschulungen und Beratung bei Unternehmensgründungen anbot.[839] Der ITA war mit 319.000 DM an ZUBR beteiligt und verfügte damit über eine Beteiligung von 51 Prozent.[840] Die Hoffnung des ITA, damit auf den Märkten der ehemaligen Sowjetunion präsent zu sein, wurde jedoch ein weiteres Mal enttäuscht; die Firma erfüllte nicht die Erwartungen. Die Gesellschafterversammlung von ZUBR beschloss am 5. März 1993 die Liquidation des Joint Ventures.[841]

Untersuchungen und Ermittlungen

»Die Zollfahndung ermittelt auf breiter Front gegen die Nachfolgerin der noch bis in den Sommer hinein mit dem Export und Import von Wehrmaterial der DDR betrauten Ingenieur-Technischer Außenhandel GmbH (ITA) wegen des Verdachts illegalen Waffenhandels unter Umgehung des Kriegswaffenkontrollgesetzes und des Außenwirtschaftsgesetzes«, schrieb der *Spiegel* im Dezember 1990.[842]

Und auch der Bundestag beschäftigte sich bald mit dem Waffenhandel in der früheren DDR. Auf Antrag der SPD wurde im Sommer 1991 der Untersuchungsausschuss »Der Bereich Kommerzielle Koordinierung und Alexander Schalck-Golodkowski – Werkzeuge des SED-Regimes« einberufen. Der Ausschuss sollte die Arbeit der KoKo insgesamt intensiv beleuchten und dabei ein besonderes Augenmerk auf den Waffenhandel, also die Aktivitäten der IMES legen. »Aus ökonomischer Sicht war der Waffenhandel für den Bereich kommerzielle Koordinierung nicht von wesentlicher Bedeutung«,[843] so das Fazit nach knapp drei Jahren Ermittlungen und Befragungen. Das Ziel, stabile Deviseneträge zu erwirtschaften, wurde verfehlt. Eine Strategie sei nicht zu erkennen, man habe schlicht günstige Gelegenheiten für Geschäfte genutzt. Generell sei das Vorgehen stark von der großen Devisennot geprägt gewesen. So habe sich die DDR sogar über Lizenzrechte und Absprachen mit der Sowjetunion hinweggesetzt: »Man nahm sehenden Auges sogar eine Brüskierung des wichtigsten Verbündeten in Kauf«.[844] Auch die Gründung der IMES sei vor dem Hintergrund wirtschaftlicher Not zu sehen. Die SPD-Fraktion kam in ihrer Beurteilung zu dem eindeutigen Schluss, dass die IMES nur deshalb gegründet wurde, um auch den Iran mit Waffen zu beliefern, nachdem der ITA begonnen hatte, militärische Ausrüstung an den Kriegsgegner Irak zu exportieren. Bereits vor der Gründung hatte die KoKo über ihr Unternehmen Transinter Rüstungsgüter an den Iran geliefert, allerdings nur in kleinem Umfang.[845]

Bei der Lektüre der umfangreichen Bände über die Arbeit des Untersuchungsausschusses fällt auf, dass der Schwerpunkt auf die Arbeit des KoKo-Imperiums gelegt wurde. Die Arbeit anderer Organisationen wie die des ITA kommt nur am Rande zur Sprache. Über die Gründe, warum sich der Untersuchungsausschuss vor allem für die KoKo interessierte, kann nur spekuliert werden. Vermutlich war auch schon damals die Quellenlage in Sachen ITA dürftig. Außerdem stand KoKo mit der Person Schalck-Golodkowski stets im Visier der Medien.

Bereits am 4. Dezember 1989, zwei Tage nach der Entdeckung des Kavelstorfer Lagers, hatte der Militäroberstaatsanwalt der DDR ein Ermittlungsverfahren eingeleitet. Er konnte jedoch keine Straftaten feststellen und stellte das Verfahren ein. Der Handel mit Waffen sei zu keinem Zeitpunkt illegal gewesen, hieß es in der Begründung. Allerdings stellten die Ermittler für diesen Bereich ein »gesetzliches rechtliches Regelungsdefizit« in der DDR fest.»Gesetze, welche den speziellen Import und Export kontrollierbar und begrenzbar machen, gab und gibt es in der Rechtsordnung der DDR nicht«, heißt es im Schlussbericht.»Für den Rüstungsexport tragen die genannten Entscheidungsträger in erster Linie – vom Strafrecht nicht erfaßbare – politische Verantwortung und moralische Schuld.«[846] Auch die Mitarbeiter der Betriebe könnten strafrechtlich nicht belangt werden. Was die Rolle der politischen Führung angeht, habe sich das »staatspolitische Entscheidungsmonopol der zentralen ehemaligen Führungskader Honecker und Mittag [...] auch auf Weisungen und Genehmigungen für einzelne Geschäftsoptionen und Detailfragen« erstreckt, schrieb der oberste Militäranklager. Und weiter: »Solche zentralen Weisungen ergingen u. a. zum Waffenexport in Spannungsgebiete (Iran-Irak) sowie zum Export oder Re-Export von Erzeugnissen, ohne die geforderte

Zustimmung der Lieferländer bzw. Lizenzgeber durch die Außenhandelsorgane einzuholen.«[847]

Generell betonte der Militärstaatsanwalt die nach seiner Einschätzung geringe Bedeutung der DDR als Waffenhändler: »Der militärische Export der DDR ist im internationalen Maßstab unbedeutend«.[848] In einschlägigen internationalen Statistiken über größere Waffenexporteure sei die DDR nicht einmal aufgeführt worden.[849] Im Vordergrund habe beim Rüstungsexport stets das sozialistische Ausland gestanden. Hier betrug der Anteil der Rüstung am Gesamtexport drei Prozent. Der Export ins nichtsozialistische Ausland sei eine nur nachrangige Aufgabe gewesen. Die hohe Zahl der für 1989 geplanten Exporte bezeichnete der Militäroberstaatsanwalt ausdrücklich als »Besonderheit«. 200 Panzer vom Typ T-55 A sollten über den ITA an Äthiopien gehen (▶ Kap. 3), IMES wollte 16 MiG-21 an den Iran liefern. Wegen der staatsanwaltschaftlichen Ermittlungen wurden die Exporte nicht vollständig realisiert. Der Militäroberstaatsanwalt stellte bezeichnenderweise fest, dass mit Beginn der staatsanwaltschaftlichen Ermittlungen die Lieferungen durch IMES storniert und sämtliche Exporte an Nichtmitglieder des Warschauer Paktes eingestellt wurden. Vom ITA ist an diesem Punkt immer noch keine Rede.

Die Zusammenarbeit von ITA und IMES bewertet der Staatsanwalt jedoch als eng: »Die Aktivitäten von ITA und IMES im speziellen Außenhandel sind faktisch – obwohl eine Trennung bzw. Entflechtung mitunter glaubhaft gemacht werden soll – nicht isolierbar.« Voneinander losgelöste Betrachtungen seien nicht möglich, da die Zusammenarbeit auch normativ festgeschrieben gewesen sei. Der Ministerrat hatte am 30. Juni 1986 angeordnet, auch künftig spezielle Exporte grundsätzlich über den ITA durchzuführen, ließ jedoch festgeschriebene Ausnahmen wie den außerplanmäßigen Export über IMES zu. »Tatsächlich war zwischen ITA und IMES eine Koordinierung der speziellen NSW-Exporte zwingend erforderlich«, heißt es. So habe der ITA im Namen der IMES innerhalb der DDR Transporte organisiert und übernommen sowie mit den Lieferbetrieben koordiniert. Die Transporte wurden mit den Ministerien für Verkehr und Inneres abgestimmt. Beim Zoll waren die Transporte »allgemein genehmigt«, eine Kontrolle bei Im- oder Exporten erfolgte nur äußerlich. IMES war sogar berechtigt, selbst Zollaufgaben wahrzunehmen. Das Regelwerk wurde ergänzt durch Vereinbarungen der Ministerien für Außenwirtschaft und Verkehr mit der Seereederei und dem Kombinat Seeverkehr und Hafenwirtschaft.[850]

Die Einnahmen der Außenhandelsbetriebe gingen an den Staatshaushalt, Unregelmäßigkeiten konnte der Militärstaatsanwalt auch hier nicht feststellen. Er fand darüber hinaus keine Hinweise für kommerzielle Lieferungen nach Südafrika, Chile und Israel sowie an Mitgliedsstaaten der NATO. Auch »Massenvernichtungswaffen und international geächtete Waffenarten wurden über die Außenhandelsbetriebe nicht gehandelt«, heißt es ausdrücklich in dem Bericht. Dafür hätten die Ermittlungen keine Anhaltspunkte ergeben.[851]

Inwieweit die Beurteilung der Militärstaatsanwaltschaft unabhängig von den noch bestehenden Strukturen des DDR-Staates erfolgte, muss offenbleiben. Die Militärstaatsanwälte unterstanden der peniblen Überwachung durch die Staatssicherheit und waren Bestandteil und Stütze des Herrschaftssystems. Dass die Juristen kurz nach der Wende durchgehend geläutert waren und grundsätzlich neuen rechtsstaatlichen Prinzipien folgten, darf angesichts der Strukturen der Militärjustiz in der DDR bezweifelt werden. »Die Militärgerichtsbarkeit war keine Sonder- oder Ausnahmegerichtsbarkeit oder eine Institution der Militärbehörden, sondern gliederte sich als ein Teil des einheitlichen, sozialistischen Gerichtssystems völlig in die für Gerichte der DDR allgemein bestehenden gesetzlichen Grundlagen ein«, schreibt der Jurist Helmut Irmen. Für die Militärgerichte habe das sozialistische Strafrecht und die sozialistische Strafrechtspflege Gültigkeit gehabt.[852] Irmen resümiert, dass die Arbeit der Militärjustiz von der Prämisse bestimmt war, eine von der Partei erwartete und von der Exekutive durchgesetzte Entscheidung zu erhalten und zu garantieren. Der Begriff der richterlichen Unabhängigkeit habe keine Bedeutung gehabt. Das MfS habe die Militärjustiz maßgeblich gesteuert und beeinflusst. »Es kann festgestellt werden, dass das MfS im Auftrag der Partei die aus der politischen Justiz bekannten Mechanismen im Bereich der Militärjustiz stringent umgesetzt hat und auf die Verfahren nachhaltiger eingewirkt und sie geprägt hat, als bisher angenommen wurde«, so Irmen. Bis heute seien der konspirative Teil der Untersuchungen des MfS, die drehbuchartige Vorbereitung der Strafprozesse und die mündlichen und schriftlichen Absprachen mit den Militärgerichten und der Militärstaatsanwaltschaft nur unvollständig und in Teilaspekten untersucht worden.[853] Auch der

Leiter des Stasi-Unterlagenarchivs in Rostock, Volker Höffer, spricht von einer »stramm SED-treuen DDR-Justiz« und vermutet, dass viele DDR-Bürger in der Wendezeit gehofft hätten, dass die bisher willfährigen DDR-Juristen sich angesichts der Erosion der SED-Herrschaft auf ihre eigentliche Berufung und Standesehre besinnen würden.[854]

Auch nach der Wiedervereinigung waren die Geschäfte des ITA offenbar kein Gegenstand staatsanwaltschaftlicher Ermittlungen. Anfragen beim Landesarchiv Berlin – dort werden die Bestände der Zentralen Ermittlungsstelle für Regierungs- und Vereinigungskriminalität sowie der Bestand der Staatsanwaltschaft II bei dem Landgericht Berlin verwahrt – ergaben keine Hinweise. Auch in der Literatur ist darüber nichts zu finden. Auffällig ist auch hier, dass die Ermittler sich wiederholt mit den Praktiken der KoKo beschäftigt haben, aber kaum mit dem ITA.[855]

In den 90er-Jahren folgten es weitere Ermittlungen. Die Zentrale Ermittlungsgruppe für Regierungs- und Vereinigungskriminalität (ZERV) zum Beispiel suchte im Bundesarchiv-Militärarchiv nach Hinweisen auf rechtswidriges Verhalten der DDR-Militärs, wurde nach Recherchen des Militärhistorikers Klaus Storkmann jedoch nicht fündig. Am 28. Mai 1991 durchsuchten Ermittler im Auftrag des Amtsgerichts Tiergarten die Geschäftsräume des ITA wegen des Verdachts des Betrugs. Die Beamten beschlagnahmten mehrere Ordner, Auftrags- und Verhandlungsunterlagen sowie einen Kalender. Offenbar wurden die Ermittlungen aber eingestellt. Außer dem Durchsuchungsbeschluss und dem Protokoll sind in den überlieferten Akten keine Hinweise auf das Strafverfahren und seinen Ausgang zu finden.[856]

Bei allen dubiosen Machenschaften von ITA und IMES ist freilich stets der Hinweis des Militärhistorikers Klaus Storkmann zu bedenken:

> Waffenlieferungen, auch an allgemein als zwielichtig angesehene Regime wie Libyen und an Krieg führende Staaten wie Iran und Irak waren im Kalten Krieg kein Monopol der Ostblockstaaten [...]. Die Staaten des Atlantischen Bündnisses waren in der Dritten Welt nicht minder aktiv.[857]

Auch fielen die DDR-Hilfen im Vergleich zum Engagement Moskaus deutlich kleiner aus. Das Erstaunen über die Waffenlieferungen der DDR ist allerdings 1989/90 bei den meisten NVA-Offizieren groß gewesen.[858]

Die Geschichte der Abwicklung

Der ITA gehörte zu den 46 Außenhandelsbetrieben der DDR, die Stand 1. Juli 1990 – dem Inkrafttreten der Wirtschafts- und Währungsunion mit der BRD – noch existierten. Schon im Oktober, zur Wiedervereinigung, waren es nur noch 18 Betriebe, die nach und nach abgewickelt wurden. Die Außenhandelsbetrieben der DDR beschäftigten zum 1. Juli insgesamt 15.287 Mitarbeiter, Ende 1995 waren es nur noch 300.[859]

Im Juli ging die Verantwortung für die »speziellen Importe« vom ITA auf das Amt für Beschaffung des Verteidigungsministeriums über. Alle Offiziere des Außenhandelsbetriebs, mit Ausnahme von Oberst Anders, wurden zum Ministerium abkommandiert.[860]

ITA-Geschäftsführer Heinz Menzel war Ende 1990 damit beschäftigt, den ITA in Einzelfirmen aufzuspalten. Im Januar 1991 bekam der ITA Besuch von zwei Vertretern des Bundesverteidigungsministeriums aus der Außenstelle Strausberg. Sie gehörten einer Arbeitsgruppe an, die im Auftrag des Staatssekretärs Werner E. Ablaß gegründet worden war, um Abläufe und Arbeitsgrundlagen der Vergangenheit zu klären. Viele Details ließen sich offenbar nicht klären, weil beispielsweise in den Dienststellen von Generaloberst Joachim Goldbach, Stellvertreter des Ministers und zuletzt Chef Technik/Bewaffnung der NVA, und im ehemaligen Beschaffungsamt an der Schnellerstraße Akten vernichtet worden waren.[861]

Nach den Bestimmungen des Treuhandgesetzes wurde das Unternehmen zum 1. Juli 1990 umgewandelt: Aus dem »AHB ITA in Abwicklung« wurde der »ITA GmbH im Aufbau«. Alleinige Gesellschafterin der neuen ITA GmbH war die Treuhandanstalt. Die Konsequenz: Bereits am 9. August 1990 hatte das Wirtschaftsministerium die »Bildung des AHB ITA in Abwicklung« angewiesen und damit Heinz Menzel beauftragt. Am 21. August meldete Menzel diesen Vorgang beim Registriergericht an. Kurz darauf, mit Wirkung zum 23. August 1990 begann für den ITA die Umsetzung des Abwicklungsverfahrens unter der Leitung von Menzel mit dem Bevollmächtigten und einstigem Hauptbuchhalter des ITA, Siegfried Döring. Im Jahr darauf, am 4. Februar, meldete sich Menzel erneut beim Register und beantragte die Eintragung der Umwandlung. Die GmbH wurde schließlich am 27. Juni 1991 ins Register eingetragen. Aus »HRC 813«, der Nummer des VEB ITA im Berliner Handelsregister zu DDR-

Zeiten, war damit »HR B 38480« geworden. Offiziell verfügte die GmbH über ein Stammkapital von 50.000 DM. Als vorläufiger Geschäftsführer war Menzel angegeben und als Gegenstand des Unternehmens:

- Handel mit Erzeugnissen und Leistungen aus Abrüstung und Konversion in der ehemaligen DDR und in anderen Ländern, insbesondere denen des Warschauer Vertrages, einschließlich Erzeugnissen, Leistungen und Ausrüstungen und Anlagen in internationaler Kooperation;
- Handel mit allen Arten von Teilen/Materialien des Produktionsverbrauches, Ersatz- und Verschleißteilen sowie von Reparatur- und anderen Dienstleistungen, insbesondere für Betriebe der Verteidigungsindustrie auf der Grundlage dazu erteilter Genehmigungen;
- Handel mit militärischer Technik und Ausrüstung entsprechend den gesetzlichen Regelungen.[862]

Dem »neuen« ITA ging es unzweifelhaft darum, die guten Kontakte der vergangenen Jahre zu nutzen, um Geschäfte mit Material von Armeen zu machen, die abgewickelt wurden. Parallel lief die Auflösung des alten staatlichen Außenhandelsbetriebs.[863]

Zu den Aktivitäten der 100-prozentigen ITA-Gesellschafterin Treuhandanstalt gehörte zum Beispiel die Kündigung des Vertrages mit der Deutschen Versicherungs- und Rückversicherungs-AG (Darag), deren Versicherungsschutz wegen der kaum noch vorhandenen Aktivitäten des Unternehmens nicht mehr erforderlich war. Den Vertrag hatte ITA-Geschäftsführer Menzel noch am 1. Januar 1991 abgeschlossen: Mit der Einführung der Marktwirtschaft war der Pflichtversicherungsschutz durch den Staat beendet und es galt, die Transporte des ITA privatwirtschaftlich abzusichern. Bereits zu DDR-Zeiten hatte die damals staatliche Darag den ITA versichert.[864]

Bei der Treuhandanstalt wurde im Januar 1991 der Sonderbereich Außenhandelsbetriebe unter der Leitung von Hinrich Strecker eingerichtet. Mit dem Rechtsanwalt Hans-Joachim Reuther war ein Beratervertrag abgeschlossen worden.[865] Bei einer außerordentlichen Gesellschafterversammlung am 13. Januar 1992 beschloss man die Liquidation und bestellte Harald Hess zum Liquidator.[866] Menzel war mit sofortiger Wirkung abgelöst. Fortan trug die Firma den Zusatz »i. L.« für »in Liquidation«. Bei der Liquidation des ITA erhielten einzelne Mitarbeiter im Juni 1991 kleine

Prämien für ihre Arbeitsleistung. Sie durften zum Beispiel den PC behalten, an dem sie gearbeitet hatten, oder bekamen einen Geldbetrag in dreistelliger Höhe.[867] Nach dem Beschluss, den ITA zu liquidieren, stellte das Unternehmen seine Suche nach Aufträgen ein und bemühte sich nur noch, Lieferverpflichtungen einzuhalten und offene Forderungen einzutreiben.

Die Zahlen am Ende des Jahres 1992 sahen schlecht aus. Es standen Forderungen des ITA in Höhe von 142 Millionen DM aus, davon 126 Millionen bei ausländischen Partnern. Das Volumen der aktuellen Geschäfte lag bei gerade einmal 36,8 Millionen DM.[868] Die Einnahmen resultierten 1992 und 1993 aus Lieferungen nach Ägypten. Exportiert wurden Teile für die Luftwaffe. Außerdem schickte die Flugzeugwerft in Dresden im Auftrag des ITA regelmäßig Triebwerksexperten nach Kairo.[869] 1992 erhob der ITA Forderungen in Höhe von 16 Millionen DM gegenüber der Flugzeugwerft Dresden.[870]

Um offene Forderungen aus dem Irak einzutreiben, schloss der ITA i. L. mit dem Einverständnis der Treuhand-Nachfolgerin, der Bundesanstalt für vereinigungsbedingte Sonderaufgaben (BVS), im Januar 1995 einen Vertrag mit der US-amerikanischen Firma Fred A. Fargo & Associates (FFA), die auch Büros im Irak und in Deutschland betrieb. Die Gesamtforderungen aus den Jahren 1991 bis 1994 beliefen sich auf 13,1 Millionen US-Dollar.[871] Hinweise, dass die Forderungen eingetrieben werden konnten, liegen nicht vor.

Das endgültige Aus für den ITA folgte erst Jahre später. »Ingenieur-Technischer Außenhandel GmbH, Taubenstraße 11–13, 10117 Berlin. Die Gesellschaft ist aufgelöst. Die Gläubiger der Gesellschaft werden gebeten, sich bei dieser zu melden. Der Liquidator«, stand am 18. Oktober 1994 auf Seite 22 des Berliner *Tagesspiegels* unter den Sportnachrichten in den amtlichen Bekanntmachungen des Handelsregisters des Amtsgerichts Berlin-Charlottenburg. Weitere Anzeigen in der Zeitung sowie eine Bekanntmachung im *Bundesanzeiger* folgten.[872] Unter der Adresse Taubenstraße war auch der Liquidator Hess zu erreichen. Ende 1999 beschäftigte der ITA noch vier Mitarbeiter, darunter als Ansprechpartner den »amtierenden Finanzdirektor« Manfred Winkler. Er und seine Kollegen wurden von der Firma Transportmaschinen Handelshaus GmbH übernommen, die sich ebenfalls in Liquidation befand.[873] Damit hatte der ITA ab 1. Januar 2000 keine Beschäftigten mehr. Beendet war die Liquidation aber erst am 31. Dezember 2000. Das teilte Liquidator Hess am 23. August 2001 dem Handelsregister des Amtsgerichts Charlottenburg mit. Die GmbH im Aufbau sei erloschen und die Liquidation beendet. Als Tätigkeit der GmbH waren der »Handel mit Erzeugnissen und Leistungen aus Abrüstung und Konversion in der ehemaligen DDR und in anderen Ländern« angegeben.[874] »Der zuletzt festgestellte Einheitswert des Betriebsvermögens der Gesellschaft beträgt 0 DM.« Im September 2001 informierte Hess auch die Bundesanstalt für vereinigungsbedingte Sonderaufgaben über die erfolgte Liquidation. Die letzten Konten des ITA i. L. wurden 2001 aufgelöst; aus dem Handelsregister wurde der ITA am 16. November 2001 gelöscht: »Die Firma ist erloschen«. Damit war die Geschichte des ITA endgültig beendet.[875]

Die letzten Unterlagen im Bundesarchiv über den ITA datieren aus dem Jahr 2001. Dabei handelt es sich um die Korrespondenz der Stadt Berlin mit dem Rechtsanwalt und Liquidator der ITA GmbH i. L., Hess, über den bereits vollzogenen Verkauf des Grundstücks Breite Straße 18, das mit einem Parkhaus für ein Einkaufszentrum bebaut worden war.[876]

Die Geschichte der IMES hatte sehr viel früher geendet: Am 31. Januar 1994 teilte die Treuhandanstalt dem Bundestagsausschuss mit, dass die Liquidation der IMES faktisch abgeschlossen sei. Nach der förmlichen Feststellung werde der Betrieb aus dem Handelsregister gelöscht.[877] Geschäftsführer der GmbH sei bis zum Schluss Erhard Wiechert gewesen. Über die Tochterfirma Witra erfährt man im Ausschussbericht lediglich, dass die Liquidation am 19. Juli 1991 abgeschlossen wurde. Der Erlös werde bei der IMES erfasst. Über den ITA schrieb die Treuhand nichts, sie wurde nur um Auskunft zum KoKo-Komplex gebeten.[878] Am 11. Februar 1994 teilte dann der Präsident des Bundesnachrichtendienstes, Konrad Porzner, dem Untersuchungsausschuss des Bundestages und dem Bundeskanzleramt brieflich mit, dass die IMES-Export GmbH aufgelöst worden sei.[879]

Teil II
Strukturen und Personen

8 Auf Ortsbesuch

Der Sitz des ITA und Außenstellen

Während das Außenhandelsministerium und der BSA in Berlin im heutigen Otto-Wels-Haus, Unter den Linden 50, untergebracht waren, hatte der ITA zunächst den Sitz seiner Vorgängerorganisation in Berlin-Grünau, Regattastraße 12, übernommen. Nach einem Umzug arbeiteten die Mitarbeiter des ITA ab 1968 im Gebäude Johannes-R.-Becher-Straße 18 im Stadtteil Pankow (vor und nach DDR-Zeiten: Breite Straße). Hier befand sich auch die Rechneranlage des Unternehmens.[880]

Das Grundstück an der Johannes-Becher-Straße lag 300 Meter östlich des Pankower Rathauses und hatte eine Gesamtgröße von knapp 5.000 Quadratmetern. Das dreigeschossige Verwaltungsgebäude aus der Jahrhundertwende (▶ Abb. 13) verfügte über Büroflächen von 2.100 Quadratmetern und wurde nach dem Umzug 1969 modernisiert.[881] Im selben Jahr und 1980 kamen diverse Anbauten, Küche und Speisesaal, Garagen und ein Notstromgebäude hinzu. Wegen der wachsenden Aktivitäten wurde der Platz am Berliner ITA-Standort immer knapper, sodass 1986 und 1987 erneut angebaut werden musste: Der sechsgeschossige Anbau kostete 8,8 Millionen Mark.[882]

Mit der Sicherung der Räume des ITA zeigte sich die Staatssicherheit zufrieden. »Im ITA ist eine ständige Bewachung durch Betriebsschutzkommandos, zivile Wachkräfte, einen ständigen Wachhabenden gesichert«, schrieben die Autoren einer Sicherheitsanalyse der HA XVIII (Volkswirtschaft). Hinzu komme der Schutz durch elektronische Anlagen.[883]

8 Auf Ortsbesuch

Abb. 13: Dieses undatierte Foto zeigt den Altbau des ITA-Verwaltungsgebäudes in Berlin-Pankow.

Im November 1986 begann beim ITA das Computerzeitalter. Die Betriebs- und Personalrechner des Herstellers Robotron standen allen Mitarbeitern zur Verfügung. Die Speicherung von Daten erfolgte, wie damals üblich, auf Disketten.[884] In den Berichten und Dienstanweisungen zu den Disketten wurde immer wieder auf den Umgang mit vertraulichen und geheimen Informationen hingewiesen.[885] Unklar war 1984 jedoch, inwieweit das Rechenzentrum des ITA abhörsicher war. Nach Einführung der Computer fürchteten die Sicherheitsexperten außerdem, dass durch »parasitäre Abstrahlung Abschöpfungsmöglichkeiten für den Gegner« entstehen könnten. Daher sollten Geräte in Büros, die zur Straßenseite lagen, nicht mehr genutzt werden. Die Strahlung sei bis auf einen öffentlichen Parkplatz an der Johannes-R.-Becher-Straße nachweisbar. Um die Geheimhaltung zu sichern, wurde das neue Rechenzentrum mit Spezialtüren und Metallkonstruktionen so umgebaut, dass keine Informationen nach außen drangen. Die Funktionstüchtigkeit der Abschirmung wurde jährlich überprüft.[886] Die Sorge um die Geheimhaltung ging so weit, dass 1985 auch Schreibmaschinen überprüft wurden, darunter Modelle westlicher Hersteller wie Triumph und IBM.

Sorgen um die Sicherheit machten sich die ITA-Mitarbeiter auch im Juli 1980, als wochenlang – zuweilen Tag und Nacht – auf dem Marktplatz vor dem Eingang ein Wohnwagenanhänger stand, der an Markttagen zum Wurstverkauf genutzt wurde. Der ITA drängte bei der Volkspolizei darauf, »daß der Wagen dort wegkommt«.[887]

Der ITA und bereits seine Vorgängerorganisationen unterhielten Außenstellen an den Grenzübergangsstellen in den Häfen von Rostock, ab 1986 im Hafen von Mukran und an den Grenzübergängen der Eisenbahn in Bad Schandau und Frankfurt/Oder. Sie waren verantwortlich für die reibungslose Übergabe der Im- und Exporte inklusive aller Frachtpapiere. Dabei arbeiteten sie eng mit den Leitstellen der NVA zusammen.[888] In Frankfurt/Oder wurden die Im- und Exporte aus der UdSSR und Polen abgefertigt. Bad Schandau bildete die Übergangsstelle für militärische Güter aus der ČSSR, Ungarn, Rumänien und Bulgarien.[889] Der Bereich Spezieller Außenhandel (BSA) als vorgesetzte Dienststelle kontrollierte regelmäßig den ITA inklusive der Transportaußenstellen. Zuständig dafür war in den 80er-Jahren der Sicherheitsbeauftragte Siegfried Andrä alias IM »Fred« (▶ Kap. 5). Er schrieb 1983: »Die weitere Verbesserung von Ordnung und Sicherheit, Wachsamkeit und Geheimhaltung ist von erstrangiger Bedeutung für die Stabilität der Arbeit im speziellen Außenhandel.«[890]

Das Ausstellungsgelände Horstwalde

Eine ehemalige und verborgene Dependance des ITA lag in Brandenburg. Teile der Anlage sind bis heute erhalten. Der Weg zu den langgezogenen Hallen des ITA führte an der Wache der NVA vorbei tief in den Wald hinein. Eine Betonstraße erschloss das 1.200 Hektar große, zwischen Bäumen verborgene Gelände, das unter der Regie des Militärtechnischen Instituts (MTI) der Nationalen Volksarmee (NVA) der DDR stand. Auf dem Areal testete das Militär Fahrzeuge unter Extrembedingungen, im Schlamm, auf Geröll, auf Steigungen – erst die Wehrmacht, dann die sowjetische Armee und ab 1957 die NVA. Kurz vor den Hallen und dem Freigelände des ITA war der Zugang durch ein weiteres Tor versperrt. War es verschlossen, war das Eindringen auf das Gelände nahezu unmöglich: Rund um die Fläche standen zwei Zaunreihen – eine aus Maschendraht, die andere stand unter Hochspannung. Schilder warnten vor tödlichen Stromschlägen.

Abb. 14: Auf dem einstigen Ausstellungsgelände des ITA in Horstwalde stehen noch die alten Elektrozäune und Baracken.

1988 hatte der ITA in Horstwalde bei Zossen die Ausstellungsflächen eröffnet. Wie eine schwer gesicherte Insel lag die Fläche auf einem ehemaligen Appellplatz im ohnehin abgesperrten Versuchsgelände des MTI. »Der ITA wollte eine Fläche ohne Öffentlichkeit«, erinnerte sich Gerhard Schlag (Jahrgang 1936), ehemaliger Oberstleutnant der NVA und Kommandeur der MTI-Fläche.[891] Kein Wunder, denn hier im entlegenen Horstwalde zeigte die DDR Gästen aus aller Welt, was sie an militärischen Exportartikeln zu bieten hatte. Auf den Freiflächen vor den Hallen standen Brückenlegepanzer, Lastwagen mit Spezialausstattung für Funk und Sanität. In blitzblank polierten Vitrinen in den Hallen stellte die Waffenhandelsorganisation Raketen, hochwertige optische Geräte aus Jena und Handfeuerwaffen aus. Verließen die Delegationen, ihre Begleiter und das Personal der Ausstellung das Gelände, wurde von der Wache der Strom in den Zäunen wieder eingeschaltet.

Der gelernte Kfz-Ingenieur Schlag war nicht nur Bewacher des Objekts Horstwalde, sondern auch Zuträger der Staatssicherheit. Schlag hatte sich seit seiner Verpflichtung am 20. Mai 1960 einen guten Namen bei der Stasi gemacht, den Kontakt gepflegt und zuverlässig über Mängel und Missstände berichtet. Er erhielt den Decknamen »Peter Franz«. Während seiner Tätigkeit als Leiter der Unterabteilung Fahrerprobung beim MTI im Rang eines Oberstleutnants wurde er 1979 vom GMS (Gesellschaftlicher Mitarbeiter für Sicherheit) auf die nächsthöhere Stufe eines IMS (Inoffizieller Mitarbeiter zur politisch-operativen Durchdringung und Sicherung des Verantwortungsbereiches) gehoben. Am 12. Januar 1981 endete die Zusammenarbeit, ohne dass in den Akten ein eindeutiger Grund genannt wurde. Vage war von »Qualitätskriterien« die Rede.[892]

Vor der Nutzung des Geländes in Horstwalde fanden Ausstellungen mit der Produktpalette der DDR-Rüstungsindustrie im MTI oder in der Liegenschaft des ITA in Pankow statt. In der Regel wurden die militärischen Führungsspitzen der Warschauer Vertragsstaaten eingeladen. Bei einer im Jahr 1983 organisierten Ausstellung wurden in Pankow 170 Exponate vorgestellt, die in der DDR – teilweise mit sowjetischer Lizenz – produziert worden waren. 95 Exponate stammten aus eigener Entwicklung, darunter Systeme für strategische Aufklärung, Brückenlegepanzer und optische Geräte. In einem Bericht an Honecker über die Ausstellung wurde ausdrücklich darauf hingewiesen, dass sich Entwicklung und Produktion verstärkt am Export orientieren sollten.[893] Horstwalde war bereits vor der Errichtung des offiziellen Ausstellungskomplexes für Besichtigungen genutzt worden. 1978 stand der Standort des MTI auf dem Besuchsprogramm einer libyschen Militärdelegation (▶ Kap. 3). Die Gäste hatten angekündigt, Militärtechnik zu kaufen, und wurden von der ITA-Spitze sowie von Führungskräften der Ministerien begleitet.[894] NVA und IMES führten Militärfahrzeuge vor.[895]

An den Planungen für den »Ausstellungskomplex Horstwalde« war auch die IMES beteiligt. 212.135,20 D-Mark gab die Firma für Ausstellungstechnik wie Kopierer, Videogeräte und Kassettenvernichter aus. Hinzu kamen Technik für die Sicherung des Wareneingangs und »Studiotechnik«.[896] Bereits 1984 hatte die IMES KoKo darauf hingewiesen, dass die Firma an einem Ausstellungszentrum interessiert sei und auch Mittel, unter anderem 200.000 Valutamark, bereitstellen würde.[897] An der Finanzierung beteiligten sich maßgeblich auch die Industrieministerien. Die Gebäude wurden mit zwei Beratungsräumen und einem kleinen Chefzimmer ausgestattet. Die Arbeitsgruppe Horstwalde im BSA stellte fest, dass das gewünschte »gehobene Ausstattungsniveau des Mobiliars« dieser Zimmer nicht durch NVA-Dienststellen gewährleistet werden konnte. Die zusätzlichen Kosten übernahm IMES.[898]

Im August 1987 wurden in Horstwalde zwei Hallen und ein Funktionsgebäude im Rohbau an den ITA übergeben. Der Leiter der Einrichtung, Manfred Schulze, und drei Mitarbeiter für Verwaltung und Sekretariat begannen am 1. September mit ihrer Arbeit.[899] Das Ende der Bauarbeiten für Horstwalde verzögerte sich bis zum Januar 1988.[900] Horstwalde zählte zu den LVO-Vorhaben.[901] Die »Verordnung über die Lieferungen und Leistungen an die bewaffneten Organe« (LVO) ermöglichte Bestellungen von Waren, die knapp waren oder teuer importiert werden mussten. Trotzdem mangelte es an vielem und der Terminplan geriet immer wieder durcheinander: Es fehlten Handwerker, Auslegware und Fernsehgeräte sowie bestimmte Hölzer und Stahlprofile. Dabei standen die Planer unter Druck: Vom 20. bis 23. Juni 1988 wurden erstmals Vertreter der Warschauer Vertragsstaaten zur Ausstellung von Militärtechnik (VOK-Ausstellung) erwartet, erst danach konnte die ständige Exportausstellung für den nichtsozialistischen Wirtschaftsraum eröffnet werden (▶ Kap. 10).

Um Horstwalde möglichst effektiv zu nutzen, erteilte der BSA am 11. September 1987 dem ITA den Auftrag, einen Plan für die künftige Arbeit aufzustellen. Das Objekt sollte einen wesentlichen Beitrag zur Bearbeitung der Märkte, Pflege von Partnerbeziehungen und neuen Absatzkonzeptionen leisten. Auch der neue BSA-Chef, Oberst Hans-Ulrich Metzler, griff nach der Amtsübernahme im Juni 1988 in die Pläne ein und ordnete an, KoKo und IMES in die Beratungen einzubeziehen.[902] Am 2. Oktober präsentierte IMES-Generaldirektor Erhard Wiechert dem BSA-

Teil II: Strukturen und Personen

Abb. 15: In den Baracken auf dem Ausstellungsgelände zeigte der ITA ab 1988 Waffensysteme aller Art. Dazu gehörten auch Anlagen zur Vorbereitung von Granaten und zur Trefferauswertung beim Übungsschießen (links).

Chef einen eigenen Nutzungsplan für das Ausstellungsgelände. Darin waren für 1988 »Vorführungen und Demonstrationen ausgewählter Erzeugnisse vor NSW-Kunden und Schulungen eigener Mitarbeiter durch Vertreter der Industrie« vorgesehen. ITA sollte weiter Hausherr bleiben, für die IMES war ein Mitnutzungsrecht im Gespräch.[903] Ein Arbeitsstab befasste sich mit der Einbindung der IMES in den Nutzungsvertrag.

Der ITA, die NVA sowie die Ministerien für Außenhandel und für Verteidigung vereinbarten außerdem für Horstwalde einen Nutzungsvertrag, der dem speziellen Außenhandel die kostenlose Nutzung des Geländes ermöglichte.[904] Der Chef des MTI der NVA, Karl-Heinz Müller, und Oberst Günther Sandhoff vom ITA unterschrieben am 1. September 1988 eine weitere Vereinbarung über die Nutzung des Ausstellungsgeländes in Horstwalde. Für die Sicherheit des Bereichs war der ITA verantwortlich. Auf dem Gelände übernahm der Außenhandelsbetrieb ein Mehrzweckgebäude mit Büros, Garagen sowie Freiflächen und Sicherheits- und Nachrichtentechnik vom Unterkunftsdienstes des MTI.[905]

»Der Befehl kam von ganz oben, vom Zentralkomitee«, sagte Manfred Schulze über die Gründung der einzigartigen Ausstellung im Jahr 1988.[906] Der Jurist mit militärischen Kenntnissen baute den Ausstellungsbetrieb auf und sorgte für den reibungslosen Betrieb. Bevor er Anfang 1988 aufgefordert wurde, nach Horstwalde zu gehen, war ihm der ITA kein Begriff: »Da habe ich erst erfahren, dass es den ITA überhaupt gibt«, sagt Schulze. Aber wer in Horstwalde das Sagen hatte, war für ihn von Beginn an klar: »die Staatssicherheit und Alexander Schalck-Golodkowski«.

Die Liste der Exponate stimmte der ITA mit etwa 40 Kombinaten ab. Die Produktionsfirmen der Militärgüter lieferten in zivilen W-50-Lastwagen an, was in Horstwalde ausgestellt und verkauft werden sollte. An eine besondere Sicherung der brisanten Transporte können sich die Zeitzeugen nicht erinnern. In den kleinen Dörfern rund um das MTI-Gelände wusste kaum jemand, was sich dort abspielte. »Dass hier ein Außenhandelsbetrieb angesiedelt war, gehörte zu den vielen Geheimnissen hier«, sagt Schulze.

Ebenso unauffällig ging es zu, wenn die ausländischen Delegationen kamen. Zur Leipziger Messe war der Andrang besonders groß. Ausländische Gäste, die die Messe besuchten, verbanden ihre Reise in die DDR oft mit einem Abstecher nach Horstwalde. Die Delegationen fuhren in zivilen Fahrzeugen ohne großen Sicherheitstross. In der Regel wurden sie mit Fahrzeugen aus westlicher Produktion, meist VW-Bussen, nach Horstwalde gefahren. Zusätzlich zur ausgestellten Ware lag dort auch stets der ITA-Katalog aus, in dem der Außenhandelsbetrieb auf Arabisch, Französisch und in diversen anderen Sprachen seine Waren anpries.

Gerhard Schlag kann sich noch gut an die Probleme erinnern, wenn in Messezeiten mehrere Delegationen pro Tag in Horstwalde eintrafen, die aus Ländern außerhalb des Warschauer Paktes angereist waren. Ihre Besuche mussten so geplant und organisiert werden, dass die Minister, Scheichs und Geschäftsleute aus unterschiedlichen Ländern einander keinesfalls zu Gesicht bekamen. »Die Zufahrt wurde abgeschirmt«, erinnert sich Schlag. Die Führung übernahmen Mitarbeiter des ITA und der IMES; verhandelt wurde danach in Berlin. »Dort wurde über das Geschäft geredet«, sagt Manfred Schulze, der bei den Führungen stets dabei war. An bedeutende Politiker kann er sich aber nicht erinnern: »Manchmal wusste

Abb. 16: Zu den »Spitzenleistungen im sozialistischen Lager« zählte der ITA Brückenlegepanzer, die auf dem Ausstellungsgelände in Horstwalde zu sehen waren.

Abb. 17: Das Raketensystem Volkov, hier die Seiten aus der portugiesischen Version des Katalogs, diente der Bekämpfung von Luftstreitkräften und Bodentruppen.

ich gar nicht, wem ich da die Hand gebe.« Schulze erinnert sich, dass die meisten Besucher kein großes Interesse an Waffen hatten. Viele seien gekommen, um sich über militärische Ziel- und Trainingstechnik, Tarnmittel und Verbrauchsstoffe für den Sanitätsbereich zu informieren. Auch

bei Besuchen ausländischer Delegationen bei der IMES war in der Regel ein Vertreter des ITA zugegen.[907]
Besonders gesichert wurde die Militärtechnik-Ausstellung, wenn hoher Besuch angekündigt war. Als am 13. Juni 1988 die Messe »Nationale Ausstellung von Militärtechnik« eröffnet wurde, war die Kommission zur ökonomischen Sicherstellung der Landesverteidigung des Zentralkomitees zugegen. Mit von der Partie waren die Politbüromitglieder Willi Stoph, Günter Mittag, Egon Krenz, Erich Mielke und Heinz Keßler. Über Einzelheiten kann Manfred Schulze nicht berichten, weil er diese Besucher nicht zu Gesicht bekam: »Wir durften uns nicht blicken lassen.« Schulze musste darauf achten, dass die Ausstellung gut bestückt und ansehnlich war. Die hochrangigen Gäste sollten einen guten Eindruck bekommen.

Eine Woche später, von 20. bis 22. Juni, besuchten Gäste aus den Warschauer Vertragsstaaten die Messe in Horstwalde. Um die Sicherung des Geländes vorzubereiten, gründete die Staatssicherheit eine eigene Arbeitsgruppe. Neun Inoffizielle Mitarbeiter erhielten Aufträge zur Aufklärung. Die Messe dauerte bis zum 25. Juni.[908] Die Ausstellungen für Militärtechnik der Armeen der Warschauer Vertragsstaaten fanden alle fünf Jahre statt und dienten zur Vorbereitung der nächsten Fünfjahresplan-Periode. »Die Ausstellungen 1988 sind Bestandteil der Maßnahmen der Koordinierung der Produktions- und Lieferpläne der Teilnehmerstaaten des Warschauer Vertrages für den Fünfjahreszeitraum 1991 bis 1995«, hieß es dazu im Informationsmaterial, das 1988 in Horstwalde an die Besucher ausgegeben wurde und als geheime Verschlusssache eingestuft war. Weitere Ziele dieser wie der Ausstellungen in den anderen Staaten waren die Präsentation der eigenen Militärprodukte, die Vertiefung der militärökonomischen Integration und die höhere Effektivität in der Zusammenarbeit. Gezeigt wurden in der DDR hergestellte Produkte – seien es eigene Entwicklungen oder Lizenzprodukte anderer Vertragsstaaten, in erster Linie der UdSSR. Die Messe bilde somit eine wesentliche Grundlage für die Entwicklung des speziellen Exports und die weitere Erhöhung des Anteils der DDR an der Ausrüstung der Bruderarmeen, hieß es im Informationsmaterial. Auf der Messe 1988 waren 196 Exponate zu sehen. Außerdem informierte die DDR über die Entwicklung neuer Produkte, die in Zukunft auf den Markt kommen sollten. Zu den »Spitzenleistungen im sozialistischen Lager« zählte man beispielsweise den Brückenlegepanzer

BLP-72 (▶ Abb. 16), eine rechnergestützte Funkleitzentrale sowie Produkte der Optoelektronik. Für die Ausstellung waren die beiden Hallen in Horstwalde sowie die Freifläche von etwa 12.000 Quadratmetern vorgesehen.[909]

Bevor hoher Besuch nach Horstwalde kam, stand ein Zwischenstopp beim MTI in Königs Wusterhausen auf dem Programm. Dort empfing der MTI-Kommandeur, Generalleutnant Karl-Heinz Müller, Gäste wie Günter Mittag und die Oberkommandierenden der sowjetischen Streitkräfte in der DDR.[910]

Abb. 18: Der Kommandeur des Militärtechnischen Instituts (MTI) der NVA, Karl-Heinz Müller (links), begrüßt den Oberkommandierenden der sowjetischen Streitkräfte in der DDR, Waleri A. Belikow.

Anlässlich der Messe im Juni 1988 informierten sich auch drei hochrangige Delegationen der Staatssicherheit in Horstwalde über die Ausstellung. Dazu gehörten Führungskader, operativ-technische Spezialisten und Fachleute für Militärtechnik. Das Ministerium für Staatssicherheit legte Wert darauf, mit eigenen Exponaten vertreten zu sein, und schlug vor, fünf UKW-Nachrichtenempfänger und Chiffriergeräte auszustellen. Die Stasi selbst wollte diese Geräte beim Besuch der Delegation aus Ost-Berlin sowie der Militärs aus den Vertragsstaaten vorstellen. Danach sollten die Geräte Horstwalde wieder verlassen.[911]

In der Wendezeit blieben die Besuche potenzieller Kunden zunehmend aus. Die Produktionsfirmen holten ihre Waren ab. Übrig blieben Uniformhemden, Unterhosen und andere Kleidungsstücke sowie medizinische Ausrüstung, die auf einem benachbarten Sprengplatz des MTI zu einem großen Haufen aufgeschüttet und verbrannt wurden.

An einem Abend im November 1989 besuchte unangemeldet ein Militärstaatsanwalt das Gelände. Mitglieder der Bürgerbewegung aus Pankow begleiteten ihn. Zunächst musste der elektrische Zaun abgeschaltet werden. Trotz der Dunkelheit forderten die Besucher, Abwassergruben zu öffnen. Offenbar fürchteten sie, dass der ITA Waffen versteckt hatte. »Die hatten hier Panzer erwartet«, sagte Manfred Schulze. Zu diesem Zeitpunkt waren die meisten Ausstellungsstücke aber bereits vom Gelände verschwunden.

Im Dezember 1990 erhielt Schulze die Mitteilung, dass das Gelände in Horstwalde zum Jahresende geschlossen wird. Er erhielt eine Abfindung und wurde entlassen. Er ließ sich danach als Steuerberater in der Region nieder. Die letzten gebrauchsfähigen Waffen waren bereits am 5. April in das NVA-Lager Doberlug transportiert worden.[912] Die Hallen werden heute von der Bundesanstalt für Materialforschung (BAM) für Veranstaltungen genutzt. Auch die Versuchsflächen stehen unter ihrer Regie.

Erhalten geblieben ist ein Dokumentationsfilm des MTI über das Ausstellungsgelände. Die deutsche Version musste aus mehreren Fragmenten rekonstruiert werden. Die russische Version überstand die Zeit ohne Schäden. 30 Minuten lang sind auf dem Streifen die ausgestellten Exportgüter zu sehen. Die DDR zeigte, was sie zu bieten hatte. Nur schwere Waffentechnik wie Panzer und Geschütze fehlten im Angebot. Gedacht war der Film nicht für potenzielle Kunden, sondern als Dokumentation für die Armee: Am Ende des Films weist eine Texttafel darauf hin, dass Vorführungen nur innerhalb der NVA erlaubt sind. Der Film ist als Zusatzmaterial für dieses Buch online zugänglich:

 Dokumentationsfilm des MTI über Horstwalde

Treffpunkt Leipziger Messe

Neben den Ausstellungen für Militärs aus den Bruderstaaten und Delegationen aus dem nichtsozialistischen Wirtschaftsraum am Sitz des ITA und später in Horstwalde war die Leipziger Messe ein wichtiger Treffpunkt für die Waffenhändler aus aller Welt. Für DDR-Vertreter galt dort stets die Vorschrift: Zur Dienstkleidung gehörte dort das Parteiabzeichen.[913] Der erste Messeauftritt ist für das Jahr 1977 dokumentiert. Nach Gesprächen auf Regierungsebene erhielt der damalige ITA-Chef Heinz Möller am 20. Dezember 1977 die Weisung, eine Ausstellung der kompletten ITA-Exporttechnik und der Produkte anderer Außenhandelsorganisationen »für militärische Organisationen« zu eröffnen. Bis zum 13. Januar sollte die Halle auf dem Gelände der Leipziger Messe hergerichtet sein. Drei Tage sollten folgende Produkte präsentiert werden:

- »sämtliche Technik nach Nomenklatur ITA (incl. Handfeuerwaffen etc.)«,
- »Technik der zivilen AHB [Außenhandelsbetriebe] für Militärzwecke (u. a. Straßenfahrzeuge)«,
- »Gebrauchtbewaffnung (u. a.) T 34, MiG-21, L 29, Vierlings-Fla-MG etc.)«, also von Panzern, Kampfflugzeugen, Übungsflugzeugen und Flugabwehrmaschinengewehren.

Für dieses Projekt war höchste Geheimhaltung befohlen. »Kenntnis darüber erhalten wenige Mitarbeiter, der Kreis wird so gering wie möglich gehalten«, hieß es im Bericht der Hauptabteilung XVIII (Volkswirtschaft) über ein Gespräch mit Möller.[914] ITA und BSA waren regelmäßig auf der Leipziger Messe mit einem Stand vertreten. Das Messeteam war in den 70er- und 80er-Jahren mit dem stellvertretenden Generaldirektor und NSW-Handelschef Günter Anders sowie dem NSW-Experten Wilfried Litvan hochrangig besetzt.[915]

Der Überseehafen in Rostock

Die Schiffe der Deutschen Seereederei transportierten die brisante Fracht der DDR-Waffenhändler vom Überseehafen Rostock unter strikter Geheimhaltung in alle Welt. Im Hafen war der ITA mit einer eigenen Transportleitstelle präsent. Der Hafen galt beim Export als größter Umschlagplatz für militärische Güter in der DDR. Auch beim Import für die »bewaffneten Organe« spielte Rostock eine bedeutende Rolle: Der Transport von Waffen, Militärfahrzeugen und Munition aus der Sowjetunion erfolgte ebenfalls weitgehend auf dem Seeweg. Dafür wurde bis zur Eröffnung des Fährhafens Mukran (s. u.) zumeist die Route von Riga nach Rostock genutzt.[916] Neben den sowjetischen Schiffen hatte die DDR-Staatsreederei für diese Route Ende der 60er-Jahre einen Liniendienst mit zwei Küstenmotorschiffen eingerichtet, die eine feste Besatzung hatten.

Die Güter des ITA wurden im Hafen rund um die Uhr bewacht, die Hafenpolizei arbeitete in Zwölf-Stunden-Schichten. In der Regel waren auch Mitarbeiter des ITA und die Stasi vor Ort, um die Verladearbeiten zu beaufsichtigen. Üblich war der Einsatz von Güterzügen, um die Ladung in den Seehafen zu bringen.[917]

Mehrfach kritisierte der ITA die Unterbringung seiner Mitarbeiter in Rostock. In der Außenstelle des ITA im Überseehafen waren zwei Männer tätig, die für Import, Export und die Solidaritätslieferungen verantwortlich waren; beide arbeiteten Stand 1981 in einem Büro in einer Baracke. »Der Dienstraum entspricht in keiner Weise den Anforderungen, die zur Durchführung der Aufgaben an Sicherheit und Geheimnisschutz gestellt werden müssen«, schrieb ein Mitarbeiter. Weder sei der Raum einbruchssicher noch schalldicht. Jahrelang bemühte sich der ITA um eine andere Unterbringung im Hafen und schaltete den BSA-Chef und den stellvertretenden Verkehrsminister ein, ohne dass sich die Situation änderte.[918] »Die Gesamtlage ist so beurteilen, daß jede Person, die sich auf dem Gelände des Überseehafens befindet, auch Zutritt zur Baracke hat«, hieß es 1981 in einem anderen Bericht des ITA. Erste Gespräche über eine andere Unterbringung hatte der ITA bereits 1977 mit dem Seehafen geführt, jedoch ohne Erfolg.[919]

In Rostock wurden die Waffenlieferungen in der Regel an den Liegeplätzen 46 und 36 der Pier 2 abgewickelt. Der Liegeplatz 46 war besonders für den Umschlag von schweren Gütern wie Panzern geeignet, da die Krananlagen bis zu 60 Tonnen heben konnten.[920] An dieser für den Militärumschlag hauptsächlich genutzten Pier waren ausschließlich zuverlässige und überprüfte Arbeiter im Einsatz. In der Nähe beobachtete die Stasi mehrfach Fahrzeuge der Militärverbindungsmissionen. Die Beobachter aus dem Westen interessierten sich nicht nur für die Menge der Waffen, sondern auch für technische Neuerungen an bereits bekannten Systemen.[921]

Mit der Gründung der IMES und dem Start ihrer Aktivitäten stiegen die Exporte über See sprunghaft an. Damit wuchs auch das Arbeitsvolumen des ITA, der die Transporte organisierte, deutlich. Wurden 1981 noch 7.600 Tonnen exportiert, so waren es in den ersten drei Quartalen des nächsten Jahres 18.100.[922] Die Zahl der Schiffsabfertigungen verdoppelte sich nahezu (► Kap. 2). Am 22. November 1982 schlug der ITA angesichts dieser Steigerungen Alarm und schrieb: »Arbeitsanforderungen überschreiten die strukturellen und personellen Möglichkeiten der Transportabteilung«. Eine termin- und qualitätsgerechte Planung sei nicht mehr möglich. Erschwerend komme hinzu, dass die von IMES gelieferten Daten über die Güter häufig fehlerhaft seien. Exportiert würden ausschließlich Munition und Rüstungsgüter, die der Geheimhaltung unterlagen, sowie Großtechnik.[923]

Für Militärtransporte wurde auch der Rostocker Stadthafen genutzt. Dort schlug die IMES sowjetische nichtgepanzerte Lastwagen und Schwimmfahrzeuge sowie Kessel um.[924]

Der Hafen Mukran

Der Fährhafen Mukran auf Rügen entwickelte sich Ende der 80er-Jahre zum wichtigen Umschlagplatz für die Transporte des ITA. Die Linie zwischen dem bei Sassnitz gelegenen Hafen und Klaipėda in der Litauischen

Sozialistischen Sowjetrepublik (LiSSR) wurde am 2. Oktober 1986 eröffnet und war mit Investitionskosten in Höhe von 2,3 Milliarden Mark das größte Verkehrsprojekt in der Honecker-Ära.[925] Der Fährhafen Mukran stand an erster Stelle einer Liste der Stasi-Hauptabteilung II (Spionageabwehr) über die Orte auf Rügen, für die sich der westdeutsche Bundesnachrichtendienst besonders interessierte.[926]

Im Hafen von Mukran hatten die Leitstelle für Auslandstransporte der NVA und die Transportaußenstelle des ITA einen eigenen Sitz in einem Verwaltungsblock neben dem zentralen Dienstgebäude. Diese Dienststellen sollten gemeinsam mit den Umschlagbetrieben, der Volksmarine und den sowjetischen Streitkräften die landseitige Abwicklung der Transporte übernehmen. Im selben Gebäude waren auch die 27 Transportpolizisten untergebracht, die für die Sicherheit im Fährkomplex und damit auch der ITA-Transporte verantwortlich waren. Die NVA-Leitstelle wurde am 1. Dezember 1986 in den Mobilmachungsplan der Streitkräfte aufgenommen.[927] Leiter der ITA-Außenstelle war Ingenieurökonom und Seeoffizier Wolfgang Laubsch.

Bereits bei der ersten Probefahrt mit der Eisenbahnfähre »Mukran« im Frühjahr 1986 befanden sich nicht nur Ausrüstung und Soldaten der DDR und der Sowjetunion an Bord, sondern auch Wagen mit Gütern geheimer Außenhandelsorganisationen. Als das Schiff in Mukran ablegte, standen auf den Decks 27 Waggons der NVA, fünf der sowjetischen Streitkräfte in Deutschland und weitere fünf des ITA.[928] Bereits in der Planungsphase hatte die sowjetische Armeeführung angekündigt, die Fähren intensiv für Militärtransporte zu nutzen. Der Oberkommandierende der sowjetischen Streitkräfte in Deutschland, Pjotr Luschew, teilte am 17. Februar 1986 dem Ministerratsvorsitzenden Willi Stoph die Pläne des Verteidigungsministeriums in Moskau mit. Wenn die Linie endgültig fertig gestellt sei, gehe man von jährlich 22.000 Güterwagen für militärische Transporte aus. 650.000 bis 700.000 Tonnen würden auf Armeegut entfallen, 50.000 bis 100.000 Tonnen auf »Spezialgüter des ingenieur-technischen Außenhandels«.[929] Damit wären in der Endausbaustufe mehr als zehn Prozent der Kapazitäten der Linie durch Militärtransporte belegt worden.

Die ersten regulären ITA-Transporte auf der Linie begannen im August 1987. Schnell stieg die Zahl in die Höhe.[930] 1988 wurden 480 Transporte mit jeweils zwei bis drei Waggons aus der UdSSR über Mukran abgewi-

Abb. 19: Der Fährverkehr von Klaipėda (hier im Bild) nach Rügen entwickelte sich seit 1986 zu einer der wichtigsten Transportrouten für Waffensysteme der UdSSR.

ckelt, in umgekehrter Richtung wurden 160 Transporte für den Export zusammengestellt.[931] Die tatsächlichen Zahlen lagen deutlich unter denen, die die Gruppe der sowjetischen Streitkräfte in Deutschland (GSSD) angekündigt hatte, stiegen aber kontinuierlich an. »Der Umschlag von Militärgütern der GSSD und des ITA der DDR über die Fährlinie ist 1988 angestiegen und nimmt 1989 weiter zu«, berichtete die Staatssicherheit. »1988 wurden 6975 Wagen mit Militärgut importiert (15,8 % der gesamt transportierten Wagen) und 1870 exportiert (4,2 %).«[932]

Die Fähren konnten nur Waggons der sowjetischen Breitspur transportieren. Sie wurden in Mukran entweder mit Achsen der deutschen Normalspur ausgerüstet oder direkt in Hallen ent- und für den Rücktransport wieder beladen. In Mukran wurde jeder fünfte aus der UdSSR importierte Breitspurwagen umgeachst, um die Fahrt auf den Reichsbahngleisen technisch zu ermöglichen. Dabei wurden aus Sicherheitsgründen vorrangig Militärtransporte mit neuen Drehgestellen versehen. Ein beiläufiger Vorteil der Umachsung war, dass dieser Gleisbereich –

anders als beispielsweise die Freikrananlagen – von außen kaum einzusehen war und damit vor Spionageangriffen weitgehend geschützt blieb. »Bedeutende« Transporte wurden laut einer seit 1989 bestehenden Regelung hauptsächlich nachts von und zu den Schiffen gefahren.⁹³³

Die Sicherungsanforderungen bei ITA-Transporten waren hoch. 1988 begleitete die Transportpolizei 281 Züge mit 690 Wagen, die Importgüter des ITA enthielten, von Mukran in die Zielbahnhöfe. Beim Export waren es 33 Züge mit 66 Wagen. 1987 stellte die Staatssicherheit keine gezielten Spionageangriffe auf den Hafen Mukran fest – mit Ausnahme von drei Aufklärungsfahrten der US-amerikanischen und britischen Militärverbindungsmissionen (MVM) im November und Dezember: »Als visueller (sic!) Einsichtsmöglichkeit wurde dabei ein Hügel in der Nähe der Ortschaft Borchtitz genutzt«, schrieb die für Spionageabwehr zuständige Abteilung II der Bezirksverwaltung Rostock.⁹³⁴ »Diese MVM-Aktivitäten sind mit dem zunehmenden Umschlag von ITA-Gütern und GSSD-Militärtechnik (Lkw) zu beachten«, hieß es von derselben Abteilung am 12. Januar 1988.⁹³⁵ Gegen Aufklärungsarbeiten der alliierten MVM außerhalb des Fährkomplexes konnte die Staatssicherheit jedoch wenig ausrichten. Im November und Dezember 1987 hätten US-Amerikaner und Briten bei ihren Fahrten zu militärischen Objekten auch Interesse an den Gleisen im Bereich Mukran/Lietzow gezeigt. Im Fährhafen Mukran hatte die Bezirksbehörde der Volkspolizei Rostock genau festgelegt, wie die Transporte des ITA zu sichern waren. Wagen mit Gütern der Organisation sollten dort abgestellt werden, wo auch die Transporte der sowjetischen Streitkräfte stehen durften. Das Gleis 123 im Normalspurbereich sollte zu diesem Zweck für alle Fälle stets freigehalten werden. Da das Gelände an den Zufahrten mit Posten gesichert war, reichte dem Offizier der Transportpolizei bei der Festlegung dieser Regeln die »weiträumige Sicherung« der Wagen. »Eine stündliche augenscheinliche Kontrolle ist angewiesen«, schrieb er am 11. April 1989.⁹³⁶ Nur beim Umachsen sollten Posten aufgestellt werden. In Ausnahmefällen sicherten außerdem Soldaten die Züge.

9 Personal

Die Mitarbeiter

»Die allgemeine Atmosphäre im Betrieb ist durch die militärische Leitung eines Zivilbetriebs, die relativ hohe Anzahl ehemaliger Offiziere und die besonderen Bedingungen, die sich aus dem Geheimnisschutz ergeben, geprägt«, hieß es in einer Analyse der Staatssicherheit über den ITA aus dem Jahr 1985. Weiter ist dort nachzulesen, einige ehemalige Offiziere hätten immer noch Probleme, sich auf die Bedingungen eines zivilen Berufslebens einzustellen. Der Genosse K. leide beispielsweise darunter, keine Befehlsgewalt mehr ausüben zu können. Andere hätten Mühe, das zivile Arbeitsrecht anzuerkennen, oder fielen durch Arroganz auf.[937] Den Zeilen ist zu entnehmen, dass das Betriebsklima wegen der besonderen gemischten zivil-militärischen Struktur beeinträchtigt war. Zur »Stimulierung der materiellen und ideellen Interessiertheit« seien noch Reserven vorhanden, insbesondere beim Aussprechen von Lob und Tadel, hieß es in einer Führungskonzeption.[938]

Gleichzeitig bot die Arbeit im ITA den Beschäftigten ein Privileg: Dienstreisen ins Ausland, zuweilen auch ins kapitalistische. Reisen in Entwicklungsländer waren dagegen weniger beliebt. Offenbar zogen ITA-Vertreter westliche Länder als Ziel vor. In einem Bericht der Abteilung Internationale Verbindungen an ZK-Sekretär Werner Lamberz über eine Reise durch mehrere Länder Afrikas wurde am 14. November 1977 unverhohlene Kritik laut, die auch den ITA ausdrücklich einschloss:

> Aus den Gesprächen gab es die einhellige Meinung, daß die Außenhändler in Berlin und die Generaldirektoren der einzelnen Unternehmen die Bedeutung

Äthiopiens für unsere Außenwirtschaft immer noch nicht erkennen und lieber nach Paris und London reisen, als einmal nach Schwarzafrika zu fahren.[939]

Die Auslandsbüros des Außenhandels hießen Technisch-Kommerzielle Büros (TKB) und waren zumeist den diplomatischen Vertretungen angeschlossen. Außenhändler auf Dienstreise in den Westen mussten sich sofort nach ihrer Ankunft dort melden oder wurden bereits am Flughafen vom jeweiligen Bürochef in Empfang genommen.[940] Eine Zeitzeugin formulierte ihre größte Sorge bei Delegationsreisen so: »Hoffentlich kommen alle zurück.«[941] Die Befürchtung, dass sich ein Reisekader trotz aller Überprüfungen ins Ausland absetzen könnte, war stets präsent.

Um sich auf ihre Arbeit im Ausland vorzubereiten, nahmen die Außenhändler an Reisekaderschulungen teil. Dort lernten sie auch die Tischsitten, die »Anspruchsgegebenheiten« und welche Krawattenfarben angemessen waren. Die Tagegelder, die die Außenhändler erhielten, reichten in der Regel gerade einmal für Souvenirs. Mit den kleinen Summen Gäste einzuladen, war zumeist nicht möglich. Geschenke von Geschäftspartnern mussten nach der Rückkehr abgegeben werden. Außerdem stand nach der Heimkehr das Schreiben umfangreicher Berichte über den Auslandsaufenthalt auf dem Programm. Wenn eine Delegation im Ausland unterwegs war, um Geschäfte anzubahnen oder abzuschließen, war stets der Außenhändler der Leiter der Gruppe – selbst wenn der Direktor eines Kombinats mitreiste.[942]

Nicht nur die Militärs, auch die Volkspolizei war eingebunden, wenn der ITA auf Dienstreisen Waffen für die »Organe« im Ausland beschaffte. So genehmigte beispielsweise der Innenminister und Chef der Volkspolizei, Friedrich Dickel, am 23. November 1979 die Reise eines Polizei-Oberstleutnants, der eine ITA-Delegation nach Rumänien begleitete. Dort wollte der ITA Verträge über 10.000 Pistolen und 500.000 Patronen abschließen. Die Pistole kostete 108 Rubel das Stück, für 1.000 Pistolenpatronen stellten die Rumänen 93 Rubel in Rechnung. Mit dieser Lieferung war der Leiter der Versorgungsdienste des Innenministeriums jedoch nicht zufrieden. In einem Brief an den ITA beschwerte er sich am 1. Dezember 1980, dass 40 Prozent der Lieferung nicht den vereinbarten Qualitätsstandards entspreche. Viele Waffen schössen Dauerfeuer und ließen sich nicht entspannen. Der ITA forderte Rumänien auf, über Reklamationen zu verhandeln – mit Erfolg.[943]

Alle Mitarbeiter des Speziellen Außenhandels waren an Waffen ausgebildet und sicherten damit den Transport von Dokumenten.[944] Sie waren wegen der Geheimhaltungsvorschriften und dem Umgang mit Staatsgeheimnissen von der Staatssicherheit erfasst. Penibel listete die Staatssicherheit auf, wie oft sie Kontakt mit Personen aus dem nichtsozialistischen Wirtschaftsraum hatten und wie oft sie Post aus dem Westen bekamen.[945] Mit Geld dagegen ging man zeitweise erstaunlich sorglos um: Die Fremdwährung für seine Geschäfte beschaffte der ITA bei der Außenhandelsbank. Die Transporte des Geldes übernahm 1987 vorübergehend – bis zur Einstellung eines Kurierfahrers – eine pensionierte Sekretärin des Außenhandelsbetriebes. Montags, mittwochs und freitags war sie vormittags mit einem Fahrer unterwegs und beschaffte die Valuta für die ITA-Hauptkasse.[946]

Die Bedeutung des ITA lässt sich auch daran ablesen, dass SED-Generalsekretär Honecker im Einzelfall direkt bis tief die Strukturen und das Personalwesen des ITA hineinwirkte. Beispielhaft ist eine Anweisung vom Januar 1978 an Generaldirektor Möller, binnen kürzester Zeit zwei Außenhandelsvertreter zu benennen, die innerhalb einer Woche für einen langfristigen Einsatz in Angola und Äthiopien bereitstehen könnten. Die Aufgabe stellte Möller und BSA-Chef Schönherr – auch wegen der mangelnden Sprachkenntnisse ihres Personals – vor eine nahezu unlösbare Aufgabe.

Für den Job in Äthiopien benannte Schönherr schließlich Wilfried Litvan alias IM »Willi« (▶ Kap. 5). Für die Besetzung der Attachéaußenstelle in Angola habe er trotz größter Anstrengungen keinen Kandidaten gefunden, teilte er am 20. Januar Schalck-Golodkowski mit.[947] Wie verärgert die Führung der Außenhändler auf Honeckers Anweisung reagierte, belegt ein Bericht von Siegfried Andrä alias IM »Fred« vom 24. Januar. »In Angola gibt es für diesen Vertreter nichts zu tun, da sie dort kein Geld haben und unsere Dinge auch nicht kaufen wollen«, soll Möller gesagt haben. Auch BSA-Chef Schönherr reagierte verschnupft. Immer öfter würde seine Meinung nicht gehört, klagte er. Die Angelegenheit könne er dazu beitragen, dass er nicht mehr lange BSA-Chef bleibe.[948]

Personalentwicklung

Die genauen Zahlen der Mitarbeiter beim ITA und im BSA lassen sich aufgrund der schwierigen Quellenlage nicht durchgehend ermitteln. Festzustellen ist, dass der Personalbestand stetig wuchs. Der Anstieg in den ersten Jahren war unter anderem durch den Aufbau einer allgemeinen Verwaltung und das deutlich gewachsene Rechnungswesen erforderlich.[949] 1967 arbeiteten 80 Menschen für den ITA bei einem Plan von 90 Stellen. 1972 waren es 170 Mitarbeiter, ein Jahr später 216.[950]

Die Aufgaben des ITA wuchsen stetig, sodass Generaldirektor Möller schon 1980 bei einer Besprechung mit dem BSA davon ausging, dass er in den kommenden Jahren 50 zusätzliche Mitarbeiter benötige. Außerdem forderte er Computer und moderne Kommunikationsmittel (»Industriefernsehen«) für Besprechungen mit den Mitarbeitern im Ausland.[951] Zum ITA gehörten Anfang der 80er-Jahre 20 Offiziere der einzelnen Teilstreitkräfte. Neben Mitarbeitern in den ostdeutschen Außenstellen, an denen die Transportabteilungen untergebracht waren, gab es Beschäftigte in Moskau und anderen Hauptstädten der Warschauer-Vertragsstaaten.

Die mit Abstand meisten Beschäftigten waren Mitglieder der SED. Ebenfalls hoch war der Organisationsgrad in den Massenorganisationen wie FDGB (Freier Deutscher Gewerkschaftsbund) und DSF (Gesellschaft für Deutsch-Sowjetische Freundschaft). Eingeschränkt war auch die FDJ (Freie Deutsche Jugend) im ITA – wie in jeden anderen – Betrieb vertreten. Bei vielen Mitarbeitern auf der Führungsebene handelte es sich um Berufssoldaten. Frauen spielte in der Leitung kaum eine Rolle. »Ein großer Teil der weiblichen Mitarbeiter sind Frauen von Angehörigen der bewaffneten Organe«, hieß es in einem Bericht der Staatssicherheit. Ob sie die Jobs aufgrund guter persönlicher Beziehungen erhielten oder weil man ihnen eine besondere Verschwiegenheit und Zuverlässigkeit unterstellte, bleibt offen.[952]

Im Jahr 1982 ging die Zahl der Geheimnisträger beim ITA von 200 auf 220 nach oben.[953] Beim ITA arbeiteten 1984 240 Menschen, davon 225 Geheimnisträger.[954] 1986 waren insgesamt 273 Mitarbeiter, davon 19 Offiziere, beim ITA beschäftigt, Für den Import arbeiteten 142 Menschen, für den Export 131. Im ITA gehörte 55 Personen zum Reisekader inklusive neun für den nichtsozialistischen Wirtschaftsraum.[955] Im Januar 1988 beschäftigte der ITA 254 Mitarbeiter.[956] 1989 erreichten die Beschäftigtenzahlen ihren Höhepunkt: Insgesamt waren 325 Männer und Frauen beschäftigt, davon 147 im Import und 178 im Export, 13 waren Offiziere.[957] Im April 1990 hatte der ITA nur noch 207 Mitarbeiter.[958]

Die Bilanzsumme lag im April 1990 bei 981 Millionen Mark.[959] Die politischen Veränderungen und die neuen Rahmenbedingungen schlugen schnell auf die Bilanz durch: Am 1. Juli lag die Bilanzsumme des ITA in Abwicklung nur noch bei 168 Millionen Mark, die der ITA GmbH bei 255 Millionen.[960] In den Jahren der Wende und der Wiedervereinigung einigten sich die Geschäftsführung und die Mitarbeiter auf eine Betriebsvereinbarung, in der auch Regeln für Entlassungen vorgesehen waren. Kriterien wie Betriebszugehörigkeit und familiäre Situation wurden dabei berücksichtigt.[961] Viele Mitarbeiter wurden im Laufe des Jahres in den Vorruhestand geschickt.[962]

Die Zahl der Mitarbeiter in den einzelnen Bereichen im Januar 1990 dürfte in etwa der Verteilung in den Jahren davor entsprechen:

- Führung: 11 Planstellen,
- Planung/Ökonomie: 36,
- Import BO: 18,
- Import/Export Industrie: 68,
- Hauptbuchhalter: 20,
- Verwaltung: 31.[963]

Im August 1990 arbeiteten noch 150 Menschen beim ITA. Im Dezember 1990 waren es 166, von denen zum Jahresende 38 entlassen wurden.[964] Mit der Umwandlung des Unternehmens in eine GmbH und den gravierenden ökonomischen Problemen nahm die Zahl der Beschäftigten weiter rapide ab: Im September 1991 sank die Zahl der Mitarbeiter von 102 auf 73, 1992 auf 54 (zu diesem Zeitpunkt gab es außerdem noch Mitarbeiter für das Moskauer Büro sowie Repräsentanzen in Kairo und Bulgarien[965]), 1993 auf 19. Von diesem Zeitpunkt an sank die Mitarbeiterzahl langsamer, erst 2000 gab es keine ITA-Mitarbeiter mehr.[966]

Der Bereich Spezieller Außenhandel

Auch beim BSA, dem übergeordneten Bereich im Ministerium für Außenhandel, wuchs Anfang der 80er-Jahre der Personalbestand deutlich. Im Jahr 1982 ging die Zahl der Geheimnisträger beim BSA von 64 auf 69 ebenfalls nach oben. Zum Reisekader beim BSA gehörten 21 Mitarbeiter, davon einer für den nichtsozialistischen Wirtschaftsraum.[967] Der BSA hatte 1984 78 Mitarbeiter, 70 waren Geheimnisträger. Zu den Beschäftigten zählten außerdem 23 Reserveoffiziere und ein Offizier der Staatssicherheit aus der Verwaltung der rückwärtigen Dienste. 26 Offiziere der NVA leiteten den Bereich, ihre Zahl nahm 1985 wieder ab. Zu den Mitarbeitern gehörten 1984 in strikter Trennung der Kader für den sozialistischen und nichtsozialistischen Wirtschaftsraum:

- 104 Reisekader für den Sozialistischen Wirtschaftsraum (SW),
- 28 Auslandskader (SW),
- 10 Reisekader für den Nichtsozialistischen Wirtschaftsraum (NSW),
- 4 Auslandskader (NSW),
- 7 ehemalige Auslandskader (NSW).[968]

Bei den Recherchen für dieses Buch sind fast alle Versuche, mit ehemaligen ITA- und BSA-Mitarbeitern zu sprechen, gescheitert. Gründe wurden dafür wurden von den Zeitzeugen nicht genannt. Auch das Archivmaterial lässt wenig Rückschlüsse auf Werdegang, Motivation und persönliche Einschätzung der Arbeit zu. Grundsätzlich ist von einem hohen Maß an Linien- und Staatstreue auszugehen, insbesondere bei den Militärs in der Führung der Organisationen.

Die Leitung: Ein Offizier als Generaldirektor

Die Stellung des ITA-Chefs im Außenhandelsministerium war eindeutig geregelt. Sein Vorgesetzter war der Minister für Außenhandel, der die Aufgaben stellte und die Posten besetzte oder Mitarbeiter entließ. Disziplinarisch war hingegen der Verteidigungsminister für seine militärischen ITA-Mitarbeiter verantwortlich. Dass Offiziere einem zivilen Ministerium unterstellt wurden, sei laut Generalleutnant a. D. Wolfgang Neidhardt nicht ungewöhnlich gewesen. Dass der Im- und Export von Militärgütern Offizieren übertragen wurde, hält der einstige Chef des Militärbereiches der Staatlichen Plankommission (SPK) für folgerichtig. Nur sie verfügten über die nötige Kompetenz.[969]

Die Leitung der ITV übernahm zunächst Oberstleutnant Wenzel mit Stellvertreter Schmidt, danach Oberst Erwin Freyer und später Oberstleutnant Kurt Bauschke. Die ITHV leitete Oberst Kurt Bauschke (1961–1966). An der Spitze des aus diesen Organisationen hervorgegangenen ITA war ein Generaldirektor vorgesehen – in vielen Dokumenten kurz »Chef« genannt – gefolgt vom Generaldirektor für Planung und Ökonomie. Die nächsten Personen in der Rangfolge waren der Generaldirektor für Im- und Export, die Hauptbuchhaltung mit ihrem Generaldirektor und die Kader.[970] Das Primat der Militärs war stets unangefochten. »Alle notwendigen Führungs- und Leitungsfunktionen des AHB werden durch militärische Führungskader wahrgenommen«, hieß es in einer Führungskonzeption.

Der ITA überprüfte ab Anfang der 70er-Jahre jährlich seine Strukturen. Dabei stand die Rolle des Generaldirektors nicht zur Disposition. Als Ziel des Betriebes wurde weiterhin die materielle Sicherung der Landesverteidigung definiert. Auf allen Leitungsebenen galten militärische Führungsgrundsätze, die durch strikte Geheimhaltung und »moderne wissenschaftliche Führungs- und Leitungsmethoden« ergänzt werden sollten.

Tab. 2: Gliederung des ITA

Nr.	Bereich	Führungsposition
100	Führungsbereich	ITA-Chef, mit persönlichen Referenten, wissenschaftlichem Mitarbeiter, Kaderabteilung und Justiziar
300	Ökonomie, u. a. mit Abteilungen für Planung und Transport	Stellvertreter des Chefs
400	Bewaffnete Organe (Import)	Stellvertreter des Chefs
500	Import Industrie, u. a. mit Abteilungen für »Handelsüblichen Import«, Lizenzen und wissenschaftlich-technische Zusammenarbeit	Stellvertreter des Chefs
600	Hauptbuchhalter	–
700	Verwaltung, u. a. mit Fuhrpark und Dolmetscher	–
800	Export in den sozialistischen Wirtschaftsraum	Stellvertreter des Chefs
900	Export in den nichtsozialistischen Wirtschaftsraum	Stellvertreter des Chefs

Die Daten beziehen sich auf das Jahr 1986; Aufteilung und Nummerierung bestanden aber seit Jahrzehnten.[971]

Der ITA musste sich wie jeder andere Betrieb im Handelsregister verzeichnen lassen und angeben, wer im Betrieb das Sagen hatte. Aus diesen Unterlagen sowie aus den Akten des Bundesarchivs geht hervor, wer an der Spitze des Außenhandelsunternehmens stand und wie die Bezeichnungen in der Führungsebene wechselten:

Gerhard Rudat leitete den ITA ab 15. Mai 1966.[972] Am 15. Juli 1968 wurden er und seine Vertreter Jürgen Uhlmann und Georg Witzel von ihren Positionen entbunden. Hintergrund waren Unstimmigkeiten über die Führung des Betriebes.

Als Generaldirektor des ITA folgte mit einer rückwirkenden Ernennung zum 20. September 1967 der am 7. Oktober 1926 in Chemnitz geborene

Gerhard Edmund Schönherr.[973] Nach seinem Abitur und abgeschlossener Lehre als Maschinenschlosser wurde er 1944 als Gefreiter in einem Luftwaffenfeldregiment der Wehrmacht eingezogen. Nach dem Krieg trat er in die SPD ein und studierte in Ilmenau, Chemnitz und Dresden. Schönherr schloss das Studium als Diplom-Wirtschaftler ab. 1956 begann er die Offizierslaufbahn. 1980 wurde er zum Generalmajor befördert.[974]

Zu Schönherrs Nachfolger im ITA wurde *Heinz Möller* ernannt, Generaldirektor ab 1. November 1968 und Chef ab 7. Dezember 1974. Der Ministerrat hatte der Umbenennung des Postens zum »Chef« zugestimmt. Erster Stellvertreter und Leiter des Bereichs Planung und Ökonomie blieb Oberst Günther Sandhoff – Positionen, die er vom 10. Juli 1968 bis zum 15. Februar 1976 innehatte. Stellvertretender Chef für den speziellen Import wurde Horst Thomas, für den speziellen Export Günter Anders, der auch als Sekretär der SED im Unternehmen tätig war.[975]

Günther Sandhoff wurde am 9. November 1981 dann selbst Chef des ITA. Seine Frau Rosalinde arbeitete in der Moskauer Handelsvertretung ab 1977 als Sekretärin.[976]

Heinz Menzel wurde vom Außenwirtschaftsministerium am 21. März mit Wirkung zum 1. Mai 1990 zum Generaldirektor berufen und kurz darauf, am 15. Mai, schon wieder abberufen. Am selben Tag beauftragte das Ministerium Menzel, den ITA als Geschäftsführer in Abstimmung mit der Treuhand in eine Kapitalgesellschaft umzuwandeln.[977] Mit dem Wechsel zum Zivilisten Menzel endete die Phase der militärischen Führung im ITA. Der am 8. Dezember 1934 geborene Menzel verfügte über umfangreiche Erfahrungen im Außenhandel und war stellvertretender Generaldirektor des AHB Invest-Export, als er im Oktober 1975 als IMS für die Staatssicherheit geworben werden sollte. Schon damals sammelte er Erfahrungen im nichtsozialistischen Wirtschaftsraum und arbeitete mit Konzernen der BRD und anderer westeuropäischer Staaten zusammen. Dokumentiert sind unter anderem Kontakte zu den Konzernen Krupp und Hoechst. Menzel sollte hauptsächlich »Feindverbindungen« schaffen. Am 16. Dezember 1975 unterschrieb er seine Verpflichtungserklärung und trug den Decknamen »Frank Schuster«. Besondere Aktivitäten des IMS sind in den Akten jedoch nicht zu finden. 1985 wurde die Zusammenarbeit beendet.[978] Menzel war bis zu seiner Berufung an die ITA-Spitze Leiter der Abteilung Elektrotechnik/Elektronik im Ministerium für Außenwirtschaft.[979]

Tab. 3: Stellvertretende Leiter des ITA

Name	Position	Zeitraum
Jürgen Uhlmann und Georg Witzel	Stellvertreter des Generaldirektors	1. Januar 1966 bis 9. September 1968 (Tag des Eintrags)
Horst Thomas	Stellvertreter des Generaldirektors und Leiter des Bereichs Import	1. März 1968 bis 31. Juni 1972
	Stellvertreter des Chefs für speziellen Import	7. Dezember 1974 bis 20. November 1981
	Stellvertreter des Chefs für Bereich 300 (Ökonomie)	1. Oktober 1981 bis 1. Oktober 1985
Otto Arndt[980]	Stellvertreter des Generaldirektors und Leiter des Bereichs Export	16. Februar 1968 bis 1. September 1969 (Tag des Eintrags)
Jürgen Bendig	Stellvertreter des Generaldirektors und Leiter des Bereichs Export	1. September 1969 bis 30. Juni 1972
	Stellvertreter des Chefs für Bereich 800 (SW-Export)	ab 20. Mai 1986
Günter Anders	Stellvertreter des Generaldirektors und Leiter des Bereichs Export	ab 1. Juli 1972 bis 31. März 1990
	Stellvertreter des Chefs für speziellen Export	7. Dezember 1972 bis 20. November 1981
	Stellvertreter des Chefs für Bereich 900 (NSW-Export)	ab 1. Januar 1981 bis 31. März 1990

Quelle: Amtsgericht Berlin-Charlottenburg, Handelsregister.

Am 4. Oktober 1990 übernahm ein gewisser Matschens die Arbeiten von Handelsdirektor Anders.[981] Über ihn liegen allerdings keine weiteren Informationen vor.

Tab. 4: Weitere Personalien im ITA

Name	Position	Zeitraum
Manfred Heidtke	Stellvertreter des Chefs für Planung und Ökonomie	1. Januar 1976 bis 1. Juli 1981
Horst Berg	Stellvertreter des Chefs für Bereich 400	Januar 1981 bis 1. Oktober 1988
	Stellvertreter des Chefs für Bereich 300	ab 1. Oktober 1988
Ernst Gruszka	Stellvertreter des Chefs für Bereich 500	ab 1. Oktober 1981
Hans Eichentopf	Stellvertreter des Chefs für Bereich 800	1. Januar 1981 bis 20. Mai 1986
Joachim Albrecht	Stellvertreter des Chefs für Bereich 300	1. Oktober 1985 bis 1. Oktober 1988
Manfred Sammler	Stellvertreter des Chefs für Bereich 400	1. Oktober 1988

Quelle: Amtsgericht Berlin-Charlottenburg, Handelsregister.

Ob die Eintragungen korrekt sind, ist nicht gesichert, da in den Unterlagen des Handelsregisters nicht durchgehend die Angaben »Tag der Eintragung« und »Mit Wirkung von« zu unterscheiden sind. Die Bezeichnung »Chef« statt Direktor oder Generaldirektor hatte die Registerverwaltung nach langem Schriftwechsel als Ausnahme zugelassen.[982]

Wie der ITA wurde auch der BSA von Offizieren der NVA geführt. Dort galten ebenfalls die Dienstvorschriften des Verteidigungsministeriums und des Außenhandelsministeriums. Die Militärs waren für die Leitung verantwortlich, bildeten aber zahlenmäßig eine Minderheit. Die Leitung des BSA übernahm bei seiner Gründung zunächst Oberst Bauschke, ab 1968 nach seiner Ablösung als ITA-Generaldirektor dann Oberst Gerhard Schönherr.[983] Im BSA lassen sich mithilfe der MfS-Akten für das Jahr 1982 folgende Personen nachweisen:

- Leitung: Gerhard Schönherr (Ex-ITA)
- Stellvertreter: Oberst Manfred Heidtke (Ex-ITA)
- Leiter der VS-Hauptstelle: Jürgen Zibelius (keine Angabe des militärischen Rangs, möglicherweise Zivilist)
- Leiter der Abteilung I: Oberst Jürgen Uhlmann (Ex-ITA)[984]

Schönherr übernahm zudem die Position eines Vertreters des Außenhandelsministers.[985] Am 30. Juni 1988 wurde er aus dem Militärdienst entlassen und im Ministerium für Außenhandel von Oberst Hans-Ulrich Metzler abgelöst.

Man darf den Schluss ziehen, dass das zivile Außenhandelsministerium beim Speziellen Ex- und Import vollständig unter der Kontrolle des Militärs stand.

10 Der ITA, Planhandel und Beschaffung

Die DDR gehörte zu den am stärksten militarisierten Gesellschaften der Welt. Etwa zehn Prozent der erwerbsfähigen Bevölkerung waren in den militärischen, paramilitärischen und den Schutz- und Sicherheitskräften oder anderen Institutionen der Landesverteidigung beschäftigt. Das ergibt etwa 750.000 Menschen, die haupt-, nebenamtlich oder freiwillig ihren Dienst leisteten, davon fast 300.000 als Zeit- oder Berufssoldaten oder als Zivilangestellte.[986]

In diesem Kontext agierte der ITA als Beschaffer und Exporteur. In der »Führungskonzeption des Generaldirektors AHB ITA 1973« hieß es:

> Grundsatz aller Tätigkeit war die Sicherung der politischen, ökonomischen und militärischen Aufgabenstellung des ITA als Realisierungsorgan für die materielltechnische Sicherstellung der Landesverteidigung. Die Verantwortung für den termin-, sortiments- und qualitätsgerechten Import und Export militärischer Technik und Ausrüstung bestimmte die Schwerpunktaufgaben des AHB.[987]

Der Spezielle Außenhandel war verantwortlich für »alle Ex- und Importe zur materiell-technischen Sicherstellung der bewaffneten Organe (BO)«. Vor allem wickelte er den Planhandel innerhalb des Ostblocks zur Ausrüstung der eigenen Organe ab. Daneben ging es um die Realisierung von Solidaritätslieferungen und Exporten in befreundete Entwicklungsländer und an nationale Befreiungsbewegungen (▶ Kap. 3).

Die Geheimhaltung für militärische Güter gewährleistete der ITA unter anderem mit Nummernbezeichnungen, die beim Militär DDR-weit gültig waren, Außenstehenden jedoch keine Rückschlüsse auf die Art der Ware erlaubten. In den Archiven des Bundesarchivs inklusive des Stasi-Unterlagenarchivs sind meterweise Akten gelagert, in denen jeweils über Dutzende, manchmal auch Hunderte Seiten Listen über In- und Exporte enthalten sind, die nur Nummern enthalten.[988]

Wolfgang Neidhardt, einstiger Chef des Militärbereiches der Staatlichen Plankommission (SPK), bezeichnet den ITA als wichtiges Organ für die Landesverteidigung der DDR.[989] Alle Länder des Warschauer Vertrages hätten Einrichtungen mit derselben Funktion und denselben Strukturen gegründet, die von Offizieren der jeweiligen Armeen geleitet wurden. Die Beschaffung habe sich weitgehend an den Standards der sowjetischen Armee orientiert. Ziel sei eine möglichst einheitliche Ausrüstung innerhalb der Vertragsstaaten gewesen (▶ Kap. 11). Dabei ging es nach Neidhardts Angaben nicht nur um dieselben Kaliber oder Funkfrequenzen und andere Details, sondern auch um taktisch einheitliche Systeme. Innerhalb dieser Vorgaben habe der ITA als »Realisierungsorgan« funktioniert und sei innerhalb des Militärs ein anerkanntes Organ gewesen.

Die Abwicklung von Im- und Exporten inklusive Vertragsverhandlungen, -abschlüssen und Lieferungen war Kernaufgabe des ITA. Aufträge für Lieferungen an die NVA richtete die Verwaltung Beschaffung der NVA an den ITA.[990] Da Importe über die Außenhandelsbetriebe realisiert wurden und der Bereich Beschaffung direkt mit ihnen Verträge unterschrieb, entstanden für die NVA gleichsam Inlandsgeschäfte.[991] Direkte Lieferungen zwischen den Armeen der Pakt-Staaten – also unter Umgehung von BSA und ITA – seien die Ausnahme gewesen, so Neidhardt. Dabei ging es allenfalls um Ersatzteile. »Das funktionierte nur auf dem kleinen Dienstweg auf kameradschaftlicher Ebene«. Den Streitkräften hätten die rechtlichen Grundlagen gefehlt, um miteinander zu verhandeln.

Der ITA war jedoch ausschließlich für militärische Güter zuständig. Schaffte die NVA handelsübliche Waren an – vom einfachen Lastwagen bis zur Wolldecke –, übernahm diese Aufgabe das Beschaffungswesen innerhalb des Verteidigungsministeriums. Dessen Amt für Beschaffung war verantwortlich für die Lieferungen und Leistungen der Industrie ans Militär. An den Verträgen über Exportgüter zwischen dem ITA und den DDR-Betrieben und der Durchführung der Exporte waren das Amt für Beschaffung und das Verteidigungsministerium aber nicht beteiligt. Somit hatte das Verteidigungsministerium keine direkte Kontrolle darüber, welche Kapazitäten der ITA in der Produktion beanspruchte und welche Güter exportiert wurden.[992]

Verantwortlich für die materiell-technische Sicherstellung des NVA-Bedarfs war der Chef für Technik und Bewaffnung im Verteidigungsministerium, der für diesen Bereich als Vertreter des Ministers fungierte. Der SED-Staat maß dieser Aufgabe eine hohe Bedeutung zu: Minister-Stellvertreter Werner Fleißner hatte das Amt seit 1965 inne. Von der Mitte der 70er-Jahre an bis zu seinem Tod 1985 nahm er regelmäßig an den wöchentlichen Sitzungen des Ministerrats teil. Fleißners Vorgänger im Amt war von 1959 bis 1963 Friedrich Dickel. Fleißners Nachfolger wurde Joachim Goldbach, der bis 1990 amtierte.[993]

Der Prozess der Beschaffung: Alles hängt am Fünfjahresplan

Im ökonomischen Planungsprozess der DDR stand der ITA im militärischen Bereich an einer der letzten Positionen. Zunächst legte die Warschauer Vertragsorganisation (WVO) auf politischer Ebene fest, welche Leistungen die NVA innerhalb des Bündnisses zu gewährleisten hatte.

Was die einzelnen Staaten leisten konnten und welche Güter im Angebot waren, präsentierten sie auf Ausstellungen. Die Sowjetunion nutzte dafür Truppenübungsplätze, die DDR zeigte ihre Rüstungsgüter auf einem Gelände des Militärtechnischen Instituts der NVA bei Kummersdorf und in Horstwalde. Die »Entscheider«, so Neidhardt, mussten in alle Länder der WVO reisen, um die Ausstellungen zu besuchen. Bei den Ausstellungen war stets das Technische Komitee der Vereinten Streitkräfte federführend. Informationsmaterial stand den Besuchern zur Verfügung, Spezialisten berieten die Gäste.[994]

Innerstaatlich prüfte die DDR vor Beginn jeder Fünfjahresplan-Periode, welche Ausrüstung die NVA benötigte, um ihre Aufgaben zu erfüllen. Das Verteidigungsministerium meldete den Bedarf und die dafür erforderlichen Investitionen. Diese Pläne wurden der NVA-Führung und den Teilstreitkräften vorgelegt. Hatten die Teilstreitkräfte ihre Hinweise formuliert, übergab sie das Konzept zurück ans Verteidigungsministerium. Das Ergebnis wurde dann dem Militärbereich der Staatlichen Plankommission (SPK) zur Verfügung gestellt. Dort fielen die Entscheidungen, die die Volkswirtschaft direkt betrafen: Welche der angemeldeten Investitionen waren notwendig? Wieviel Personal war erforderlich? Was musste importiert werden?

Über das Ergebnis der Entscheidungen in der SPK folgte eine erneute Abstimmung mit den Bruderstaaten. Dort sprachen die WVO-Länder beispielsweise ihre Liefermöglichkeiten ab. Damit erhielten die Staaten die Gewissheit, ob die gewünschten Produkte lieferbar und damit auch die militärischen Anforderungen zu erfüllen waren. War ein System nicht lieferbar oder erst zu einem späteren Zeitpunkt, folgten Beratungen über Ersatzbeschaffungen. Standen diese Ergebnisse fest, schloss der Bereich Spezieller Außenhandel (BSA) Fünfjahresabkommen mit den entsprechenden Organisationen der anderen Staaten. »Das war keine reine Zahlenschieberei«, erinnert sich Neidhardt. »Das war eine inhaltsvolle und anstrengende Arbeit.« Lagen die Pläne für die Ausrüstung vor, wurden sie dem BSA im Außenhandelsministerium übergeben, der für die Lieferabkommen verantwortlich war. Verhandlungsführer war stets der Chef des BSA, der mit einer schriftlichen Vollmacht des Vorsitzenden des Ministerrats ausgestattet war. Der BSA erteilte als übergeordnete Instanz des Ministeriums dem ITA Aufträge und benannte die Ziele.[995]

Waren die Fünfjahrespläne beschlossen, begannen die Jahresplanungen und damit die Realisierung. Als nächster Schritt handelte in der UdSSR das Staatliche Komitee für ökonomische Verbindung mit dem Ausland (GKES) über die Ingenieur-Hauptverwaltung (GIU) Verträge mit der DDR aus. Auch Importe aus anderen Staaten des Warschauer Vertrages liefen nach diesem Muster ab. An dieser Stelle übernahm der ITA eine entscheidende Funktion: Der Außenhandelsbetrieb verhandelte über Preise und Lieferbedingungen. »Vertragsabschlüsse waren ausschließlich Sache des ITA«, sagte Neidhardt. »Es war die Norm, daß die UdSSR die mit ihr abgeschlossenen Verträge exakt einhielt«, so der Ex-Generalmajor der NVA, Ulrich Gall.[996]

An den Verhandlungen über Preise und Lieferbedingungen war das Verteidigungsministerium stets beteiligt. Generalmajor Johannes Oreschko – von 1961 bis 1964 Sektorenleiter im Militärbereich der SPK, danach

285

bis August 1990 Chef des materiellen Planungsorgans im Ministerium für Nationale Verteidigung – nahm daran teil und hielt bei Bedarf Rücksprache mit seinem Ministerium. Dafür stand zwischen Außenhandels- und Verteidigungsministerium eine gesicherte Leitung zur Verfügung. Standen die Ergebnisse fest, berichtete Oreschko seinem Minister. »Da der Bedarf der NVA im Rahmen der volkswirtschaftlichen Fünfjahrespläne gesichert werden musste, erfolgte die Planung ihres gesamten militärischen Komplexes wie in allen sozialistischen Ländern ebenfalls nach Fünfjahresplänen«, erinnert sich Oreschko.[997] Im Verteidigungsministerium entstanden, wie erwähnt, Analysen zum Bedarf, die den Teilstreitkräften vorgelegt wurden. »Dabei ging es oft sehr kontrovers zu«.[998] Jede Teilstreitkraft wollte das neueste Material in möglichst großer Menge. Doch frei war die DDR bei Planungen und Anschaffungen nicht. »Grundlage der gesamten Planung für die Entwicklung der NVA, ihrer personellen Stärke, ihre Strukturierung und Ausrüstung mit Bewaffnung und Militärtechnik sowie Versorgungsgütern waren die Empfehlungen des Oberkommandierenden der Vereinten Streitkräfte.«[999] Dieser Militär, stets ein hoher Offizier der Sowjetarmee, stützte sich dabei auf die Militärdoktrin seines Landes. Spezifische Besonderheiten einzelner Bündnispartner wurden berücksichtigt und waren Teil des planwirtschaftlichen Systems. Nach Beratungen aller Länder des Warschauer Vertrages wurden die Ergebnisse im »Protokoll des Oberkommandierenden der Vereinten Streitkräfte« mit dem Minister für Nationale Verteidigung beraten. Das Staatsoberhaupt und damit auch der Vorsitzende des nationalen Verteidigungsrates musste dieses Dokument unterzeichnen. »Auf militärischem Gebiet war es das wichtigste Dokument für den jeweiligen Fünfjahreszeitraum«, schreibt Oreschko.[1000]

Importe: Lücken in den Akten

Da sich die Rüstungsindustrie der DDR auf die Herstellung von Ausrüstung und Fahrzeugen sowie Instandsetzungen konzentrierte, musste sie 90 bis 95 Prozent ihrer wichtigen Kampfmittel importieren. Lieferant war in der Regel die Sowjetunion.[1001] Auch wenn der Import von Rüstungsgütern durch den ITA also einen erheblichen Anteil an den Ausgaben für Verteidigung hatte, lässt sich der genaue Umfang nicht ermitteln. Denn während des Kalten Krieges gehörten die tatsächlichen Aufwendungen für die bewaffneten Kräfte und die Absicherung der politischen Herrschaft der kommunistischen Parteien zu den bestgehüteten Geheimnissen in allen Ostblockländern.[1002] Die Summen, die die DDR für ihre Verteidigung im Allgemeinen und den Waffenimport im Speziellen ausgegeben hat, sind daher anhand der Angaben zum Staatshaushalt nur schwer zu ermitteln. Jan-Hendrik Hartwig berichtet von »Zahlen zwischen Geheimhaltung, bewusster Irreführung und Manipulation«. In der DDR, aber auch in vielen anderen Staaten seien während des Kalten Kriegs Basisdaten des Verteidigungshaushalts als geheim eingestuft worden.[1003] Offiziell hatten die Verteidigungsausgaben in der Regel einen Anteil von etwa fünf Prozent am Gesamthaushalt der DDR. Tatsächlich, so schätzen Experten, waren es bis zu 13 Prozent.[1004] Der Chef der staatlichen Plankommission, Gerhard Schürer, bezifferte 1996 die Höhe der Verteidigungsausgaben mit acht Prozent des Nationaleinkommens. »Die DDR war hier völlig unvergleichbar mit allen anderen sozialistischen Ländern«, sagte er.[1005] Auch bei der Sichtung der überlieferten Dokumente des ITA wird der Leser enttäuscht. Verwertbare Unterlagen sind rar. Die unterschiedlichen Angaben zu den Währungen erschweren zudem erheblich die Bewertung der Entwicklung.

Der Wirtschaftshistoriker Rainer Karlsch hat sich bemüht, die tatsächlichen Ausgaben des Ministeriums für Nationale Verteidigung (MfNV) bis 1970 zusammenzutragen (▶ Tab. 5). Seine Analysen lassen Rückschlüsse über die enormen Dimensionen der Aufgaben des ITA in der Rubrik »spezieller Handel« zu. Die Lieferungen an andere bewaffnete Organe, für die der ITA und seine Vorläufer ebenfalls zuständig waren, sind in diesen Zahlen für das MfNV noch nicht enthalten.[1006]

Tab. 5: Ausgaben des MfNV

Jahr	Ausgaben insgesamt	davon spezieller Handel
1960	1.778,9	132,9
1965	2.949,5	587,8
1970	5.209,5	1.396

Werte in Millionen Mark; Quelle: Karlsch 1999, S. 1524.

Vom 2. April 1963 datiert ein Schreiben des Verteidigungsministeriums an das Ministerium für Außenhandel und innerdeutschen Handel über den geplanten Umfang der Importe für das Rüstungsressort, Innenministerium, die Staatssicherheit und die Gesellschaft für Sport und Technik (GST). Die speziellen Importe für dieses Jahr hatten einen geplanten Umfang von 165,7 Millionen Rubeln, für die Einfuhren handelsüblicher Waren für die »bewaffneten Organe« waren noch einmal 84 Millionen Rubel veranschlagt worden. Ein Rubel hatte 1963 den Wert von 2,47 DM (bis zum 31.7.1964 hieß die Währung der DDR ebenfalls Deutsche Mark, die Verrechnungseinheit dazu Valuta-DM), 1964 lag der Rubelkurs dann bei 4,67. Eine Kopie dieses Schreibens ging an die ITHV, die für die Abwicklung beider Importkategorien zu dieser Zeit verantwortlich war.[1007] Tatsächlich importierte die DDR 1963 dann nur spezielle Güter im Wert von insgesamt 327 Millionen DM (ca. 132,4 Mio. Rubel), von denen zwei Drittel aus der UdSSR kamen. 1964 stiegen die geplanten Importe auf 872 Millionen VDM.[1008] Der mit Abstand größte Lieferant war erneut die UdSSR mit 504,8 Millionen VDM, gefolgt von Polen mit 117,3, der ČSSR mit 46, Rumänien mit 40,2, Bulgarien mit 39,8 und Ungarn mit 30,9 Millionen VDM. Bei den Planungen hatte sich der Verteidigungsminister weitere Importe im Wert von 93,4 Millionen VDM vorbehalten. Der gesamte Valutabedarf für die speziellen Importe wurde der Staatlichen Plankommission (SPK) vorgelegt.[1009]

Der Umfang der Importe dürfte weiter stetig gewachsen sein. Da jedoch der komplette Aktenbestand große Lücken aufweist, liefern die verzeichneten Zahlen nur Anhaltspunkte über den Umfang des Handels. So sind fürs erste Quartal des Jahres 1965 nur noch Güter im Wert von 24,5 Millionen Mark vermerkt, die die ITHV importierte.[1010] 1968 lagen die Gesamtimporte dann bereits bei 1,14 Milliarden Valutamark, die zu 80 Prozent aus der UdSSR kamen.[1011] 1972 bezog die DDR aus der Sowjetunion 55.000 unterschiedliche Artikel für die spezielle Produktion. Davon wurden zur Weiterverarbeitung 22.700 an die Rüstungsindustrie der DDR geliefert.[1012] Noch Ende der 80er-Jahre lag der Anteil der sowjetischen Güter am speziellen Import bei 60 Prozent, der Rest kam aus anderen befreundeten Staaten. Importiert wurde weiterhin nicht nur der Bedarf für die bewaffneten Organe, sondern auch Produkte, die in den Rüstungsbetrieben weiterverarbeitet wurden, sowie Ersatzteile.[1013]

Im Kontext eines Seminars der Rosa-Luxemburg-Stiftung und des Militärhistorischen Institutes der russischen Armee nennen der einstige Chef des Militärbereiches der SPK, Wolfgang Neidhardt, und Ludwig Marum von der Stiftung Zahlen zum Rüstungsgüterhandel ab den 70er-Jahren (▶ Tab. 6). Der Importanteil an den materiellen Gesamtausgaben der NVA sei von etwa 29 % im Jahre 1972 bis auf etwa 40 % in den 80er Jahren gewachsen.[1014]

Tab. 6: Rüstungsgüterhandel zwischen UdSSR und DDR

Zeitraum	Lieferungen aus der UdSSR		Lieferungen aus der DDR	
	Lieferumfang	Zuwachs	Lieferumfang	Zuwachs
1971–1975	1.168	–	32,6	–
1976–1980	1.620	38,6 %	142	335 %
1981–1985	2.520	55,5 %	350	146 %
1986–1990	3.310	31,3 %	2.000	471 %

Lieferumfänge in Millionen Rubel; Quelle: Neidhardt/Marum 2005, S. 89.

Anhand der überlieferten Unterlagen von ITA und IMES kann der Umfang der Einfuhren nur stichprobenartig anhand des Schriftverkehrs ermittelt werden. Nachvollziehbare Zahlen liegen nur für wenige Jahre vor.

Tab. 7: Spezielle Importe 1964, geplant

Stelle	geplanter Betrag in Mio. VDM
Verteidigungsministerium	412,3
Gesellschaft für Sport und Technik (GST)	0,004
Innenministerium	40,4
Staatssicherheit	14,4
Industrie	68,0
Tilgungen für Kredite und Zinsen	243,8

Quelle: BArch DL 227/101, Bl. 116.

Tatsächlich importierte die DDR 1964 für die Verteidigung spezielle Güter im Wert von 267,5 Millionen VDM, für die GST zwei Millionen, für die Staatssicherheit 22,6 Millionen und für das Innenressort 44,2 Millionen. Der Wert handelsüblicher Importe für das Verteidigungsministerium belief sich auf 87,3 Millionen VDM und für die GST auf 2,1 Millionen.[1015]

Den finanziellen Bedarf der bewaffneten Organe der DDR insgesamt hat wiederum Rainer Karlsch zusammengetragen (► Tab. 8). Die Erhöhung des Importanteils am finanziellen Bedarf ist auch auf die gestiegenen Preise für sowjetische Waffenlieferungen zurückzuführen. Bis Ende der 70er-Jahre waren die Konditionen für die DDR deutlich günstiger. Die UdSSR räumte zumeist Kredite mit einer zehnjährigen Laufzeit ein.[1016]

Tab. 8: Finanzieller Bedarf der bewaffneten Organe

Jahr	insgesamt	davon spezieller Import	Anteil
1970	5,7	1,6	28 %
1975	8,0	2,1	26 %
1985	14,2	4,6	33 %
1988	14,8	4,7	32 %

Werte in Milliarden Mark; Quelle: Karlsch 1999, S. 1553 ff.

Für den anschließenden Zeitraum von 1988 bis 1990 liegt außerdem liegt eine Aufstellung des BSA-Chefs über den speziellen Import für die bewaffneten Organe vor:[1017]

- 1988: 4,74 Mrd. VM
- 1989: 3,94 Mrd. VM
- 1990: 2,10 Mrd. VM

Diese Zahlen decken sich auch grob mit denen, die der Ex-Generalmajor der NVA, Ulrich Gall, nennt. In der ersten Hälfte der 80er-Jahre habe die DDR Militärtechnik im Wert von vier Milliarden Mark bei Gesamtmilitärausgaben zwischen elf und 14 Milliarden Mark importiert. In der zweiten Hälfte des Jahrzehnts gingen die Ausgaben deutlich zurück.[1018]

Eine weitere Aufstellung der Importe für »bewaffnete Organe« in den letzten Jahren der DDR ist im Bundesarchiv zu finden (▶ Tab. 9). Hinzu kamen spezielle Importe für die Industrie, die sich Ende der 80er-Jahre zwischen 700 und 800 Millionen Mark bewegten.[1019]

Tab. 9: Importanteile für einzelne bewaffnete Organe in den 80er-Jahren

Jahr	MfNV	MdI	MfS	Sonstige (Zivilverteidigung, GST, Zoll, Staatsreserve)	Gesamt
1985	4,33 Mrd.	130,0 Mio.	140,1 Mio.	33,0 Mio.	4,63 Mrd.
1986	4,50 Mrd.	155,8 Mio.	138,3 Mio.	26,6 Mio.	4,82 Mrd.
1987	4,45 Mrd.	101,1 Mio.	130,7 Mio.	25,6 Mio.	4,71 Mrd.
1988	4,42 Mrd.	148,9 Mio.	150,4 Mio.	21,9 Mio.	4,74 Mrd.
1989	3,70 Mrd.	115,0 Mio.	103,4 Mio.*	21,6 Mio.	3,94 Mrd.

Zahlen in Mark, Quelle: BArch DL 227/528 (ohne Blattangaben) – *) Angabe der Quelle (»1.076,6 Mio.«) unplausibel, mittels der angegebenen Gesamtsumme korrigiert.

Diese Zahlen decken sich ebenfalls grob mit den Plänen in einem als »Geheime Kommandosache« eingestuften Schreiben von Verteidigungsminister Hoffmann an Honecker. Demnach müssten zwischen 1986 und 1990 für die »Entwicklung der Nationalen Volksarmee« 56 Milliarden Mark investiert werden, wovon laut Plan 24 Milliarden auf die speziellen Importe entfallen sollten. »Mit diesen Größenordnungen wären wir in der Lage, das Niveau der Ausstattung der NVA mit moderner Kampftechnik und Bewaffnung im Wesentlichen aufrecht zu erhalten sowie die minimalen Erfordernisse zur Gewährleistung der Operationsfreiheit auf dem Territorium der DDR sicherzustellen«, schrieb Hoffmann am 15. August 1984.[1020]

Im Wendejahr 1990 lag im drastisch gekürzten Wehr- und Abrüstungsetat der DDR die Planzahl für den Import spezieller Güter bei 217,6 Millionen DM. Die Regierung Modrow hatte sich bemüht, die Lieferverträge mit der UdSSR und anderen Staaten generell zu kündigen, doch im August 1990 scheiterte dieser Plan. Zu den größten Posten gehörten zwei Startanlagen für das Raketensystem »Rubesch« für 22,2 Millionen DM und das Führungssystem »Dunajez« für 17,1 Millionen DM. Für Versorgungsgüter, Ersatzteile und Verbrauchsmittel waren 100,6 Millionen DM vorgesehen.[1021]

Für die späten Jahre liegen auch Zahlen für die Verwaltung Rückwärtige Dienste (VRD) der Staatssicherheit vor, die für die Ausrüstung der Stasi-Diensteinheiten verantwortlich war. 1988 ging die VRD davon aus, dass die Höhe ihrer »speziellen Importe« aus dem sozialistischen Ausland im Jahr 1989 bei 131,6 Millionen Mark liegen werde. Abgewickelt wurden auch diese Importe über den ITA. Für das Jahr 1990 waren 114,8 Millionen anvisiert, wobei bereits während der Planungsphase die Importe aus der UdSSR reduziert wurden. Für 1990 war unter anderem die Einfuhr von schweren Maschinengewehren, Panzerbüchsen und Schützenpanzerwagen aus den Bruderstaaten vorgesehen. Bereits dieser kurze Ausschnitt über den materiellen Bedarf des MfS verdeutlicht ein weiteres Mal, dass die Stasi und später das Amt für Nationale Sicherheit eindeutig militärisch ausgerüstet waren.[1022]

Ende 1989 bis 1990 finden sich in den Unterlagen außerdem diverse Aufhebungen und Änderungen für geschlossene Lieferverträge mit den Staaten des Warschauer Vertrages. Die meisten datieren aus dem Dezember

1989 und den nachfolgenden Monaten. Viele Aufhebungen und Änderungen betrafen die VRD.[1023] Neben den Änderungen und Aufhebungen führten Lieferstopps der Exporteure des sozialistischen Auslands zu einem Rückgang der Importe. Insbesondere Polen und die ČSSR stellten 1989 die Produktion einiger militärischer Güter ein. Noch einschneidender waren in dieser Phase Produktions- und Exportstopps in der UdSSR, dem wichtigsten Lieferanten des ITA.

Exporte: Lieferungen ohne gesetzliche Grundlage

Um mit militärischen Hilfen Devisen zu erwirtschaften, hatte die DDR drei Möglichkeiten:

- Sie verkaufte aus dem sozialistischen Ausland importierte Güter weiter,
- sie verkaufte Rüstungsgüter aus eigener Produktion,
- sie bot »industrielle Instandsetzungen« an.

Ein gesetzliches Regelwerk über die Abläufe bei Rüstungsexporten fehlte seit Beginn der Exporte.[1024] »Spezielle Exportordnungen« des Vorsitzenden des Ministerrats sollten als längerfristiges Konzept dienen und den Lieferbetrieben Orientierung bieten. Doch die Wünsche der Kunden und die Exportmöglichkeiten in Einklang zu bringen, misslang selbst dann noch, als die Betriebe jährliche »Pläne der Lieferbereitschaft« vorlegten. Die letzte »Spezielle Exportordnung« datiert vom 30. September 1989.[1025]

Der Anteil der Rüstungsgüter am Gesamtexport der DDR lag zwischen 0,5 und 2,3 Prozent und war damit verhältnismäßig gering.[1026] Erneut zählten zu den Rüstungsgütern nicht nur Waffen, Munition und Fahrzeuge, sondern auch Ausrüstung, beispielsweise Textilien und Produkte aus der Elektroindustrie.[1027] Seit 1977 ist eine jährliche Zunahme des Rüstungsanteils am Export festzustellen, die unter anderem aus der Devisenknappheit der DDR resultiert. Die DDR-Rüstungsbetriebe exportierten im Durchschnitt mehr als ein Drittel ihrer Produktion. Damit war die Exportquote im Vergleich zu Staaten wie Polen, der ČSSR, Bulgarien und Ungarn niedrig.

Dabei hing der Umfang des Exports zumindest in der Theorie direkt mit den Einfuhren zusammen: »Ungefähr ein Drittel des Importvolumens mußte im Rahmen der jährlichen Handelsverträge durch Gegenlieferungen abgegolten werden«, schreibt Rainer Karlsch.[1028] Eine Vorgabe, die allerdings lange Zeit deutlich verfehlt wurde. Anfang der 70er-Jahre exportierten die Rüstungsbetriebe nur Waren für 90 Millionen, während die Einfuhren bei 1,4 Milliarden Mark lagen (s. o.). Verteidigungsminister Heinz Hoffmann sprach im Nationalen Verteidigungsrat von einem Defizit.[1029] 1977 legte Hoffmann eine Reihe von Grundsätzen vor, um den »speziellen Export« weiter auszudehnen. Trotz einer stetigen Steigerung der Ausfuhren um 170 Prozent lag das Verhältnis zwischen Ex- und Import immer noch bei eins zu zehn. Ausdrücklich mischte sich auch Erich Honecker in die Diskussion ein und betonte die »internationalistische Pflicht«, nationale Befreiungsbewegungen zu unterstützen.[1030]

Die Exportabwicklung und Transporte von Rüstungsgütern sowie ziviler Güter, die militärisch genutzt werden konnten oder in der »spezielle Produktion« des Empfängerlandes verarbeitet wurden, übernahm der ITA.[1031] Bei Lieferungen aus Stasi-Beständen an Staaten des Warschauer Vertrags übernahm der ITA aber nur in Einzelfällen die Transporte. Um die Konspiration nicht zu gefährden, wurden die Lieferungen direkt von Armee zu Armee geliefert. Polen beispielsweise bestand grundsätzlich auf diesem Weg. Auch in diesen Fällen sorgte der ITA jedoch für die kommerzielle Abwicklung.

Wie beim Import fehlen auch beim Export des ITA vollständige Zahlen in den überlieferten Dokumenten. Obwohl seine Vorläuferorganisationen bereits seit der zweiten Hälfte der 50er-Jahre im Rahmen des Warschauer Vertrags mit Militärtechnik handelten und der ITA seit 1967 auch Entwicklungsländer belieferte, liegen Daten über den Umfang in der zentralen Statistik erst ab 1974 vor. Erst ab 1988 wurde zwischen Lieferungen in den sozialistischen und in den nichtsozialistischen Wirtschaftsraum (SW bzw. NSW) unterschieden. Und in der Zentralstatistik zur »speziellen Produktion« werden nur die Produktionspreise, nicht die Verkaufspreise genannt.[1032] Auch hier können also nur schlaglichtartig die enormen Summen abgebildet werden, mit den der Außenhandelsbetrieb arbeitete.

Die Exporte in die befreundeten Staaten hatten bereits in begrenztem Umfang während der sowjetischen Besatzungszeit in der DDR begonnen. Ausgeführt wurden Produkte sowjetisch geführter Betriebe. Dabei handelte es sich zum Beispiel um Kettenglieder und Kettenbolzen für Panzer, Feldfernkabel und optische Geräte. In den Lieferabkommen der Jahre 1963 bis 1965 erscheinen erstmals Produkte aus DDR-Produktion für die UdSSR. Erneut ging es um Bauteile für Panzer, Ersatzteile für den Flugzeugbau und Fernfeldkabel. In den Jahren danach stieg das Exportvolumen dieser Güter weiter an. Wesentliche Bedeutung im Gefüge des Warschauer Vertrages hatten diese Exporte allerdings nicht.[1033]

Für 1962 sah der Exportplan der ITHV ein Volumen von 60,5 Millionen vor,[1034] 1963 exportierte das Land spezielle Güter im Wert von 54,6 Millionen DM der DDR. Die wichtigsten Empfänger waren die UdSSR und Polen (je 19 Millionen).[1035] 1964 stieg die Summe der Exporte deutlich auf 93,7 Millionen.[1036] Der spezielle Exportplan für das Jahr 1964 sah Lieferungen an die Warschauer Vertragsstaaten von insgesamt 75,3 Millionen Mark vor; fast die Hälfte ging an die UdSSR. 1965 halbierten sich die Exporte im Vergleich zum Vorjahr. Die Gründe sind unklar.[1037] Da der komplette Aktenbestand große Lücken aufweist, geben diese Zahlen jedoch ohnehin nur Anhaltspunkte über den Umfang des Handels.[1038]

In den 70er-Jahren konzentrierte sich die DDR auf Qualitätssteigerung und neue Technologie, insbesondere in der Elektronik- und Optikindustrie. In diesem Bereich gehörte das Kombinat Carl Zeiss Jena zu den wichtigsten Lieferanten im Warschauer Pakt. Im selben Zeitraum versuchte die DDR außerdem zunehmend, durch Rüstungsexporte in den arabischen Raum und in Entwicklungsländer Devisen zu erwirtschaften. Entsprechend ist ein deutlicher Anstieg des DDR-Rüstungsexporte ab der Mitte der 70er-Jahre festzustellen, die Bedeutung der Lieferungen aus der DDR innerhalb des Warschauer Paktes wuchs. Ende der 70er-Jahre modernisierte die DDR diverse Betriebe für die Produktion und die Instandsetzung militärischer Güter. Mit den wachsenden und modernisierten Kapazitäten wuchs auch der Exportanteil von Gütern und Dienstleistungen weiter. Der Exportanteil insgesamt lag zwischen 15 und 20 Prozent.

Ab dem Jahr 1974 können Gesamtzahlen für die Rüstungsexporte der DDR errechnet werden. 1974 betrug der Erlös des ITA in diesem Bereich 105 Millionen Mark. Bis zum Jahr 1980 stieg die Summe auf 500 Millionen. 1984 war es bereits mehr als eine Milliarde, 1987 1,57 Milliarden.[1039] Ab Mitte der 80er-Jahre stiegen die Exporte also deutlich an. Die sowjetische Armee war besonders an Kriegsschiffen interessiert sowie an Lizenzprodukten wie Panzerabwehrraketen, Raketen, Feuerleitgeräten für den Panzer T-72 und das RPG-18. Hinzu kamen Brückenlegepanzer ohne das Basisfahrzeug T-72, Flugzeugtarnsätze und andere Güter. Zwei Drittel aller militärischen Exporte entfielen auf die UdSSR, wobei diese aufgrund der politischen Umbrüche in den Jahren 1989/90 nur noch teilweise realisiert wurden. Andere Lizenzprodukte wie die Maschinenpistolen AK und AKM, die Pistole Makarov und Munition dienten vorrangig dem Eigenbedarf und dem Export in Drittländer.

Besonders zu Beginn der 80er-Jahre war die DDR bemüht, ihre kommerziellen Waffenexporte auszuweiten, um auf diesem Weg dringend benötigte Devisen zu erwirtschaften. Der kommerzielle Handel gewann für den ITA gegenüber den Solidaritätslieferungen und dem Planhandel wachsende Bedeutung. BSA-Chef Generalmajor Gerhard Schönherr erklärte 1985, der spezielle Außenhandel werde in den kommenden Jahren noch stärker dazu dienen, im Auftrag der Partei- und Staatsführung konvertierbare Devisen zu erwirtschaften.[1040] Auch ITA-Chef Günter Sandhoff hatte diese Anweisung von höchster Regierungsebene erhalten. In einer geheimen Verschlusssache vom 23. Dezember 1985 gab er unter Punkt 1.5 (»Hauptaufgaben des Ingenieur-Technischen Außenhandels 1986«) ausdrücklich »die maximale Valutaerwirtschaftung durch NSW-Exporte mit hoher Effektivität« als Ziel aus.[1041] Der Auftrag, mit den Exporten Devisen zu generieren, setzte den ITA unter Druck. Nach der 10. Tagung des Zentralkomitees der SED wurde das Unternehmen verpflichtet, 100 Millionen Valutamark zusätzlich zu erwirtschaften. Darüber musste Schönherr bei Minister Beil am 10. Juni 1986 Rechenschaft ablegen.[1042] Im Fünfjahresplan 1986 bis 1990 wollte die DDR mit den Waffenexporten in den nichtsozialistischen Wirtschaftsraum 150 bis 175 Millionen Valutamark erwirtschaften. Danach sollte die Summe auf 200 bis 225 Millionen steigen.[1043]

10 Der ITA, Planhandel und Beschaffung

Um die Ziele in der zweiten Hälfte der 80er-Jahre zu erreichen, erfolgte 1986 eine Umorganisation innerhalb des ITA: Der Bereich 900 – spezieller Export ins NSW – wurde ausgegliedert und als eigenständiger Außenhandelsbetrieb unter dem Namen Ingenieurcommerz geführt. Der neue Betrieb sollte komplette Anlagen exportieren und eine eigene Abteilung für Messen und Werbung erhalten, der auch der Ausstellungskomplex in Horstwalde unterstellt werden sollte.[1044] Ob Ingenieurcommerz tatsächlich eigene Aktivitäten entwickeln konnte, ist unklar. Dokumente über den AHB sind kaum vorhanden.

Für den Zeitraum von 1980 bis 1989 weist der ITA einen Export in Entwicklungsländer in Höhe von 400,43 Millionen Dollar aus.[1045] Die Exporte der IMES (ab 1982) mit ihrem erwirtschafteten Gesamtgewinn von 319 Millionen Dollar sind in diesen Zahlen nicht eingerechnet.[1046]

Der Historiker Rainer Karlsch nennt Zahlen zur DDR-Produktion militärischer bzw. militärisch nutzbarer Güter bzw. zu Dienstleistungen und geht dabei auch auf einen Teil der Exportquote an Staaten des Warschauer Pakts ein (▶ Tab. 10).

Tab. 10: Rüstungsgüterproduktion und Exporte in den SW

Jahr	DDR-Produktion von Rüstungsgütern und Dienstleistungen	Export in die Staaten der WVO
1980	10,3 Mrd.	1,5 Mrd.
1989	9,6 Mrd.	1,4 Mrd.
1990	3,9 Mrd.	0,9 Mrd.

Werte in Mark; Quelle: Karlsch 1999, S. 1553 ff.

Auch hier ist es schwer, belastbare Zahlen zu ermitteln: Laut einer weiteren Quelle etwa lag das Gesamtvolumen aller produzierten Militärgüter und Dienstleistungen 1989 bei nur 3,7 Milliarden Mark – gegenüber den 9,6 Mrd., die Karlsch nennt. Der Umfang der Exporte entspricht dagegen der Angabe bei Karlsch.[1047]

Eine Bilanz der devisenbringenden Geschäfte des speziell des ITA findet sich in einer Rede von Außenhandelsminister Gerhard Beil Anfang 1990.

Von 1980 bis 1989 seien 740,8 Millionen Valutamark erwirtschaftet und dem Staatshaushalt zugeführt worden, sagte er.[1048]

Noch nach dem Mauerfall, bei einem Plankoordinierungstreffen der Vertragsstaaten in Odessa vom 10. bis 16. November 1989, hatte der ITA mit umfangreichen Waffenexporten in die Bruderstaaten bis zum Jahr 1995 gerechnet. Allerdings sollte das Volumen deutlich sinken: Lag das jährliche Exportvolumen der DDR in alle Vertragsstaaten in den späten 80er-Jahren noch deutlich über zwei Milliarden Mark, betrug es 1990 nur noch 1,2 Milliarden. In den Folgejahren waren Beträge von jährlich rund 700 Millionen geplant. Wichtigster Handelspartner der DDR war weiterhin mit Abstand die UdSSR, zeitweilig gefolgt von Polen und der ČSSR. Die zweite Stelle nahmen jedoch in der Spätphase der DDR Lieferungen in Länder ein, die nicht dem Warschauer Vertrag angehörten.[1049]

Die Wiedervereinigung durchkreuzte diese Pläne: Danach galten, wie erwähnt, die rechtlichen Bestimmungen der Bundesrepublik, die einen sofortigen Exportstopp zur Folge hatten und beispielsweise Lieferungen an die Mitglieder des Warschauer Pakts ausschlossen. Der wiedervereinigte Staat konnte oder wollte die Lieferverträge nicht einhalten, zu denen sich die DDR verpflichtet hatte.[1050]

Lager und Transporte: Postfach 231 in 1100 Berlin

Zollabwicklung und Transportbestimmungen

Um die Abläufe bei Ein- und Ausfuhren so einfach wie möglich zu gestalten, hieß es in den Verfahrensregelungen für Zollabfertigung seit 1969 schlicht: »Importe des ITA sind allgemein genehmigt.« Eine gleichlautende Anweisung galt für die Exporte. Der Zoll hatte lediglich die Lieferungen äußerlich zu kontrollieren und zu prüfen, ob die Waren mit den Frachtpapieren übereinstimmen. Nahezu gleichlautende Regeln galten bereits für die Vorgängerorganisation ITHV.[1051] Der Leiter der Zollverwaltung der DDR bestätigte diese Regelung per Dienstanweisung am 26. Januar 1983.

Er stellte klar, sie gelte auch für Transporte mit Militärflugzeugen aus dem Ausland. In allen Fällen sei nur eine äußerliche Kontrolle erforderlich.[1052] Partnerländer des ITA, die auf dem Luftweg ihre Waren zur Reparatur in die DDR flogen, mussten ebenfalls weder Ein- noch Ausfuhrdokumente vorlegen. Es reichte den Behörden, wenn ein ITA-Mitarbeiter den Zollantrag mündlich stellte.[1053]

ITA und IMES hatten die Zollhoheit erhalten, sodass sie bei der Ausfuhr militärischer Güter die zollrechtliche Abfertigung selbst übernehmen konnten. Damit blieben dem Zoll die Geschäfte der Organisationen verborgen; die Unterlagen über die Aktionen wurden auf ein Minimum reduziert.[1054] Der Umfang der ITA-Importe war kaum nachzuvollziehen, da das Ministerium für Außenhandel im Mai 1987 eine Anordnung erlassen hatte, der zufolge der Empfänger keine Importmeldung ausstellen musste. Ausdrücklich war auf die Geheimhaltung zu achten.

Wie der ITA war der Zoll in der DDR dem Ministerium für Außenhandel untergeordnet. Der langjährige Leiter der Zollverwaltung, Gerhard Stauch, war ab 1954 als Offizier im besonderen Einsatz (OibE) der Staatssicherheit tätig.[1055]

Während der Fahrten durch die DDR war der ITA für die komplette Organisation zuständig. Grundlage für die Im- und Exporte des ITA mit der Reichsbahn war ab 1. Januar 1969 die »Ordnung über die Organisation und Durchführung von Transporten der Nationalen Volksarmee nach bzw. aus sozialistischen Ländern und von Transporten der Armeen der Warschauer Vertragsstaaten auf dem Territorium der DDR – Auslandsmilitärtransportordnung« des Ministeriums für nationale Verteidigung. Die Ordnung ersetzte Befehle zu den Transporten aus früheren Jahren.[1056] Für Transporte von Exportgut, die den Seeweg einschlossen, schloss der ITA am 10. April 1969 einen Vertrag mit der DDR-Spedition Deutrans. Ein ähnlicher Vertrag wurde mit der Fluggesellschaft Interflug und dem Kombinat Seeverkehr und Hafenwirtschaft (KSH) in Rostock unterzeichnet. Das Kombinat war in den Seehäfen der DDR für den Umschlag und andere Dienstleistungen für die Schifffahrt verantwortlich.

Für Im- und -Exporten lag zudem eine »Verfahrensregelung« des AHB mit dem Chef Militärtransportwesen der NVA vor, die am 20. Januar 1989 letztmalig aktualisiert wurde. Darin verpflichtete sich das Transportwesen, dem ITA Transportraum im Eisenbahn- und in Ausnahmefällen auch im

Lkw-Verkehr bereitzustellen. Außerdem wurde dem ITA gestattet, NVA-Lager und Container zu nutzen. Besonders wurde auf den Seeweg Riga–Rostock verwiesen, die bis Mitte der 80er-Jahre wichtigste Route für den Waffenim- und -export.[1057] Der ITA war für die Zollfreigabe verantwortlich und buchte Kapazitäten bei der Deutschen Reichsbahn für die Güter und das Begleitpersonal.[1058]

Aus den Verfahrensregeln des Ministeriums für Außenhandel geht hervor, dass Importwaren nicht nur per Schiff, Flugzeug oder Eisenbahn in der DDR eintrafen, sondern auch mit Kurieren per Auto eingeführt wurden. Der ITA achtete darauf, »geheimzuhaltende Sendungen« per Kurier zu befördern oder deren Transport wenigstens begleiten zu lassen.[1059] Weniger sensiblen Warenverkehr wickelte der ITA per Post ab. Das Ministerium für Post und Fernmeldewesen hat in den 80er-Jahren aufwendige Listen mit den Kosten erstellt, die für Pakete, Briefe und Telegramme in alle Welt angefallen sind. Allein 1988 hat der ITA 828.000 Mark für Paketgebühren ausgegeben.[1060] Wie üblich, wurde die Adresse des ITA anderen Behörden nicht bekannt gegeben. Für den Schriftverkehr galt die Adresse »Postfach 231 in 1100 Berlin«. Auch bei ITA-Importen per Post machte die Organisation ein Geheimnis aus ihrer Adresse. Der Bestimmungsort lautete ab Februar 1982 grundsätzlich nur Frankfurt/Oder oder Bad Schandau ohne weitere Adressangaben. Von dort leitete der ITA seine Waren weiter. Immerhin waren auf den offiziellen Briefen des ITA die Telefonnummer (»Fernsprecher 4 80 08 61«), die Fernschreibernummer (»Berlin 11-4552«) sowie das »Drahtwort« (»ITA Berlin«) zu finden. Die Bankverbindung des ITA lautete DABA 6666-16-113.[1061]

Seit 1975 lagen dem BSA Empfehlungen von Rechtsexperten für einen möglichst störungsfreien internationalen Transport von Waffen vor:[1062]

- Der Handel mit nicht-zivilen Güter sollte zwischen Zivilinstitutionen abgewickelt werden, ohne dass staatliche Stellen in Erscheinung träten,
- um die Zollkontrollen zu erleichtern, sei ein durchgehender Frachtbrief nützlich,
- bei Containertransporten sei ein Zollverschluss zu empfehlen, der allerdings nicht in allen Staaten anerkannt wurde,
- wenn Waren in einem ausländischen Hafen beschlagnahmt wurden, solle der Kapitän darauf verweisen, dass er die Ladung ordnungsgemäß

im Verladehafen in Empfang genommen habe und darum die Warenbegleitpapiere nicht geprüft werden müssten,
- nicht empfehlenswert seien Begriffe wie »Nähmaschinenteile« oder »Ersatzteile für Maschinen«. Vielmehr sollten Waren deklariert werden, die im jeweiligen Land handelsüblich seien.

Bereits seit Ende der 60er-Jahre sind in den MfS-Akten auch Transporte des ITA für das Wachregiment der Stasi, »Feliks Dzierżyński«, dokumentiert, die zuvor die NVA übernommen hatte. Absender waren die Berliner Zentrale oder die ITA-Leitstellen in den Grenzbahnhöfen Bad Schandau und Frankfurt/Oder. Ziel der Transporte von Militärgütern und Baumaterial waren Regimentslager in Berlin-Adlershof, Großberliner Damm 71, und Berlin-Schöneweide, Rudower Chaussee 16–25. In Adlershof stand dem Regiment ein eigener Gleisanschluss zur Verfügung.[1063]

Sicherheit und Bewachung

Für die Sicherung innerhalb der DDR war die Transportpolizei oder der Besteller verantwortlich, in der Regel die NVA. Bei brisanten Transporten wurde das Wachregiment »Feliks Dzierżyński« angefordert. Übergaben sollten beschleunigt erfolgen, um längere Aufenthalte heikler Güter an der Grenze zu vermeiden. Bei der Sicherung unterschied der ITA zwischen bewachten Transporten mit ständiger Begleitung durch die Transportpolizei, überwachten Transporten mit Kontrollen auf den Bahnhöfen und bewachten Fahrten. Gefährliche Güter mussten grundsätzlich bewacht werden.

Die Exporte erfolgten in unterschiedlichen Größenordnungen mit unterschiedlichen Anforderungen an die Sicherungseinheiten. So erreichten Ende Juni 1987 sieben Züge aus der ČSSR unter »Sondersicherungsmaßnahmen« den Hafen Rostock. Jeder Zug bestand aus 38 Wagen. Transportpolizisten reisten in eigenen Personenwagen mit. Die Güter wurden auf ein griechisches Schiff verladen. Um welche Ladung es sich handelt, geht aus den Akten nicht hervor.[1064]

Bei den eigenen Transporten innerhalb der DDR verließ sich die UdSSR nicht allein auf die »Waffenbrüder« des deutschen Staates. Für die Bewachung unterhielt der KGB in seiner Vertretung beim MfS ein Sonderregiment.[1065]

ITA nutzt fremde Lager

Der ITA verfügte über keine eigenen Lager, sondern nutzte bis zum Export Kapazitäten der Herstellerbetriebe oder der Staatsreserve, in der Materialien für den Kriegsfall eingelagert waren. Bei Lieferungen aus Beständen der NVA wurden, wie gesagt, Lager des Militärs genutzt.[1066] In Storkow befand sich beispielsweise ein Zwischenlager für Güter des NSW-Exports, das grundsätzlich nur für Sprengstoff, Minen und pioniertechnische Ausrüstungen vorgesehen war.[1067] Glaubt man der Staatssicherheit, war die Organisation dort unzureichend. IME »Fred« berichtete von Mängeln. Die Mitarbeiter seien nicht in der Lage, den Bestand sowie die Ein- und Ausgänge zu kontrollieren, schrieb er am 20. Januar 1983.[1068]

In der Nähe des für die Transporte wichtigen Überseehafens in Rostock nutzte der ITA für Zwischenlagerungen ein abgeschottetes Areal des Innenministeriums mit eigenem Gleisanschluss. Das Lager wird mehrfach in den Archivalien genannt, ohne dass es näher bezeichnet wird. Vermutlich handelte es sich um eine Liegenschaft bei Klein Warin in der Gemarkung Nakenstorf mit der Postanschrift Neumühlner Straße der Gemeinde Neukloster. Das 90.000 Quadratmeter große Gelände ist inzwischen komplett überwachsen. Vor der Wende diente die Fläche nach Angaben des Bundesvermögensamtes als Versorgungslager. Das Lager war über die Station Neumühler Forst an das Bahnnetz der Reichsbahn angebunden. Zu dem abgelegenen Komplex gehörten neun Lagerhallen, ein Chemielager, diverse Dienstgebäude und eine Zwingeranlage für Diensthunde. Das DDR-Innenministerium führte die Anlage in seinen Akten mit der Bezeichnung »Versorgungslager Nord, Lager Neukloster/Kl.-Warin«.[1069] Der ITA nutzte Klein Warin auch zur Zwischenlagerung, wenn eine Importlieferung für die Verschiffung noch nicht vollständig war. 1976 organisierte ITA-Chef Möller beispielsweise eine Lagerung von 17 Waggons mit Minen aus der ČSSR in einem Gebäude auf dem Gelände.[1070]

Das Lager in Kavelstorf war hingegen ausschließlich für die IMES-Exporte über den Überseehafen Rostock vorgesehen.[1071] Das Objekt wurde komplett von der Stasi geleitet, verwaltet und gesichert.[1072] Der Wert des Lagerbestandes in Kavelstorf betrug am 30. November 1989 28,4 Millionen Valutamark.[1073]

Pannen bei Im- und Exporten

Nicht immer liefen die vom ITA organisierten Transporte reibungslos. Ausgesprochen peinlich dürfte den ITA-Mitarbeitern der Fall eines Waggons sein, der nicht, wie geplant, in Frankfurt/Oder ankam, sondern in Frankfurt/Main – also in der Bundesrepublik. Der Eisenbahnwagen aus dem Versandbahnhof Brest an der polnisch-sowjetischen Grenze mit ITA-Ladung war am 18. Dezember 1980 zunächst von der Reichsbahn abgestellt worden, weil der Empfänger nicht zu ermitteln war. Als die Panne aufflog, bat die Reichsbahndirektion Erfurt die Deutsche Bundesbahn um die Rückführung. Vermutlich hatten die Eisenbahner im Westen keine Ahnung, dass sich in den Wagen Torpedoersatzteile für das Lager der Volksmarine in Waren/Müritz befanden. Aus dem Frachtbrief gingen diese Informationen und der Empfänger nicht hervor.[1074]

Ebenfalls nach Frankfurt/Main und damit in die BRD wäre beinahe eine kleine, aber dringend benötigte Lieferung von Hubschrauberersatzteilen aus der UdSSR gelangt. Der ITA wickelte den Transport auf dem Luftweg über den Flughafen Berlin-Schönefeld ab. Die Absender in der Sowjetunion hatten jedoch in den Dokumenten »Frankfurt« angegeben. Wie der Zusatz «/Main« auf die Papiere kam, blieb ungeklärt. »In Schönefeld wurde jedoch aufgepasst und die Sendung erreichte ITA«, schrieb die Stasi.[1075]

Eine weitere schwere Panne unterlief der Reichsbahn bei einem ITA-Transport 1989. Am 1. Oktober traf im Bahnbetriebswagenwerk in Bützow ein angeblich leerer Waggon aus dem Überseehafen Rostock ein, der dort gereinigt werden sollte. In dem Wagen befanden sich jedoch 32 Kisten mit MPi-Munition (Typ M-43) aus dem VEB Mechanische Werkstätten Königswartha, die der ITA nach Assab in Äthiopien exportieren wollte. Da somit ein Teil der vereinbarten Ware Äthiopien nicht erreicht hatte, musste der ITA seine Zahlungsforderungen ändern. Die Palette mit den 32 Kisten wurde vorübergehend bei der Volkspolizei Bützow eingelagert und danach der Verwaltung Rückwärtige Dienste des Verteidigungsministeriums übergeben.[1076] Nachforschungen des ITA ergaben, dass der Wagen zu einem bewachten Transport mit einem Sonderzug der NVA aus Gorgast am 20. September gehört hatte. Die Ladung des ITA bestand aus neun Waggons und war für das Schiff »Schwerin« bestimmt. Warum die Munition nicht entladen wurde, sollte eine Untersuchungskommission des ITA klären. Es stellte sich heraus, dass die vollständige Entladung nicht überprüft worden war. Verantwortlich waren ein örtlicher ITA-Mitarbeiter und ein Mitarbeiter des Hafens. Gegen sie wurden Disziplinarverfahren eingeleitet.[1077] Der verantwortliche ITA-Mitarbeiter der Rostocker Dienststelle räumte bei einer Befragung oberflächliche Kontrollen der Wagen nach dem Ende der Verladung ein. Das hatte Konsequenzen: Die MfS-Bezirksverwaltung Rostock begann, seine Zuverlässigkeit und künftige Einsätze zu überprüfen.[1078] Nach dem brisanten Fund in Bützow stellte die Untersuchungskommission des ITA eine »fahrlässige Handlungsweise des Mitarbeiters der Transportaußenstelle des ITA« fest. Außerdem habe die »unexakte Arbeit« des VEB Seehafen Rostock den Zwischenfall begünstigt. Zu einem Verlust von Munition sei es aber nicht gekommen. Gegen den Mitarbeiter und den Leiter der ITA-Transportaußenstelle wurden neben disziplinarischen »parteierzieherische Maßnahmen« eingeleitet. Die Mitarbeiter der Transportpolizei und der Reichsbahn treffe dagegen keine Schuld, befand die Kommission. Außerdem wies der ITA alle Transportaußenstellen an, bei künftigen »Großverladungen« mehr Personal einzusetzen.[1079]

11 Die militärische Zusammenarbeit der Bruderstaaten

Der 1955 gegründete Warschauer Pakt bot beste Voraussetzungen für die stets beschworene »unverbrüchliche Freundschaft und Zusammenarbeit« der Partner dieses militärischen Bündnisses: Waffensysteme, Kampftechnik und Ausrüstung waren nahezu identisch. Das Feindbild war klar und ein gemeinsames Weltbild einte die autoritären Regierungen der Staaten unter der Führungsmacht UdSSR. Die Koordinierung war daher umfassend und gewann in den 60er-Jahren zunehmend an Bedeutung. »Bedeutsam war vor allem die Zusammenarbeit auf dem Gebiet der Militärtechnik und die Koordinierung von Forschungs- und Entwicklungsaufgaben«, schreibt der Historiker Rüdiger Wenzke.[1080]

Die unbedingte Bindung der DDR an die Sowjetunion inklusive der militärischen Strukturen wurde in der Folge auch in der Verfassung festgeschrieben. In Artikel 7 der Verfassung vom 6. April 1968 heißt es: »Die Nationale Volksarmee pflegt im Interesse der Wahrung des Friedens und der Sicherung des sozialistischen Staates enge Waffenbrüderschaft mit den Armeen der Sowjetunion und anderer sozialistischer Staaten.« Dieser Satz lieferte die rechtliche Grundlage für die Einbindung der DDR in die Führungsstrukturen der Warschauer Vertragsstaaten und die faktische Kontrolle der NVA durch die Sowjetunion. Auch materiell und bei der Ausbildung war die Armee der DDR von den Truppen der UdSSR abhängig.[1081]

Auf der Grundlage von Regierungsabkommen über die Zusammenarbeit der Militärindustrie im Bündnis stimmten sich die Staaten jährlich über die Forschung und den Stand der Kampftechnik ab (▶ Kap. 10). Dabei kam der UdSSR die dominierende Rolle zu, die von der Handfeuerwaffe bis zur nuklear bestückten Interkontinentalrakete sämtliche Systeme selbst produzieren konnte. Bei diesen Beratungen war die DDR aufgrund ihrer wissenschaftlichen Kompetenz und wirtschaftlichen Stärke ein anerkannter Partner.[1082]

Der Handel innerhalb der Warschauer Vertragsorganisation begann Ende der 50er-Jahre und wurde ab 1967 im größeren Stil auch auf befreundete Staaten und »Befreiungsbewegungen« außerhalb des Bündnisses ausgedehnt. Verkauf und Lieferungen, die der ITA und die verwandten Organisationen der anderen Staaten abwickelten, hatten einen gewaltigen Umfang. »Während des Bestehens des Warschauer Pakts wurden aus der Sowjetunion Waffen, Militärtechnik und verschiedene Spezialausrüstungen im Wert von mehr als 60 Milliarden US-Dollar in die verbündeten Länder geliefert«, schreibt der ehemalige sowjetische Armeegeneral und Stabschef der Vereinten Streitkräfte, Anatoli L. Gribkow.[1083] Außerdem schickte die Sowjetunion 40.000 militärische Berater in die Pakt-Staaten. Gleichzeitig importierte die UdSSR nach Berechnungen Gribkows Waffen und Technik aus den Bündnisstaaten im Wert von 45 Milliarden Dollar: Die ČSSR lieferte Schützenpanzer und Flugzeuge, Ungarn hatte Artilleriesysteme im Angebot, aus Polen kamen Schiffe sowie Raupenschlepper. Die DDR steuerte hauptsächlich Schiffe bei. Der militärische Schiffbau der DDR galt als besonders konkurrenz- und leistungsfähig; beispielsweise baute die DDR in den 80er-Jahren zwölf Schiffe für die U-Bootabwehr des Bündnispartners.[1084] Die UdSSR drängte die DDR, ihre Rüstungsindustrie auch auf anderen Feldern auszubauen und beispielsweise Kanonen, Schützenpanzerwagen und Panzer zu produzieren. Doch die Regierung in Ost-Berlin wies die Forderungen zurück und begründete das mit den hohen Kosten für die Grenzsicherung und die sowjetischen Streitkräfte in der DDR.[1085]

1988 erreichte der Austausch der Rüstungsgüter zwischen der DDR und der UdSSR seinen höchsten Stand. Das Volumen der gegenseitigen Rüstungslieferungen belief sich auf zehn Milliarden Mark und entsprach damit etwa zehn Prozent der gesamten Warenlieferungen zwischen beiden Ländern. Knapp zwei Drittel davon lieferte die UdSSR in die DDR. Dazu zählten Waren im Wert von 850 Millionen für die ostdeutsche Rüstungsindustrie: Ersatzteile, Baugruppen und Material für die eigene Produktion.[1086] Zweitgrößter Waffenlieferant der DDR war die ČSSR, die fast alle Panzer T-55 A, den Schützenpanzer BMP, Geschosswerfer und Schulungsflugzeuge der DDR lieferte. Aus Polen kamen hauptsächlich Panzer,

Hubschrauber und Panzerabwehrlenkraketen. Die Ungarn lieferten Nachrichtentechnik, die Rumänen Schützenpanzerwagen. Bulgarien exportierte Selbstfahrlafettengeschütze und Nachrichtengeräte.[1087]

Aus der Perspektive der DDR waren die Militärimporte gewaltig, für die UdSSR war der ostdeutsche Staat nur ein Empfänger von vielen. Nur drei bis zehn Prozent der sowjetischen Rüstungsexporte gingen in den 80er-Jahren in die DDR. Zu den größten Kunden zählten Indien, Irak, Syrien und die ČSSR sowie Polen und Libyen.[1088] Für die Sowjetunion standen ökonomische Gründe nicht im Vordergrund. Mit Waffenlieferungen sollten vielmehr politische und militärstrategische Ziele erreicht werden. Die Geschäfte unterlagen grundsätzlich größter Geheimhaltung, auch an Waffenmessen nahm die UdSSR nicht teil.[1089] Akten über den Waffenhandel innerhalb des Warschauer Paktes sind nur bruchstückhaft erhalten.

Die Dominanz der UdSSR in der Rüstungsindustrie offenbarte in den 70er- und 80er-Jahren jedoch ein Problem: Qualitativ und quantitativ konnte die Führungsmacht nicht alle Anforderungen an Waffensysteme in den Warschauer Vertragsstaaten decken.[1090] Besonders beim Schiffbau waren die Kapazitäten der Sowjetunion erschöpft, sodass Moskau auf eine verstärkte Kooperation mit der DDR drängte. Dennoch blieb die Kooperation mit den kleineren Bündnispartnern begrenzt: Ein Austausch über die Rüstungsforschung fand nicht statt. Die Sowjetunion lehnte es ab, über eigene Projekte zu informieren. So mussten sich Offiziere der DDR-Volksmarine über neue Schiffsbauten aus dem Osten im westdeutschen *Weyers Taschenbuch der Kriegsflotten* informieren.[1091]

Das Ziel des RGW: Gleiche Standards innerhalb des Paktes

Schon 1956 war der Beschluss gefasst worden, im Rat für gegenseitige Wirtschaftshilfe (RGW) eine »Kommission für die Fragen der Produktion der Verteidigungsindustrie« zu gründen. Funktion des Gremiums sollte die wirtschaftliche und wissenschaftliche Zusammenarbeit im Rüstungssektor auf internationaler Ebene sein.[1092] Dabei ging es um die »effektivste Nutzung und rationellste Entwicklung der Verteidigungsindustrie in den Mitgliedsländern« und damit auch um Arbeitsteilung und eine Standardisierung der Produkte. Außerdem sollte die Kommission die »systematische Kontrolle über die Erfüllung der Verpflichtungen durch die Mitgliedsländer des Rates« gewährleisten.[1093] Die Kommission tagte zweimal im Jahr in wechselnden Ländern; ständiger Sitz war Moskau. Die DDR entsandte ab 1958 ausschließlich Offiziere; an der Spitze der Delegationen stand ein Generalmajor der NVA. Führungskader aus der Industrie waren nicht vertreten.[1094] In einer »Direktive für das Auftreten der DDR-Delegation« bei der Sitzung der Ständigen Kommission im Jahr 1964 hieß es dazu:

> Die wichtigste Aufgabe, die die Kommission [...] zu lösen hat, ist die noch bessere Ausnutzung der Vorzüge des sozialistischen Weltwirtschaftssystems auf ihrem speziellen Gebiet. Dazu sind die Anstrengungen für eine militärisch und ökonomische Spezialisierung und Kooperation der Produktion militärischer Technik bei gleichzeitiger konsequenter internationaler Standardisierung und Typisierung weiter zu erhöhen.[1095]

Größere Bedeutung – zum Beispiel bei der Standardisierung von Produkten – erlangte die Kommission jedoch von Beginn an nicht, da die UdSSR eigene Vorgaben durchsetzte und bilaterale Abkommen favorisierte. Der Leiter einer sowjetischen Delegation erklärte 1966, dass sich die Staaten des Warschauer Vertrages selbst oder gegenseitig ausstatten müssten. Eine RGW-weite Koordinierung lehnte Moskau ab. Ein Motiv dürfte dabei der Wunsch nach Geheimhaltung gewesen sein und der Hegemonialanspruch der UdSSR, den Rüstungsmarkt der Satellitenstaaten zu dominieren.[1096] Zwischen 1969 und 1989 befasste sich die Kommission mit 470 Ausrüstungsempfehlungen, jede siebte kam aus der NVA. Grundlage der militärtechnischen Zusammenarbeit waren bis 1969 zumeist bilaterale Abkommen.

Der Einfluss der UdSSR sank 1969 etwas, als beim Oberkommando der Vereinten Streitkräfte das Technische Komitee gegründet wurde.[1097] Außerdem entstand ein Militärisch Wissenschaftlich-Technischer Rat (MWTR), dem die stellvertretenden Verteidigungsminister oder die Generalstabschefs für Bewaffnung und Ausrüstung angehörten und der zwei bis drei Mal im Jahr tagte. Dessen wichtigste Aufgabe bei der militärtechnischen Zusammenarbeit war die gegenseitige Bereitstellung von Ausrüstung und Dokumenten gegen Bezahlung.[1098] Der Leiter des Technischen Komitees war gleichzeitig Stellvertreter des Oberkommandierenden für Bewaffnung und Ausrüstung. Während die kleineren Bündnispartner stets hohe Generäle schickten, maß die UdSSR dem Gremium offenbar nur geringere Bedeutung zu und schickte zweitrangige Vertreter. Das Komitee untersuchte mit dem Stab der Vereinten Streitkräfte Zustand und Entwicklungsmöglichkeiten von Bewaffnung und Technik in den Armeen, sprach Empfehlungen aus und koordinierte Forschung und Entwicklung.[1099] Trotz der Existenz des gemeinsamen MWTR funktionierte die Koordination nicht immer.

Laut Anatoli L. Gribkow, Stabschef der Vereinten Streitkräfte, habe die Kommission für die Fragen der Verteidigungsindustrie des RGW nicht immer schnell genug reagiert. Zuweilen hätten zwei Staaten parallel und ohne Kooperation das gleiche System entwickelt, zum Beispiel sollen die UdSSR, Polen und die ČSSR gleichzeitig an einem automatischen Visier für Panzer gearbeitet und damit unnötige Kosten verursacht haben. Moskau duldete außerdem keine Konkurrenz zu eigenen Produkten. So übernahm die Armee nur zehn selbstfahrende Artilleriesysteme vom Typ »Dana« aus der ČSSR, weil dieses ähnliche Qualitäten hatte wie die sowjetischen »Akazija« und »Gwosdika«. Gleichzeitig war die sowjetische Industrie nicht in der Lage, mit ihrer Produktion den Bedarf zu decken. »Es gab also auch eine sozialistische Konkurrenz, jeder sah vor allem seinen Vorteil«, schreibt Gribkow und berichtet darüber hinaus von diversen Unstimmigkeiten im RGW über die Preisgestaltung.[1100]

Unklarheit herrschte auch darüber, ob der Hauptlieferant UdSSR zum Beispiel bei Kampfjets immer die neuesten Modelle lieferte. Technische Dokumentationen für Wartung und Instandsetzung aus dem Bruderstaat trafen manchmal vier, manchmal sechs Jahre nach der Lieferung des Produkts ein.[1101]

Das Ziel, Produkte zu vereinheitlichen, wurde erst in den erst 70er-Jahren langsam erreicht. Um die Standards der Militärtechnik so weit wie möglich zu vereinheitlichen, beschlossen die Mitglieder des RGW 1974 eine Konvention und eine Verordnung, die eine gesetzliche Grundlage für das Vorgehen in den Mitgliedsstaaten schuf. 1978 folgte eine Verordnung hierüber aus dem Ministerrat der DDR, 1983 eine Anweisung für den ITA, wie bei Verträgen auf die Standards und ihre Einheitlichkeit zu achten sei. Von der Standardisierung der Produkte erhofften sich die Teilnehmerstaaten auch günstige ökonomische Effekte.

Eine besonders enge Zusammenarbeit entwickelte die DDR mit Polen, der ČSSR, Bulgarien und Ungarn. Die Staaten begannen, Informationen über ihre Rüstung aus den Fünf- und Zehnjahresplänen auszutauschen. Die Planbarkeit von Preisen ließ jedoch weiter zu wünschen übrig, klagten die Finanzexperten der NVA.[1102] Als dominierender Produzent und Lieferant war im Wesentlichen die UdSSR für die Preisgestaltung bei Kauf und Verkauf von Rüstungsmaterial verantwortlich. Die Preise, die die Sowjetunion verlangte, lagen unter dem Weltmarktniveau. Sie wurden auf Inlandsniveau kalkuliert, ohne die Kosten für Forschung und Entwicklung zu berücksichtigen. Unstimmigkeiten über Preise hätten möglicherweise zu Verzögerungen oder gar gescheiterten Vertragsverhandlungen geführt. Die Folge wäre eine unvollständige Ausstattung der DDR-Armee gewesen, die damit nicht ihre Bündnisverpflichtungen hätte übernehmen können. Diese Konsequenz wollte die UdSSR offenbar nicht riskieren.

Bis 1976 blieb Moskau bei dieser Preispolitik. Wegen des Anstiegs der Preise für Öl und andere Rohstoffe verteuerten sich jedoch von diesem Zeitpunkt an auch die Rüstungsgüter aus der UdSSR. Die Steigerung geschah in mehreren Etappen und summierte sich auf insgesamt 30 Prozent. Die Folge: In den letzten Jahren ihres Bestehens konnte die DDR nicht mehr alle Importverpflichtungen übernehmen. In der Regel bezahlte die DDR mit anderen Gütern aus ihrer Volkswirtschaft.[1103]

Sowjets achteten streng auf Lizenzen

Eines der vielen Probleme beim komplexen Waffenhandel innerhalb des Warschauer Pakts lag in den unterschiedlichen Preisen. Dieser Umstand war wesentlich darauf zurückzuführen, dass außerhalb der UdSSR die Produktion von sowjetischen Entwicklungen in Lizenz erfolgte und eigene Fabriken aufgebaut und Personal ausgebildet werden mussten. Zum Beispiel kostete ein Panzer vom Typ T-72 aus der UdSSR 1983 3,7 Millionen Mark. Die Modelle aus Polen und der ČSSR schlugen dagegen mit 6,4 Millionen Mark zu Buche.[1104] Die Lizenzen und Dokumentationen für Waffen und Militärtechnik gewährte Moskau teils unentgeltlich, teils gegen hohe Gebühren. Gribkow beziffert die Zahl der Lizenzen, die der DDR gewährt wurden, auf etwa 2.000.[1105]

Die Sowjets achteten streng darauf, dass Informationen über die Konstruktion ihrer Waffen nur herausgegeben wurden, wenn Lizenzen vergeben waren. Als im Dezember 1979 eine Delegation des DDR-Ministeriums für Allgemeinen Maschinen-, Landmaschinen und Fahrzeugbau in Moskau über den Lizenzbau für die Maschinenpistole AK-74 verhandeln wollte, weigerten sich die Sowjets, Einblicke in die Konstruktionsunterlagen zu gewähren. Auch der Versuch von ITA-Chef Günther Sandhoff, eine solche Waffe zu kaufen, scheiterte. Das Misstrauen war offenbar groß. Den Sowjets ging es offenbar nicht nur darum, Konstruktionsmängel zu verschleiern, die bei der Einführung der Waffe in die Sowjetarmee aufgetaucht waren. »Ein weiterer Grund kann sein, daß die sowjetische Seite befürchtet, daß die DDR die MPI AK 74 ohne vertragliche Grundlage nachbaut«, hieß es in einem Vermerk der »Operativgruppe Moskau« über ein Gespräch mit Sandhoff.[1106]

Was nachgebaut werden durfte, war oft bereits Jahre alt. Oft behielt die UdSSR auch die Kontrolle über die Produkte, indem sie für wichtige Teile keine Lizenzen vergab, sondern sich lediglich zum Export dieser Teile verpflichtete. Dabei wäre eine Herstellung dieser Bauteile meist auch in der DDR möglich gewesen. »Ein Gebaren, das unseren Vorstellungen von Waffenbrüderschaft und sozialistischer Zusammenarbeit durchaus nicht entsprach«, erinnert sich Ulrich Gall, ab 1968 Chef der Verwaltung Beschaffung und von 1971 bis 1988 Stellvertreter des Chefs Technik und Bewaffnung für Beschaffung und Instandsetzung im Ministerium für Nationale Verteidigung.[1107]

Auch der Export von in der DDR hergestellten Lizenzprodukten war, wie erwähnt, genehmigungspflichtig und wurde von Moskau recht restriktiv gehandhabt.

Probleme der Zusammenarbeit

Nicht immer funktionierten die Geschäftsbeziehungen innerhalb des Warschauer Paktes reibungslos. So wurde der Hauptabteilung XVIII (Volkswirtschaft) der Staatssicherheit im November 1986 zugetragen, dass sich in den vergangenen beiden Jahren Probleme mit Lieferungen aus Bulgarien ergeben hätten, die auch Folgen für die Kampfkraft der NVA nach sich zögen. Zum Beispiel habe Bulgarien 1985 nicht, wie vereinbart, 350 Raketen vom Typ »Strela« geliefert. Mittlerweile betrage der Wert der nicht gelieferten Waren 23 Millionen Rubel. Bei der Nichterfüllung der Verträge machte Bulgarien auch politische Gründe geltend. So habe das Land eine offizielle Liefersperre für Basisfahrgestelle eines Mannschaftstransportpanzers (MTP-LB) in die DDR beschlossen. Bei Gesprächen mit Vertretern des Reparaturwerkes in Neubrandenburg hätten bulgarische Vertreter diesen Schritt damit begründet, dass die DDR diese Fahrzeuge in den Irak exportierte, der mit dem Iran Krieg führte. Offiziell war die Begründung jedoch eine andere: Bulgarien erklärte den Lieferstopp mit einer »Produktionsumstellung«.[1108]

Auch mit einem anderen Problem hatten Soldaten und Techniker bei komplexer sowjetischer Importware stets zu kämpfen: Die Ersatzteilversorgung war, außer bei Flugzeugen und Flugabwehrsystemen, unzuverlässig. Einführung der Systeme und technische Instandsetzung waren nicht klar geregelt – auch nicht in den Verträgen –, weil die UdSSR nicht alle Leistungen garantieren wollte. Diese Praxis wirkte sich bis in die Einsatzbereitschaft der Armee aus. Die Ingenieur-Hauptverwaltung in Moskau war jeweils für die Technik eines kompletten Systems verantwortlich. Die Technische Hauptverwaltung übernahm den Export von Ersatzteilen, technischen Dokumentationen und Ausrüstungen für die Instandsetzungsbetriebe.[1109] Auch die Dokumentationen über ein Produkt waren oft nur begrenzt aussagekräftig. »Die Sowjetunion hat uns nicht genau in ihre Karten gucken lassen«, erinnert sich der einstige Chef des Militärbereiches der Ständigen Plankommission, Wolfgang Neidhardt. Kam es deshalb zu Problemen in der NVA, wurde der ITA beauftragt, die erforderlichen Informationen – beispielsweise für Reparaturen – zu beschaffen. »Aus diesem System ergaben sich große Probleme für den ITA«, so Neidhardt.

»Der ITA war komplett verantwortlich bis hin zu Reklamationen«, erinnert sich Neidhardt. Wenn es mit den Lieferungen aus den Bruderstaaten Probleme gab, war der ITA für die NVA und das Verteidigungsministerium der Ansprechpartner. Die Bearbeitung der Reklamationen habe beispielsweise in Rumänien und der ČSSR gut funktioniert, in der UdSSR sei die Situationen hingegen kompliziert gewesen. Zum einen sei das sowjetische System streng hierarchisch vom Ministerium bis in den einzelnen Betrieb hinein gegliedert gewesen. Zum anderen habe es strukturelle

Unterschiede gegeben, die sich besonders auf die Instandsetzung von Rüstungsgütern ausgewirkt hätten. In der Sowjetunion waren dafür Armeebetriebe zuständig, die im Ernstfall der Truppe folgen konnten. In der DDR übernahmen zivile Betriebe die industrielle Instandsetzung (▶ Kap. 12).

Ungewöhnliche Geschäftsmodelle

Eine ungewöhnliche Variante des Handels mit Militärgütern präsentierte bei einem Besuch im Juni 1979 Yordan Kolev, der Generaldirektor des bulgarischen Unternehmens Kintex, ITA-Chef Möller und dessen Kollegen. Kintex firmierte als staatliches Handelsunternehmen und pflegte Kontakte zur bulgarischen Partnerorganisation des ITA. Das Unternehmen empfing direkte Weisungen von der Staatsspitze. Möller war bestens über Kintex informiert und wusste, dass der Betrieb etwa 150 Mitarbeiter beschäftigte und über Lager in der Hafenstadt Varna verfügte. Bei dem Besuch eröffnete Kolev seinen überraschten Gesprächspartnern, sein Unternehmen treibe im staatlichen Auftrag Handel in Schmuggelgebieten. Da der Handel auf den Schmuggelwegen in Griechenland, der Türkei und anderen Ländern ohnehin nicht zu kontrollieren sei, habe Bulgarien sein Unternehmen beauftragt, diesen Schmuggel »von staatswegen« (sic!) zu unternehmen und die Gewinne einzufahren. So habe Kintex Pistolen gegen Gold, andere Edelmetalle und Tabak verkauft. Kolev erklärte, er handele auch mit westlicher Waffentechnik, ohne dabei selbst in Erscheinung zu treten, und bot dem ITA Provisionen für dessen Unterstützung an. Doch Möller lehnte ab. Über dieses Gespräch wurde kein offizieller Bericht des ITA geschrieben. Lediglich das MfS wurde informiert.[1110]

Minen für die Grenze

Der ITA war auch verantwortlich für die Beschaffung der Tötungsautomaten, die an der innerdeutschen Grenze installiert wurden. Die Splitterminen explodierten bei Berührung. Nachdem es dem VEB Chemiewerk Kapen in den 60er-Jahren nicht gelungen war, den Auftrag des Verteidigungsministeriums zu erfüllen, derartige Minen zu konstruieren, wandte sich die Regierung 1966 an die ČSSR. Am 23. Februar 1967 schlossen der ITA und auf tschechoslowakischer Seite die Technische Hauptverwaltung des Außenhandelsministeriums einen Vertrag, der als geheim klassifiziert wurde. Darin verpflichtete sich die ČSSR, »Schützensplitterminen« zu entwickeln und der DDR die technische Dokumentation zur Verfügung zu stellen. Ost-Berlin zahlte dafür 700.000 DDR-Mark.

Mit diesem Material gelang es dem Werk in Kapen ab 1969, die Minen vom Typ SM-70 zu produzieren, die 1971 erstmals an der innerdeutschen Grenze eingesetzt wurden und als Selbstschussanlagen auf massive internationale Kritik stießen. »Bis zum Jahr 1984 starben insgesamt vierzehn Flüchtlinge durch die Todesautomaten, etwa 140 weitere wurden bei dem Versuch, aus der DDR zu fliehen, verletzt«, schrieb der Historiker Jochen Staadt vom SED-Forschungsverbund der Freien Universität Berlin.[1111]

12   Die Rüstungsindustrie der DDR

»Die vielschichtige Rüstungswirtschaft der kleinen, rohstoffarmen DDR lässt sich nur vor dem Hintergrund der sowjetischen Sicherheitsarchitektur und des Warschauer Paktes in einer Zeit des Wettrüstens im Kalten Krieg erläutern«, so der Militärhistoriker Torsten Diedrich.[1112] Für die UdSSR stellte sich die stetig wachsende Rüstungsindustrie als Beitrag zum Schutz des eigenen Landes und des Sozialismus weltweit dar. Damit kam diesem Bereich der Volkswirtschaft eine herausragende Bedeutung zu – für das eigene Land und für die anderen Staaten des Warschauer Vertrages, die von den Militärexporten der Supermacht abhängig waren. Eine zentrale Rolle kam der staatlichen sowjetischen Planungskommission Gosplan zu, die – analog zu anderen Ostblockstaaten – die Produktion, wirtschaftliche Entwicklung und damit auch die Rüstungsindustrie überwachte und koordinierte.[1113] Auch in der DDR waren die strengen Vorgaben der Planwirtschaft maßgebend. Diedrich schreibt weiter: »Kein Bereich der Wirtschaft war in der DDR so zentral geführt und verwaltet, kein Bereich so priorisiert wie der Rüstungssektor.«

Der Aufbau der Rüstungswirtschaft, die im DDR-Jargon geheimniskrämerisch »spezielle Produktion« hieß, wurde mit dem Korea-Krieg und der geplanten Gründung der Europäischen Verteidigungsgemeinschaft forciert. Die DDR sollte als »Bollwerk« gegen das westliche Militär aufgebaut werden. Der Volksaufstand vom 17. Juni 1953 verzögerte diese Entwicklung, hielt sie aber nicht auf. Anders als in der Sowjetunion, die über diverse, allerdings ineffizient arbeitende Volkskommissariate für Rüstungsbereiche verfügte,[1114] war die Rüstungsindustrie in der DDR kein eigener Wirtschaftsbereich oder Industriezweig, sondern bestand aus Betrieben der zivilen Industrie – zum Leidwesen der Militärs, die dadurch weniger Einfluss auf die Produktion hatten. Die DDR war außerdem das einzige Land des Warschauer Pakts, das auch größere Instandsetzungen von Militärgerät in zivilen Betrieben erledigte.[1115] Stets jedoch blieb die Sowjetunion der Waffenmonopolist im Ostblock. Sie war das einzige Land des Machtbereichs, das alle Waffenarten selbst herstellte, von Importen weitgehend unabhängig war und zum großen Teil die Armeen der Bruderstaaten ausrüstete. Auch für die eigene Produktion war die DDR von Rohstoffimporten aus der UdSSR abhängig.

»Die Kosten, die das gesamte System der Landesverteidigung der DDR erzeugte, sind auch wegen der Geheimhaltung und Vertuschung schwer zu rekonstruieren«, so Diedrich. »Es steht jedoch außer Frage, dass die Aufrüstung und Militarisierung der DDR im Finanzsystem und im wirtschaftlichen Gefüge des Landes tiefe Spuren hinterlassen haben.« Dabei habe die Rüstungsindustrie selbst keine überproportionalen negativen Rückwirkungen für die Volkswirtschaft gehabt – ihr durchschnittlicher Anteil an der Gesamtproduktion lag gerade einmal bei vier Prozent –, wohl aber die Importkosten für die Landesverteidigung (▶ Kap. 10).[1116]

Die Anfänge

Die ersten bewaffneten Verbände wie die Kasernierte Volkspolizei (KVP) und später die neugegründete Nationale Volksarmee (NVA) waren mit ehemaliger Wehrmachtsausrüstung oder mit sowjetischen Waffen ausgestattet. Lediglich Versorgungsgüter wie Medikamente, Uniformen oder Treib- und Schmierstoffe kamen aus heimischer Produktion.[1117] Mit der Staatsgründung 1949 hatte – zunächst in sehr kleinem Rahmen – der Aufbau der »speziellen Produktion« begonnen, während gleichzeitig die Sowjetunion massenhaft industriell hergestellte Waren als Reparationen ausführte.[1118] Die grundsätzliche Entscheidung für den Aufbau einer Rüstungsindustrie in der DDR traf Stalin dann im April 1952 (▶ Kap. 1).

Beim Aufbau der Rüstungsindustrie in der DDR achtete die UdSSR darauf, sie nach den eigenen Vorstellungen zu konzipieren. In der Anfangsphase ihres Bestehens schuf die DDR nur im Flottenbau Rüstungskapazitäten, weil die sowjetischen Kapazitäten für den Kriegsschiffbau ausgelastet waren. In anderen Bereichen verließ sich die DDR auf die UdSSR und vermied den Aufbau eigener Produktionsstätten. Möglicherweise verzichtete die UdSSR gegenüber einem Land, in dem man noch vor wenigen Jahren Krieg geführt hatte, darauf, den Aufbau von Rüstungsfabriken zu fordern. Alle anderen Warschauer-Pakt-Staaten mit Ausnahme Albaniens (Mitglied bis 1968) entwickelten eigene große Rüstungsindustrien.[1119] Um die eigenen »bewaffneten Organe« ausrüsten zu können und die Exporte von Militärgütern mithilfe des ITA und seiner Vorläuferorganisationen zu gewährleisten, baute die DDR später auch Kapazitäten in anderen Sektoren auf.

Auf ministerieller Ebene wechselten die Zuständigkeiten für die Rüstung in den Anfangsjahren der DDR ständig. Bereits 1951 war eine Institution für die verteidigungswirtschaftliche Lenkung gegründet geworden: Unter der Regie der Abteilung Wirtschaftspolitik des Zentralkomitees (ZK) begann im April das »Büro für Wirtschaftsfragen« mit seiner Arbeit.[1120] Hinter der verdeckt arbeitenden Einrichtung mit dem unscheinbaren Namen verbarg sich ein Regierungsorgan für die Finanzierung und Versorgung der sowjetischen Besatzungstruppen und der bewaffneten Organe der DDR. Das Büro war auch verantwortlich für die Kooperation mit anderen Staaten. Es unterstand Willi Stoph, damals Leiter der Abteilung Wirtschaftspolitik im ZK und später Innen- und Verteidigungsminister sowie Staatsratsvorsitzender. Als Stoph 1952 Innenminister wurde, unterstellte er das Büro seinem Ministerium. Schon damals zeichneten sich teilweise die Bereiche ab, die später prägend für die Rüstungsindustrie sein sollten:

- Reparatur und Instandsetzung von Fahrzeugen und Panzern,
- Herstellung von Handfeuerwaffen, Sprengstoff und Munition,
- Flugzeugbau,
- Schiffbau.[1121]

Dabei nutzte die DDR viele Standorte, die bereits im Zweiten Weltkrieg als Rüstungsschmieden gedient hatten. Außerdem mussten die »speziellen Betriebe« Kasernen und andere Liegenschaften aufbauen. An Exporte war zu dieser Zeit noch nicht zu denken. Eigene Entwicklungen gab es kaum. Die meisten Produkte wurden in Lizenz oder als Abwandlung handelsüblicher Güter hergestellt, zum Beispiel bei Fahrzeugen.

Vermehrt entstanden Betriebe für Instandsetzungen, unter anderem für den sowjetischen Panzer T-34, der bei der KVP im Einsatz war. 1952 nahm beispielsweise der Instandsetzungsbetrieb für den T-34 in Neubrandenburg in einer ehemaligen Torpedoversuchsanlage der Marine seine Arbeit auf. Für die Motoren war das Motorenwerk Wurzen zuständig. Parallel wurden in Wolgast Kapazitäten für den Bau von Schiffen und Booten geschaffen. Dabei nutzten die Betriebe das Knowhow, das Mitarbeiter vor 1945 erworben hatten.[1122] Später sollte eine funktionsfähige Flugzeugindustrie hinzukommen. Einer der Vorläufer war der VEB Maschinen- und Apparatebau in Dresden-Klotzsche.[1123] 1958 wurden diese Pläne aber wieder eingestellt.[1124] Zünd- und Sprengmittel wurden in Schönebeck und Gnaschwitz sowie ab 1953 in der Pyrotechnik Silberhütte hergestellt. Kräne und Boote wurden aus dem Programm für Reparationsleistungen freigegeben. Die speziellen Betriebe arbeiteten zumeist abgeschottet und wurden militärisch geführt.[1125] In den ersten Jahren war auch der Aufbau einer U-Bootflotte inklusive großer Marineanlagen auf Rügen vorgesehen (»Rügenhafen«), das Projekt wurde jedoch kurz vor dem Volksaufstand des 17. Juni 1953 gestoppt.[1126]

Die Unterzeichnung des Warschauer Vertrags am 14. Mai 1955 führte zu tiefgreifenden Änderungen. Die DDR war nun neben der Gründung einer Armee auch verpflichtet, die materielle Versorgung sicherzustellen – im eigenen Land, aber auch im Bündnis. Der Beitrag, den die DDR zu entrichten hatte, stieg in der Folge. Die Vorgaben für die Strukturen kamen aus Moskau. Die Teilnehmerstaaten waren verpflichtet, sowjetische Großtechnik abzunehmen, inklusive der Ersatzteile und Lizenzen.[1127] Die Produktion von Waffen und Munition sowie deren Ex- und Import wurden grundsätzlich als Verschlusssache eingestuft und unterlagen strengster Geheimhaltung.[1128]

In der Folge ging das Büro für Wirtschaftsfragen am 1. September 1955 zusammen mit der Abteilung Technik des Innenministeriums im »Amt für Technik« auf. Es sollte für alle Bereiche der Rüstungsindustrie zuständig sein, die Rüstungsindustrie führen, die Forschung fördern und vor allem die Ausrüstung des Militärs sicherstellen. Die KVP wurde aus dem Innenministerium herausgelöst, um die Bildung eines Verteidigungsministeriums vorzubereiten. Dazu gehörte auch der Bereich für Beschaffung.[1129] 1956 wurde das Amt für Technik in das neugegründete Verteidigungsministerium übernommen, zwei Jahre später jedoch aufgelöst. Die Aufgaben übernahm nun der Chef für Wirtschaft im Verteidigungsministerium. Im selben Jahr, 1958, wurden die Rüstungsbetriebe der DDR in die Vereinigung Volkseigener Betriebe (VVB) UNIMAK eingegliedert. Doch auch diese Reform hatte keinen Bestand: Die Herauslösung der Rüstungsbetriebe aus den Strukturen der zivilen Volkswirtschaft erwies sich als problematisch, da sie auf Lieferungen und Zusammenarbeit mit der zivilen Industrie angewiesen waren.[1130] Außerdem produzierten in der DDR selbst die Rüstungsbetriebe vornehmlich zivile Güter. Das war in der Sowjetunion anders.

In den 70er-Jahren stieg die Rüstungsproduktion auch als Folge der Neuorganisation sowie der Neuentwicklung von Technologien an. »Die DDR baute ihren Status als Zulieferer der sowjetischen Rüstungsindustrie aus«, schreibt der Historiker Heiner Bröckermann. Der wachsende Export erleichterte ökonomisch auch den Import von Waffen und anderem Material. Die DDR setzte mit dem VEB Carl Zeiss Jena und anderen Betrieben in diesem Zeitraum auf Hochtechnologie, baute aber auch die Instandsetzung und Ersatzteilproduktion für den Export aus, da die Lieferungen zwischen den Bruderstaaten unzuverlässig verliefen.[1131] In den 80er-Jahren wurden die Produktion hochwertiger optischer Produkte für das Militär noch einmal forciert.[1132]

Die 80er-Jahre: Im Dienst des Exports

Die Regierungsorgane übten stetig Druck auf die Betriebe aus, ihre Kapazitäten in den Dienst des Exports zu stellen. Beispielhaft steht hierfür der VEB Kombinat Spezialtechnik Dresden (KSD). Am 6. September 1983 fiel im Politbüro der Beschluss, Kapazitäten im Ausland anzubieten, die über den Bedarf der »bewaffnete Organe der DDR im Frieden« hinausgehen.[1133] Die Parteiführung plante – auch vor dem Hintergrund des Bedarfs an Devisen –, den Waffenexport in die NSW-Staaten mit Produkten des KSD dramatisch zu steigern. Die Bedeutung des KSD zeigte sich bei den Vorgaben für 1984: Die NSW-Planaufgabe des ITA betrug 170,7 Millionen Valutamark, der Anteil des KSD daran lag im Durchschnitt bei 45 Prozent.[1134]

Doch die Waffenhändler standen vor globalen Wirtschaftsproblemen und Mängeln im eigenen Angebot. Die Exporteure stellten fest, dass das Interesse an einfacher Technik aus den Pakt-Staaten abnahm und zunehmend hochwertige Ware nachgefragt wurde. Außerdem fehlte den Entwicklungsländern, den Hauptabnehmern östlicher Waffentechnik, zunehmend das Geld,[1135] wenn auch die Qualität der ostdeutschen Waffen geschätzt wurde. Noch Jahrzehnte nach dem Ende der DDR nutzte beispielsweise die ägyptische Armee die im Arbeiter- und Bauernstaat hergestellten Kalaschnikows, berichtet Sameh Seif El Yazal vom Militärnachrichtendienst in dem 2014 entstandenen Dokumentarfilm *Honeckers geheime Kriege. Militärhilfe für die Dritte Welt*.[1136]

Der Blick bei Produktion und Export war immer auch auf die Kunden in Entwicklungsländern gerichtet. »Hauptkäufer für konventionelle Waffentechnik sind Entwicklungsländer«, hieß es 1984.[1137] Und weiter: »Die Nachfrage ist am stärksten bei großkalibriger Artillerie- und Panzermunition, Panzerabwehrlenkraketensystemen und Instandsetzungsleistungen für sowjetische Technik.« Diese Nachfrage war jedoch kaum zu befriedigen: Großkalibriger Artillerie- und Panzermunition stellte die DDR nicht her. Außer Brückenlegepanzern und Kriegsschiffen stellte die DDR keine schweren Rüstungsgüter her.[1138]

Am 18. Juli 1984 beschäftigte sich das ZK der SED erneut mit dem Beschluss zur Ausweitung der Produktion für den Export und bekräftigte ihn – vermutlich, weil das Gremium mit den Ergebnissen bislang nicht zufrieden war. Der Beschluss des Politbüros müsse »konsequent« umgesetzt werden, hieß es mahnend. Um den Export in den nichtsozialistischen Wirtschaftsraum sicherzustellen, seien »Sondermaßnahmen zur gezielten Erschließung von Absatzmöglichkeiten einzuleiten«.[1139] Das Ministerium für Allgemeinen Maschinen-, Landmaschinen- und Fahrzeugbau solle bis März 1985 den Aufbau zentral bedienbarer Fertigungsabschnitte für die Hauptbaugruppen der Panzerabwehrwaffen prüfen. Auch im VEB Spreewerk Lübben stand eine Modernisierung mit dem Bau einer »automatisierten flexiblen Munitionsfertigung« an. Grundsätzlich ist festzustellen, dass die DDR in den beiden letzten Jahrzehnten ihres Bestehens begann, zuweilen eigene Wege bei der Entwicklung und Produktion zu gehen. Dafür gab es einen wesentlichen Grund: Die UdSSR konnte den Bedarf nicht mehr in allen Aspekten decken.[1140]

Das ZK der SED machte sich 1985 auch Gedanken über eine bessere Vermarktung ihrer Rüstungsgüter und plante ein Vorführungs- und Ausbildungszentrum »zur Verbesserung der Angebotstätigkeit« und der Ausbildung ausländischer Spezialisten. Weiterer Tagesordnungspunkt war der vorgezogen Produktionsbeginn der sowjetischen Panzerabwehrlenkrakete »Konkurs« (russ. Конкурс, »Wettbewerb«). Allein die Wortwahl im Protokoll (»konsequent«, »vorfristig«) deutet auf die Eile hin, mit der die DDR ihre Rüstungsindustrie und die Exportmöglichkeiten auf Vordermann bringen wollte.[1141] Der Raketenkomplex sollte ab 1988 für den Export produziert werden, war dann aber technisch bereits nicht mehr auf dem neuesten Stand.

Die Betriebe

Insgesamt haben in etwa 70 bis 80 Betrieben der DDR zwischen 41.000 und 44.000 Menschen Rüstungsgüter produziert, Militärs überwachten die Produktion.[1142] 2.300 Zulieferbetriebe sollen die Werk- und Produktionsstätten beliefert haben. Rechnet man deren Mitarbeiter hinzu, kommt man auf eine Zahl von 100.000 Menschen, die in der DDR an Rüstungsgütern gearbeitet haben.[1143] Die Rüstungsbetriebe bildeten in der DDR, wie gesagt, keinen eigenen Industriekomplex, sondern produzierten daneben oft auch zivile Güter. Sie waren den einzelnen Fachministerien zugeordnet.[1144] In den Betrieben lag 1981 der Anteil der Produktion militärischer Güter differenziert nach ihren übergeordneten Ministerien unterschiedlich hoch:

- Ministerium für Schwermaschinen- und Anlagenbau: 27,6 %
- Ministerium für Allgemeinen Maschinen-, Landmaschinen- und Fahrzeugbau: 21,3 %
- Ministerium für Elektrotechnik und Elektronik: 18 %
- Ministerium für Chemische Industrie: 15,5 %
- Ministerium für Leichtindustrie: 13 %[1145]

Trotz des relativ geringen Anteils der Rüstungsindustrie an der Volkswirtschaft gelang es der DDR, 60 Prozent ihres militärischen Bedarfs selbst zu decken. Zu erklären ist dieser scheinbare Widerspruch mit dem sehr hohen Anteil einfacher Versorgungsgüter wie Textilien für Uniformen, die ebenfalls als militärische Ausrüstung definiert werden, aber nicht der Rüstungsindustrie zugerechnet werden.[1146]

Die größten DDR-Rüstungsbetriebe waren das Reparaturwerk Neubrandenburg mit 4.200 Beschäftigten im Jahr 1985, die Peenewerft in Wolgast (3.860) und die Flugzeugwerft Dresden (2.400).[1147] Hier die wichtigsten Betriebe, die bis zum Ende der DDR Rüstungsgüter geliefert haben und damit wichtige Ansprechpartner des ITA und seiner Vorläuferorganisationen waren:

Zu den Betrieben, die auch im Westen bekannt waren, gehörte der bereits erwähnte *VEB Kombinat Carl Zeiss Jena*, der unter anderem hochwertige optische Instrumente für das Militär herstellte. Dazu zählten Ferngläser ebenso wie aufwendige Entfernungsmessgeräte mit Lasertechnologie. Auch der *VEB Reparaturwerk Neubrandenburg*, in dem Kampfpanzer repariert und modernisiert wurden, wurde bereits genannt: Zusammen mit dem VEB Carl Zeiss Jena modernisierte er insgesamt 1.755 Kampfpanzer. Daran beteiligt war auch die Panzerwerkstatt der NVA.[1148]

Bedeutsam war ebenfalls der *VEB Geräte- und Werkzeugbau Wiesa*, der Sturmgewehre für die »bewaffneten Organe« und den Export herstellte. Die Sowjetunion vergab Lizenzen für den Bau der legendären Kalaschnikow in ihren unterschiedlichen Ausführungen.[1149] Der VEB stellte außerdem selbst entwickelte Schusswaffen her. Zwischen 1971 und 1975 soll der Exportanteil für Kunden in Asien, Afrika und Lateinamerika zwischen zehn und 32 Prozent betragen haben.[1150] Der am 1. Januar 1956 eröffnete *VEB Mechanische Werkstätten Königswartha* stellte Pistolen und Gewehrmunition her.[1151] 1980 erweiterte der Betrieb seine Produktpalette um eine Panzerabwehrwaffe (RPG-18). Ein weiterer großer Munitionsproduzent der DDR war der *VEB Spreewerk Lübben*, der mithilfe des ITA bis in die 70er-Jahre in die Staaten des Warschauer Vertrages, später auch in den sogenannten nichtsozialistischen Wirtschaftsraum exportierte.[1152] Der VEB lieferte in erster Linie Munition für die Kalaschnikow. Die 180 Hektar große Fläche des Munitionswerks in Lübben war streng gesichert. Dort stellten 30 Jahre lang 850 Arbeiter Munition her. Pro Jahr waren es zunächst 80 Millionen Schuss Gewehrmunition Kaliber 7,62 mm, später 100 Millionen Schuss vom Kaliber 5,45 mm. Die Produktion diente dem eigenen Bedarf und wurde außerdem exportiert.[1153]

Die Betriebe *VEB Robur-Werke Zittau* und *VEB IFA Automobilwerke Ludwigsfelde* waren zwar keine Rüstungswerke im klassischen Sinne, lieferten jedoch im großen Umfang Fahrzeuge ans Militär. In Zittau begann 1956 die Produktion der Lastwagen vom Typ »Garant«, von denen bis 1960 knapp 3.500 Exemplare an die Streitkräfte geliefert wurden. Auf der Basis des »Garant« entstand auch ein Schützenpanzerwagen. In den 70er-Jahren produzierte das Werk Kleinlastwagen für die NVA. Von 1951 bis 1980 lieferte Robur insgesamt 30.000 Fahrzeuge für den militärischen Bedarf.[1154] Als wahrer Verkaufsschlager erwiesen sich die Lastwagen W-50 und L-60 aus Ludwigsfelde, von denen mehr als 400.000 Exemplare exportiert wurden, darunter auch in die Kriegsgebiete in Äthiopien, Mosambik, Angola und in den arabischen Raum (▶ Kap. 3 und 4).[1155]

Der *VEB Peene-Werft Wolgast* hat bis 1990 Boote und Schiffe für die DDR-Volksmarine und den Export hergestellt. Hier wurden unter anderem 220 Kampfschiffe gebaut.[1156] Zur Produktpalette gehörten Torpedoschnellboote, Minenräumer, Landungsboote und U-Bootjäger. Im *VEB Instandsetzungswerk Pinnow* kümmerten sich die 1.674 Beschäftigten nicht nur um die Wartung von Raketen der NVA, sondern produzierten ab 1984 auch Panzerabwehrraketen in sowjetischer Lizenz[1157] und Startvorrichtungen für Flugabwehrraketen.[1158] Zu den zivilen Lieferanten des Militärs, die nicht der klassischen Rüstungsindustrie zugeordnet werden können, zählen auch die *Lehrmittelwerke Mittenwalde*. Das Unternehmen mit dem harmlos klingenden Namen, das den Pistolenschießstand für die Olympischen Spiele in Moskau herstellte, produziert für die NVA.[1159]

Der Aufbau einer eigenen Flugzeugindustrie in den Jahren 1953/54 war der Beginn einer Rüstungszusammenarbeit in größerem Umfang, allerdings unter schwierigen Bedingungen: Nach dem Krieg hatte die UdSSR Kapazitäten in diesem Segment wie die Junkers-Werke in Dessau sowie Heinkel und Arado liquidiert und deutsche Spezialisten in die sowjetische Produktion gezwungen. Sie kehrten jetzt zurück und bauten im sächsischen Raum acht Luftfahrtbetriebe mit 26.000 Mitarbeitern auf. Die größten Betriebe waren in Dresden, Schkeuditz, Chemnitz und Ludwigsfelde ansässig und konzentrierten sich zunächst auf die zivile Produktion. Das Ende des DDR-Flugzeugbaus kam 1960 mit dem Absturz des selbst entwickelten Düsenflugzeugs »152«, bei dem die Besatzung starb. Die Kapazitäten wurden in den folgenden Jahren abgebaut und umgewandelt.

Gründe für den Abschied dürften außerdem die mangelnde Rentabilität sowie die Konzentration des Bündnisses auf die Raketenproduktion gewesen sein. Lediglich die Flugzeugwerft in Dresden-Klotzsche blieb als hochspezialisierter Reparaturbetrieb für die Luftstreitkräfte erhalten. Die Werft gehörte zu den Betrieben des Kombinats für Spezialtechnik Dresden (KSD) und erwirtschaftete eine Milliarde Mark pro Jahr mit Produktions- und Reparaturleistungen für die NVA und andere Armeen der Warschauer Vertragsstaaten. 40 Prozent der Kapazitäten arbeiteten für ausländische Kunden. Im Kombinat waren alle Mitarbeiter zum Schweigen über ihre Arbeit verpflichtet worden: »Wir durften darüber nicht reden«, berichtet der ehemalige Mitarbeiter Horst Zscharnack.[1160] Zwei Aufgaben bestimmten die Arbeit des KSD: Produktion von Teilen für Schützenwaffen, Munition und Panzerabwehrraketen sowie die Instandsetzung von Flugzeugen, Hubschraubern, Triebwerken, Raketensystemen und Artilleriewaffen.[1161]

Einzelne Betriebe wurden in der DDR in unterschiedliche Kombinate eingeordnet.[1162] Zum KSD gehörten insgesamt elf Betriebe mit 11.000 Beschäftigten.[1163] Der VEB Flugzeugwerft Dresden, der ab 1961 Flugzeuge der Luftwaffe wartete und reparierte, wurde wichtigster militärischer Dienstleister in der Luftfahrt. Bei den Maschinen handelte sich in der Regel um die unterschiedlichen Typen der sowjetischen MiG-Serie.[1164] Die Flugzeugwerften in Dresden und Ludwigsfelde gehörten ab 1970 zum Kombinat Spezialbau mit aufwendigen Prüfständen für Flugzeugtriebwerke und Wartungsanlagen für Militärhubschrauber.[1165] Die Instandsetzung von Militärmaschinen aus Syrien, Ägypten und Irak soll Anfang der 70er-Jahre bis zu 65 Prozent der Kapazitäten in Dresden belegt haben (▶ Kap. 3). Wie der ITA war das KSD einem zivilen Ministerium untergeordnet, dem Ministerium für allgemeinen Maschinen-, Landmaschinen und Fahrzeugbau. Tatsächlich wurde es jedoch – wie der Außenhandelsbetrieb – militärisch geführt: Chef war ein Generalmajor der NVA. Ähnlich war die Situation im Schwermaschinenbaukombinat Tagebauausrüstungen, Krane und Förderanlagen (TAKRAF) in Leipzig, zu dem das Panzerreparaturwerk in Neubrandenburg gehörte, sowie im Schwermaschinenbaukombinat Karl Liebknecht (SKL) in Magdeburg, im Motorenwerk Wurzen und im Kombinat Schiffbau in Rostock mit der Peenewerft in Wolgast. TAKRAF unterstand mit seinen diversen Rüstungsbetrieben offiziell dem Ministerium für Schwermaschinen- und Anlagebau. Bei Carl Zeiss Jena betrug 1986 der Anteil der Rüstungsproduktion 21,8 Prozent, beim SLK in Magdeburg 15,9 Prozent. Weitere Beispiele: VEB Textilkombinat Cottbus mit 14,4 Prozent, VEB Kombinat Technische Textilien Karl-Marx-Stadt mit 12,7 Prozent, VEB Kombinat TAKRAF Leipzig mit 8,7 Prozent und VEB Kombinat Robotron mit 8,0 Prozent. Die genannten Kombinate gehörte zu denen mit den höchsten Rüstungsanteilen in der DDR.[1166] Auf Betriebsebene gab es jedoch auch solche, die ausschließlich Rüstungsgüter produzierten.

Für den Export in nichtsozialistische Staaten waren die wichtigsten Betriebe:

- VEB Spezialtechnik Dresden, mit:
  a) VEB Geräte- und Werkzeugbau Wiesa (Handfeuerwaffen)
  b) VEB Spreewerk Lübben und VEB Mechanische Werkstätten Königswartha (Munition für Handfeuerwaffen und RPG-18)
  c) VEB Flugzeugwerk Dresden (Instandsetzung von Flugzeugen)
  d) VEB Instandsetzungswerk Ludwigsfelde (Instandsetzung von Strahltriebwerken)
  e) VEB Lehrgeräte und Reparaturwerke Mittenwalde und VEB Instandsetzungswerk Pinnow (Instandsetzung von Funkmesstechnik)
- VEB Reparaturwerk Neubrandenburg (Werkstattwagen, Instandsetzung von Panzertechnik)
- VEB Motorenwerk Wurzen (Instandsetzung von Motoren für Panzertechnik)
- VEB Chemiewerk Kapen (Handgranaten)
- VEB Pyrotechnik Silberhütte (Signal- und Übungsmittel)
- VEB Kombinat Carl Zeiss Jena (Zielfernrohr mit Laserentfernungsmesser)

Eine Sonderrolle beim Export militärischer Güter spielte die deutschsowjetische Aktiengesellschaft Wismut, die in Sachsen und Thüringen als Bergbaubetrieb Uran für den sowjetischen Atomwaffenbau förderte.

Über die Sicherheit und den Geheimschutz in den damals 28 Betrieben der speziellen Produktion, die nahezu ausschließlich Militärgüter herstellten, wachte ab 1978 eine Arbeitsgruppe aus Sicherheitsbeauftragten sowie Vertretern von Ministerien. Die Runde wurde auf Anweisung des Ministerrats gegründet und traf sich regelmäßig. Zu den Teilnehmern gehörte auch ITA-Mitarbeiter Siegfried Andrä. Auch im ITA prüfte die Arbeitsgruppe Sicherheit und Geheimschutz.[1167] Für den Bundesnachrichtendienst stand die Rüstungsindustrie der DDR im Fokus ihrer Bemühungen, Informationen zu gewinnen. Dabei entstand ein »Sammelsurium an Einzelerkenntnissen«. Im Bundesarchiv befinden sich nur wenige Akten des BND über Rüstungsfirmen.[1168] Im maritimen Sektor besaß der Nachrichtendienst beispielsweise lediglich Detailkenntnisse über die Peenewerft in Wolgast, nicht jedoch über die deutlich größere und militärisch ebenfalls bedeutsame Mathias-Thesen-Werft in Wismar.

Instandsetzungen

Von 70 bis 80 Rüstungsbetrieben, die 1989 Ausrüstung fürs Militär herstellten, übernahmen 25 Instandsetzungen und Reparaturen, zumeist waren sie mit Räder- und Kettenfahrzeugen sowie Flugzeugtriebwerken beschäftigt. »Die Volkswirtschaft der ehemaligen DDR führte 86 % aller Instandsetzungen an militärischen Gütern für die eigenen bewaffneten Kräfte durch und war auf 32 spezielle Erzeugnisse für die Länder des Warschauer Vertrages und für 19 spezielle Instandsetzungen für diese Länder spezialisiert und damit ein wichtiges Glied in der gemeinsamen Rüstungsproduktion dieser Koalition«, schreiben Werner Hänsel und Heinz Michael.[1169]

Im Unterschied zu den anderen Staaten befanden sich die auch Instandsetzungsbetriebe für Militärprodukte in der DDR nicht in der Hand der Armee.[1170] Die Leistungen der Instandsetzungsbetriebe beliefen sich in den letzten Jahren der DDR auf etwa eine Milliarde Mark pro Jahr. Zumeist landeten importierte Systeme in den Betrieben. Auch die Ersatzteile und die Instandsetzungstechnik stammte in der Regel aus den befreundeten Staaten. Ex-Generalmajor Ulrich Gall spricht von »einem umständlichen und langwierigen Bestell- und Liefersystem der UdSSR« und der »Borniertheit der sowjetischen Bürokratie«, deren Zentrale in Moskau über den Export jeder Schraube entscheide.[1171] Bisweilen zogen sich Prozesse von der Anfrage bis zur Lieferung über Jahre hin, mit der Folge, dass Instandsetzungstermine nicht eingehalten werden konnten. So lieferte die UdSSR beispielsweise 1984 das Raketenschnellboot 1241 an die DDR, das 1989 erstmals instandgesetzt werden sollte. 1989 begannen jedoch erst die Konsultationen darüber. Lösungen bleiben aus; auch die Ständige Kommission für Verteidigungsindustrie im RGW und das Technische Komitee im Oberkommando der Vereinten Streitkräfte griffen nicht ein.[1172]

Zu den bislang kaum untersuchten Betrieben für Instandsetzungen gehörte ein VEB, der 1969 unter dem Namen Nachrichtenelektronik Greifswald (NEG) gegründet wurde. Rund 2.600 Mitarbeiter entwickelten und fertigten bis 1991 Telekommunikationstechnik und Schiffselektronik. 1991 übernahm die Siemens AG das frühere DDR-Unternehmen. Zum Programm des Betriebs gehörten unter anderem die Instandsetzung von Waffenlenk- und -leiteinrichtungen für die Bordflak und Raketen sowie von Bordrechnern. Die Tätigkeit des Betriebs für den ITA war bereits 1990 Thema der Aufarbeitung in Greifswald, als ein Untersuchungsausschuss der Stadt seinen Abschlussbericht vorlegte.[1173] Der VEB habe vom Außenhandelsministerium Weisungen für »unrühmliche Geschäfte« mit der IMES erhalten. Dabei sei es auch um die Abteilung H gegangen, die militärisch nutzbare Produkte herstellte. So habe der ITA im März 1988 einen Auftrag für Instandsetzungen auf libyschen Kampfschiffen koordiniert, stellte der Ausschuss fest. Im selben Monat flogen je ein Vertreter des VEB und der Peenewerft in Wolgast für Vorverhandlungen nach Libyen. Vermutlich ging es bei den Gesprächen um Boote der Volksmarine aus sowjetischer Produktion, die an Libyen verkauft werden sollten. Im Mai 1988 erhielt der VEB außerdem Besuch von KoKo-Mitarbeitern, um Instandsetzungen auf ägyptischen Kampfschiffen zu besprechen.

Sondernomenklatur und Lieferverordnung

Bereits 1962 hatte die Staatliche Plankommission eine sogenannte Sondernomenklatur für militärische Erzeugnisse festgelegt. Sie führte den Begriff »spezielle Produktion« für die Herstellung für Militärmaterial ein. Ziel der Zusammenfassung in der Sondernomenklatur waren eine straffere Planung und Kontrolle der Produktion. Die Liste enthielt 750 Posten mit

Erzeugnissen und Leistungen. Außerdem regelten ab Mai 1972 die Lieferverordnungen (LVO) die Aufgaben sämtlicher Unternehmen und anderer Institutionen, die mit Militärmaterial befasst waren. Der LVO-Status eines Produkts sicherte eine bevorzugte Bereitstellung von Ressourcen.[1174] Im Laufe der DDR-Geschichte entstanden acht unterschiedliche Versionen dieser Verordnung.

Wenn die NVA, die Stasi, das Innenministerium oder der ITA als Besteller auftraten, wurde der LVO-Status stets anerkannt. Eine Begründung mussten diese Institutionen nicht nennen. Zu den LVO-Leistungen und den Produkten der Sondernomenklatur zählten auch Waren, die nicht unmittelbar militärischen Charakter hatten, zum Beispiel zivile Fahrzeuge, Bekleidung, Treibstoffe und Nahrungsmittel.[1175] Auch viele hochtechnologische Produkte für die strategisch wichtige Fährlinie Mukran–Klaipėda wurden in den 80er-Jahren per LVO beschafft. So lag die LVO-Produktion in den Jahren 1987 und 1988 deutlich über zwölf Milliarden Mark.[1176] Nichterfüllung der LVO-Vorgaben konnten als »Verstoß gegen die Staatsdisziplin« geahndet werden.[1177]

Das Ende der Rüstungsindustrie

1989/90 änderte sich für die Rüstungsbetriebe der DDR und ihre Beschäftigten die Situation dramatisch. Die Friedliche Revolution, die Reform der NVA und ein Befehl des Ministeriums für Abrüstung und Verteidigung der DDR vom 1. August 1990 läuteten das Ende der Militärindustrie in der DDR ein: Nach dem Beschluss über den Haushalt für das zweite Halbjahr hatte das Ministerium alle Liefer- und Leistungsverträge storniert. Außerdem fehlten den Betrieben durch die politischen Umbrüche in der Verteidigungspolitik die Abnehmer. Die DDR-Rüstungsindustrie musste ihre Produktion zunächst um 50 Prozent drosseln, ohne auf zivile Produkte ausweichen zu können. In 20 Prozent der Betriebe ging die Produktion sogar auf Null zurück. In der zweiten Hälfte des Jahres 1990 wurde die Produktion dann vollständig gestoppt.[1178]

Staatssekretär Werner E. Ablaß zufolge entsprachen die Konsequenzen und Probleme, die sich aus dieser Konversion der DDR-Rüstungsbetriebe ergaben, einem volkswirtschaftlichen Strukturwandel mit europäischen

Dimensionen. Im Wirtschaftsministerium ging man zu diesem Zeitpunkt von 74 direkt betroffenen Betrieben mit mehr als 40.000 Beschäftigten aus.[1179] Insgesamt gehörten damals etwa 100 Betriebe und Betriebsteile mit einem Produktionsvolumen von drei Milliarden Mark und 100.000 Beschäftigten zum Komplex der Rüstungsindustrie. Der Exportanteil lag bei 15 Prozent, in einigen Betrieben mit Spitzentechnologie sogar bei 50 Prozent.[1180]

Das endgültige Ende stand fest, als die Bundeswehr nach der Wiedervereinigung nur wenig Interesse an einer Übernahme von Waffen und Ausrüstung aus der DDR und anderen Warschauer-Vertragsstaaten zeigte.[1181]

Teil III
Fazit und Anhang

Fazit

Kulissenhaft – so beschrieben nach der Friedlichen Revolution manche Bürger der DDR ihren untergangenen Staat: Überall hatte das SED-Regime die Erfolge des Sozialismus gepriesen, während Städte und Fabriken verfielen, sich die Versorgungslage nicht verbesserte und die angeblich glücklichen Menschen im Arbeiter- und Bauernstaat bespitzelt und drangsaliert wurden. Während Wahlen gefälscht und Bürger eingesperrt wurden, obwohl sich das Land das Attribut demokratisch zugelegt hatte. Ein Staat, in dem die autoritäre Führung die »unverbrüchliche Freundschaft« mit der Sowjetunion bejubelte, während die ideologischen und auch moralischen Differenzen in der Gorbatschow-Ära immer deutlicher sichtbar wurden.

Auch in der Außen-, Handels- und Verteidigungspolitik beschrieb die Staatsführung ihre Leitmotive mit hehren Begriffen, folgte aber häufig anderen Grundsätzen – zum Beispiel der ökonomischen Opportunität und der Sicherung der globalen Einflusszonen des Ostblocks. Dabei nutze die DDR eine ihrer geheimsten Organisationen, den ITA, um Devisen zu erwirtschaften und vermeintlich um die Freiheit kämpfende Organisationen zu unterstützen, die sich häufig als Terrormilizen entpuppten.

Zunächst als Organ für den planmäßigen Waffenim- und -export mit den sozialistischen Bruderstaaten innerhalb der Fünf-Jahres-Rhythmen gegründet, der den Bedarf für die sogenannten bewaffneten Organe – Militär, Stasi und Polizei – sicherstellen sollte, erweiterte die Regierung in Ost-Berlin die Aufgaben des ITA immer weiter: Bereits ab Ende der 50er-Jahre unterstützte das Regime, um internationale Anerkennung ringend, Staaten und »Befreiungsbewegungen«. Später, mit wachsender Devisenknappheit und wirtschaftlicher Not, wurde der ITA immer öfter eingesetzt, um D-Mark, US-Dollar und andere Valuta in die leeren Staatskassen zu leiten. Die Öffentlichkeit durfte davon nichts wissen. Die angeblich friedliebende Regierung hätte sich demaskiert – und arbeitete weiter an der Kulisse eines Staates im Kampf für Weltfrieden und »internationalistische Solidarität«.

Vollständig lässt sich der Umfang der Lieferungen an die Bruderstaaten im Warschauer Vertrag, an »Befreiungsbewegungen« und sozialistisch gesinnte Regierungen in Entwicklungsländern angesichts der Lücken in den Quellen und manchen Widersprüchen darin nicht mehr nachvollziehen. Doch die Entwicklung über den Planhandel hinaus lässt sich klar verfolgen. Ebenso deutlich wird, dass der Schwerpunkt der Arbeit im ITA trotz dieser Entwicklung weiter auf Im- und Exporten innerhalb der Bruderstaaten des Warschauer Vertrags lag. Auch in diesem Segment legte der Staat allergrößten Wert auf die Geheimhaltung – wie alle anderen Staaten dieser Welt auch.

Beim Planhandel im Warschauer Pakt ging es nach dem Stand der Recherchen oft nicht allzu brüderlich zu: Die UdSSR beharrte auf ihrem absoluten Machtanspruch und zog sich durch Desorganisation und Geheimniskrämerei die Wut der Satellitenstaaten zu – allen Beteuerungen der harmonischen »Friedensgemeinschaft« zum Trotz. Die kleineren Länder konkurrierten miteinander auf den internationalen Märkten. Und selbst innerhalb der DDR traten zu Beginn der 80er-Jahre zwei Organisationen als Konkurrenten auf, die sich mit der Beschaffung und den Export von Rüstungsgütern beschäftigten: der ITA und die IMES. Organisationen, die auch keine Skrupel hatten, die gegeneinander in einem grausamen Krieg verstrickten Staaten Irak und Iran zu beliefern. Mit sozialistischen Prinzipien lässt sich dieses Vorgehen nicht einmal im Ansatz begründen.

Dass sich die IMES bei ihrem außerplanmäßigen Handel vom ITA insbesondere bei der Logistik unterstützen ließ und möglicherweise ohne ihn ihren Auftrag gar nicht hätte erfüllen können, gehört zu den wichtigsten Elementen der Recherchen zu diesem Buch. Ebenfalls bedeutsam ist die Erkenntnis, dass der ITA aus vielerlei Gründen in der Öffentlichkeit kaum bekannt war und auch bis heute nur wenigen Spezialisten ein Begriff ist, obwohl der Außenhandelsbetrieb eine existenziell bedeutende Rolle im Staatsgefüge einnahm.

Seiner eigenen Logik folgend, muss man die über Jahrzehnte funktionierende Geheimhaltung als Erfolg für den ITA verbuchen. Selbst heute fühlen sich nahezu alle ehemaligen Mitarbeiter dieser Prämisse verpflichtet und schweigen über ihre damalige Arbeit. Ob dieses Verhalten so verstanden werden darf, dass sie die Geschäfte der Außenhandelsorganisation immer noch gutheißen, bleibt eine der Fragen, die der Autor immer wieder gestellt hat, aber nie eine Antwort erhalten hat.

Aus den Recherchen ergeben sich darüber hinaus weitere Fragen, die einer Aufarbeitung harren: Wie ging es bei den Verhandlungen über die Rüstung zwischen den Staaten des Ostblocks zu? Wie genau erfolgten die Vergaben aus Moskau an die Bruderländer? Hatte die ökonomische Opportunität auch in den anderen sozialistischen Staaten die gleiche Bedeutung wie in der DDR? Wie detailliert wussten die westlichen Staaten über ITA und Co. Bescheid?

Um diese Fragen zu beantworten, ist neben weiteren Recherchen die Öffnung weiterer Archive erforderlich, zum Beispiel in Moskau oder bei den Geheimdiensten. Doch damit dürfte vorerst nicht zu rechnen sein.

Danksagungen

Für die Unterstützung bei den Recherchen danke ich besonders herzlich Christian Rohlfs und Michael Heinz vom Stasi-Unterlagenarchiv des Bundesarchivs in Rostock und meinem Freund, Kapitän Andreas Neuendorf. Christian Rohlfs hat mich überzeugt, dass der ITA ein spannendes Thema ist und dass sich die aufwendigen Recherchen lohnen werden. Michael Heinz hat mit großer Sachkunde und Engagement die Recherchen in der Schlussphase begleitet und unterstützt. Außerdem gilt mein Dank Peter Kritzinger und Julius Alves vom Kohlhammer-Verlag.

Zu danken habe ich ebenfalls:

- Volker Höffer (Leiter des Stasi-Unterlagenarchivs des Bundesarchivs in Rostock)
- Henry Leide (Stasi-Unterlagenarchiv des Bundesarchivs in Rostock)
- Barbara Zabel und ihren Kollegen in der Fachinformationsstelle und Bibliothek im Zentrum Informationsarbeit der Bundeswehr in Strausberg
- Stefanie Klüh und den anderen Mitarbeitern des Bundesarchivs in Berlin-Lichterfelde, des Militärarchivs des Bundesarchivs in Freiburg i. Br. und des Filmarchivs des Bundesarchivs in Berlin-Wilmersdorf
- den Mitarbeitern des Deutschen Rundfunkarchivs, Potsdam
- Kirsten Schäffner und den anderen Mitarbeitern des Landesarchivs Greifswald
- den Mitarbeitern der Staats- und Universitätsbibliothek Hamburg Carl von Ossietzky
- den Mitarbeitern in der Bibliothek der Helmut-Schmidt-Universität der Bundeswehr, Hamburg

- den Mitarbeitern des Amtsgerichts Berlin-Charlottenburg
- Werner E. Ablaß, Staatssekretär a. D.
- Herbert Blaschek, Kavelstorf
- Beate Boehnisch, Bezirksamt Pankow von Berlin
- Rudi Dobbert (†), Hauptbahnrat der Deutschen Reichsbahn und ehemaliger Leiter des Fährkomplexes Mukran
- Simone Grün, Akademie der Bundeswehr für Information und Kommunikation im Zentrum Informationsarbeit
- Matthias Judt, Historiker
- Rainer Karlsch, Wirtschaftshistoriker
- Christiane und Klaus Köppe, Kavelstorf
- Joachim Krull, Sassnitz, ehemaliger Offizier der Deutschen Seereederei
- Helmut Müller-Enbergs, Poltikwissenschaftler
- Wolfgang Neidhardt, Strausberg, ehemaliger Generalleutnant der NVA
- Wolfhard Noack, ehemaliger Präsident der Reichsbahndirektion Greifswald
- Andreas Riedel, Interessengemeinschaft Zeitgeschichte Deutschland (IGZD)
- Gerhard Schlag, Horstwalde, ehemaliger Oberstleutnant der NVA und Kommandeur des MTI-Geländes
- Manfred Schulze, Horstwalde, ehemaliger Leiter der ITA-Ausstellung
- Birgit Stegmayer, Amnesty International
- Matthias Uhl, Deutsches Historisches Institut Moskau
- Klaus Urban, Bundesanstalt für Materialforschung und -prüfung (BAM) und Vorstand des Fördervereins Verkehrsversuchsanlage Horstwalde
- Klaus Wagner, Zivilbeschäftigter der NVA und Mitarbeiter des VEB Lehrgeräte- und Reparaturwerk Mittenwalde
- Melanie Bernstein, MdB, und Barbara Zumkley, Büro von Melanie Bernstein
- Sascha Gunold, Dozent für Militärgeschichte an der Offiziersschule des Heeres in Dresden

Literatur und Quellen

Quellenverzeichnis

Bundesarchiv (BArch)

B 206: Bundesnachrichtendienst (BND)
BVA: Bundesverwaltungsamt
DA 1: Volkskammer der DDR (10. Wahlperiode 1990)
DE 10: Ministerium für Wirtschaft
DL 2: Ministerium für Außenhandel und Innerdeutschen Handel
DL 210: Betriebe des Bereiches Kommerzielle Koordinierung
DL 226: Bereich Kommerzielle Koordinierung
DL 227: Ingenieur-Technischer Außenhandel
DM 3: Ministerium für Post- und Fernmeldewesen
DN 1: Ministerium der Finanzen
DO 1: Ministerium des Innern

Bundesarchiv, Militärarchiv (BArch-MA)

DVW: Ministerium für Nationale Verteidigung

Bundesarchiv, Stasi-Unterlagen-Archiv (BArch, MfS)

Abt. X: Internationale Verbindungen
AG BKK: Arbeitsgruppe Bereich Kommerzielle Koordinierung
AIM: Archivierte IM-Vorgänge und archivierte IM-Vorläufe
AOibE: Archivierte Arbeitsakte eines Offiziers im besonderen Einsatz
AOP: Archivierter Operativer Vorgang bzw. Feindobjektvorgang
AOPK: Archivierte Akte einer Operativen Personenkontrolle (OPK)

AP: Allgemeine Personenablage
BCD: Bewaffnung und Chemischer Dienst
BdL: Büro der Leitung/des Leiters
BKK: Bereich Kommerzielle Koordinierung
BV Berlin: Bezirksverwaltung Berlin
BV Dresden: Bezirksverwaltung Dresden
BV Rostock: Bezirksverwaltung Rostock
GH: Geheime Hauptablage
HA I: Hauptabteilung I (NVA und Grenztruppen)
HA II: Hauptabteilung II (Spionageabwehr)
HA VIII: Hauptabteilung VIII (Beobachtung, Ermittlung)
HA XVIII: Hauptabteilung XVIII (Volkswirtschaft)
HA XIX: Hauptabteilung XIX (Verkehr, Post, Nachrichtenwesen)
HA XXII: Hauptabteilung XXII (Terrorabwehr)
JHS: Juristische Hochschule des MfS
SdM: Sekretariat des Ministers
Sekr. Schwanitz: Sekretariat Schwanitz
Vorl. A: Vorläufige Ablage
VRD: Verwaltung Rückwärtige Dienste
ZAGG: Zentrale Arbeitsgruppe Geheimnisschutz
ZAIG: Zentrale Auswertungs- und Informationsgruppe
ZA Kopien: Zentrale Ablage Kopien
ZOS: Zentraler Operativstab

Bundesarchiv, Stiftung Archiv der Parteien und Massenorganisationen der DDR (SAPMO-BArch)

DY 30: SED-Bestand
DY 3023: Büro Günter Mittag im ZK der SED

Weitere Archivalien

Archiv Werner E. Ablaß, Strausberg
BND-Archiv
CIA Directorate of Intelligence (1982): Eastern Europe: Increased Emphasis in Arms Sales. An Intelligence Assessment, CIA-RDP83B00851R000400100003-9
CIA Directorate of Intelligence (1984): East European Involvement in the International Gray Arms Market. An Intelligence Assessment, CIA-RDP85T00283R-000400070008-9

ITA-Katalog, Berlin 1984. Interessengemeinschaft Zeitgeschichte Deutschland, IGZD
Landesarchiv Greifswald (LAGw), Rep. 202/3, Nr. 49

Deutscher Bundestag Drucksachen

Drucksache 12/1829: Antwort der Bundesregierung auf die Kleine Anfrage der Abgeordneten Andrea Lederer und der Gruppe der PDS/Linke Liste [d. i. Drucksache 12/1501], Bonn 1991.
Drucksache 12/3920, Zweiter Teilbericht mit einer Darstellung der zum Bereich Kommerzielle Koordinierung gehörenden Unternehmen [im Anschluss an den ersten Teilbericht – Drucksache 12/3462], Bonn 1992.
Drucksache 12/7600: Abschlußbericht des 1. Untersuchungsausschusses [des 12. Deutschen Bundestags: »Der Bereich Kommerzielle Koordinierung und Alexander Schalck-Golodkowski. Werkzeuge des SED-Regimes«], Textband, 3 Anlagenbände, Anhangband, Bonn 1994.
Drucksache 12/7650: Erster abweichender Bericht der Berichterstatterin Andrea Lederer (PDS/Linke Liste) zum Abschlußbericht des 1. Untersuchungsausschusses Kommerzielle Koordinierung, Bonn 1994.
Drucksache 12/7725: [Zweiter] Abweichender Bericht der Berichterstatterin der Gruppe Bündnis 90/Die Grünen im 1. Untersuchungsausschuß, Ingrid Köppe, MdB, Bonn 1994.
Drucksache 12/8595: Ergänzender Bericht zum Abschlußbericht des 1. Untersuchungsausschusses (Bundestagsdrucksache 12/7600), Bonn 1994.

Literaturverzeichnis

Ablaß, Werner F (1992).: Zapfenstreich. Von der NVA zur Bundeswehr, Düsseldorf.
Ablaß, Werner E. (2003a): 178 Amtstage. Eine Armee löst sich auf, in: Y – Das Magazin der Bundeswehr, 3/2003, Heft 2, S. 48–50.
Ablaß, Werner E. (2003b): Von der NVA zur Bundeswehr, in: Timmermann, Heinz (Hrsg.): Die DDR zwischen Mauerbau und Mauerfall, Münster, S. 391–395.
Americas Watch (1987): Human Rights 1986, New York.
Amnesty International (1980): Jahresbericht 1979, Frankfurt/Main.
Amnesty International (1986): Jahresbericht 1985, Frankfurt/Main.
Amnesty International (1989): Jahresbericht 1989, Frankfurt/Main.

Anthony, Ian (1998): Trends in Post-Cold War International Arms Transfers, in: Ders. (Hrsg.): Russia and the Arms Trade, Oxford, S. 16–37.

Arlt, Kurt (1995): Zum Engagement der DDR in der »Dritten Welt«, in: Thoß, Bruno (Hrsg.): Vom Kalten Krieg zur deutschen Einheit. Analysen und Zeitzeugenberichte zur deutschen Militärgeschichte 1945 bis 1995, München, S. 669–684.

Bahrmann, Hannes/Fritsch, Peter-Michael (1990): Sumpf – Privilegien, Amtsmißbrauch, Schiebergeschäfte, Berlin.

Bayerlacher, Wolfgang: Die außenpolitischen Interessen und die Beziehungen der DDR zu Äthiopien, in: Bock, Siegfried/Muth, Ingrid/Schwiesau, Hermann (Hrsg.): Alternative deutsche Außenpolitik? DDR-Außenpolitik im Rückspiegel (II), Berlin 2006, S. 98–115.

Behling, Klaus (2004): Spione in Uniform. Die alliierten Militärmissionen in Deutschland, Stuttgart.

Bengtson-Krallert, Matthias (2017): Die DDR und der internationale Terrorismus, Marburg.

Bock, Siegfried/Muth, Ingrid/Schwiesau, Hermann (2006): Vorbemerkungen, in: Dies. (Hrsg.): Alternative deutsche Außenpolitik? DDR-Außenpolitik im Rückspiegel (II), Berlin, S. 7–10.

Bolsinger, Walter (2012): Deutschland die Drehscheibe des Waffenhandels, Norderstedt.

Bönisch, Otto/Wenzel, Harry/Stübner, Joachim (1996): DSR-Lines. Die Deutsche Seereederei Rostock, Hamburg.

Borchert, Jürgen (2006): Die Zusammenarbeit des Ministeriums für Staatssicherheit (MfS) mit dem sowjetischen KGB in den 70er und 80er Jahren. Ein Kapitel aus der Geschichte der SED-Herrschaft. Berlin.

Bossig, Klaus (2019): Deutsche Reichsbahn und Landesverteidigung. Katastrophenzüge, Lazarettzüge, sowjetische Militärzüge, Freiburg i. Br.

Bröckermann, Heiner (2011): Landesverteidigung und Militarisierung. Militär- und Sicherheitspolitik der DDR in der Ära Honecker 1971–1989, Berlin.

Buthmann, Reinhard (2004): Die Arbeitsgruppe Bereich Kommerzielle Koordinierung, Berlin 2004, http://www.nbn-resolving.org/urn:nbn:de:0292-978394213 01894, abgerufen am 08.04.2020.

Cammin, Franziska (2014): Die Deutsche Seereederei als Staatsreederei der DDR. Die Handelsflotte zwischen staatlicher Kontrolle und Freiheit auf See, Hamburg.

Cedeno, Humberto (2022): Peru–DDR. Enge militärische Beziehungen, in: Zeitschrift des Forschungsverbundes SED-Staat, 49/2022, S. 149–172.

Diedrich, Torsten/Ehlert, Hans/Wenzke, Rüdiger (1998): Die bewaffneten Organe der DDR im System von Partei, Staat und Landesverteidigung. Ein Überblick, in: Dies. (Hrsg.): Im Dienste der Partei. Handbuch der bewaffneten Organe der DDR, Berlin, S. 1–68.

Diedrich, Torsten/Wenzke, Rüdiger (2001): Die getarnte Armee. Geschichte der Kasernierten Volkspolizei der DDR 1952–1956, Berlin.

Diedrich, Torsten (2015): Zwischen Anspruch und Möglichkeit. Die Rüstungsindustrie der DDR, in: Kollmer, Dieter H. (Hrsg.): Militärisch-Industrieller Komplex? Rüstung in Europa und Nordamerika nach dem Zweiten Weltkrieg, Freiburg i. Br., S. 155–190.

Diestel, Hans-Hermann (2017): Die DSR im Kalten Krieg, Rostock.

Ehlert, Hans (2002): Von der »Wende« zur Einheit. Ein sicherheitspolitischer Rückblick auf das letzte Jahr der Nationalen Volksarmee, in: Ders. (Hrsg.): Armee ohne Zukunft. Das Ende der NVA und die deutsche Einheit. Zeitzeugenberichte und Dokumente, Berlin, S. 1–76.

Emmerling, Inga (2013): Die DDR und Chile (1960–1989), Berlin.

Engelhardt, Heinrich (1996): Unterstützung befreundeter Staaten und progressiver nationaler Befreiungsbewegungen durch die NVA, in: Naumann, Klaus (Hrsg.): NVA. Anspruch und Wirklichkeit nach ausgewählten Dokumenten, Hamburg/Berlin/Bonn, S. 317–329.

Eppelmann, Rainer (1992): Wendewege. Briefe an die Familie, hrsg. von Dietmar Herbst, Bonn/Berlin.

Fisker, Jürgen (2013): Eine etwas ungewöhnliche Afrikareise, in: Bordgeschichten XI, S. 51–53.

Froh, Klaus/Wenzke, Rüdiger (2000): Die Generale und Admirale der NVA. Ein biografisches Handbuch, Berlin.

Gall, Ulrich (1992): Technik und Bewaffnung. Zwischen Vorrang, Mangel und Abhängigkeiten, in: Brackerra, Manfred (Hrsg.): NVA – ein Rückblick für die Zukunft, Köln, S. 285–310.

Gall, Ulrich (o. J.): Erinnerungen an den Dienstbereich Technik und Bewaffnung des Ministeriums für Nationale Verteidigung. Entwicklung, Aufgaben, Struktur, Arbeitsweise und Probleme, unter Mitarbeit von Wolfgang Neidhardt, https://docplayer.org/82077636-1-zur-entwicklung-der-materiell-technischen-versorgung-und-des-dienstbereiches-technik-und-bewaffnung-des-ministeriums-fuer-nationale-verteidigung.html, abgerufen am 16.07.2023

Gießmann, Hans-Joachim (1992): Das unliebsame Erbe. Die Auflösung der Militärstruktur der DDR, Baden-Baden.

Goll, Jörn-Michael (2011): Kontrollierte Kontrolleure. Die Bedeutung der Zollverwaltung für die »politisch-operative Arbeit« des Ministeriums für Staatssicherheit der DDR, Göttingen.

Gribkow, Anatoli L. (1995): Der Warschauer Pakt. Geschichten und Hintergründe des östlichen Militärbündnisses, Berlin.

Haendcke-Hoppe-Arndt, Maria (1997): Die Hauptabteilung XVIII: Volkswirtschaft, Berlin.

Hänsel, Werner/Michael, Heinz (1990): Rüstungskonversion in den neuen Bundesländern, in: Wissenschaft und Frieden, 3/1990, https://wissenschaft-und-frieden.de/artikel/ruestungskonversion-in-den-neuen-bundeslaendern, abgerufen am 31.01.2024.

Hartwig, Jan-Hendrik (2017): Die Erkenntnisse des Bundesnachrichtendienstes über die Wirtschaft der Deutschen Demokratischen Republik, München.
Heinemann, Winfried (2011): Die DDR und ihr Militär, München.
Herf, Jeffrey (2019): Unerklärte Kriege gegen Israel. Die DDR und die westdeutsche Linke 1967–1998, Göttingen.
Herspring, Dale R. (2000): Requiem für eine Armee. Das Ende der Nationalen Volksarmee der DDR, Baden-Baden.
Hilger, Andreas (2018): Sowjetisch-indische Beziehungen 1941–1966. Imperiale Agenda und nationale Identität in der Ära von Dekolonisierung und Kaltem Krieg, Köln.
Höffer, Volker (2018): Die Hinterlassenschaft der Stasi und der Beginn ihrer behördlichen Aufarbeitung. Betrachtungen eines Zeitzeugen, in: Creuzberger, Stefan/Mrotzek, Fred/Niemann, Mario (Hrsg.): Land im Umbruch. Mecklenburg-Vorpommern nach dem Ende der DDR, Berlin, S. 439–468.
Hofmeier, Rolf/Matthies, Volker: Einführung: Vergessene Kriege und ihre Opfer – Kriegszeiten und Nachkriegszeiten, in: Dies. (Hrsg.): Vergessene Kriege in Afrika, Göttingen 1992, S. 7–24.
Hollmann, Michael (2020): Die DDR im Bundearchiv. Eine Bestandsauswahl, in: Forum – Das Fachmagazin des Bundesarchivs, Ausgabe 2020, S. 15–34.
Irmen, Helmut (2014): Stasi und Militärjustiz. Der Einfluss des Ministeriums für Staatssicherheit auf Strafverfahren und Strafvollzug in der Militärjustiz der DDR, Berlin/München/Boston.
Jablonsky, Walter (2001): Zur Rüstungspolitik der DDR unter besonderer Berücksichtigung der maritimen Rüstung, in: Ders./Wünsche, Wolfgang (Hrsg.): Im Gleichschritt? Zur Geschichte der NVA, Berlin, S. 90–119.
Judt, Matthias (2013): Der Bereich Kommerzielle Koordinierung. Das DDR-Wirtschaftsimperium des Alexander Schalck-Golodkowski – Mythos und Realität, Berlin.
Karlsch, Rainer (1999): Wirtschaftliche Belastungen durch bewaffnete Organe, in: Enquete-Kommissionen »Überwindung der Folgen der SED-Diktatur im Prozess der deutschen Einheit« (13. Wahlperiode des Deutschen Bundestags), Band III/2: Wirtschafts-, Sozial- und Umweltpolitik, Baden-Baden, S. 1500–1534.
Karlsch, Rainer (2004): Die Rüstungsindustrie der DDR im Überblick, in: Ehlert, Hans/Rogg, Matthias (Hrsg.): Militär, Staat und Gesellschaft. Forschungsfelder, Ergebnisse, Perspektiven, Berlin, S. 173–186.
Kirshin, Yuriy (1998): Conventional Arms Transfers During the Soviet Period, in: Anthony, Ian (Hrsg.): Russia and the Arms Trade, Oxford, S. 38–70.
Klietz, Wolfgang (2012): Ostseefähren im Kalten Krieg, Berlin.
Klietz, Wolfgang (2018): Rügenhafen, in: Zeitgeschichte regional – Mitteilungen aus Mecklenburg-Vorpommern, 22 (1), S. 74–80.
Klietz, Wolfgang (2019): Schutzlos auf See. Angriffe auf die zivile Schifffahrt der DDR, Rostock.

Klietz, Wolfgang (2020): Gekaperte Erinnerung. Warum der Einfluss alter Kader auf die maritime Geschichtsschreibung der DDR immer noch groß ist. Aus den Erfahrungen eines Journalisten und Autors, in: Zeitschrift des Forschungsverbundes SED-Staat, 45/2020, S. 208–212.

Klietz, Wolfgang (2023): Geheime Transporte über die Ostsee. Von Atomwaffen, Geheimdiensten und Bausoldaten im Kalten Krieg, Stralsund.

Köhler, Siegfried (2012): Der Überseehafen Rostock unter Kontrolle der Staatssicherheit, Schwerin.

Koop, Jan (1995): Abgewickelt. Auf den Spuren der Nationalen Volksarmee, Bonn.

Krull, Joachim (2022): Seefahrt unter der Flagge der Deutschen Seereederei und unter dem Flügelrad der Deutschen Reichsbahn. Die Melodie meines Lebens. Ein Fahrensmann erzählt, Sassnitz (Selbstverlag).

Laumer, Hubertus (2005): ... und im Schlepp die »Arendsee«, in: Bordgeschichten VI, S. 87–95.

Lindemann, Hans (1986): Moskaus Traum: Nicaragua, Stuttgart.

Mack, Hubertus (2012): Vorwort, in: Storkmann, Klaus: Geheime Solidarität. Militärbeziehungen und Militärhilfen der DDR in die »Dritte Welt«, Berlin, S. XI.

Maeke, Lutz (2017): DDR und PLO. Die Palästinapolitik des SED-Staates, Berlin/Boston.

Markus, Uwe (2010): Waffenschmiede DDR, Berlin.

Marxen, Klaus/Vormbaum, Moritz/Werle, Gerhard (2020): Die strafrechtliche Aufarbeitung von DDR-Unrecht, Berlin/Boston.

Meinhard, Thomas (1994): Kurzinformation Rüstungsexport, in: Pax Christi, deutsches Sekretariat (Hrsg.): Rüstungsexport im »neuen Deutschland«, Bad Vilbel 1994, S. 26–29.

Meining, Stefan (2002): Kommunistische Judenpolitik. Die DDR, die Juden und Israel, Hamburg.

Michaelis, Konrad (2013): 650 Tonnen Geld, in: Bordgeschichten XI, S. 47–50.

Minow, Fritz (2011): Die NVA und die Volksmarine in den Vereinten Streitkräften. Geheimnisse der Warschauer Vertragsorganisation, Friedland.

Möller, Harald (1998/99): Die Rolle der DDR im Krieg Irak-Iran – neue Quellen (Arbeitspapier), Berlin.

Möller, Harald (2004): DDR und Dritte Welt. Die Beziehungen der DDR mit Entwicklungsländern, Berlin.

Möller, Harald (2006): Waffen für Iran und Irak, Berlin.

Mühlfriedel, Wolfgang/Hellmuth, Edith (2004): Carl Zeiss in Jena 1945–1990, Köln.

Neidhardt, Wolfgang/Marum, Ludwig (2005): Über den Verteidigungshaushalt und weitere Fragen der Ökonomischen Sicherstellung der Landesverteidigung der DDR im Kalten Krieg, in: Rosa-Luxemburg-Stiftung (Hrsg.): Probleme der Rüstung und ihrer ökonomischen Sicherstellung in den Jahren des Kalten Krieges und in der Gegenwart. Materialien eines Seminars der Rosa-Luxemburg-Stiftung und des Militärhistorischen Institutes der russischen Armee im Mai/Juni

2004, https://www.rosalux.de/fileadmin/rls_uploads/pdfs/Studie__SLV_01.pdf, abgerufen am 21.07.2023.

Neidhardt, Wolfgang/Marum, Ludwig (2009): Der Kalte Krieg und die Rüstung in Ost und West, Berlin.

Opitz, Petra (1991): Rüstungsproduktion und Rüstungsexport der DDR, Arbeitspapiere der Berghof-Stiftung für Konfliktforschung Nr. 45, Berlin.

Oreschko, Johannes (1992): Zu den Rüstungsbeziehungen Sowjetunion und ehemalige DDR, in: Soldat und Technik, 3/1992, S. 200–203.

Oreschko, Johannes (2011): Im Kalten Krieg. Ein General der Nationalen Volksarmee erinnert sich, Berlin.

Przybylski, Peter (1992): Tatort Politbüro, Bd. 2: Honecker, Mittag und Schalck-Golodkowski, Berlin.

Rogg, Matthias (2008): Armee des Volkes. Militär und Gesellschaft in der DDR, Berlin.

Schäfer, Madlen: Stasi-Waffenhilfe für Syrien, in: bpb, 17.04.2018, https://www.bpb. de/geschichte/deutsche-geschichte/stasi/233561/stasi-in-syrien, abgerufen am 16.04.2020.

Schalck-Golodkowski, Alexander (2000): Deutsch-deutsche Erinnerungen, Reinbek.

Schleicher, Hans-Georg (2006): Die Haltung der DDR zu Befreiungsbewegungen am Beispiel der SWAPO Namibias, in: Bock, Siegfried/Muth, Ingrid/Schwiesau, Herrmann (Hrsg.): Alternative deutsche Außenpolitik? DDR-Außenpolitik im Rückspiegel (II), Berlin, S. 116–135.

Schleicher, Ilona/Schleicher, Hans-Georg (1997): Die DDR im südlichen Afrika. Solidarität und Kalter Krieg, Hamburg.

Schnauer, Arvid (2019): DDR-Unrecht wiedergutmachen – neues Unrecht aufdecken. Dokumentation der Arbeit des Gerechtigkeitsausschusses der (Hanse-)Stadt Rostock in den Prozessen des politischen Umbruchs 1989–1994, Rostock.

Schönherr, Siegfried (1999): Rüstung in der DDR. Legende und Wirklichkeit. In: Ders. (Hrsg.): Streitkräfte, Ökonomie und Europäische Sicherheit, Dachau, S. 281–306.

Schulze, Hans-Michael (2001): In den Wohnzimmern der Macht. Das Geheimnis des Pankower »Städtchens«, Berlin.

Schürer, Gerhard/Wenzel, Siegfried (1995): Wir waren die Rechner, immer verpönt, in: Pirker, Theo u. a. (Hrsg.): Der Plan als Befehl und Funktion. Wirtschaftsführung der DDR – Gespräche und Analysen, Opladen, S. 67–120.

Seiffert, Wolfgang/Treutwein, Norbert (1991): Die Schalck-Papiere. DDR-Mafia zwischen Ost und West, München.

Siebs, Benno-Eide (1999): Die Außenpolitik der DDR 1976–1989. Strategien und Grenzen, Paderborn.

Stange, Gerd (2009): Maschinenteile zum einmaligen Gebrauch, in: Bordgeschichten VIII, S. 90–93.

Statistisches Bundesamt (Hrsg.) (1993): Sonderreihe mit Beiträgen für das Gebiet der ehemaligen DDR, Heft 9: Umsätze im Außenhandel 1975 und 1980 bis 1990, Wiesbaden.

Storkmann, Klaus (2012): Geheime Solidarität. Militärbeziehungen und Militärhilfen der DDR in die »Dritte Welt«, Berlin.

Storkmann, Klaus (2018): 21. Januar 1989. Einseitige Abrüstung der DDR, in: Militärgeschichte – Zeitschrift für historische Bildung, 4/2018, S. 29.

Timm, Angelika (1997): Hammer Zirkel Davidstern. Das gestörte Verhältnis der DDR zu Zionismus und Staat Israel, Bonn.

Uhl, Matthias (2015): Umfang, Struktur und Leistungsvermögen des militärisch-industriell-akademischen Komplexes der Sowjetunion 1945–1970, in: Kollmer, Dieter H. (Hrsg.): Militärisch-Industrieller Komplex? Rüstung in Europa und Nordamerika nach dem Zweiten Weltkrieg, Freiburg i. Br., S. 49–76.

Untersuchungsausschuß der Stadt Greifswald (Hrsg.) (1990): Abschlußbericht des Untersuchungsausschusses der Stadt Greifswald, Greifswald.

Von der Heyden, Ulrich (2009): Soweto, 1976. Die Südafrika-Politik der DDR, in: Hilger, Andreas (Hrsg.): Die Sowjetunion und die Dritte Welt. Staatssozialismus und Antikolonialismus im Kalten Krieg 1945–1991, München, S. 219–238

Von der Lippe, Peter (1995): Die gesamtwirtschaftlichen Leistungen der DDR-Wirtschaft in den offiziellen Darstellungen. Die amtliche Statistik der DDR als Instrument der Agitation und Propaganda der SED, in: Deutscher Bundestag (Hrsg.): Materialien der Enquete-Kommission »Aufarbeitung von Geschichte und Folgen der SED-Diktatur in Deutschland«, Bd. II/3: Machtstrukturen und Entscheidungsmechanismen im SED-Staat und die Frage der Verantwortung), Baden-Baden, S. 1973–2193.

Von Loewenich, Maria (2020): Die Akten der Treuhandanstalt, in: Forum – Das Fachmagazin des Bundesarchivs, Ausgabe 2020, S. 45–52.

Von Löwis of Menar, Henning (1983): Militärisches und paramilitärisches Engagement der DDR in der Dritten Welt, in: Baske, Siegfried/Zieger, Gottfried (Hrsg.): Die Dritte Welt und die beiden Staaten in Deutschland, Asperg bei Stuttgart, S. 125–140.

Von Plate, Bernard (1979): Der nahe und mittlere Osten sowie der Maghreb, in: Jacobsen, Hans-Adolf/Leptien, Gert/Scheuner, Ulrich/Schulz, Eberhard (Hrsg.): Drei Jahrzehnte Außenpolitik der DDR, München/Wien 1979, S. 673–698.

Wagner, Armin (2002): Walter Ulbricht und die geheime Sicherheitspolitik der SED. Der Nationale Verteidigungsrat der DDR und seine Vorgeschichte (1953–1971), Berlin.

Waibel, Harry (2015): Rassismus in der DDR – über den gescheiterten Antifaschismus der SED, in: Gerbergasse 18, 2/2015, S. 41–46.

Wentker, Hermann (2007): Außenpolitik in engen Grenzen. Die DDR im internationalen System 1949–1989, München.

Wenzke, Rüdiger (2009): »Sozialistische Waffenbrüder?« Über die Beziehungen der Nationalen Volksarmee der DDR zu anderen Warschauer-Pakt-Armeen, in:

Diedrich, Torsten/Heinemann, Winfried/Ostermann, Christian F. (Hrsg.): Der Warschauer Pakt. Von der Gründung bis zum Zusammenbruch 1955 bis 1991, Berlin, S. 85–118

Wenzke, Rüdiger (2013): Ulbrichts Soldaten. Die Nationale Volksarmee 1956–1971, Berlin.

Wettig, Gerhard (2015): Die Stalin-Note. Historische Kontroverse im Spiegel der Quellen, Berlin.

Wolf, Stephan (2004): Das Ministerium für Staatssicherheit und die Überwachung der NVA durch die Hauptabteilung I, in: Ehlert, Hans/Rogg, Matthias (Hrsg.): Militär, Staat und Gesellschaft. Forschungsfelder, Ergebnisse, Perspektiven, Berlin, S. 323–336.

Yordanov, Radoslav (2009): Addis Abeba, 1977. Brüderliche Militärhilfe und globale militärische Strategie. Die sowjetische Verwicklung in den Konflikt zwischen Äthiopien und Somalia, in: Hilger, Andreas (Hrsg.): Die Sowjetunion und die Dritte Welt. UdSSR, Staatssozialismus und Antikolonialismus im Kalten Krieg 1945–1991, München 2009, S. 239–258.

Abkürzungsverzeichnis

ABC	Atomare, biologische und chemische Waffen
AHB	Außenhandelsbetrieb
AK	Awtomat Kalaschnikowa (automatische Kalaschnikow), Reihe sowjetischer Sturm- und Maschinengewehre
AKM	Awtomat Kalaschnikowa modernizirovannyj (modernisierte automatische Kalaschnikow)
AKMK	AKM mit Kolben; auch KMK genannt
ANC	African National Congress (Afrikanischer Nationalkongress)
BCD	Abteilung Bewaffnung/Chemischer Dienst des MfS
BMP	Bojewaja Maschina Pjechoty (Gefechtsfahrzeug der Infanterie), schwimmfähiger Schützenpanzer
BND	Bundesnachrichtendienst
BO	Bewaffnete Organe
BRD	Bundesrepublik Deutschland
BSA	Bereich Spezieller Außenhandel, Abteilung im Ministerium für Außenhandel der DDR
CIA	Central Intelligence Agency, Auslandsgeheimdienst der USA
CDU	Christlich-Demokratische Union
ČSSR	Československá socialistická republika (Tschechoslowakische Sozialistische Republik)
CSU	Christlich-Soziale Union
DDR	Deutsche Demokratische Republik

DM	Deutsche Mark, Währung der BRD und Bezeichnung der Währung der DDR bis 1964
DR	Deutsche Reichsbahn, Bahnbetrieb der DDR
DSR	Deutsche Seereederei Rostock
DVP	Deutsche Volkspolizei
FIM	Führungs-IM des MfS
GI	Geheimer Informator des MfS, Bezeichnung für IM bis 1968
GHI	Geheimer Hauptinformator des MfS
GKES	Gosudarstvennyj komitet Soveta Ministrov SSSR po vnešnim ėkonomičeskim svjazjam (Staatliches Komitee für außenwirtschaftliche Beziehungen beim Ministerrat der UdSSR)
GMS	Gesellschaftlicher Mitarbeiter für Sicherheit des MfS
GSSD	Gruppe der sowjetischen Streitkräfte in Deutschland
GST	Gesellschaft für Sport und Technik
Gosplan	Gossudarstwenny planowy komitet (Staatliches Plankomitee der UdSSR)
HA	Hauptabteilung des MfS
HVA	Hauptverwaltung A des MfS, Auslandsnachrichtendienst
i. A.	in Auflösung
IHZ	Internationales Handelszentrum
IM	Inoffizieller Mitarbeiter des MfS
IME	Inoffizieller Mitarbeiter des MfS im besonderen Einsatz
IMES	Internationale Messtechnik Import-Export GmbH
IMS	Inoffizieller Mitarbeiter des MfS zur Sicherung- und Durchdringung eines Verantwortungsbereiches
INEX	Industrieanlagen-Export Berlin
i. L.	in Liquidation
ITHV	Ingenieur-Technische Hauptverwaltung

ITA	Ingenieur-Technischer Außenhandel
ITV	Ingenieur-Technische Verwaltung
KGB	Komitet gossudarstwennoi besopasnosti (Komitee für Staatssicherheit der UdSSR)
KoKo	Kommerzielle Koordinierung, Bereich im Ministerium für Außenhandel der DDR; auch BKK
KP	Kommunistische Partei
KPdSU	Kommunistische Partei der Sowjetunion
KSD	Kombinat Spezialtechnik Dresden
KVP	Kasernierte Volkspolizei
LVO	Liefer- und Leistungsverordnung
MfNV	Ministerium für Nationale Verteidigung
MfS	Ministerium für Staatssicherheit
MiG	Mikojan-Gurewitsch, sowjetischer Hersteller für Militärflugzeuge
MTI	Militärtechnisches Institut der NVA
MPi	Maschinenpistole
MPLA	Movimento Popular de Libertação de Angola (Volksbewegung zur Befreiung Angolas)
MTU	Motoren- und Turbinen-Union
MVM	Militärverbindungsmission
MWTR	Militärisch-Wissenschaftlich-Technischer Rat
NATO	North Atlantic Treaty Organization (Nordatlantikpakt)
NSW	Nichtsozialistischer Wirtschaftsraum
NVA	Nationale Volksarmee
Oberstltn.	Oberstleutnant der NVA
OV	Operativvorgang des MfS
OPK	Operative Personenkontrolle des MfS

PLO	Palestine Liberation Organization (Palästinensische Befreiungsorganisation)
RGW	Rat für gegenseitige Wirtschaftshilfe
RKG	Rutschnaja Kumuljatiwnaja Granata (Hohlladungshandgranate)
RPG	Rutschnoi Protiwotankowy Granatomjot (handgehaltener Panzerabwehrgranatwerfer)
SDI	Strategic Defense Initiative (Strategische Verteidigungsinitiative der USA)
SED	Sozialistische Einheitspartei Deutschlands
SM	Splittermine
SPK	Staatliche Plankommission der DDR
Stasi	Staatssicherheit (MfS)
StB	Státní Bezpečnost, Staatssicherheitsdienst der ČSSR
SW	Sozialistischer Wirtschaftsraum
SWAPO	South-West Africa People's Organisation (Südwestafrikanische Volksorganisation)
TAKRAF	Tagebau-Ausrüstungen, Krane und Förderanlagen (Kombinat der DDR)
UdSSR	Union der Sozialistischen Sowjetrepubliken
UNIMAK	Unifizierte Maschinen Konstruktion, nach einigen Quellen auch Universalmaschinen Koppatsch; Vereinigung Volkseigener Betriebe im Rüstungssektor der DDR
VAR	Vereinigte Arabische Republik
VEB	Volkseigener Betrieb
VDM	Valuta-DM
VM	Valutamark
VOK	Vereintes Oberkommando der Warschauer Vertragsstaaten
VR	Volksrepublik
VRD	Verwaltung Rückwärtige Dienste des MfS

VS	Verschlusssache
WVO	Warschauer Vertragsorganisation, »Warschauer Pakt«
VVB	Vereinigung Volkseigener Betriebe
ZAPU	Zimbabwe African People's Union (Afrikanische Volksunion von Simbabwe)
ZK	Zentralkomitee

Abbildungsverzeichnis

Autor	Foto: Frank Behling	2
Abb. 1:	ITA-Katalog; Interessengemeinschaft Zeitgeschichte Deutschland (IGZD)	46
Abb. 2:	ITA-Katalog; Interessengemeinschaft Zeitgeschichte Deutschland (IGZD)	77
Abb. 3:	BArch, MfS, ZAGG 1131, Bl. 8	82
Abb. 4:	ITA-Katalog; Interessengemeinschaft Zeitgeschichte Deutschland (IGZD)	88
Abb. 5:	ITA-Katalog; Interessengemeinschaft Zeitgeschichte Deutschland (IGZD)	102
Abb. 6:	BArch, MfS, HA PS, Fo 44, Bild 0003	111
Abb. 7:	BArch, MfS, HA PS, Fo 44, Bild 0001	123
Abb. 8:	BArch, MfS, Sekr. Neiber, Nr. 21, Bild 15	129
Abb. 9:	BArch, MfS, Sekr. Neiber, Nr. 21, Bild 8	131
Abb. 10:	BArch, MfS, HA XVIII/42146, Bd. 2, Bl. 2	154
Abb. 11:	BArch, MfS, HA XVIII/42146, Bd. 2, Bl. 3	155
Abb. 12:	ITA-Katalog; Interessengemeinschaft Zeitgeschichte Deutschland (IGZD)	216
Abb. 13:	BArch, DL 227/795 (unpaginiert)	253
Abb. 14:	Foto: Wolfgang Klietz	255
Abb. 15:	Foto: Sammlung Klaus Wagner	258
Abb. 16:	ITA-Katalog; Interessengemeinschaft Zeitgeschichte Deutschland (IGZD)	260
Abb. 17:	ITA-Katalog; Interessengemeinschaft Zeitgeschichte Deutschland (IGZD)	260
Abb. 18:	Foto: Sammlung Klaus Wagner	262

Abb. 19: Foto: Litauisches Meeresmuseum Klaipėda 268

Register

Ortsregister

A

Addis Abeba   128, 129, 132, 150, 157, 211
Aden   165
Afghanistan   67, 96, 151
Ägypten   12, 51, 56, 64, 70, 74, 107, 108, 116–120, 146, 147, 149, 183, 209, 222, 233, 248, 320, 324, 327
Akaba   165, 170
Albanien   240, 317
Algerien   51, 56, 57, 62, 148, 184, 209, 222, 224, 231–233
Algier   169
Angola   39, 51, 57, 63, 67, 69–74, 78, 80, 81, 85, 107, 126–128, 151, 161, 164, 165, 167, 188, 189, 222, 233, 272, 323
Argentinien   51, 224, 233
Assab   128, 303
Äthiopien   12, 39, 51, 57, 67, 69–72, 74, 78, 80, 85, 107, 108, 128–130, 132–134, 150, 151, 161, 162, 166, 184, 188, 221, 222, 243, 271, 272, 303, 323

B

Bad Schandau   34, 47, 49, 95, 254, 300, 301
Bagdad   47, 88, 96, 97, 99, 101, 103, 104, 215
Bandar-Abbas   166
Bangladesch   150, 151
Basra   88, 102, 163, 165
Bautzen   190, 198
Beira   156, 159
Belgrad   117
Berlin (Ost)   13, 32, 37, 66, 67, 80, 91, 101, 112, 122, 124, 125, 130, 132, 134, 136, 141, 146, 152, 157, 159, 169, 200, 225, 228, 248, 252, 262, 298, 300, 301, 303
Berlin (West)   26, 92, 192, 193, 199
Bombay   137
Bonn   58, 105, 200, 224, 226, 228, 235
Botswana   51, 67
Brasilien   51, 233
Brest   237, 303
Budapest   180
Bulgarien   27, 28, 33, 46, 47, 49, 65, 97, 113, 143, 146, 148, 254, 274, 288, 294, 307, 310–313
Bundesrepublik Deutschland   22, 23, 38, 58, 59, 101, 105, 115, 165, 172,

192, 201, 206, 208, 209, 224–226,
229–231, 235, 237, 246, 248, 278,
298, 303
Burma   150
Busan   166
Bützow   303, 304

C

Ceuta   165
Chemnitz   277, 323
Chile   79, 244
China   26, 27, 34, 56, 135, 137–139, 200
Cottbus   325
ČSFR   226, 229, 231, 238
ČSSR   25, 47, 64, 65, 73, 95–97, 112, 113, 116, 139, 140, 146, 149, 166, 173, 187, 189, 201, 254, 288, 293, 294, 298, 301, 302, 306, 307, 309, 310, 312, 314, siehe auch ČSFR

D

Damaskus   121
Danzig   217
Dessau   33, 323
Douala   153
Dresden   42, 54, 119, 121, 208, 209, 228, 232, 233, 248, 322–325
Dschidda   170
Düsseldorf   204, 240

E

Erfurt   303

F

Finnland   35, 93
Frankfurt/Main   208, 303

Frankfurt/Oder   34, 202, 254, 300, 301, 303
Frankreich   62, 164, 190, 192, 193, 215

G

Gdynia   215, 217
Gransee   166
Greifswald   163, 176, 233, 327
Großbeeren   15
Guinea   56, 62, 63
Guinea-Bissau   63, 69, 107, 142, 153
Gutenfürst   93
Guyana   74

H

Hamburg   188, 235
Helsinki   35
Hormus   167
Horstwalde   110, 254–259, 261–264, 284, 297
Hsin Kang   166

I

Ilmenau   278
Indien   51, 74, 137, 138, 209, 212, 222–224, 229–231, 235, 307
Indochina   56
Irak   12, 40, 47, 51, 53, 57, 58, 64, 74, 78, 86–88, 91, 94–105, 139, 145, 146, 148, 149, 161, 163–167, 184, 203, 209, 212, 214–217, 222, 224, 231–233, 235, 242, 245, 248, 307, 312, 324
Iran   12, 39–41, 47, 51, 53, 65, 78, 86–99, 101, 103–105, 145, 146, 149, 166, 167, 209, 222, 242, 243, 245, 312

Israel 70, 101, 107, 115–117, 119, 120, 122, 124, 137, 169, 244

J

Japan 100
Jemen, Demokratische Volksrepublik (»Südjemen«) 40, 51, 53, 54, 57, 58, 74, 107, 108, 124, 151, 161, 165, 231
Jemenitische Arabische Republik (JAR, »Nordjemen«) 40, 47, 48, 51, 53, 54, 74, 108, 149, 161, 231
Jena 138, 208, 295, 319, 322, 325
Jordanien 51, 116, 164, 165, 170
Jugoslawien 34, 117, 126, 221, 224, 233

K

Kairo 49, 116, 119, 210, 228, 248, 274
Kambodscha 12, 162
Kamerun 153, 212
Kapen 313, 314, 325
Kapverden 63
Karl-Marx-Stadt 52, 162, 325
Kavelstorf 11, 12, 14, 37, 206, 207, 213, 218–220, 242, 302
Klaipėda 268, 328
Klein Warin 302
Köln 74
Kongo 108
Königswartha 175, 236, 303, 322, 325
Kuba 34, 128, 140, 141, 189, 221, 232, 235
Kummersdorf 284
Kuwait 98, 105, 166, 167, 215, 217, 232

L

Lagos 166, 208
Laos 162
Larnaka 168, 169, 174
Latakia 121, 174
Leipzig 35, 152, 157–159, 201, 202, 259, 264, 324
Leningrad 165
Libyen 57, 58, 64, 73, 74, 81, 106–115, 125, 129, 148, 184, 212, 245, 256, 307, 327
Lima 171
Limassol 165
London 271
Luanda 78, 167, 168
Lübben 91, 115, 232, 320, 322, 325
Ludwigsfelde 31, 52, 99, 110, 232, 323, 325

M

Magdeburg 324
Maputo 78, 154, 156, 157
Mersin 169
Mexiko 147
Mittenwalde 140, 232, 323, 325
Mocamedes 126
Mongolei 150, 240
Mosambik 12, 39, 51, 57, 63, 67–71, 73, 74, 78, 80, 81, 85, 107, 136, 150–154, 156–159, 161, 164, 188, 223, 233, 235, 323
Moskau 22, 23, 32, 33, 65, 98, 143, 145, 147, 149, 182, 184, 199, 200, 228, 234, 238, 240, 267, 273, 274, 278, 308, 311, 312, 323, 326
Mukran 174–176, 187, 221, 254, 265–269, 328
München 198
Murmansk 165

N

Nacala 156
Naher Osten 56, 57, 64, 71, 116, 117
Nakenstorf 302
Namibia 65, 69, 70, 80, 107, 126
Neubrandenburg 53, 201, 206, 312, 318, 322, 324, 325
Neu-Delhi 222, 230
Neukloster 302
Nicaragua 51, 74, 140–142, 151, 188, 222, 223, 233
Nigeria 52, 74, 166, 208, 209
Nordkorea 65, 135, 221, 232, 240
Norwegen 161, 163

O

Odessa 298
Österreich 93, 221, 229

P

Pakistan 51, 137, 200, 214
Paris 271
Peking 26, 27
Peru 51, 147, 171, 172, 222
Pinnow 323, 325
Piräus 168, 169
Polen 25, 27, 33, 47, 49, 65, 67, 113, 143, 165, 201, 212, 226, 254, 288, 293–295, 298, 306, 307, 310
Portugal 63, 69, 127, 152, 239
Potsdam 14, 192, 193, 196
Prag 30, 51, 181

Q

Quelimane 156

R

Rhodesien 63, 69, 107
Riga 173, 265, 300
Rostock 11, 17, 34, 45, 47, 93–95, 136, 137, 140, 152, 153, 156, 158, 159, 161–164, 166–168, 170–173, 175, 176, 186, 187, 189, 193, 206, 217, 218, 222, 223, 245, 254, 265, 266, 269, 299–304, 324
Rumänien 31, 65, 113, 143, 144, 254, 271, 288, 312

S

Sachsen 325
Saida 168, 169
Salzburg 93
Sambia 65, 67, 74, 231, 233
Sansibar 63, 85
Sassnitz 163, 165, 175, 266
Saudi-Arabien 98, 103, 170
Schkeuditz 323
Schweden 90, 93, 163
Schweiz 126, 171, 229
Shuaiba 167
Shuwaik 167
Simbabwe 65, 67, 70, 74, 107, 136
Skagerrak 156
Sofia 228
Somalia 70, 128
Sowjetunion siehe UdSSR
Stettin 165
Storkow 103, 168, 169, 302
Stralsund 187
Strausberg 214, 235, 236, 246
Südafrika 63, 69, 70, 137, 244
Sudan 51
Suez-Kanal 56, 112, 116, 118
Suhl 217

Syrien 12, 56–58, 64, 74, 85, 107, 108, 116–118, 120–122, 148, 149, 174, 209, 233, 307, 324

T

Tansania 63, 67, 70, 74, 97, 112, 113, 156, 164
Teheran 87, 89, 90
Teltow 102
Thüringen 325
Trelleborg 163
Tripolis 106–108
Tunis 169
Türkei 111, 112, 169, 313
Turku 93

U

UdSSR 23–25, 31, 33–35, 40, 45, 50, 55, 56, 62, 64, 67, 75, 96–98, 113, 116–118, 120, 127, 129, 130, 132, 138, 139, 141–149, 165, 182, 192, 197, 201, 219, 220, 223, 225, 226, 228, 239, 241, 245, 254, 267, 268, 285, 288, 289, 295, 298, 305–313, 316–318
Uganda 51, 53, 54, 70, 74, 134, 135, 212, 222, 231, 233, 235
Ungarn 31, 65, 97, 113, 143, 148, 199, 204, 226, 229, 254, 288, 294, 307, 310

USA 57, 89, 103, 105, 120, 128, 138, 141, 190, 192, 193, 211, 215, 226, 269

V

Varna 313
Vereinigte Arabische Emirate (VAE) 51, 98
Vereinigte Arabische Republik (VAR) 34, 68
Vietnam 12, 57, 83, 85, 138, 139, 150, 151, 162, 194

W

Waren/Müritz 303
Warschau 30, 202
Wien 126
Wiesa 53, 54, 91, 121, 135, 174, 322, 325
Wismar 121, 169, 173, 174, 187, 326
Wolgast 318, 322, 323, 325, 326
Wurzen 53, 137, 318, 324, 325

Z

Zittau 323
Zossen 255
Zypern 165, 168, 169, 174

Personenregister

A

Ablaß, Werner E.   12, 220, 223, 225, 246, 328
Abrassimow, Pjotr   127
Ackert, Heino   225
Albrecht, Joachim   280
Anders, Günter   46, 47, 52, 101, 125, 139, 147, 183, 186, 215, 217, 222, 233, 264
Andrä, Siegfried   181, 254, 272, 326
Andropov, Juri   71
Anton, Thomas   214
Arafat, Jassir   51, 80, 122, 124, 125, 169
Arndt, Otto   279
Axen, Hermann   67, 72, 81, 112

B

Barluschke, Berthold   225
Bauschke, Kurt   276, 280
Bayerlacher, Wolfgang   130
Beckmann, Horst   189
Beil, Gerhard   104, 220, 222, 229, 234, 296, 297
Bendig, Jürgen   279
Berg, Horst   202, 213, 280
Breschnew, Leonid   145

C

»Carlos«   siehe Sánchez, Ilich Ramírez

D

Dalecki, Wolf-Dieter   170
Dohlus, Horst   132
Döring, Siegfried   246

E

Eichentopf, Hans   280
Emmrich, Kurt   179
Eppelmann, Rainer   105, 216, 223–225, 231

F

Fehrs, Siegfried   180
Fischer, Oskar   104
Fleißner, Werner   81, 92, 112, 114, 138, 149, 284
Franke, Gerhard   42
Freyer, Erwin   25, 276

G

Gaddafi, Muammar al-   64, 106–110, 112, 113, 125
Gall, Ulrich   285, 291, 311, 326
Goldbach, Joachim   214, 246, 284
Gribkow, Anatoli L.   142, 306, 309, 310
Gruszka, Ernst   215, 227, 280

H

Hacker, H   154
Hallstein, Walter   58
Hans-Ulrich   222

Heidtke, Manfred   112, 248, 249, 280, 281
Hess, Harald   247
Hoffmann, Heinz   49, 67, 75, 80, 110, 120, 122, 136, 141–145, 147, 292, 294
Hofmann, Hans   220
Hollmann, Michael   16
Honecker, Erich   13, 40, 41, 61, 66, 67, 75, 79–82, 84, 89–91, 93, 99, 106, 111, 120, 122, 125, 130, 132, 136, 142, 143, 145, 242, 256, 272, 292, 294
Hussein, Saddam   86, 87, 98, 101, 105, 232
Huwe, Hans-Joachim   150

J

Jansky, Alfons   192, 193, 198, 199
Jarowinsky, Werner   72
Jaruzelski, Wojciech   143

K

Keßler, Heinz   80, 130, 261
Kleiber, Günther   91
Klinke, Heinrich   210, 211
Kolev, Yordan   313
Kratsch, Günther   200
Krenz, Egon   81, 261
Kulikow, Viktor   143, 144, 149

L

Lamberz, Werner   60, 64, 71, 106–108, 117, 124, 270
Leuschner, Bruno   27
Litvan, Wilfried   53, 133, 166, 183–185, 264, 272

Lüderitz, Harald   214
Lugenheim, Karl-Heinz   97

M

Maizière, Lothar de   214, 223
Marczinek, Frank   214, 225
Matern, Hermann   37
Maye, Johannes   178
Mengistu, Haile Mariam   70, 80, 128–132
Menzel, Heinz   214, 215, 217, 227, 236, 238, 240, 246, 247, 278
Metzler, Hans-Ulrich   213, 221, 222, 227, 257, 281
Mielke, Erich   71, 111, 120, 123, 147, 157, 184, 191, 261
Minow, Fritz   143, 145
Mittag, Günter   40, 41, 71, 82, 90, 93, 97, 99, 104, 130, 162, 242, 261, 262
Möbius, Gerhard   189
Modrow, Hans   214, 216, 217, 219, 231, 292
Möller, Heinz   85, 109, 111, 112, 117, 145, 181, 182, 184, 186, 191, 194, 195, 264, 272, 273, 278, 302, 313
Mugabe, Robert   136, 137
Müller, Karl-Heinz   258, 262

N

Nagler, Karl-Heinz   215
Nasser, Gamal Abdel   117, 118
Neidhardt, Wolfgang   35, 83, 110, 276, 283–285, 289, 312
Nicola, Nicola   170
Nkomo, Joshua   66
Noll, Dieter   219
Norden, Albert   117
Nujoma, Sam   80, 126

O

Omaria, William 134
Oreschko, Johannes 285, 286

P

Penndorf, Rolf 188
Pieck, Wilhelm 22
Porzner, Konrad 249
Possner, Werner 179
Powell, Colin 103
Przychowski, Hans von 92

Q

Quast, Kurt 192

R

Reagan, Ronald 141
Rentner, Heinz 170
Reuther, Hans-Joachim 247
Rudat, Gerhard 194, 277
Rüffer, Peter 74

S

Sadat, Anwar al- 107, 118
Sammler, Manfred 280
Sánchez, Ilich Ramírez 124
Sandhoff, Günter 182, 203, 204, 258, 278, 296, 311
Schalck-Golodkowski, Alexander 11, 14, 37, 39, 40, 42–45, 47, 64, 72, 75, 76, 92, 93, 97, 98, 104, 136, 145, 147, 149, 167, 207, 241, 242, 259, 272
Schindler, Helmut 40
Schlag, Gerhard 255, 259
Schleicher, Hans-Georg 65, 126

Schönherr, Gerhard Edmund 47, 49, 50, 72, 75, 114, 147, 148, 181, 195, 272, 278, 281, 296
Schrock, Rainer 153
Schulze, Manfred 257, 259, 261, 263
Schürer, Gerhard 287
Seitz, Konrad 231
Selassie, Haile 69, 128
Sölle, Horst 61, 76, 115
Stalin, Josef 22, 23, 316
Stauch, Gerhard 299
Stefan, Klaus-Dieter 213, 214
Stiller, Werner 172
Stoph, Willi 216, 261, 267, 317
Strauß, Franz Josef 41, 76
Streletz, Fritz 84, 110, 141

T

Thomas, Horst 278, 279

U

Uhlmann, Jürgen 277, 279, 281
Ulbricht, Walter 13, 23, 60, 61, 79, 123
Ullmann, Ehrenfried 225
Ustinow, Dimitri 145

W

Weber, Artur 153
Weber, Werner 42
Weiß, Gerhard 60, 81
Wiechert, Erhard 233, 249, 257
Winkler, Manfred 248
Witzel, Georg 277, 279

Z

Zehe, Manfred 158
Zeplien, Hans-Heinrich 170, 189

Zscharnack, Horst 54, 324

Anmerkungen

1 Archiv Werner E. Ablaß, Strausberg.
2 BArch, DL 227/655 (ohne Blattangaben).
3 Bengtson-Krallert 2017, S. 31.
4 Ebd., S. 372.
5 Storkmann 2012, S. 57, 64, 73.
6 BArch, MfS, HA XVIII/8355, Bl. 6 f.
7 Der Bestand kann auf den Seiten des Bundesarchivs (https://invenio.bundesarchiv.de) unter der Signatur DL 227 gesichtet werden.
8 Auskunft des Bundesarchivs an den Autor, Email vom 14.04.2015.
9 Für weitere Informationen zur Weitergabe der Treuhand-/BvS-Akten an das Bundesarchiv vgl. von Loewenich 2020, S. 45–52.
10 BArch, DL 227/978, Bd. 1–2 (ohne Blattangaben).
11 Hollmann 2020, S. 15, 26.
12 Von der Lippe 1995, S. 1973–2193 und Emmerling 2013, S. 17 f.
13 Unser Aussenhandel, Buch: Dr. Gerty Pernak, Regie: Lisette Mahler, VEB DEFA-Studio für populärwissenschaftliche Filme 1954/55, Progress-Filmverleih.
14 BArch, DL 227/579, Bd. 1 (ohne Blattangaben).
15 Statistisches Bundesamt (Hrsg.) 1993, S. 7.
16 Zit. nach Wettig 2015, S. 149 ff.
17 Wenzke 2013, S. 269 f.
18 Neidhardt/Marum 2009, S. 195.
19 BArch, DL 227/9 (ohne Blattangaben).
20 Diedrich/Wenzke 2001, S. 673.
21 Ebd., S. 675
22 Neidhardt/Marum 2005, S. 672 ff.
23 BArch, B 206/1127, Bl. 13.
24 BArch, B 206/1127, Bl. 197.
25 Ebd., Bl. 210 f. Die Abkürzung UNIMAK steht laut dieser Quelle für »Unifizierte Maschinen Konstruktion«, in einige Quellen ist auch zu lesen, sie stehe für »Universalmaschinen Koppatsch«.
26 Ebd., Bl. 264–300. Vermutlich von einer Vorläuferorganisation des BND: Die Dokumente sind jedenfalls durchgehend auf Deutsch verfasst.

27 BArch, DL 227/425 (ohne Blattangaben).
28 BArch, DL 227/21, Bl. 2 ff.
29 BArch, DL 227/422 (ohne Blattangaben).
30 BArch, DL 227/431 (ohne Blattangaben).
31 BArch, DL 227/436, DL 227/435 und DL 227/434 (jeweils ohne Blattangaben).
32 BArch, MfS, AIM 349/85, Teil II/2, Bl. 39 f.
33 Neidhardt/Marum 2009, S. 77–88.
34 BArch, DL 227/83, Bl. 236 ff.
35 Gall 1992, S. 300 ff.
36 Gespräch des Autors mit Generalleutnant a. D. Wolfgang Neidhardt am 08.10.2017 in Strausberg.
37 BArch, DL 227/10, Bl. 34.
38 Eine ähnliche Regelung folgte mit Beginn des Planjahres 1964 für das Ministerium für Staatssicherheit, das Innenministerium und Jahrzehnte später für die IMES: BArch, DL 227/51 (ohne Blattangaben).
39 Gespräch des Autors mit Generalleutnant a. D. Wolfgang Neidhardt am 08.10.2017 in Strausberg.
40 BArch, DL 227/5, Bl. 107 ff.
41 BArch, DL 227/407, Bl. 14 ff.
42 BArch, DL 227/51 (ohne Blattangaben).
43 BArch, MfS, AIM 288/70, Teil I, Bl. 107 f.
44 BArch, DL 227/7, Bl. 119.
45 BArch, DL 227/7, Bl. 70 ff.
46 BArch, DL 227/405, Bl. 18–30.
47 BArch-MA, DVW 14–5/129507, Bl. 77.
48 BArch, DL 227/3 (ohne Blattangaben).
49 BArch, DL 227/5, Bl. 4; 43 ff.
50 BArch, DL 227/36, Bl. 36.
51 BArch, DL 227/552, Bl. 1–20.
52 BArch, DL 227/36, Bl. 80 ff.
53 Ebd., Bl. 36–47.
54 BArch, DL 227/405, Bl. 117 ff.
55 BArch, DL 227/8, Bl. 95 ff.
56 Die Vereinigte Arabische Republik war ein 1963 geplanter Zusammenschluss der arabischen Staaten Ägypten, Irak und Syrien, der sich an die vorangegangene ägyptisch-syrische Union gleichen Namens anlehnte.
57 BArch, MfS, AIM 10.937/86, Teil II/2, Bl. 66.
58 BArch, DL 227/8, Bl. 128–162.
59 BArch, MfS, AIM 10.937/86, Teil II/2, Bl. 70.
60 Schlußbericht des Militäroberstaatsanwalts der DDR gegen Unbekannt wegen des Verdachts des Beiseiteschaffens von Waffen und Sprengmitteln gemäß Paragraf 207 (1)(2) StGB, in: Deutscher Bundestag, Drucksache 12/7600, Anlagenband 1, S. 978.
61 BArch, MfS, AIM 288/70, Teil II, Bl. 147.

62 Neidhardt/Marum 2009, S. 194 f.
63 SAPMO-BArch, DY 30/17598 (ohne Blattangaben).
64 BArch, DL 227/1179 (ohne Blattangaben).
65 Zit. nach Haendcke-Hoppe-Arndt 1997, S. 44.
66 Ebd.
67 Judt 2013, S. 23.
68 Borchert 2006, S. 27.
69 Ebd., S. 11.
70 Ebd., S. 20.
71 Ebd., S. 23.
72 »Fanatiker der Verschwiegenheit«, in: Spiegel Nr. 47, 19.11.1989.
73 Lösch, Dieter/Plötz, Peter: Die Bedeutung des Bereichs Kommerzielle Koordinierung für die Volkswirtschaft der DDR, Gutachten in: Deutscher Bundestag, Drucksache 12/7600, Anhangband, S. 60.
74 Judt 2013, S. 30.
75 Deutscher Bundestag, Drucksache 12/7650, Erster abweichender Bericht der Berichterstatterin Andrea Lederer (PDS/Linke Liste) zum Abschlußbericht des 1. Untersuchungsausschusses Kommerzielle Koordinierung, S. 74.
76 Przybylski 1992, S. 305.
77 Lösch, Dieter/Plötz, Peter: Die Bedeutung des Bereichs Kommerzielle Koordinierung für die Volkswirtschaft der DDR, Gutachten in: Deutscher Bundestag, Drucksache 12/7600, Anhangband, S. 24.
78 Behling 2004, S. 175.
79 Judt 2013, S. 248.
80 Schlußbericht des Militäroberstaatsanwalts der DDR gegen Unbekannt wegen des Verdachts des Beiseiteschaffens von Waffen und Sprengmitteln gemäß Paragraf 207 (1)(2) StGB, in: Deutscher Bundestag, Drucksache 12/7600, Anlagenband 1, S. 1035.
81 Möller 1998/99, S. 9 ff.
82 Lösch, Dieter/Plötz, Peter: Die Bedeutung des Bereichs Kommerzielle Koordinierung für die Volkswirtschaft der DDR, Gutachten in: Deutscher Bundestag, Drucksache 12/7600, Anhangband, S. 184.
83 Lösch, Dieter/Plötz, Peter: Die Bedeutung des Bereichs Kommerzielle Koordinierung für die Volkswirtschaft der DDR, Gutachten in: Deutscher Bundestag, Drucksache 12/7600, Anhangband, S. 60.
84 Treuhandanstalt Bereich AHB/Koko: Erkenntnisstand zur IMES/Import-/Export GmbH, 17.9.1991, in: Deutscher Bundestag, Drucksache 12/7600, Anlagenband 2, Dokument 430, S. 1587.
85 BArch, DL 226/3014, Bl. 160 f.
86 Judt 2013, S. 31.
87 Buthmann 2004, S. 22.
88 BArch DL 226/3014, Bl. 160 f.

89 Schlußbericht des Militäroberstaatsanwalts der DDR gegen Unbekannt wegen des Verdachts des Beiseiteschaffens von Waffen und Sprengmitteln gemäß Paragraf 207 (1)(2) StGB, in: Deutscher Bundestag, Drucksache 12/7600, Anlagenband 1, S. 1066.

90 Lösch, Dieter/Plötz, Peter: Die Bedeutung des Bereichs Kommerzielle Koordinierung für die Volkswirtschaft der DDR, Gutachten in: Deutscher Bundestag, Drucksache 12/7600, Anhangband, S. 24 und Borchert 2006, S. 192.

91 Deutscher Bundestag, Drucksache 12/7600, Textband, S. 493.

92 Lösch, Dieter/Plötz, Peter: Die Bedeutung des Bereichs Kommerzielle Koordinierung für die Volkswirtschaft der DDR, Gutachten in: Deutscher Bundestag, Drucksache 12/7600, Anhangband, S. 61.

93 Treuhandanstalt Bereich AHB/Koko: Erkenntnisstand zur IMES/Import-/Export GmbH, 17.9.1991, in: Deutscher Bundestag, Drucksache 12/7600, Anlagenband 2, Dokument 430, S. 1587 f.

94 Deutscher Bundestag, Drucksache 12/3920, Zweiter Teilbericht mit einer Darstellung der zum Bereich Kommerzielle Koordinierung gehörenden Unternehmen [im Anschluss an den ersten Teilbericht – Drucksache 12/3462], S. 25.

95 Deutscher Bundestag, Drucksache 12/7600, Textband, S. 185.

96 Judt 2013, S. 254 f.

97 Ebd., S. 13.

98 Ebd., S. 259.

99 Przybylski 1992, S. 311 f. und BArch, DL 210/1932, Bl. 384.

100 Lösch, Dieter/Plötz, Peter: Die Bedeutung des Bereichs Kommerzielle Koordinierung für die Volkswirtschaft der DDR, Gutachten in: Deutscher Bundestag, Drucksache 12/7600, Anhangband, S. 60.

101 Schlußbericht des Militäroberstaatsanwalts der DDR gegen Unbekannt wegen des Verdachts des Beiseiteschaffens von Waffen und Sprengmitteln gemäß Paragraf 207 (1)(2) StGB, in: Deutscher Bundestag, Drucksache 12/7600, Anlagenband 1, S. 1099.

102 Schalck-Golodkowski 2000, S. 199, 183.

103 Lösch, Dieter/Plötz, Peter: Die Bedeutung des Bereichs Kommerzielle Koordinierung für die Volkswirtschaft der DDR, Gutachten in: Deutscher Bundestag, Drucksache 12/7600, Anhangband, S. 60.

104 BArch, MfS, BKK 248, Bl. 20.

105 BArch, MfS, HA XVIII/8684, Bl. 1.

106 Ebd., S. 59.

107 BArch, MfS, HA XVIII/8011, Bl. 1.

108 BArch, MfS, AIM 11030/91, Bl. 111.

109 Ebd.

110 BArch, DL 210/1390, Bl. 750 ff.

111 BArch, DL 227/1176 (ohne Blattangaben).

112 Deutscher Bundestag, Drucksache 12/7600, Textband, S. 211.

113 BArch, DL 210/5, Bl. 458 ff.

114 Ebd., Bl. 487 f.

115 BArch, DL 226/3012, Bl. 511–556.

116 BArch, DL 210/1390, Bl. 750 ff.
117 Schlußbericht des Militäroberstaatsanwalts der DDR gegen Unbekannt wegen des Verdachts des Beiseiteschaffens von Waffen und Sprengmitteln gemäß Paragraf 207 (1)(2) StGB, in: Deutscher Bundestag, Drucksache 12/7600, Anlagenband 1, S. 988.
118 Amnesty International 1989, S. 532–534.
119 Schlußbericht des Militäroberstaatsanwalts der DDR gegen Unbekannt wegen des Verdachts des Beiseiteschaffens von Waffen und Sprengmitteln gemäß Paragraf 207 (1)(2) StGB, in: Deutscher Bundestag, Drucksache 12/7600, Anlagenband 1, S. 980.
120 Ebd., S. 998.
121 Ebd., S. 1008.
122 BArch, DL 210/1405 (ohne Blattangaben).
123 BArch, MfS, AIM 7866/91, T. I.
124 BArch, MfS, XVIII/8384, Bl. 1.
125 Protokoll über die 1. Beratung des Arbeitsstabes NSW-Export vom 29.3.1985, in: Deutscher Bundestag, Drucksache 12/7600, Anlagenband 1, Dokument 181, S. 857 ff.
126 BArch, DL 226/3014, Bl. 20 f.
127 Ebd., Bl. 46 ff.
128 Festlegungen zur Koordinierung der Marktarbeit beim NSW-Export von Erzeugnissen der speziellen Nomenklatur zwischen den Organen des speziellen Außenhandels und dem Bereich Kommerzielle Koordinierung vom 31.12.1986, in: Deutscher Bundestag, Drucksache 12/7600, Anlagenband 1, Dokument 180, S. 856.
129 Schlußbericht des Militäroberstaatsanwalts der DDR gegen Unbekannt wegen des Verdachts des Beiseiteschaffens von Waffen und Sprengmitteln gemäß Paragraf 207 (1)(2) StGB, in: Deutscher Bundestag, Drucksache 12/7600, Anlagenband 1, S. 979.
130 Bengtson-Krallert 2017, S. 330.
131 BArch, MfS, BKK 94, Bl. 412.
132 Lösch, Dieter/Plötz, Peter: Die Bedeutung des Bereichs Kommerzielle Koordinierung für die Volkswirtschaft der DDR, Gutachten in: Deutscher Bundestag, Drucksache 12/7600, Anhangband, S. 999.
133 Storkmann 2012, S. 267.
134 Schlußbericht des Militäroberstaatsanwalts der DDR gegen Unbekannt wegen des Verdachts des Beiseiteschaffens von Waffen und Sprengmitteln gemäß Paragraf 207 (1)(2) StGB, in: Deutscher Bundestag, Drucksache 12/7600, Anlagenband 1, S. 979.
135 BArch, DL 226/3014, Bl. 93 f.
136 BArch, MfS, BKK 758.
137 Amnesty International 1980, S. 51 f.
138 BArch, DL 210/64, Bl. 537 ff.
139 BArch, DL 210/226.
140 MfS HA XVIII/8675.
141 Schlußbericht des Militäroberstaatsanwalts der DDR gegen Unbekannt wegen des Verdachts des Beiseiteschaffens von Waffen und Sprengmitteln gemäß Paragraf 207

(1)(2) StGB, in: Deutscher Bundestag, Drucksache 12/7600, Anlagenband 1, S. 1083 ff.
142 Amnesty International 1986, S. 436 f.
143 Storkmann 2012, S. 531.
144 Möller 2004, S. 4 f. Das Außenministerium zählte 1978 folgende Länder zu den Staaten, die sich sozialistisch orientieren: Angola, Mosambik, Äthiopien, Libyen, VDR Jemen (Südjemen), Algerien, Irak, Syrien, Guinea-Bissau, Kapverden, VR Kongo, Madagaskar, São Tomé und Príncipe, Guinea und Burma. 1979 kam Afghanistan hinzu, 1980 folgte Nicaragua. Vgl. Siebs 1999, S. 196.
145 Möller 2004, S. 6–8.
146 Wentker 2007, S. 172–177.
147 Jablonsky 2001, S. 102.
148 Möller 2004, S. 15–17; Möller 2006, S. 202 f.
149 Wentker 2007, S. 537.
150 BArch, DL 227/655 (ohne Blattangaben).
151 Möller 2006, S. 28.
152 Wentker 2007, S. 51.
153 Zit. nach Siebs 1999, S. 52.
154 Ebd., S. 170 f.
155 Bock/Muth/Schwiesau 2006, S. 8. Bock war als Diplomat für die DDR tätig.
156 Borchert 2006, S. 189.
157 Möller 2006, S. 29.
158 Storkmann 2012, S. 145.
159 Engelhardt 1996, S. 317.
160 Storkmann 2012, S. 107 f.
161 Schleicher/Schleicher 1997, S. 64.
162 Storkmann 2012, S. 109.
163 Ebd., S. 117–126.
164 Deutscher Bundestag, Drucksache 12/7600, Textband, S. 177.
165 BArch, MfS, SdM 32, Bl. 153–171.
166 Ebd., Bl. 168–173.
167 Schlußbericht des Militäroberstaatsanwalts der DDR gegen Unbekannt wegen des Verdachts des Beiseiteschaffens von Waffen und Sprengmitteln gemäß Paragraf 207 (1)(2) StGB, in: Deutscher Bundestag, Drucksache 12/7600, Anlagenband 1, S. 1099 ff.
168 BArch, DL 226/3014, Bl. 89.
169 Wentker 2007, S. 172–177.
170 Arlt 1995, S. 670.
171 Minow 2011, S. 278 f.
172 Diestel 2017, S. 35.
173 Storkmann 2012, S. 144.
174 Wentker 2007, S. 297.

175 Ebd., S. 298; Schleicher/Schleicher 1997, S. 64. Zur Südafrika-Politik der DDR vgl. Von der Heyden 2009.
176 Borchert 2006, S. 187.
177 Storkmann 2012, S. 38.
178 Ebd., S. 544.
179 Ebd., S. 157.
180 Ebd., S. 544–546.
181 Engelhardt 1996, S. 322.
182 Borchert 2006, S. 191.
183 Schleicher 2006, S. 116 und 126.
184 Bengtson-Krallert 2017, S. 316.
185 Von Löwis of Menar 1983, S. 139 f.
186 Storkmann 2012, S. 13.
187 SAPMO-BArch, DY 30/69595, Bl. 6.
188 Storkmann 2012, S. 510 f.
189 Siebs 1999, S. 191.
190 Storkmann 2012, S. 33.
191 Ebd., S. 13.
192 Mack 2012, S. XI.
193 Hofmeier/Matthies 1992, S. 16 f.
194 Ebd., S. 8.
195 Siebs 1999, S. 71.
196 Ebd., S. 191.
197 »Militärdelegation aus Mocambique in der DDR«, in: Frankfurter Allgemeine Zeitung (FAZ), 23.08.1980.
198 Amnesty International 1986, S. 81–84; 1980, S. 46 f.
199 Engelhardt 1996, S. 318–324.
200 BArch, MfS, ZA Kopien AR 8, Bl. 1–13, Anlage 9, Bl. 66.
201 Borchert 2006, S. 11.
202 Siebs 1999, S. 213.
203 Ebd., S. 81.
204 Storkmann 2012, S. 91 f.
205 Siebs 1999, S. 213.
206 Storkmann 2012, S. 88.
207 BArch, MfS, ZAIG 4118, Bl. 5–9.
208 Ebd., Bl. 1–4.
209 »DDR: Kalaschnikows für die Dritte Welt«, in: Spiegel Nr. 36, 30.08.1976, S. 60–65.
210 »DDR bringt Panzer nach Afrika«, in: Bild, 29.07.1980.
211 »DDR verstärkt Militärhilfe in Afrika: Ausgewählte Staaten werden unterstützt/ Ausgemusterte Waffen weitergegeben«, in: Hannoversche Allgemeine, 01.03.1979.
212 Storkmann 2012, S. 18.
213 BArch, MfS, HA XVIII/8102, Bl. 2–10.
214 BArch-MA, DVW 1/114496, Bl. 77 f.

215 Deutscher Bundestag, Drucksache 12/7650, Erster abweichender Bericht der Berichterstatterin Andrea Lederer (PDS/Linke Liste) zum Abschlußbericht des 1. Untersuchungsausschusses Kommerzielle Koordinierung, S. 22 f.
216 Borchert 2006, S. 41.
217 BArch, DL 226/3014, Bl. 221.
218 ITA-Katalog, Berlin 1984. Bibliothek der Bundeswehrfachinformationsstelle in Strausberg.
219 SAPMO-BArch, DY 30/59324, Bl. 7 f.
220 BArch, DL 226/3014, Bl. 302.
221 Ebd., Bl. 302–312.
222 Wentker 2007, S. 537.
223 Ebd., S. 539 f.
224 Siebs 1999, S. 294.
225 Arlt 1995, S. 681–683.
226 Storkmann 2012, S. 584.
227 Ebd., S. 561.
228 Ebd., S. 2.
229 Ebd., S. 572.
230 Archiv Werner E. Ablaß, Strausberg.
231 Storkmann 2012, S. 68.
232 Ebd., S. 56 f.
233 Ebd., S. 62.
234 Ebd., S. 66 f.
235 Ebd., S. 571.
236 Ebd., S. 64.
237 Ebd., S. 65.
238 Siebs 1999, S. 100 f.
239 Storkmann 2012, S. 70–73.
240 Ebd., S. 80–82.
241 Ebd., S. 75.
242 Ebd., S. 78 f.
243 Ebd., S. 121.
244 Arlt 1995, S. 671.
245 BArch-MA, DVW 1/43753, Bl. 155.
246 Storkmann 2012, S. 675 f.
247 Arlt 1995, S. 678.
248 Storkmann 2012, S. 126–129.
249 Gespräch des Autors mit Wolfgang Neidhardt am 08.10.2017, Strausberg.
250 BArch-MA, DVW 1/43753 (ohne Blattangabe).
251 Storkmann 2012, S. 521–524.
252 BArch, DE 10/157 (ohne Blattangaben).
253 BArch, DL 226/3014, Bl. 221.
254 BArch, MfS, Abt. X/2033, Bl. 66–81.

255 Storkmann 2012, S. 267.
256 Heinemann 2011, S. 197.
257 BArch, MfS, HA XVIII/17919, Bl. 72.
258 Archiv Werner E. Ablaß, Strausberg.
259 BArch-MA, DVW 1/43753, Bl. 138 ff.
260 BArch, MfS, BCD 2804, Bl. 18–26.
261 Ebd., Bl. 221–222, 344–346.
262 Ebd., Bl. 252.
263 BArch, MfS, BCD 2718, Bl. 98 ff.
264 BArch, MfS, BCD 2804, Bl. 337–340.
265 Langels, Otto: »Iran-Irak-Konflikt – Vor 40 Jahren begann der erste Golfkrieg«, in: DLF, 22.09.2020, https://www.deutschlandfunk.de/irak-iran-konflikt-vor-40-jahren-begann-der-erste-golfkrieg-100.html, abgerufen am 31.10.2022.
266 Möller 2006, S. 72.
267 Möller 1998/99, S. 24. Möller hat umfassend zur Rolle der deutschen Staaten im Iran-Irak-Krieg recherchiert, verzichtet aber auf Quellenhinweise.
268 Möller 2006, S. 127.
269 Ebd., S. 23.
270 Möller 1998/99, S. 21 f.
271 Ebd., S. 4 ff.
272 BArch, MfS, HA XVIII/7426, Teil 1, Bl. 206–208.
273 Ebd., Teil 2, Bl. 588.
274 Ebd., Teil 1, Bl. 206 ff.
275 Siebs 1999, S. 288.
276 BArch, MfS, BCD 2804, Bl. 189.
277 Storkmann 2012, S. 101 f.
278 Möller 1998/99, S. 8.
279 BArch, DL 210/69 (ohne Blattangaben).
280 SAPMO-BArch, DY 3023/1489, Bl. 47.
281 Möller 2006, S. 7.
282 SAPMO-BArch, DY 3023/1487, Bl. 44 ff.
283 Ebd., Bl. 48.
284 Ebd., Bl. 60 ff.
285 Ebd., Bl. 67.
286 BArch, MfS, HA XIX/3427, Bl. 155 f.
287 SAPMO-BArch, DY 3023/1487, Bl. 75 f.
288 Ebd., Bl. 108.
289 Ebd., Bl. 244 ff.
290 BArch, DL 210/56 (ohne Blattangaben).
291 Möller 1998/99, S. 9 ff.
292 BArch, DL 210/1372.
293 BArch, DL 210/59 (ohne Blattangaben).
294 BArch, DL 210/1372.

295 Siebs 1999, S. 289.
296 Ebd.
297 SAPMO-BArch, DY 30/17817 (ohne Blattangaben).
298 Behling 2004, S. 173 ff.
299 SAPMO-BArch, DY 3023/1487, Bl. 317 ff.
300 BArch, DL 210/65, Bl. 1108 ff.
301 BArch, DL 226/3011, Bl. 163.
302 BArch, DL 210/65, Bl. 1122 ff.
303 Amnesty International 1980, S. 269–279; 1989, S. 518–524.
304 Möller 2006, S. 68.
305 Möller 1998/99, S. 11.
306 BArch, DL 2/6244, Bl. 285.
307 Ebd., Bl. 290.
308 Ebd., Bl. 287 ff.
309 Möller 1998/99, S. 11.
310 Ebd., S. 14.
311 BArch, MfS, A 350/85, Teil II/2, Bl. 247 ff.
312 Ebd., Bl. 252 f.
313 BArch, MfS, AIM 11679/87, Teil II/1, Bl. 37 ff.
314 SAPMO-BArch, DY 3023/1487, Bl. 178.
315 Ebd., Bl. 217 ff.
316 Storkmann 2012, S. 97.
317 Möller 2006, S. 41.
318 Ebd., S. 42 f.
319 SAPMO-BArch, DY 3023/1487, Bl. 62.
320 Ebd., Bl. 56.
321 SAPMO-BArch, DY 30 vorl. SED 26592/2, Schreiben von Kleiber, Bl. 13.
322 BArch-MA, DVW 1/43753, Bl. 155.
323 »Sand im Getriebe«, in: Spiegel Nr. 8, 18.02.1991, S. 50–52.
324 SAPMO-BArch, DY 30/17814 (ohne Blattangaben).
325 Ebd.
326 Ebd.
327 Möller 1998/99, S. 15.
328 Amnesty International 1980, S. 269–277; 1989, S. 518–524.
329 Möller 2006, S. 108 f.
330 MfS AIM 11679/87, Teil II/1, Bl. 51.
331 Möller 2006, S. 108 f.
332 BArch, DL 227/655 (ohne Blattangaben).
333 Möller 2006, S. 109 f.; SAPMO-BArch, DY 30/17814 (ohne Blattangaben).
334 Burgmer, Christoph: »Auf Lügen gebaut«, in: DLF, 05.02.2013, https://www.deutschlandfunk.de/auf-luegen-gebaut-100.html, abgerufen am 31.10.2022.
335 Deutscher Bundestag, Drucksache 12/7600, Textband, S. 192.
336 Ebd.

337 BArch, DL 210/1932, Bl. 359 ff.
338 SAPMO-BArch, DY 3023/1489, Bl. 323 ff.
339 BArch, MfS, HA XVIII/8691, Bl. 2 ff.
340 SAPMO-BArch, DY 3023/1487, Bl. 308.
341 »Niklas, Hölle und Kalle«, in: Spiegel Nr. 40, 30.09.1991, S. 67–73.
342 BArch, MfS, HA XVIII/17919, Bl. 120.
343 BArch, DE 10/158 (ohne Blattangaben).
344 Tophoven, Rolf: »2000 Sowjetberater in Libyen«, in: Die Welt, 04.12.1984.
345 SAPMO-BArch, DY 30/69625, Bl. 36.
346 SAPMO-BArch, DY 30/43679, Bl. 16 f.
347 Hielscher, Hans: »Sadats Reise nach Jerusalem – ›Unternehmen Zauberteppich‹«, in: Spiegel Geschichte, 16.11.2017, https://www.spiegel.de/geschichte/aegypten-und-israel-1977-anwar-al-sadats-reise-nach-jerusalem-a-1177913.html, abgerufen am 31.10.2022.
348 BArch, DY 30/69625, Bl. 60.
349 SAPMO-BArch, DY 30/69626, Bl. 100–102.
350 SAPMO-BArch, DY 30/69625, Bl. 60 f.
351 SAPMO-BArch, DY 30/69631.
352 SAPMO-BArch, DY 30/69626, Bl. 6 ff.
353 SAPMO-BArch, DY 30/69631.
354 Amnesty International 1980, S. 287 f.; 1986, S. 448–452; 1989, S. 550–555.
355 BArch, MfS, HA XVIII/11344, Bl. 291.
356 Storkmann 2012, S 130 f.
357 BArch, MfS, HA XVIII/11344, Bl. 262.
358 BArch, MfS, ZOS 2723, Bl. 26.
359 BArch, MfS, HA XVIII/11344, Bl. 279.
360 Ebd., Bl. 276.
361 Ebd., Bl. 265.
362 Ebd., Bl. 303.
363 Ebd., Bl. 271 f.
364 Ebd., Bl. 67.
365 Ebd., Bl. 266–270.
366 Ebd., Bl. 248.
367 Ebd., Bl. 249 f.
368 BArch, MfS, ZOS 2723, Bl. 247.
369 BArch, MfS, HA XVIII/11344, Bl. 247.
370 Amnesty International 1980, S. 62 f.
371 Ebd., Bl. 190.
372 Ebd., Bl. 229.
373 Ebd., Bl. 230–232.
374 Ebd., Bl. 227.
375 Ebd., Bl 294 f.
376 BArch, DE 10/158 (ohne Blattangaben).

377 BArch, MfS, HA XVIII/11344, Bl. 305.
378 Meining 2002, S. 247.
379 Ebd., S. 283.
380 Herf 2019, S. 485.
381 Storkmann 2012, S. 163.
382 Wentker 2007, S. 278.
383 Ebd., S. 187.
384 Waibel 2015, S. 41–46.
385 Wentker 2007, S. 284 und Meining 2002, S. 298.
386 Storkmann 2012, S. 189.
387 Ebd., S. 599.
388 Ebd., S. 192 ff.
389 Zit. nach Bahrmann/Fritsch 1990, S. 80.
390 Ebd., S. 80 f.
391 Heinemann 2011, S. 194.
392 Storkmann 2012, S. 206 ff.
393 Ebd., S. 221.
394 BArch, MfS, HA XVIII/17919, Bl. 4–6.
395 Storkmann 2012, S. 218 f.
396 Ebd., S. 232 f.
397 Herf 2019, S. 391.
398 Storkmann 2012, S. 234.
399 Schlußbericht des Militäroberstaatsanwalts der DDR gegen Unbekannt wegen des Verdachts des Beiseiteschaffens von Waffen und Sprengmitteln gemäß Paragraf 207 (1)(2) StGB, in: Deutscher Bundestag, Drucksache 12/7600, Anlagenband 1, S. 1096 f.
400 BArch, MfS, HA I/13676, Bl. 1–4.
401 Amnesty International 1980, S. 265–267; 1989, S. 498–503.
402 Meining 2002, S. 298.
403 Ebd., S. 328 f.
404 Herf 2019, S. 260.
405 Ebd., S. 262.
406 Storkmann 2012, S. 62.
407 Zit. nach Schäfer 2018.
408 BArch, MfS, A 350/85, Teil II/2, Bl. 259 ff.
409 BArch, MfS, AIM 11679/87, Teil II/1, Bl. 9 ff.
410 BArch, MfS, A 350/85, Teil II/2, Bl. 259 ff.
411 BArch, MfS, HA XVIII/8659, Bl. 1.
412 BArch-MA, DVW 1/114496, Bl. 23.
413 Amnesty International 1989, S. 564–568.
414 Von Plate 1979, S. 678 f.

415 Schlußbericht des Militäroberstaatsanwalts der DDR gegen Unbekannt wegen des Verdachts des Beiseiteschaffens von Waffen und Sprengmitteln gemäß Paragraf 207 (1)(2) StGB, in: Deutscher Bundestag, Drucksache 12/7600, Anlagenband 1, S. 1533.
416 Maeke 2017, S. 77–79.
417 Ebd., S. 97.
418 Zit. nach Timm 1997, S. 276. Vgl. auch Wentker 2007, S. 471.
419 Kellerhoff, Sven Felix: »Wie die DDR Waffen an Jassir Arafats PLO lieferte«, in: Welt online, 01.02.2012, https://www.welt.de/kultur/history/article13842028/Wie-die-DDR-Waffen-an-Jassir-Arafats-PLO-lieferte.html, abgerufen am 20.07.2023.
420 Timm 1997, S. 276 f.
421 Herf 2019, S. 387.
422 Meining 2002, S. 335.
423 SAPMO-BArch, DY 30/IV 2/2.033/94, Bl. 39.
424 Mit der Unterstützung der PLO durch die DDR hat sich Bengtson-Krallert 2017 ausführlich beschäftigt.
425 BArch, MfS, HA XXII/18613, Bl. 277–292.
426 Von Plate 1979, S. 678 f.
427 Timm 1997, S. 279.
428 Maeke 2017, S. 289.
429 Ebd., S. 307.
430 Bengtson-Krallert 2017, S. 347.
431 BArch, MfS, HA XVIII/8676, Bl. 1–3.
432 Bolsinger 2012, S. 170 f.
433 Schleicher/Schleicher 1997, S. 204.
434 Schleicher 2006, S. 116 und 126.
435 Ebd., S. 120.
436 Ebd., S. 123.
437 Schleicher/Schleicher 1997, S. 206.
438 Borchert 2006, S. 194.
439 Amnesty International 1980, S. 26–28; 1986, S. 35–39; 1989, S. 57–62.
440 SAPMO-BArch, DY 30/69619, Bl. 99.
441 Wentker 2007, S. 462–467.
442 SAPMO-BArch, DY 30/69619, Bl. 107–135.
443 SAPMO-BArch, DY 30/69620, Bl. 37 ff.
444 SAPMO-BArch, DY 30/69619, Bl. 62 f.
445 Ebd., Bl. 46–53.
446 Bayerlacher 2006, S. 99–107.
447 Siebs 1999, S. 380 f.
448 Zu den militärischen Beziehungen der UdSSR zu Äthiopien vgl. Yordanov 2009.
449 Siebs 1999, S. 402.
450 Ebd., S. 380.
451 Ebd., S. 402.
452 Opitz 1991, S. 19.

453 Storkmann 2018, S. 29.
454 Möller 2004, S. 204.
455 BArch, DL 227/879, Bd. 2 (ohne Blattangaben).
456 Möller 2004, S. 165 f.
457 BArch, MfS, AIM 11030/91, Teil II/1, Bl. 161 ff.
458 Ebd., Bl. 183.
459 Ebd., Bl. 238 f.
460 Amnesty International 1986, S. 30–35; 1989, S. 51–57.
461 BArch, MfS, HA XVIII/8627, Bl. 41.
462 BArch, DL 210/1381, Bl. 339; DL 210/1393, Bl. 171 ff.
463 BArch, DL 210/1381, Bl. 437 f.
464 BArch, DL 210/71 (ohne Blattangaben).
465 BArch, DL 210/1393, Bl 289 f.
466 Ebd., Bl. 258.
467 Ebd., Bl. 296 ff.
468 Ebd., Bl. 320 und 344.
469 BArch, MfS, Sekr. Schwanitz, Nr. 222, Bl. 92.
470 BArch-MA, DVW 1/114496, Bl. 142 ff.
471 BArch, MfS, HA XVIII/8658, Bl. 152 f.
472 »Obituary: Robert Mugabe. 1924–2019, a liberator turned oppressor«, Amnesty International, 06.09.2019, https://www-amnesty-org.translate.goog/en/latest/press-release/2019/09/robert-mugabe-1924-2019-a-liberator-turned-oppressor/, abgerufen am 25.01.2024.
473 BArch, DL 227/1097, Bd. 1 und 2 (ohne Blattangaben) sowie BArch, DL 227/546, Bd. 1 (ohne Blattangaben).
474 Amnesty International 1989, S. 348–355.
475 BArch, MfS, AIK 10.937/86, Teil II/2, Bl. 106 f.
476 BArch, MfS, A 350/85, Teil II/2, Bl. 128.
477 Ebd., Bl. 135.
478 BArch, MfS, AIK 10.937/86, Teil II/2, Bl. 162.
479 Amnesty International 1980, S. 203–206.
480 Borchert 2006, S. 194.
481 BArch, MfS, BCD 2718, Bl. 10 f. und, Bl. 55.
482 Köhler 2012, S. 141 f.
483 Amnesty International 1989, S. 264–271.
484 BArch, MfS, BCD 2718, Bl. 66 f.
485 Storkmann 2012, S. 167.
486 Lindemann 1986, S. 189.
487 Amnesty International 1980, S. 122–125; 1986, S. 7–10; Americas Watch 1987, S. 59–66.
488 Storkmann 2012, S. 169.
489 Ebd., S. 165.
490 Ebd., S. 167.

491 Ebd., S. 170 ff.
492 Gribkow 1995, S. 81.
493 Hoffmann, zit. nach Storkmann 2012, S. 171.
494 Minow 2011, S. 279.
495 Ebd.
496 Ebd., S. 280.
497 Ebd., S. 281.
498 Ebd.
499 BArch, MfS, HA XVIII/7426, Teil 2, Bl. 589.
500 BArch, MfS, HA XVIII/17919, Bl. 120.
501 Schlußbericht des Militäroberstaatsanwalts der DDR gegen Unbekannt wegen des Verdachts des Beiseiteschaffens von Waffen und Sprengmitteln gemäß Paragraf 207 (1)(2) StGB, in: Deutscher Bundestag, Drucksache 12/7600, Anlagenband 1, S. 983.
502 Storkmann 2012, S. 178.
503 Schlußbericht des Militäroberstaatsanwalts der DDR gegen Unbekannt wegen des Verdachts des Beiseiteschaffens von Waffen und Sprengmitteln gemäß Paragraf 207 (1)(2) StGB, in: Deutscher Bundestag, Drucksache 12/7600 – Anlagenband 1, S. 1096 f.
504 Ebd.
505 BArch, MfS, AIM 11030/91, Bl. 110.
506 Ebd., Bl. 65.
507 SAPMO-BArch, DY 30/44079, Bl. 87.
508 Ebd., Bl. 88.
509 Ebd., Bl. 91.
510 Zit. nach Deutscher Bundestag, Drucksache 12/7650, Erster abweichender Bericht der Berichterstatterin Andrea Lederer (PDS/Linke Liste) zum Abschlußbericht des 1. Untersuchungsausschusses Kommerzielle Koordinierung, S. 24.
511 Zit. nach ebd.
512 Minow 2011, S. 282.
513 BArch, DN 1/19236.
514 Zit. nach Caspar, Helmut: »Prägeaufträge fürs Ausland«, http://helmutcaspar.de/ak tuelles19/muenzmed19/aus.htm, abgerufen am 24.03.2022.
515 BArch, MfS, HA XVIII/39397, Bd. 1, Bl. 1 f.
516 BArch, MfS, HA XVIII/27511, Bl. 68.
517 Ebd., Bl. 67 ff.
518 BArch, MfS, HA XVIII/42146, Bd. 1, Bl. 1–3.
519 Ebd., Bl. 88.
520 BArch, MfS, HA XVIII/42.100, Bd. 2, Bl. 121.
521 BArch, MfS, HA XVIII/14921, Bl. 2 ff.
522 BArch, MfS, SdM 1580, Bl. 39.
523 BArch, MfS, HA XVIII/14921, Bl. 7 ff.
524 Ebd., Bl. 27.
525 BArch, MfS, HA XVIII/42.100, Bd. 2, Bl. 71 ff.

526 BArch, MfS, HA XVIII/42146, Bd. 3, Bl. 224–282.
527 Michaelis 2013, S. 48.
528 Ebd., S. 47.
529 Ebd., S. 48.
530 BArch, MfS, HA XVIII/42146, Bd. 3, Bl. 118–220.
531 Fisker 2013, S. 51–53.
532 Auskunft von Andreas Neuendorf an den Autor, Email vom 05.02.2023. Neuendorf war auf der »Sonneberg« als Ladungsoffizier und Erster Offizier beschäftigt.
533 Laumer 2005.
534 Permien, Rolf: »Handelsschiffe schleppen Havaristen«, 23.02.2004, https://docplayer.org/57249175-Handelsschiffe-schleppen-havaristen.html, abgerufen am 26.03.2022.
535 BArch, MfS, HA XIX/2888, Bl. 38 ff. und Auskunft von Andreas Neuendorf an den Autor, Email vom 05.02.2023.
536 BArch, MfS, HA XVIII/42146, Bd. 1, Bl. 7.
537 Ebd., Bl. 9.
538 BArch, MfS, HA XVIII/14921, Bl. 65.
539 Fisker 2013, S. 53.
540 BArch, MfS, HA XVIII/42146, Bd. 3, Bl. 325.
541 BArch, MfS, HA XVIII/42.100, Bd. 3, Bl. 1 ff.
542 BArch, MfS, HA XVIII/44168, Bl. 2.
543 BArch, MfS, HA XVIII/42.100, Bd. 2, Bl. 136.
544 BArch, MfS, HA XVIII/44178, Bl. 1–16.
545 BArch, MfS, HA XVIII/42.100, Bd. 2, Bl. 114.
546 BArch, MfS, HA XVIII/4416, Bl. 20.
547 BArch, MfS, HA XVIII/42.100, Bd. 2, Bl. 3 ff.
548 BArch, MfS, HA XVIII/44178, Bl. 64.
549 BArch, MfS, HA XVIII/42.100, Bd. 2, Bl. 7.
550 Cammin 2014, S. 236.
551 Ebd.
552 Diestel 2017, S. 35.
553 Cammin 2014, S. 225.
554 Bönisch/Wenzel/Stübner 1996, S. 128.
555 BArch, MfS, HA XIX/1309, Bl. 32 ff.
556 BArch, DL 227/861 (ohne Blattangaben).
557 »Milliarden mit Koko«, in: Spiegel-Spezial 2/1990: 162 Tage Deutsche Geschichte, S. 62.
558 BArch, MfS, HA XIX/2465, Bl. 209; BArch, MfS, AG BKK 1817, Bl. 5 und BArch, MfS, HA XIX/2121, Bl. 71 ff.
559 BArch, MfS, HA XIX/2465, Bl. 214.
560 Klietz 2019, S. 142; BArch, MfS, HA XIX/2121, Bl. 209 ff.
561 Amnesty International 1989, S. 362–364.

562 Seeleute Rostock e. V.: Ostseefähren, FS »Stubbenkammer«, Vers. August 2016, http://www.seeleute-rostock.de/content/moreships/Weitere/04-Faehrschiffe/baltic ferries.htm#1971-Stubbenkammer, abgerufen am 11.04.2020.
563 Der Autor hat sich in Aufsätzen ausführlich mit der Aufarbeitung der maritimen DDR-Geschichte beschäftigt, etwa Klietz 2020.
564 Die Zitate hier und im Folgenden beziehen sich auf ein Gespräch des Autors mit Joachim Krull am 18.11.2019 in Sassnitz.
565 BArch, MfS, BV Rostock AIM 313/93, Teil I/1, Bl. 24 f.
566 BArch, MfS, BV Rostock AIM 134/87, Teil I/1, Bl. 247–251. »Heiko«: Reg.-Nr. I/654/70.
567 Ebd., Teil I/2, Bl. 318–320.
568 Siehe zu dieser Bezeichnung Gieske, Jens: Art. »Offizier im besonderen Einsatz (OibE)«, in: MfS-Lexikon, https://www.stasi-unterlagen-archiv.de/mfs-lexikon/detail/offizier-im-besonderen-einsatz-oibe, abgerufen am 03.04.2023.
569 BArch, MfS, AOibE 3869/90, Bl. 32.
570 Krull 2022, S. 74.
571 BArch, MfS, AIM 11679/87, Teil II/1, Bl. 79–83.
572 Ebd., Teil II/2, Bl. 65.
573 Zit. nach Stange 2008, S. 91.
574 Ebd., S. 90–93.
575 BArch, MfS, HA XVIII, Nr. 8658, Bl. 22 ff. und 87 ff.
576 Klietz 2019, S. 53–70.
577 BArch, MfS, HA XVIII/8669, Bl. 34.
578 BArch, MfS, AIM 7866/91, T. I, Bl. 239 f.
579 BArch, MfS, HA XIX/3108, Bl. 95 f. und Arbeitsgruppe BKK: Bericht zum AHB IMES – Vorkommnisse im Rahmen der kommerziellen Aktivitäten mit spezieller Technik, 12.2.1987, in: Deutscher Bundestag, Drucksache 12/7600, Anlagenband 2, Dokument 375, S. 1464.
580 Ebd.
581 BArch, MfS, HA XVIII/8669, Bl. 33.
582 BArch, MfS, HA XIX/3108, Bl. 96–102.
583 BArch, MfS, HA XVIII/8669, Bl. 22 ff.
584 BArch, MfS, HA XVIII/8658, Bl. 148 ff.
585 Deutscher Bundestag, Drucksache 12/7600, Textband, S. 211.
586 BArch, MfS, HA XVIII/8669, Bl. 33.
587 Ebd., Bl. 22 ff.
588 BArch, MfS, HA XVIII/8657, Bl. 1 f.; BArch, MfS, AIM 7866/91, T. I, Bl. 239 f.
589 BArch, MfS, HA XIX/3108, Bl. 96–102.
590 BArch, MfS, HA XVIII/8669, Bl. 34.
591 Ebd., Bl. 148 ff.
592 Arbeitsgruppe BKK: Bericht zum AHB IMES – Vorkommnisse im Rahmen der kommerziellen Aktivitäten mit spezieller Technik, 12.2.1987, in: Deutscher Bundestag, Drucksache 12/7600, Anlagenband 2, Dokument 375, S. 1464 ff..

593 BArch, MfS, HA XIX/3108, Bl. 97.
594 Ebd., Bl. 112.
595 »Gute Kunden von der CIA«, in: Spiegel Nr. 19, 03.05.1992, S. 66 f.
596 Über die Ladung der »Pia Vesta«, ihren Wert und ihre Herkunft gehen die Angaben in der Literatur auseinander, siehe dazu: Cedeno 2022, S. 157–166.
597 »CIA schmuggelte Waffen«, in: Spiegel Nr. 35, 24.08.1986, https://www.spiegel.de/politik/cia-schmuggelte-waffen-a-ccefc9b9-0002-0001-0000-000013520081, abgerufen am 03.10.2023.
598 BArch, MfS, AG BKK 186, Bl. 6.
599 »Wilde Typen. Mitten im Kalten Krieg hat die DDR Waffengeschäfte mit westlichen Schiebern betrieben«, in: Spiegel Nr. 26, 21.06.1992, S. 68–70.
600 Amnesty International 1989, S. 288–296.
601 Zit. nach Arbeitsgruppe BKK: Bericht zum AHB IMES – Vorkommnisse im Rahmen der kommerziellen Aktivitäten mit spezieller Technik, 12.2.1987, in: Deutscher Bundestag, Drucksache 12/7600, Anlagenband 2, Dokument 375, S. 1464.
602 Ebd., S. 1464 ff.
603 BArch, MfS, BV Rostock, Leiter der BV, Nr. 108, Bl. 385.
604 BArch, MfS, HA XVIII/8658, Bl. 10 f.
605 Ebd., Bl. 20 ff.
606 Ebd., Bl. 25 f.; BArch, MfS, HA XIX/3540, Bl. 61–71.
607 BArch, MfS, BV Rostock XIX/157, Bl. 178.
608 Ebd., Bl. 178 f.
609 BArch, MfS, HA XVIII/8369, Bl. 54 f.
610 BArch, MfS, BV Rostock XIX/157, Bl. 179 f.
611 LAGw Rep. 202/3, Nr. 49, Bl. 70 ff.
612 Bahrmann/Fritsch 1990, S. 16.
613 BND-Archiv 200.703
614 Borchert 2006, S. 189.
615 Behling 2004, S. 170 f.
616 Wolf 2004, S. 323.
617 Haendcke-Hoppe-Arndt 1997, S. 8.
618 BArch, MfS, HA XVIII/8011, Bl. 4.
619 Ebd., Bl. 2 f.
620 BArch, MfS, HA XVIII/37639, Bl. 9.
621 BArch, MfS, AIM 10333/66, Bl. 20.
622 Ebd., Bl. 75–79.
623 BArch, MfS, A 349/85, Teil II/2, Bl. 50.
624 Ebd., Teil II/1, Bl. 133 f.
625 Ebd., Teil II/2, Bl. 9.
626 BArch, MfS, HA XVIII/37640, Bl. 10–36.
627 BArch, MfS, AIM 12.825/91, T. I, Bl. 126.
628 BArch, MfS, HA XVIII/8665, Bl. 19.
629 BArch, MfS, AIM 11030/91, Teil I/2.

630 Ebd., Teil II/1.
631 BArch, MfS, AIM 288/70, Teil I, Bl. 101.
632 Ebd., Bl. 131.
633 Ebd., Bl. 176 f.
634 BArch, MfS, AP 24697/92, Bl. 4.
635 BArch, MfS, AIM 10.397/88, T. I, Bl. 331.
636 BArch, MfS, AIM 11679/87, Teil 1, Bd. 1.
637 Ebd., Bd. 3, Bl. 56.
638 Ebd., Bd. 3, Bl. 80.
639 Ebd., Bd. 2, Bl. 193.
640 BArch, MfS, A 350/85, Teil II/2, Bl. 9.
641 Ebd., Bl. 213.
642 Cammin 2014, S. 233.
643 Köhler 2012, S. 8.
644 Cammin 2014, S. 230 f.
645 Köhler 2012, S. 25 ff.
646 Ebd., S. 29.
647 Ebd., S. 146 f.
648 BArch, MfS, BV Rostock Abt. Hafen, Nr. 93, Bl. 5.
649 Ebd., Bl. 30 f.
650 Cammin 2014, S. 303 ff.
651 BArch, MfS, BV Rostock Abt. Hafen, Nr. 151, Bl. 1–6.
652 BArch, MfS, BV Rostock Abt. KuSch, Nr. 400, Bl. 82.
653 Ebd., Bl. 86.
654 BArch, MfS, AIM 2539/90, Bd. 1, Bl. 50 und 89 ff.
655 Ebd., Bd. 2, Bl. 63.
656 BArch, MfS, BV Rostock AIM 889/89, Bd. 1, Teil 2.
657 BArch, MfS, AIM 1214/89, Bd. 1, Bl. 20 ff.
658 BArch, MfS, BV Rostock AIM 22/91, Bd. 2, Bl. 107–116.
659 BArch, MfS, BV Rostock AIM 21/91, Bd. 1.
660 Ebd., Bd. 2, Bl. 265.
661 BArch, MfS, HA XVIII/2108, Bl. 14. Der Name des Offiziers ist dem Autor bekannt und wird zum Schutz von Persönlichkeitsrechten nicht genannt.
662 Ebd., Bl. 3.
663 BArch, MfS, BV Berlin AIM 1996/91, Bd. 1, Bl. 52.
664 BArch, MfS, AOP 3355/77, Bl. 1.
665 Ebd., Bl. 3.
666 Ebd.
667 BArch, MfS, GH 37/73, Bd. 7, Bl. 7.
668 BArch, MfS, HA I/2340, Bl. 50.
669 BArch, MfS, AOP 3355/77, Bd. 1, Bl. 41 ff.
670 BArch, MfS, GH 37/73, Bd. 1., Bl. 188.
671 BArch, MfS, HA I/2340, Bl. 51 f.

672 BArch, MfS, BV Berlin AIM 1996/91, Bd. 1. Bl. 130 ff.
673 BArch, MfS, AOP 3355/77, Bd. 1, Bl. 258.
674 Ebd., Bd. 2, Bl. 161 f.
675 BArch, MfS, BV Berlin AIM 1996/91, Bd. 1, Bl. 52.
676 BArch-MA, DVW 14-3/99221, mit Dank an Detlef Ulbrich, der die Quelle gefunden und dem Autor zugänglich gemacht hat. Ulbrich forscht seit Jahren zum Rügenhafen, sein Vater war als Ingenieur bei dem Projekt tätig. Mit dem Stopp des Rügenhafens wurde auch die Bau-Union Nord ab Juni 1953 liquidiert: BArch, MfS, AIM 7545/62, Bd. 2, Bl. 21. Vgl. zum Rügenhafen auch Klietz 2018.
677 BArch, MfS, AOP 3355/77, Bd. 1, Bl. 258.
678 Ebd., Bd. 1, Bl. 191 ff.
679 Ebd., Bd. 1, Bl. 258.
680 Ebd., Bd. 4, Bl. 7.
681 BArch, MfS, GH 37/73, Bd. 1, Bl. 8–20.
682 BArch, MfS, HA I/2340, Bl. 50.
683 BArch, MfS, AIM 7545/62, Bd. 1, Bl. 6 ff.
684 BArch, MfS, GH 37/73, Bd. 7, Bl. 11.
685 BArch, MfS, AOP 3355/77, Bd. 1, Bl. 149 ff.
686 BArch, MfS, GH 37/73, Bd. 1, Bl. 497 ff.
687 Ebd., Bd. 2, Bl. 104 ff.
688 Ebd., Bd. 1, Bl. 184 f.
689 Ebd., Bd. 1, Bl. 281.
690 Ebd., Bd. 2, Bl. 80 ff.
691 Ebd., Bd. 2, Bl. 69 f.
692 Ebd., Bd. 2, Bl. 73 ff.
693 Wolf, Stephan: »Ablage, Geheime«, in: MfS-Lexikon, https://www.stasi-unterlagen-archiv.de/mfs-lexikon/detail/ablage-geheime, abgerufen am 30.09.2022.
694 Ebd., Bd. 1, Bl. 526–545.
695 Ebd., Bd. 7, Bl. 7 ff.
696 BArch, MfS, AOP 3355/77, Bd. 5, Bl. 282.
697 BArch, MfS, GH 37/73, Bd. 6, Bl. 140 ff.
698 BArch, MfS, BV Berlin AIM 1996/91, Bd. 3.
699 Ebd., Bd. 23, Bl. 1 ff.
700 Ebd., Bd. 1, Bl. 155 ff.
701 BArch, MfS, AIM 12161/91, Bl. 9–13.
702 BArch, MfS, AOPK 681/86, Bd. 1, Bl. 17–194.
703 BArch, MfS, AOPK 1444/89, Bd. 1, Bl. 62.
704 Ebd., Bd. 1, Bl. 126 ff.
705 Ebd., Bd. 2, Bl. 211 f.
706 Ebd., Bd. 1, Bl. 193.
707 Ebd., Bd. 1, Bl. 193 ff.
708 Ebd., Bd. 2, Bl. 214.
709 BArch, MfS, HA XVIII/8011, Bl. 8.

710 Ebd., Bl. 10.
711 BArch, MfS, HA VIII AP 23.569/92, Bl. 189 f.
712 Ebd.
713 BArch, MfS, AG BKK 186, Bl. 1.
714 Ebd.
715 BArch, MfS, HA XVIII/8011, Bl. 2 f.
716 Ebd., Bl. 2
717 Cammin 2014, S. 203.
718 BND-Archiv 15445.
719 Deutscher Bundestag, Drucksache 12/7725, Abweichender Bericht der Berichterstatterin der Gruppe Bündnis 90/Die Grünen im 1. Untersuchungsausschuß, Ingrid Köppe, MdB, S. 12 f. Der Bericht Ingrid Köppes vom 6. Mai 1994 wurde als geheim eingestuft und befindet sich als Verschlusssache noch immer in der Geheimschutzstelle des Deutschen Bundestages – er ist aber auf diversen Internetseiten zu finden.
720 Deutscher Bundestag, Drucksache 12/7600, Textband, S. 111.
721 Deutscher Bundestag, Drucksache 12/7725, Abweichender Bericht der Berichterstatterin der Gruppe Bündnis 90/Die Grünen im 1. Untersuchungsausschuß, Ingrid Köppe, MdB, S. 12 f.
722 Ebd., S. 12.
723 CIA Directorate of Intelligence (1984): East European Involvement in the International Gray Arms Market. An Intelligence Assessment, CIA-RDP85T00283R000400070008-9.
724 CIA Directorate of Intelligence (1982): Eastern Europe: Increased Emphasis in Arms Sales. An Intelligence Assessment, CIA-RDP83B00851R000400100003-9.
725 BArch, MfS, AIM 11046/91, Bd.1, Bl. 23.
726 BArch, MfS, HA XVIII/8137, Bl. 3.
727 BArch, MfS, AIM 11046/91, Bd. 1, Bl. 23, Bl. 60.
728 BArch, MfS, HA XVIII/8659, Bl. 2.
729 Stefan, Klaus Dieter: »Heißes Eisen. Über Waffengeschäfte der DDR mit dem Ausland«, in: horizont, 1/1990, S. 31. Das Gespräch wurde im Auftrag des US-Handelsministeriums im Report *East Europe* des *US Joint Publications Research Service* verbreitet: JPRS-Report: East Europe, 05.03.1990, S. 22 f., https://apps.dtic.mil/sti/tr/pdf/ADA336533.pdf, abgerufen am 21.07.2023.
730 Anton, Thomas/Stefan, Klaus-Dieter: »DDR-Waffen im Ausverkauf. Zum ersten, zum zweiten, zum dritten«, zit. nach BArch, DL 227/1183 (ohne Blattangaben).
731 Vgl. BArch, DL 227/1183 (ohne Blattangaben).
732 BArch, DL 227/655 (ohne Blattangaben).
733 Wüsten, Thomas: »Panzer aus Pankow nach Pakistan«, in: Rund um die Panke, 19.07.1990.
734 Wüsten, Thomas: »Panzer aus Pankow waren schon unterwegs. Untersuchungskommission eingesetzt«, in: Rund um die Panke, 05.09.1990.
735 »DDR rüstete Irak für Giftgaskrieg«, in: taz, 20.08.1990, S. 6.

736 »Irak: NVA übte Gaskrieg«, in: Spiegel Nr. 34, 19.08.1990.
737 »DDR rüstete Irak für Giftgaskrieg«, in: taz, 20.08.1990, S. 6.
738 Ehlert 2002, S. 46.
739 Eppelmann 1992, S. 143.
740 Ehlert 2002, S. 46.
741 »Waffen – wer schießt mit DDR-Sturmgewehren?«, in: Klartext-Magazin, 17.02.1991.
742 BArch, MfS, BV Rostock Abt. Hafen, Nr. 15, Bl. 34.
743 BArch, MfS, BV Rostock Abt. Hafen, Nr. 98, Bl. 1.
744 Cammin 2014, S. 297 ff.
745 SAPMO-BArch, DL 210/201, Bl. 180 f.
746 Köhler 2012, S. 155.
747 Schnauer 2019, S. 56–59.
748 Brief VEB Seehafen Rostock an Christiane Köppe, 09.03.1990, Archiv Wolfgang Klietz.
749 Der Publizist Jan Koop hat sich ausführlich mit dem Verkauf des NVA-Materials und den potenziellen Kunden beschäftigt, vgl. Koop 1995.
750 Die folgende Regierung unter de Maizière erarbeitete später, im Mai, einen Gesetzesentwurf für ein Pendant zum westdeutschen Kriegswaffenkontrollgesetz. Wegen der schnell nahenden Einheit kam es aber nicht mehr zu dessen Verabschiedung. Vgl. Opitz 1991, S. 14.
751 BArch, DE 10/158 (ohne Blattangaben).
752 Ebd.
753 Archiv Werner E. Ablaß, Strausberg.
754 BArch, DE 10/157 (ohne Blattangaben).
755 BArch, DL 227/990 (ohne Blattangaben).
756 Gießmann 1992, S. 232.
757 Ebd. und BArch, DL 227/526, Bd. 1 (ohne Blattangaben).
758 BArch, DL 210/9, Bl. 226 ff.
759 BArch, DE 10/158 (ohne Blattangaben).
760 BArch, DL 227/1022 (ohne Blattangaben).
761 BArch, DE 10/157 (ohne Blattangaben).
762 Seiffert/Treutwein 1991, S. 172.
763 Ehlert 2002, S. 46.
764 BArch, DL 227/546, Bd. 1 (ohne Blattangaben).
765 Ebd.
766 Ablaß 1992, S. 38 f.
767 Ebd., S. 79.
768 Ebd.
769 Gießmann 1992, S. 233.
770 BArch, DL 227/655 (ohne Blattangaben).
771 Gießmann 1992, S. 233.
772 Neidhardt/Marum 2009, S. 284.

773 Zit. nach Ablaß 1992, S. 154.
774 BArch, DL 227/526, Bd. 1 (ohne Blattangaben).
775 Eppelmann 1992, S. 143.
776 »Der Verkauf ist zu verstärken«, in: Spiegel Nr. 52, 24.12.1990, S. 26–30.
777 Meinhard 1994, S. 27.
778 »Unter Schrottwert«, in: Spiegel Nr. 43, 22.10.1990, S. 66–74.
779 BArch, DL 227/526, Bd. 1 (ohne Blattangaben).
780 »Bis zum letzten Zapfenstreich: Vom Ende der NVA«, in: mdr.de, 19.11.2020, https://www.mdr.de/geschichte/ddr/politik-gesellschaft/nva/letzter-zapfenstreich-bundeswehr-joerg-schoenbohm-100.html, abgerufen am 31.01.2024.
781 BArch, DL 227/1185, Bd. 1 (ohne Blattangaben).
782 Ebd.
783 Ebd.
784 BArch, DL 227/531 (ohne Blattangaben).
785 BArch, DL 227/735, Bd. 1 (ohne Blattangaben).
786 BArch, DL 227/641 (ohne Blattangaben).
787 BArch, DL 227/1185, Bd. 1 (ohne Blattangaben).
788 BArch, DL 227/986, Bd. 2 (ohne Blattangaben).
789 BArch, DE 10/157 (ohne Blattangaben).
790 BArch, DL 227/641 (ohne Blattangaben).
791 BArch, DL 227/532, Bd. 2 (ohne Blattangaben).
792 »Unter Schrottwert«, in: Spiegel Nr. 43, 22.10.1990, S. 66–74.
793 »Der Verkauf ist zu verstärken«, in: Spiegel Nr. 52, 24.12.1990, S. 26–30.
794 BArch, DL 227/641 (ohne Blattangaben).
795 BArch, DL 227/661 (ohne Blattangaben).
796 BArch, DL 227/770, Bd. 1 (ohne Blattangaben). Das Landesarchiv Berlin verwahrt die Prozessakten über den Zahlungsstreit mit den Firmen, Signaturen: C Rep. 304/938; C Rep. 304/1052.
797 »Sand im Getriebe«, in: Spiegel Nr. 8, 18.02.1991, S. 50–52.
798 BArch, DE 10/158 (ohne Blattangaben).
799 »Sand im Getriebe«, in: Spiegel Nr. 8, 18.02.1991, S. 50–52.
800 BArch, DL 227/879, Bd. 2 (ohne Blattangaben).
801 BArch, DL 227/704, Bd. 2 (ohne Blattangaben).
802 »Der Verkauf ist zu verstärken«, in: Spiegel Nr. 52, 24.12.1990, S. 26–30.
803 BArch, DL 227/733 (ohne Blattangaben).
804 BArch, DL 227/1185, Bd. 5 (ohne Blattangaben).
805 BArch, DL 227/655 (ohne Blattangaben) und DL 227/1022 (ohne Blattangaben).
806 BArch, DL 227/999, Bd. 1–3 (ohne Blattangaben).
807 BArch, DL 210/15.
808 BArch, DL 227/715, Bd. 2 (ohne Blattangaben).
809 BArch, DL 227/720, Bd. 2 (ohne Blattangaben) und DL 227/879, Bd. 2 (ohne Blattangaben).
810 »Irak schuldet Milliarde aus DDR-Handel«, in: Berliner Zeitung, 05.11.1997, S. 5.

811 BArch, DL 227/721, Bd. 1 (ohne Blattangaben).
812 BArch, DL 227/546, Bd. 1 (ohne Blattangaben).
813 BArch, DL 227/528 (ohne Blattangaben). Die Akte enthält detaillierte Angaben über das finanzielle Volumen der Importe von 1985 bis 1989 aus den Ländern des Warschauer Vertrages.
814 Ablaß 2003a, S. 48–50
815 BArch, DL 227/655 (ohne Blattangaben).
816 BArch, DL 227/528 (ohne Blattangaben).
817 BArch, DE 10/158 (ohne Blattangaben).
818 »Der Verkauf ist zu verstärken«, in: Spiegel Nr. 52, 24.12.1990, S. 26–30.
819 BArch, DL 227/655 (ohne Blattangaben).
820 BArch, DL 227/1015 (ohne Blattangaben).
821 »Big Fred. Was geschah wirklich beim Verkauf der alten NVA-Waffen? Stoltenberg soll dem Parlament Auskunft geben«, in: Spiegel Nr. 9, 23.02.1992, S. 50–53.
822 BArch, DL 227/528 (ohne Blattangaben); vgl. auch »Der Verkauf ist zu verstärken«, in: Spiegel Nr. 52, 24.12.1990, S. 26–30.
823 BArch, DL 227/528 (ohne Blattangaben).
824 BArch, DE 10/158 (ohne Blattangaben).
825 BArch, DL 227/528 (ohne Blattangaben).
826 Ebd.
827 BArch, 227/641 (ohne Blattangaben).
828 Deutscher Bundestag, Drucksache 12/1829, Antwort der Bundesregierung auf die Kleine Anfrage der Abgeordneten Andrea Lederer und der Gruppe der PDS/Linke Liste, S. 3.
829 Gießmann 1992, S. 234.
830 Herspring 2000, S. 155.
831 BArch, DL 227/1174 (ohne Blattangaben).
832 BArch, DL 227/1185, Bd. 1 (ohne Blattangaben).
833 BArch, DL 227/641 (ohne Blattangaben).
834 BArch, DL 227/642, Bd. 2 (ohne Blattangaben).
835 BArch, DL 227/532, Bd. 1 (ohne Blattangaben).
836 BArch, DL 227/1183 (ohne Blattangaben).
837 BArch, DL 227/525 (ohne Blattangaben).
838 BArch, DL 227/532, Bd. 2 (ohne Blattangaben).
839 BArch, DL 227/1047, Bd. 1 (ohne Blattangaben).
840 BArch, DL 227/879, Bd. 2 (ohne Blattangaben).
841 BArch, DL 227/723, Bd. 1 (ohne Blattangaben).
842 »Der Verkauf ist zu verstärken«, in: Spiegel Nr. 52, 24.12.1990, S. 26–30.
843 Deutscher Bundestag, Drucksache 12/7600, Textband, S. 492.
844 Ebd., S. 493.
845 Ebd., S. 516.

846 Schlußbericht des Militäroberstaatsanwalts der DDR gegen Unbekannt wegen des Verdachts des Beiseiteschaffens von Waffen und Sprengmitteln gemäß Paragraf 207 (1)(2) StGB, in: Deutscher Bundestag, Drucksache 12/7600, Anlagenband 1, S. 987.
847 Ebd., S. 983.
848 Ebd., S. 973.
849 Lösch, Dieter/Plötz, Peter: Die Bedeutung des Bereichs Kommerzielle Koordinierung für die Volkswirtschaft der DDR, Gutachten in: Deutscher Bundestag, Drucksache 12/7600, Anhangband, S. 82.
850 Schlußbericht des Militäroberstaatsanwalts der DDR gegen Unbekannt wegen des Verdachts des Beiseiteschaffens von Waffen und Sprengmitteln gemäß Paragraf 207 (1)(2) StGB, in: Deutscher Bundestag, Drucksache 12/7600, Anlagenband 1, S. 969–977.
851 Ebd., S. 980.
852 Irmen 2014, S. 25.
853 Ebd., S. 316–318.
854 Höffer 2018, S. 445.
855 Marxen/Vormbaum/Werle 2020, S. 166 ff. und 289.
856 BArch, DL 227/715, Bd. 2 (ohne Blattangaben).
857 Storkmann 2012, S. 589.
858 Ebd., S. 586–597.
859 BArch, DL 227/657 (ohne Blattangaben).
860 BArch, DL 227/528 (ohne Blattangaben).
861 BArch, DL 227/526, Bd. 1 (ohne Blattangaben).
862 Amtsgericht Berlin-Charlottenburg, Handelsregister (ohne Blattangaben).
863 BArch, DL 227/642, Bd. 1 (ohne Blattangaben).
864 BArch, DL 227/1201.
865 Deutscher Bundestag, Drucksache 12/8595, Ergänzender Bericht zum Abschlußbericht des 1. Untersuchungsausschusses, S. 49.
866 BArch, DL 227/879, Bd. 2 (ohne Blattangaben).
867 BArch, DL 227/528 (ohne Blattangaben).
868 BArch, DL 227/1045, Bd. 2 (ohne Blattangaben).
869 BArch, DL 227/986, Bd. 2 (ohne Blattangaben).
870 BArch, DL 227/704, Bd. 2 (ohne Blattangaben).
871 BArch, DL 227/879, Bd. 2 (ohne Blattangaben).
872 BArch, DL 227/715, Bd. 1 (ohne Blattangaben).
873 BArch, DL 227/879, Bd. 2 (ohne Blattangaben).
874 Amtsgericht Berlin-Charlottenburg, Handelsregister.
875 BArch, DL 277/713, Bd. 1 und Bd. 2; DL 227/715, Bd. 1; DL 227/719 (alle ohne Blattangaben).
876 BArch, DL 227/716, Bd. 1 und 2 (ohne Blattangaben).
877 Berichte staatlicher Stellen über die Aufklärung von Teilaspekten des Untersuchungsgegenstands, hier: Treuhandanstalt, in: Deutscher Bundestag, Drucksache 12/7600, Anhangband, S. 230.

878 Ebd., S. 254.
879 Berichte staatlicher Stellen über die Aufklärung von Teilaspekten des Untersuchungsgegenstands, hier: Bundesnachrichtendienst, in: Deutscher Bundestag, Drucksache 12/7600, Anlage 2, Anhangband, S. 178.
880 Auskunft des Bauamtes Berlin-Pankow an den Autor, Email vom 17.04.2020. Zur Bedeutung Pankows in den ersten Jahrzehnten der DDR vgl. Schulze 2001.
881 BArch, DL 227/642, Bd. 2 (ohne Blattangaben).
882 BArch, MfS, AP 24697/92, Bl. 63; BArch, MfS, HA XVIII/36809, Bl. 74 ff.
883 BArch, MfS, HA XVIII/8011, Bl. 2 f.
884 BArch, MfS, HA XVIII/8267, Bl. 11.
885 BArch, MfS, HA XVIII/36809, Bl. 6.
886 Ebd., Bl. 86–212.
887 BArch, MfS, AIM 11030/91, Teil II/1, Bl. 213.
888 BArch, DL 227/8, Bl. 48.
889 Ebd., Bl. 73 ff.
890 BArch, MfS, AIM 11030/91, Bl. 17.
891 Die Zitate hier und im Folgenden beziehen sich auf ein Gespräch des Autors mit Gerhard Schlag auf dem Gelände Horstwalde am 20.02.2015.
892 BArch, MfS, AIM 4300/81.
893 BArch-MA, DVW 1/114496, Bl. 156 ff.
894 BArch, MfS, AIM 11030/91, Teil II/1, Bl. 103.
895 BArch, DL 226/20, Bl. 44.
896 BArch, DL 226/3014, Bl. 64.
897 Ebd., Bl. 247.
898 BArch, DL 226/3014, Bl. 235 f.
899 BArch, DL 226/22.
900 BArch, DL 226/22, Bl. 66.
901 BArch, DL 227/546, Bd. 3 (ohne Blattangaben).
902 BArch, DL 226/3014, Bl. 240 f.
903 Ebd., Bl. 232–235 und BArch, DL 227/546, Bd. 3 (ohne Blattangaben).
904 BArch, DL 227/546, Bd. 3 (ohne Blattangaben).
905 BArch, DL 227/1176 (ohne Blattangaben).
906 Die Zitate hier und im Folgenden beziehen sich auf ein Gespräch des Autors mit Manfred Schulze auf dem Gelände Horstwalde am 20.02.2015.
907 BArch, DL 226/20, Bl. 44.
908 BArch, MfS, HA I/13872, Bl. 164–167.
909 BArch, MfS, Sekr. Schwanitz, Nr. 328 (ohne Blattangaben).
910 Zeitzeuge Klaus Wagner, ehem. Ziviler MTI-Mitarbeiter, Email an den Autor vom 28.03.2023.
911 BArch, MfS, Sekr. Schwanitz, Nr. 227, Bl. 176–182.
912 BArch, DL 227/655 (ohne Blattangaben).
913 Vgl. Die Außenhändler: DDR im Angebot, 2-teilige Fernsehdokumentation, Regie: Lutz Pehnert, MDR 2013, hier: Teil 1.

914 BArch, MfS, HA XVIII/17919.
915 BArch, MfS, AIM 11030/91, Bl. 15.
916 BArch, MfS, BV Rostock, Leiter der BV, Nr. 108, Bl. 143
917 Cammin 2014, S. 226. Cammin hat sich ausführlich mit den Abläufen im Hafen und auf den Schiffen befasst.
918 BArch, MfS, HA XVIII/8669, Bl. 8 ff.
919 Ebd., Bl. 7 ff.
920 Behling 2004, S. 175.
921 Ebd.
922 BArch, MfS, HA XVIII/8669, Bl. 13.
923 Ebd., Bl. 16.
924 BArch, MfS, BV Rostock AIM 889/89, Bd. 1, Teil 2, Bl. 59.
925 Über die Eisenbahnfährverbindung Rügen–Klaipėda hat der Autor mehrere Bücher veröffentlicht: *Ostseefähren im Kalten Krieg* (Berlin 2012); *Mukran – Honeckers Superhafen. Gespräche über einen Seeweg im Kalten Krieg* (Elmenhorst 2020); *Geheime Transporte über die Ostsee. Von Atomwaffen, Geheimdiensten und Bausoldaten im Kalten Krieg* (Stralsund 2023). 2020 entstand in der Reihe »Geheimnisvolle Orte« die 45-minütige Dokumentation *Mukran – Honeckers Superhafen*. Der Film basiert auf den Forschungen des Autors.
926 BArch, MfS, BV Rostock Abt. II/35, Bd. 1, Bl. 45.
927 BArch-MA, DVW 1/39589, Bl. 167 f.
928 Klietz 2023, S. 123.
929 BArch, MfS, HA II/30815, Bl. 15.
930 BArch, MfS, HA XIX/8594, Bl. 59.
931 BArch, MfS, BV Rostock XIX/157, Bl. 178.
932 BArch, MfS, ZOS 229, Bl. 64.
933 BArch, MfS, JHS 21550, Bl. 32.
934 BArch, MfS, BV Rostock Abt. II/35, Bd. 1, Bl. 31.
935 Ebd.
936 LAGw Rep. 202/3, Nr. 49, Bl. 70 ff.
937 BArch, MfS, HA XVIII/8355, Bl. 5.
938 BArch, DL 227/6, Bl. 203 ff.
939 SAPMO-BArch, DY 30/69622, Bl. 44.
940 Bahrmann/Fritsch 1990, S. 17.
941 Die Außenhändler: DDR im Ausverkauf, 2-teilige Fernsehdokumentation, Regie: Lutz Pehnert, MDR 2013, hier: Teil 2.
942 Ebd.
943 BArch, DO 1/88005 (ohne Blattangaben).
944 BArch, MfS, HA XVIII/8011, Bl. 4.
945 BArch, MfS, HA XVIII/37369, Bl. 19 und 33.
946 BArch, MfS, HA XVIII/18563, Bl. 273.
947 BArch, MfS, AIM 11030/91, Teil II/1, Bl. 76–79.
948 BArch, MfS, HA XVIII/17919, Bl. 65.

949 BArch, MfS, GH 37/73, Bd. 2, Bl. 71.
950 Ebd. und BArch, MfS, HA XVIII/37639, Bl. 9.
951 BArch, MfS, AIM 11030/91, Teil II/1, Bl. 45 und 186.
952 BArch, MfS, HA XVIII/8665, Bl. 16 f.
953 BArch, MfS, AIM 11030/91, Teil II/1, Bl. 45 und 186.
954 BArch, MfS, HA XVIII/8011, Bl. 2 f.
955 BArch, MfS, AIM 11030/91, Teil II/1, Bl. 45 und 186.
956 BArch, DL 227/883 (ohne Blattangaben).
957 BArch, DL 227/579, Bd. 1 (ohne Blattangaben).
958 BArch, DL 227/641 (ohne Blattangaben).
959 BArch, DL 227/715, Bd. 2 (ohne Blattangaben).
960 Ebd.
961 BArch, DL 227/1185, Bd. 1 (ohne Blattangaben).
962 BArch, DL 227/779 (ohne Blattangaben).
963 BArch, DL 227/990 (ohne Blattangaben).
964 BArch, DL 227/641 (ohne Blattangaben).
965 BArch, DL 227/810 (ohne Blattangaben).
966 BArch, DL 227/879, Bd. 2 (ohne Blattangaben).
967 BArch, MfS, AIM 11030/91, Teil II/1, Bl. 45 und 186.
968 BArch, MfS, HA XVIII/8011, Bl. 2 f.
969 Gespräch des Autors mit Wolfgang Neidhardt am 19.09.2017 in Strausberg, autorisiert am 27.10.2017.
970 BArch, DL 227/6, Bl. 155–158.
971 BArch, MfS, HA XVIII/8665, Bl. 16 f.; ebd., Nr. 8355, Bl. 12–20.
972 BArch, DL 227/715, Bd. 2 (ohne Blattangaben).
973 BArch, MfS, AIM 288/70, Teil I, Bl. 24.
974 Froh/Wenzke 2000, S. 305.
975 BArch, MfS, GH 37/73, Bd. 2, Bl. 77.
976 BArch, MfS, AP 24697/92, Bl. 80.
977 BArch, DL 227/552, Bd. 1 (ohne Blattangaben), die Eintragung stammt vom 27.06.1991.
978 BArch, MfS, AIM 5402/85, Bl. 15–199.
979 BArch, DL 227/1185, Bd. 1 (ohne Blattangaben).
980 Nicht zu verwechseln mit dem späteren Verkehrsminister der DDR.
981 BArch, DL 227/655 (ohne Blattangaben).
982 Amtsgericht Berlin-Charlottenburg, Handelsregister.
983 Bundesarchiv zur Institutionsgeschichte, https://invenio.bundesarchiv.de/invenio/main.xhtml, abgerufen 24.10.2021.
984 BArch, MfS, HA XVIII/8137, Bl. 8.
985 BArch, MfS, AIK 10.937/86, Teil II/3, Bl. 338.
986 Diedrich/Ehlert/Wenzke 1998, S. 1.
987 BArch, DL 227/515, Bd. 2, Bl. 201.
988 BArch, MfS, GH 37/73, Bd. 288, Bl. 88.

989 Hier und im Folgenden: Gespräch des Autors mit Wolfgang Neidhardt am 19.09. 2017 in Strausberg, autorisiert am 27.10.2017.
990 BArch, MfS, A 350/85, Teil II/2, Bl. 67.
991 Neidhardt/Marum 2009, S. 132–135.
992 Gießmann 1992, S. 151.
993 Oreschko 2011, S. 287 f.
994 Ebd., S. 92.
995 BArch, MfS, AIM 11030/91, Teil II/1, Bl. 99 ff.
996 Gall 1992, S. 296.
997 Oreschko 2011, S. 81.
998 Ebd.
999 Ebd., S. 83.
1000 Ebd.
1001 Karlsch 1999, S. 1542.
1002 Ebd., S. 1501.
1003 Hartwig 2017, S. 33 f.
1004 Diedrich/Ehlert/Wenzke 1998, S. 22–24.
1005 Schürer/Wenzel 1995, S. 106.
1006 Karlsch 1999, S. 1524.
1007 BArch, DL 227/101, Bl. 113 f.
1008 Ebd., Bl. 149.
1009 Ebd., Bl. 117.
1010 BArch, DL 227/121, Bl. 24.
1011 BArch, DL 227/122, Bl. 65 f.
1012 BArch, MfS, AIK 10.937/86, Teil II/2, Bl. 163.
1013 Neidhardt/Marum 2009, S. 195 ff.
1014 Neidhardt/Marum 2005, S. 88.
1015 BArch, MfS, AIK 10.937/86, Teil II/2, Bl. 120–122.
1016 Karlsch 1999, S. 1553.
1017 BArch, DE 10/158 (ohne Blattangaben).
1018 Gall 1992, S. 285–310, S. 296.
1019 BArch, DE 10/158 (ohne Blattangaben).
1020 BArch-MA, DVW 1/115508, Bl. 2 ff.
1021 BArch, DA 1/17530 (ohne Blattangaben).
1022 BArch, MfS, VRD 6891, Bl. 1 ff.
1023 BArch, MfS, VRD 6139, Teil 1 und 2.
1024 Karlsch 2004, S. 177.
1025 Opitz 1991, S. 3.
1026 Bröckermann 2011, S. 257.
1027 Gießmann 1992, S. 139 f.
1028 Karlsch 1999, S. 1554.
1029 Bröckermann 2011, S. 24.
1030 Ebd., S. 266.

1031 Neidhardt/Marum 2009, S. 200 ff.
1032 Ebd., S. 14.
1033 Ebd., S. 199.
1034 BArch, DL 227/86 (ohne Blattangaben).
1035 BArch, DL 227/122, Bl. 129.
1036 BArch, DL 227/101, Bl. 149.
1037 BArch, DL 227/406 (ohne Blattangaben).
1038 BArch, DL 227/121, Bl. 24.
1039 Karlsch 1999, S. 1553 ff.
1040 BArch, MfS, AIK 10.937/86, Teil II/3, Bl. 339.
1041 BArch, MfS, HA XVIII/8355, Bl. 12.
1042 BArch, MfS, HA XVIII/8659, Bl. 2.
1043 Schlußbericht des Militäroberstaatsanwalts der DDR gegen Unbekannt wegen des Verdachts des Beiseiteschaffens von Waffen und Sprengmitteln gemäß Paragraf 207 (1)(2) StGB, in: Deutscher Bundestag, Drucksache 12/7600, Anlagenband 1, S. 981.
1044 BArch, MfS, HA XVIII/8665, Bl. 22.
1045 Opitz 1991, S. 16. Für die Jahre 1988 bis 1990 liegen zudem im Bundesarchiv Exportzahlen vor, die der BSA-Chef zusammengestellt hat: BArch, DE 10/158 (ohne Blattangaben).
1046 Karlsch 1999, S. 1554 f.
1047 Hänsel/Michael 1990.
1048 BArch, DE 10/158 (ohne Blattangaben).
1049 BArch, DL 227/655 (ohne Blattangaben).
1050 Opitz 1991, S. 16.
1051 BArch, DM 3/26147 (ohne Blattangaben).
1052 BArch, MfS, BV Dresden Abt. VI/7082, Bd. 3, Bl. 1325 ff.
1053 BArch, DL 203/1647 (ohne Blattangaben).
1054 BArch, MfS, BV Rostock, Leiter der BV, Nr. 108, Bl. 143.
1055 Goll 2011, S. 46.
1056 Bossig 2019, S. 57.
1057 BArch, MfS, HA XVIII/8688, Bl. 1 ff.
1058 BArch, MfS, VRD 5361, Bl. 152 ff.; BArch, DL 227/640 (ohne Blattangaben).
1059 BArch, MfS, AP 24697/92, Bl. 45.
1060 BArch, DM 3/26100 (ohne Blattangaben).
1061 BArch, DM 3/26147 (ohne Blattangaben).
1062 BArch, MfS, HA XVIII/8687, Bl. 9 f.
1063 BArch, MfS, BCD 5203, Bl. 187 ff., 315.
1064 BArch, MfS, HA XIX/4849, Bl. 50.
1065 BArch, MfS, Sekr. Schwanitz, Nr. 222, Bl. 146.
1066 BArch, DL 227/655 (ohne Blattangaben).
1067 BArch, MfS, AIM 11030/91, Bl. 7 und BArch, MfS, HA I/2837, Bl. 11.
1068 BArch, MfS, AIM 11030/91, Bl. 7.
1069 BArch, BVA 011029010 (ohne Blattangaben).

1070 BArch, MfS, AIM 11030/91, Teil II/1, Bl. 36 ff.
1071 Schlußbericht des Militäroberstaatsanwalts der DDR gegen Unbekannt wegen des Verdachts des Beiseiteschaffens von Waffen und Sprengmitteln gemäß Paragraf 207 (1)(2) StGB, in: Deutscher Bundestag, Drucksache 12/7600, Anlagenband 1, S. 981.
1072 Deutscher Bundestag, Drucksache 12/7600, Textband, S. 493.
1073 BArch, DL 210/1932, Bl. 384.
1074 BArch, MfS, HA XVIII/8658, Bl. 76.
1075 BArch, MfS, HA XVIII/8687, Bl. 44.
1076 BArch, MfS, HA XVIII/20464, Bl. 46 ff.
1077 BArch, MfS, HA XVIII/37619, Bl. 4–28.
1078 BArch, MfS, HA XVIII/21.870, Bl. 22 f.
1079 BArch, MfS, HA XVIII/133, Bl. 135 f.
1080 Wenzke 2009, S. 87.
1081 Rogg 2008, S. 53.
1082 Wenzke 2009, S. 86 ff.
1083 Gribkow 1995, S. 80.
1084 Ebd.
1085 Wenzke 2009, S. 86 ff.
1086 Oreschko 1992, S. 200–203.
1087 Ebd., S. 296
1088 Anthony 1998, S. 29.
1089 Kirshin 1998, S. 39 f.
1090 Jablonsky 2001, S. 91.
1091 Ebd., S. 92.
1092 SAPMO-BArch, DY 30/42429, Bl. 2.
1093 BArch, DL 227/92, Bl. 106 ff.
1094 Bröckermann 2011, S. 257.
1095 BArch, DL 227/50 (ohne Blattangaben).
1096 Wagner 2002, S. 369–375.
1097 Bröckermann 2011, S. 258.
1098 Gribkow 1995, S. 78 ff.
1099 Ebd., S. 78 f.
1100 Ebd., S. 80 ff.
1101 Bröckermann 2011, S. 256.
1102 Ebd., S. 260.
1103 Neidhardt/Marum 2009, S. 203.
1104 Oreschko 2011, S. 103.
1105 Gribkow 1995, S. 80.
1106 BArch, MfS, AP 24697/92, Bl. 55.
1107 Gall 1992, S. 295.
1108 BArch, MfS, HA XVIII/8659, Bl. 5 f.
1109 Gall 1992, S. 297.
1110 BArch, MfS, HA XVIII/8699, Bl. 1 ff.

Anmerkungen

1111 Staadt, Jochen: »DDR-Westgrenze. Ihr verdammten Schweine«, in: FAZ, 22.08. 2017, https://www.faz.net/aktuell/politik/die-gegenwart/ddr-westgrenze-ihr-verdammten-schweine-15149501.html, abgerufen am 29.01.2022.
1112 Diedrich 2015, dies und die folgenden Zitate: S. 155 ff.
1113 Uhl 2015, S. 49 f.
1114 Schönherr 1999, S. 295.
1115 Neidhardt/Marum 2009, S. 92–137.
1116 Ebd., S. 162 ff.
1117 Oreschko 1992, S. 201.
1118 Schönherr 1999, S. 287.
1119 Jablonsky 2001, S. 96 f.
1120 Wagner 2002, S. 143.
1121 Diedrich/Wenzke 2001, S. 286 f.
1122 Heinemann 2011, S. 167.
1123 Neidhardt/Marum 2009, S. 82.
1124 Opitz 1991, S. 2.
1125 Ebd., S. 78 und 85.
1126 Klietz 2018, S. 29; Heinemann 2011, S. 168.
1127 Diedrich/Wenzke 2001, S. 651 ff.
1128 Schlußbericht des Militäroberstaatsanwalts der DDR gegen Unbekannt wegen des Verdachts des Beiseiteschaffens von Waffen und Sprengmitteln gemäß Paragraf 207 (1)(2) StGB, in: Deutscher Bundestag, Drucksache 12/7600, Anlagenband 1, S. 283.
1129 Diedrich/Wenzke 2001, S. 591.
1130 Heinemann 2011, S. 168.
1131 Bröckermann 2011, S. 256.
1132 Mühlfriedel/Hellmuth 2004, S. 337.
1133 SAPMO-BArch, DY 30/59324, Bl. 6.
1134 BArch, DL 226/3014, Bl. 92.
1135 Ebd., Bl. 87.
1136 Honeckers geheime Kriege. Militärhilfe für die Dritte Welt, Fernsehdokumentation, Regie: Jan N. Lorenzen, MDR 2014.
1137 Zit. nach Schlußbericht des Militäroberstaatsanwalts der DDR gegen Unbekannt wegen des Verdachts des Beiseiteschaffens von Waffen und Sprengmitteln gemäß Paragraf 207 (1)(2) StGB, in: Deutscher Bundestag, Drucksache 12/7600, Anlagenband 1, S. 1099.
1138 Karlsch 2004, S. 175.
1139 SAPMO-BArch, DY 30/59324, Bl. 6.
1140 Jablonsky 2001, S. 101.
1141 SAPMO-BArch, DY 30/59324, Bl. 7 f.
1142 Heinemann 2011, S. 168.
1143 Markus 2010, S. 15.
1144 Opitz 1991, S. 7.
1145 BArch, MfS, HA XVIII/5013, Bl. 4–10.

1146 Hartwig 2017, S. 140 f.
1147 Karlsch 2004, S. 176.
1148 Jablonsky 2001, S. 106.
1149 Markus 2010, S. 86.
1150 Ebd., S. 89.
1151 Ebd., S. 99.
1152 Ebd., S. 104.
1153 »Niklas, Hölle und Kalle«, in: Spiegel Nr. 40, 30.09.1991, S. 67–73.
1154 Markus 2010, S. 126.
1155 Ebd., S. 141.
1156 Ebd., S. 143.
1157 Ebd., S. 166.
1158 Ebd., S. 185 f.
1159 BArch, MfS, AP 24697/92, Bl. 46.
1160 Honeckers geheime Kriege. Militärhilfe für die Dritte Welt, Fernsehdokumentation, Regie: Jan N. Lorenzen, MDR 2014.
1161 Oreschko 1992, S. 203.
1162 Hänsel/Michael 1990.
1163 Bröckermann 2011, 254 f.
1164 Markus 2010, S. 196.
1165 Ebd., S. 198.
1166 Hänsel/Michael 1990.
1167 BArch, MfS, HA XVIII/2095, Bl. 17–40.
1168 Hartwig 2017, S. 147 f.
1169 Hänsel/Michael 1990.
1170 Bröckermann 2011, S. 254.
1171 Gall 1992, S. 300.
1172 Ebd., S. 300 ff.
1173 Vgl. im Folgenden: Untersuchungsausschuß der Stadt Greifswald 1990, S. 15 f.
1174 Opitz 1991, S. 3.
1175 Ebd., S. 4 f.
1176 Ebd., S. 11.
1177 Karlsch 2004, S. 180 f.
1178 Opitz 1991, S. 3.
1179 BArch, DA 1/17516 (ohne Blattangaben).
1180 Ablaß 1992, S. 86 f.
1181 Hänsel/Michael 1990.